21世纪新闻与传播学系列教材

Intercultural Communication Theory and Analysis

跨文化传播学导论

孙英春 著

北京大学出版社
PEKING UNIVERSITY PRESS

图书在版编目(CIP)数据

跨文化传播学导论/孙英春著. —北京：北京大学出版社， 2008.10
(21世纪新闻与传播学系列教材)
ISBN 978-7-301-13683-6

Ⅰ.跨… Ⅱ.孙… Ⅲ.文化-传播学-高等学校-教材 Ⅳ.G206

中国版本图书馆CIP数据核字(2008)第054724号

书　　名	跨文化传播学导论 KUA WENHUA CHUANBOXUE DAOLUN
著作责任者	孙英春　著
责任编辑	周丽锦
标准书号	ISBN 978-7-301-13683-6
出版发行	北京大学出版社
地　　址	北京市海淀区成府路205号　100871
网　　址	http://www.pup.cn
新浪微博	@北京大学出版社　@未名社科-北大图书
微信公众号	北京大学出版社　北大出版社社科图书
电子邮箱	编辑部 ss@pup.cn　总编室 zpup@pup.cn
电　　话	邮购部 010-62752015　发行部 010-62750672　编辑部 010-62765016
印 刷 者	河北滦县鑫华书刊印刷厂
经 销 者	新华书店
	730毫米×980毫米　16开本　22.25印张　400千字
	2008年10月第1版　2024年5月第12次印刷
定　　价	58.00元

前　言

一

跨文化传播学是传播学的一个重要分支或扩展(extension)领域,20 世纪 40 年代后期诞生于美国,至 70 年代末期逐步发展成为一门有着独特理论体系的独立学科。在半个多世纪的发展过程中,跨文化传播学的研究旨趣日益广泛和深入,不仅指向不同文化背景中的个人、群体、组织和国家之间交往的特点和规律,不同文化之间的意义阐释和理解,以及人类文化的创造、变迁和分野的进程,还涉及文化与民族心理的差异、跨文化语用研究、文化冲突与解决的途径、技术发展对文化的影响、文化的延续和变迁、传播的控制和管理、民族文化自立与发展等诸多方面。这些议题的存在和延伸,不仅凸显了跨文化传播学的科学性、创造性和实践性,还将跨文化传播学的应用空间推进到社会生活的更多领域。

进入 20 世纪 80 年代之后,跨文化传播学在全球范围内得到迅速的发展,并开始进入中国学术界的视野。不过,与传播学初入中国内地的境遇相似(传播学曾一度被译为"传通学""交际学""交流学"),跨文化传播(intercultural communication)也多被国内学者译为"跨文化交流"或"跨文化交际"。与之相应,一些高校开设的"跨文化交流"和"跨文化交际"课程,分别强调了传播的"对外交流"和"语言交际"两个层面的含义。一些高校在传播学、国际关系等专业开设的"跨文化交流"课程,主要是注重不同文化的个体、群体之间阻碍彼此交流的文化因素[①],运用人类传播理论来培养学员的文化观、传播观以及对国际文化事务的敏感度;一些高校在各个外国语言文化专业开设的"跨文化交际"课程,主旨是阐释跨文化交往中因文化差异而产生的失误、矛盾和冲突,通过提供跨文化交往的语用知识和文化分析[②],提高学员对文化差异的敏感性、对交际误区的洞察能力,进而提升跨文化交际能力。

根据近年来跨文化传播研究的前沿进展情况,本书运用了一个较为综合的

① 关世杰:《跨文化交流学》,北京大学出版社 1995 年版,第 14 页。

② 贾玉新:《跨文化交际学》,上海外语教育出版社 1997 年版,前言第 2 页。

跨文化传播定义:各种文化信息在时间和空间中流动、共享和互动的过程,不仅关联不同文化的成员之间发生的信息传播与人际交往,还涉及人类社会中诸多文化要素的扩散、渗透和迁移。这一定义的认识基础是,跨文化传播作为人的社会活动,呈现了全球社会中社会关系与社会交往的丰富性和复杂性,使跨越文化界限的传播活动表现为个体之间、个体与群体之间以及群体之间广泛存在的相互沟通、影响和制约。究其实质,跨文化传播就是一种沟通和建立不同文化中人与人之间共存关系的文化交往活动,或者说,是人类社会关系和社会交往的跨文化、跨区域的一种"延伸"过程。

本着这一理解,本书立足于中国社会和文化的语境,从跨文化传播涉及的社会关系与社会交往的总体图景出发,按照系统的整体性原则进行了学科框架的设计,以跨文化传播学的基础概念、主要理论、研究方法、基本命题为核心,呈现了理解跨文化传播实践、开展跨文化传播研究的符号、文化、社会、技术、能力和全球社会等层面的学术背景和认知视角。

具体而言,在第二章"语言与非语言符号"中,以符号与符号学理论为基础,讨论了传播与交往中的语言与非语言符号,展现了符号学视野下社会关系与社会交往必然涉及的意义"分享";第三章"文化的差异、冲突与观念体系",集中了文化学、人类学等领域对人类社会关系与社会交往的"解读";第四章"规范体系、社会互动与认同的建构",阐释了社会视阈下人类社会关系与交往活动在诸多层面的"整合";第五章"文化心理与认知体系",借助心理学、跨文化心理学、文化心理学等研究成果,凸显了不同文化群体对社会关系与社会交往的"认知";第六章"技术发展与全球交往",描述了技术发展和全球化提供的人类社会关系与交往的"空间";第七章"传播能力:个体与组织的选择",涉及文化休克、文化适应与传播能力等议题,聚焦于不同个体和组织拓展社会关系与社会交往的现实"能力";第八章"面向全球社会:中国、东亚与世界",立足于中国、东亚和世界三个维度,寻求不同文化之间建立合作对话、和谐共处的关系之道,探寻全球社会中社会关系和社会交往的基本"伦理"。

就本书的结构、形式和内涵而言,大致契合了国际传播协会(International Communication Association)新近厘定的跨文化传播研究的学科特质:一门致力于不同文化之间传播的理论与实践的学科,关注不同文化、国家和族群之间传播系统的差异比较,并与国际传播的许多方面,以及传播与国家发展的研究密切相关。[①]

二

跨文化传播学是一个阐释全球社会中不同文化之间社会关系与社会交往活动的知识系统。研究跨文化传播现象,不能偏离对人类的社会系统和传播活动的关注,不能不去研究人与人之间,以及群体、组织和社会之间纷繁复杂的社会关系和社会交往。

科学意义上的社会关系,指的是根据行为的意向内容,若干人之间相互调整并因此而相互指向的行动。[②] 社会作为一个体系,就是各种社会关系的总和——无论是大社会,还是小社会,都表现为各种人与人、群体与群体关系的集合。社会交往的内涵与社会关系密切相关。社会交往是人的社会存在的基本方式,也是社会结构形成的基础。多种多样的社会交往构成了人们之间丰富而复杂的社会关系,社会结构的诸多层面也是不同类别、不同层次社会关系规范化、制度化的结果。可以概括地说,社会交往与社会关系是形成人的社会性的基本前提,是人的社会本质的充分表现形式,共同构筑了人类社会结构的基础。

这里就呈现了社会科学的一个基本假设:社会关系和社会交往是人类社会得以产生、存在和发展的基本活动,社会本身就是人们在交往中形成的"人的真正的共同体",即"人们不是作为孤立的个体而生存着,而是作为家庭中的成员,团体中的同人,具有众所周知历史渊源的各种'人群'中的组成部分而生存着"。[③] 就此而言,传播作为人的社会活动,体现的正是社会关系与社会交往的本质。在传播的视角下,社会关系表现为个体之间、个体与群体之间以及群体之间普遍的相互沟通、影响和制约;社会交往则是人与人之间发生社会关系的中介和现实体现,必须在人们结成一定的社会关系并进行有效互动的前提下才能实现。在这里,传播是进行社会交往的重要的"黏合力",同时决定了社会关系更为密切和复杂的可能性。

进一步说,社会关系与社会交往构成了文化的内在源泉,也构成了人们对各种文化现象进行认知、理解和界定的空间。基于社会关系与社会交往的视角去研究跨文化传播的过程与影响,不仅可以对人类的跨文化交往与互动活动进行

---

① International Communication Association (March 26, 2008), http://www.icahdq.org/sections/index.asp.

② 〔德〕马克斯·韦伯:《社会学的基本概念》(胡景北译),上海人民出版社2000年版,第35页。

③ 〔德〕卡尔·雅斯贝斯:《现时代的人》(周晓亮译),北京:社会科学文献出版社1992年版,第7页。

相对全面的解读，还可以依据不同的社会结构与社会秩序的变动去更好地解释人类文化的发展与流变。就人类历史的主要线索来看，正是凭借人类社会关系与社会交往的不断延伸，才把不同地区、族群、国籍的人群“联结”在了一起，促进了整个人类文化的发展和社会变迁。不同文化的习俗、道德、价值观和生活方式等等，也无不是通过这种延伸而渗入到其他文化之中，确立了不同文化群体的社会规范和观念体系，维持着人类社会系统的动态平衡、稳定和发展。

在文化研究的知识谱系中，历史学家汤因比(Arnold Toynbee)对文明社会生长的考察就是从个人与社会的关系入手的。正如他指出的，“社会正是人与人之间关系的产物，人们之间的关系源于个人活动范围的‘偶合’。这种‘偶合关系’使诸多的个体结成了一个整体，即所谓的社会”，社会是一个“行为的场所”，而一切行为的动机则来自组成这个社会的个人。[①] 在 20 世纪得到迅速发展的西方各个现代文化社会学派，比如符号互动论、现象主义、存在主义、结构主义等，无不是将文化置入社会关系与社会交往的整体性框架中进行考察，研究文化的传播如何受到社会心理等诸要素的制约和影响，如何在社会影响中产生、发展和变化。其中，社会心理学家乔治·米德(George Mead)是以个体心理学为理论基础，把社会结构看成个人交往过程的结晶化，把社会发展看成人类交往形式的进化过程。社会学家查尔斯·库利(Charles Cooley)提出的一个观点也得到了广泛的呼应：社会是由无数个人之间的相互作用并借助某种符号系统组成的整体，文化交往则是人类社会关系赖以存在和发展的机制，或者说是联结社会秩序的工具和手段。

作为呈现人类传播活动的一个重要的知识系统，跨文化传播学理论研究的核心和学科构建的基础，跨文化传播的主题、话语、概念、理论乃至范式，都离不开对人类社会关系与社会交往活动的考察。正如贾玉新指出的，社会关系与社会交往对传播的影响，对跨文化传播及其研究有着特殊的意义：一方面，社会关系对传播的影响因文化而异，相同的社会关系可能要求不同的行为；另一方面，社会交往从方式到内容都在不同程度上取决于人们的社会关系——社会关系规定了社会角色，人们又通过社会角色来预测人们的行为，在不同的场景、时间和社会关系下，人们的行为要遵从不同的社会期望和社会规范。[②] 总之，只有把跨文化传播置于人们的社会关系及社会交往活动的相互作用中去分析、研究，才能把握它的规律、发展与变化。跨文化传播学的学科框架，也必然是以不同的形

① 转引自张志刚：《宗教文化学导论》，北京：人民出版社 1993 年版，第 158 页。

② 贾玉新：《跨文化交际学》，第 144—146 页。

式、从不同的侧面，直接或间接地对不同文化、人群、个体等不同主体之间的关系与交往的反映、陈述或阐释。

三

全球化是人的社会关系的世界化，是人的社会交往的世界化。

作为人类社会关系与社会交往的一种“延伸”过程，全球化体现了跨区域的相互联系、社会网络范围的扩大，不断地将主导人们日常生活的本地社会扩展到全球社会的层次上。全球化是一个持续的、连绵不断的过程，意味着跨越国界的社会、政治和经济活动的日益频繁，也意味着世界上任一地区的事件和活动能够对遥远地方的个体或共同体不断地施加影响。全球化也是世界各国社会、文化、制度以及个人之间，产生复杂交互关联的快速发展过程，牵涉到时间、空间的压缩，以及各个社会系统之间传递和处理信息的密度、容量和速度的大幅度提升。一言以蔽之，全球化既为跨越文化的传播与融汇提供了条件，也在不断改变着当今世界的“文化地图”。

全球社会中社会关系和交往方式所发生的诸多革命性变化，不可避免地赋予全人类一种全新的、共有的全球意识(global awareness)，使人类的生活具有了前所未有的世界性意义：一方面，不同社会、文化以及不同地区的人们产生了前所未有的交往欲望，促进了不同文化之间的民族和国家的文化大传播，使人们要去面对有着不同文化背景、有着自己所不理解的行为方式的人们，与之发生直接或间接的互动；另一方面，全球范围内经济和文化资源的流动和扩散、重组和整合加快，文化发展呈现出既高度融合又高度分化的趋势，特别是世界文化体系出现了某种“同质化”的趋势。这也表明，跨文化传播已成为全球文化生态的表征，呈现着不同文化主体在交往中的视野和姿态，决定了人类文化交往与发展之路的未来走向。

在这样的时代背景下，跨文化传播学的学科目标之一，就是要努力呈现全球社会中社会关系和社会交往的变迁实质。毋庸置疑的是，跨文化传播正在改变着人类生活于其中的社会、文化环境乃至整个“生活世界”，深刻地影响和动摇着不同文化的深层结构。在传统社会中，人们的观念主要是在家庭、邻里、村落和社区等社会群体中获得的，由于人们生活在松散的社会结构和社会关系中，因此主要通过面对面的交往来自觉或不自觉地接受相互间的文化意义和价值，在潜移默化之中建构自己的观念。进入全球社会之后，跨文化传播不仅跨越了时间和空间，也穿越了各种文化共同体，由此而改变着不同文化的认知系统、价值建构方式和观念体系——信息已成为交往的主要媒介,牵引和引导人们的社会关系与社会交往,大容量、高密度的文化信息的相互碰撞和融汇,也在重新建构着各个文化复杂的内在构造。

在全球化的语境中,跨文化传播研究还须考虑到技术、人口和经济意义上的知识和范畴。跨文化传播学者拉里·萨默瓦(Larry Samovar)就提醒研究者,要注意三个方面的使跨文化传播愈加广泛和频繁的因素:新技术与信息系统;世界人口的变化;向全球经济的迅速发展趋势。[①] 因为这些变化正在迅速地改变着世界的面貌,必然也会对跨文化传播研究的理论思考和研究方法产生影响。譬如,就萨默瓦所说的新技术与信息系统来看,这一方面的持续革新不仅影响了全球范围内信息流动的方向、数量和结构,也在改变着每一个个体的信息接收环境,改变着人们传统的生活方式、思想观念及价值取向,由此深度影响着跨文化传播的基本语境。与此同时,依托全球范围内日渐完善的信息技术体系而得以深入的文化全球化也作为动力和媒介,推动着全球社会中的社会关系与社会交往现实的结构性转变。

进入21世纪以来,技术要素、资本要素、人力要素等在市场法则的驱动下出现了更为猛烈的全球性的流动和组合,促进了不同文化区域互补性、关联性和依赖性的增强。正如乔治·米德描述的:伴随着人类社会进化的过程,人与人之间彼此联系的相互依存关系变得越来越复杂,紧密交织、高度组织化,而人类社会进化的方向,则表现为:"构成人类社会的、存在于有关个体间的一切相互依存的社会联系变得越来越统一,越来越复杂,越来越紧密地交织在一起,以致达到完全的统一。"[②] 社会交往的全球化,积累了人类交往方式的变迁压力,亦不可避免地要求一种全新的认识框架,要求重新界定全球社会中人与人之间的关系。

四

社会科学面对现实问题的思路与能力,必定是与特定的社会和时代环境相联系的。任何一种传播现象和传播行为都无法脱离具体的社会环境,也没有一种信息能够脱离传播者和接收者共处的社会现实。所以,传播学者施拉姆(Wilbur Schramm)着重指出:传播现象的研究离不开"研究人与人的关系以及他们

① Larry Samovar and Richard Porter, *Communication between Cultures* (Belmont, CA: Wadsworth, 2004), p. 5.

② 张国良:《20世纪传播学经典文本》,上海:复旦大学出版社2003年版,第196页。

所属的集团、组织和社会的关系;研究他们怎样相互影响和受影响;告知他人和被他人告知;教别人和受别人教;娱乐别人和受到娱乐”,总之,要理解人类的传播互动,必须了解人是怎样相互建立起联系的。[1]

当前,传播全球化正在迅速扩展着不同文化间广泛的交流与分享,跨文化传播研究的议题也在社会实践活动的各个领域中延伸。面对文化变迁和社会现实的复杂性,笔者认为,跨文化传播研究需要发扬理论开放性和思想灵活性的学术传统,特别是要求研究者带着自己的“问题视阈”进入生活实践,在与现实问题的对话中达到“视阈融合”——在视阈的遭遇、交融与沟通中发现并揭示新的意义,从而建构与时代特征相适应的学科体系。[2]

置身于全球社会的语境,跨文化传播的“问题视阈”必然指向的是不同文化之间的整体及其各部分之间的既是静态,又是动态的社会关系。这一“视阈”必然涉及个体之间、个体与群体、群体之间、文化之间的各种相互关系与交往的复杂现实,以及不同文化共同体的社会结构、生活方式、思维方式、价值观念以及社会规范等方面的调适与变迁。这一“视阈”也意味着,研究者要从文化、社会、心理、观念、技术等多个视角,筛选和探讨在跨文化传播过程中涉及的有关社会关系与社会交往事实的变量,并对其进行确认、分析和分类,从现实的变动中追踪传播的主要方式与普遍本质。显然,这些变量是相互关联、相互依存甚至是相互重叠的,同时预示了跨文化传播研究“路线图”的多元、多维和复杂性;跨文化传播学的学科范式、基本概念、理论、方法,乃至研究意义和理解现实的努力,恰恰寄寓其中。

对本书的这一“视阈”构成启发的,还有哈贝马斯(Jurgen Habermas)用以阐释交往行为理论的“主体间性”(intersubjectivity)和“生活世界”(lifeworld)的概念。

在社会学意义上,“主体间性”针对的是作为社会主体的人与人之间的关系。根据哈贝马斯的解释,现实社会中的人际关系分为工具行为和交往行为,工具行为是主客体关系,交往行为则是“主体间性”行为。在哈贝马斯著名的交往行为理论中,就是主要运用“主体间性”的概念,提倡交往行为,以建立互相理解、沟通的交往理性,最终实现社会的和谐。“生活世界”的概念最早由胡塞尔(Edmund Husserl)提出,指的是某一生活主体从自身角度所体验的世界,如神话世界、巫术世界等。“生活世界”是多样的,每一个都有其特有的结构或风格。根据哈贝

① 〔美〕威尔伯·施拉姆、威廉·波特:《传播学概论》(陈亮等译),北京:新华出版社1984年版,第4页。

② 孙英春:《全球社会中的社会关系与社会交往》,载《国际关系学院学报》2007年第5期,第44页。

马斯的交往行为理论,“生活世界”作为一种由“文化传播和语言组织起来的解释性范式的贮存”[①],是交往行为得以落实的基础,也是交往行为得以继续的“界面”,而社会科学研究的条件和对象就是“生活世界”。交往行为合理化的最终目标,就是要实现“生活世界”的正常再生产,具体表现为构成“生活世界”的文化层面的有效沟通、社会层面的有效整合,以及人格方面的健康自我观的建构,也就是“生活世界”的结构上的合理化。总之,“生活世界”构成了交往与理解的结构、背景和前提。[②] 更重要的是,通过交往理性达成的理解具备了协调互动并实现社会整合和社会合理化的功能,同时具备了重要的传播、保存和重构文化的功能,而对“主体间性”的研究能够对人类的“生活世界”提供本质的说明。

这两个概念对于本书的启示还在于:第一,要回归到“生活世界”,即回归到日常生活、意识生活或语言世界之中。换言之,就是从现实生活出发进行思考,解构旧有观念,建立一种奠基于现实生活的认识论。第二,要关注不同文化共同体之间的交往变迁以及“主体间性”的复杂趋向,特别是不能简单忽视社会体系设置的语境。概言之,面向全球社会,跨文化传播学的“问题视阈”必须充分关注人类不同文化之间以及文化内部不同阶层、不同区域的全体成员的关系与交往,充分重视各种形态迥异的文化的现实、特质和选择。

显然,这需要以一种正视无知与局限的心态来进行“范式重构”,以多元、多维的学术话语汇聚诸多学科的知识,呼应和表达社会学科趋于综合的时代潮流。可以预见,此种努力不仅能对全球社会的不断更新的过程提供说明,还可以帮助跨文化传播学获得新的应有之义:基于与社会现实和文化实践同步的学术努力,解读不同文化行为体的整体性调适与变迁,尤其是凝聚人们的思想、达成共识,以指导各个行为体的行为,缓解乃至消解由文化差异或文化冲突给世界造成的消极影响。笔者深信,借助于这样一种广阔的视阈,跨文化传播学必能在人类文化现在和未来的探寻与选择中,作出更有价值的贡献。

---

① 〔美〕乔纳森·特纳:《现代西方社会学理论》(范伟达译),天津人民出版社 1988 年版,第 283 页。

② 〔德〕尤尔根·哈贝马斯:《交往行为理论》第 2 卷(洪佩郁译),重庆出版社 1996 年版,第 165—168 页。

目　录

第一章 概 论

作为人类传播活动的重要组成部分，跨文化传播与各种文化信息在时间和空间中的流动、共享和互动过程相关联，涉及不同文化背景的人们之间发生的信息传播与人际交往，以及人类各个文化要素的扩散、渗透和迁移。人类的生活始终离不开跨文化传播，它总是和人类生活的各个方面交织在一起，是人与人之间、民族与民族之间、国家与国家之间必不可少的活动。正是跨文化传播，维系了各个社会结构和社会系统的动态平衡，促进了全球社会的整合、协调与发展。

根据国际传播协会截至 2008 年 3 月的分类，传播学研究的学术分支主要有：**信息系统、人际传播、大众传播、组织传播、跨文化传播、政治传播、教育/发展传播、健康传播、传播哲学、传播与技术、流行传播、公共关系、女性与传播、传播法律与政策、语言与社会互动、图像传播研究、新闻学研究、全球传播与社会变迁**。[①] 关于跨文化传播学的学科特质，国际传播协会还指出：这是一门致力于不同文化之间传播的理论与实践的学科，关注不同文化、国家和族群之间传播系统的差异，并与国际传播研究、传播与国家发展研究等密切相关。

跨文化传播学的研究对象是文化与传播之间的关系，以及不同文化之间理解、合作与共存的可能与机制。与之相应，跨文化传播学的研究目标涉及：描述特定文化之间传播的性质，揭示文化的异同；基于对文化异同的理解，研究消除人们由于文化屏障造成的传播差异的途径；更好地理解自己的文化，理解文化的创造和分野的进程。[②] 由于跨文化传播学关注的问题都是围绕文化与传播这两个对象发生的，因此本章在阐述了跨文化传播的定义、学科发展和现实关切之外，还对"文化"和"传播"的概念及两者之间的关系进行了简要阐释，为以后的讨论铺垫了必要的基础。

---

① International Communication Association (March 26, 2008), http://www.icahdq.org/sections/index.asp.

② 吴予敏：《跨文化传播的研究领域与现实关切》，载《深圳大学学报》2000 年第 17 期，第 76 页。

跨文化传播研究是由文化人类学、语言学、社会学、心理学等不同学科的学者共同开拓的。这些学科不仅构成了跨文化传播学最为直接的理论来源，也对跨文化传播研究的研究方法和研究取向具有独特的贡献，其前沿进展也为这一领域与其他知识系统的交汇提供了更多的可能性。无论如何，跨文化传播学得以存在和发展的根本动力，就在于对这些学科已有理论预设的追问以及新成果的运用和重构。

第一节 跨文化传播：定义与学科属性

跨文化传播渗透于人类社会的一切活动之中，推动了社会的变迁和发展。没有跨越文化的传播活动，就没有人类社会的生存和发展，更没有人类的进化和文明。正如英国哲学家罗素(Bertrand Russell)指出的，"不同文明之间的交流是人类文明发展的里程碑。希腊学习埃及，阿拉伯参照罗马帝国。中世纪的欧洲模仿阿拉伯，而文艺复兴时期的欧洲又仿效拜占庭帝国"①。人类社会由原始社会、奴隶社会、封建社会走到今天，正是跨文化传播把不同地区、不同种族、不同国籍的人群"联结"在一起，促进了整个人类文化的发展和社会变迁。

一、跨文化传播的定义与历史脉络

> 跨文化传播涉及有关文化与传播研究的方方面面。②
>
> ——跨文化传播学者古迪孔斯特(William Gudykunst)

学界对跨文化传播(intercultural communication)的定义多种多样，侧重的角度也各有不同，主要可以概括为如下三种类型。

第一，来自不同文化背景的人际交往与互动行为。在跨越文化的人际传播中，传播双方的文化背景可能基本相似，也可能相去甚远，存在着观念、思维方式、生活方式乃至民族性格等方面不同程度的差异，因此就造成了程度不同的传播难度。在这一理解的基础上，一些研究将跨文化传播视为来自不同文化背景的人们之间通过合作和协商来建构意义的象征性过程，即个体通过采用彼此的视角来合作建构意义。这些研究同时强调，这一过程中的互动行为应始终遵从传播各方的协商规则，以使参与者能够通过相互合作来产生彼此都能接受的意义。

---

① William Gudykunst, ed., *Cross-cultural and Intercultural Communication* (Thousand Oaks, CA: Sage, 2003), Forward, p. 1.

② 转引自汤一介：《三论创建中国解释学问题》，载《中国文化研究》2000 年夏之卷，第 18 页。

第二，信息的编码、译码由来自不同语境（context）的个体或群体进行的传播。依据这一定义，文化是通过象征符号的编码得以表现的，传播双方信息编码比较一致的传播可以称为同文化传播，传播双方的信息编码基本不同的传播可以称为跨文化传播。由于在现实世界中，传播双方编码完全相同的情况是不存在的，完全不同也是不存在的，所以人际传播是否是跨文化传播，要以两方信息编码的重叠程度来确定。有学者认为，双方信息重叠量达到70%可算是同文化传播，低于70%则是跨文化传播。

第三，由于参与传播的双方的符号系统存在差异，传播因之而成为一种符号的交换过程。[①] 这一定义主要强调了不同文化交往中文化差异的影响，有效传播即是能够在来自不同文化的传播者之间创造一种共享意义（shared meanings）。如表1-1所示，在跨文化传播中，各种文化的差异在程度上是不同的，产生误解的可能性大小也是不同的。当不同文化或群体成员的文化差异增大时，产生误解的可能性无疑更大；反之，人们具有的共性越多，在传播中遇到的严重挫折或文化误读就越少。

表1-1 不同文化群体之间传播的难度[②]

群体A/群体B
难度较大
西方人/亚洲人
意大利人/沙特阿拉伯人
美国人/希腊人
美国人/德国人
美国人/法语加拿大人
白种英裔美国人/保留地印第安人
白种英裔美国人/非裔美国人、亚裔美国人
美国人/英国人
美国人/英语加拿大人
城市美国人/乡村美国人
天主教徒/浸礼教徒
男权主义者/女性主义者
异性恋/同性恋
难度较小

① Stella Ting-Toomey, *Communicating across Cultures* (New York, NY: The Guilford Press, 1998), p. 21.

② Fred Jandt, *Intercultural Communication* (London, UK: Sage, 1998), p. 37.

结合相关研究和本书的视阈，可以认为，所谓跨文化传播，就是不同文化之间以及处于不同文化背景的社会成员之间的交往与互动，涉及不同文化背景的社会成员之间发生的信息传播与人际交往活动，以及各种文化要素在全球社会中流动、共享、渗透和迁移的过程。有必要说明的是，这一定义涉及两个层次上的传播：第一，日常生活层面的跨文化传播，主要指来自不同文化背景的社会成员在日常互动过程中的矛盾、冲突与解决方式；第二，人类文化交往层面的跨文化传播，主要是指基于符号系统的差异，不同文化之间进行交往与互动的过程与影响，以及由传播过程决定的文化融合、发展与变迁。这显然是一个涵盖广泛的概念，与以下四种类型的传播形态有着重叠或交叉的关联。

第一，**跨种族传播**(interracial communication)。这是传播者与受众分属不同种族的传播，比如中国人与美国白人之间的传播。通常不同人种之间的传播就是跨文化传播，但一个完全同化于美国文化的华裔与美国白人之间的传播不是跨文化传播。

第二，**跨族群传播**(interethnic communication)。这是虽属同一人种但分属不同族群的人们之间的传播，通常发生在多族群的国家之内。

第三，**跨群体传播**(intergroup communication)。通常人们谈到的文化，都是立足于占主导地位的民族文化(national culture)或**主导文化**(dominant culture)之上的。需要注意的是，任何一种民族文化或主导文化都不可能是同质的(homogeneous)，与之并存的还有很多**群体文化**(co-culture)，后者主要是指特定文化中存在的一些具有共同文化要素的“共生”文化，这些文化不赞同或不愿遵从主导文化的信仰、价值观和态度，同时不享有主导文化的影响和权力。残障人群体、同性恋群体、移民群体以及性别群体等，都有自己独特的群体文化。由于群体文化始终表现出与主导文化不同的观念、信仰、生活方式和传播特征，所以，群体文化与主导文化之间、不同群体文化之间的交往也多属于跨文化传播。

第四，**国际传播**(international communication)。这是发生在主权国家和政府之间的传播，它的信息发出者主要是国家、政府组织、非政府组织和个人，以及以营利为主要目的的文化工业等，是与国家的政治、经济、文化发展密切相关的传播。国际传播是伴随着国家的出现而出现的，常常具有跨族群、跨种族、跨文化传播的特点。传播学者莫拉纳(Hamid Mowlana)对国际传播的定义就是：通过个人、群体、政府和技术，在不同国家和文化之间传递价值观、态度、观点和信息的研究领域；同时是对促进或抑制这类信息的相关制度结构的研究。国际传播虽与跨文化传播有着诸多不同，但是，对跨文化传播的分析倘不考虑政治、经济和技术因素则是天真的，也是不现实的。当然，国际传播研究如果不考虑文化和语言背景,也是难以深入的。[①]

人类进行跨文化传播活动的历史可谓源远流长。公元前18世纪古巴比伦王国的《汉谟拉比法典》中,已有针对在国外购买奴婢的规定。公元前1750年,古埃及就有了埃及人与亚洲人交往的记载。距今两千多年前,古希腊悲剧家埃斯库罗斯首次表达了人类容易对异族产生恶意倾向的观点:"人们总是急于责怪异族。"中国历史上的周穆王西征、徐福东渡、张骞通西域、甘英出使大秦等,亦是跨文化传播活动的具体表现;繁盛一时的丝绸之路,川流不息的遣隋使、遣唐使,更堪称人类历史中跨文化传播的典型范例。距今六百年前,郑和船队七次跨越南中国海和印度洋,远达阿拉伯半岛和非洲东海岸,拉开了人类走上世界性交往舞台的序幕。接下来的一个世纪里,西方探险家迪亚士、达·伽马、哥伦布等人的足迹从欧洲延伸到世界各地,开启了地理大发现的伟大时代,伴随而来的海外贸易与殖民活动促进了世界范围的交往,人类的跨文化传播活动也开始了新的篇章。

人类历史中的跨文化传播活动,折射出人类社会的媒介信息系统不断发达、不断趋于复杂化的过程。根据传播媒介的发展与技术变革,传播学界习惯上把迄今为止的人类传播活动划分为如下四个历史阶段。

口语时代 考古研究推断,人类最原始的传播方式是猿人进化时期的非语言符号传播,他们用与其他哺乳动物大致相同的呼唤、尖叫及身体姿态来示意危险的出现和食物的存在,表明交配意图及协调活动等。这些声音和身体语就是早期人类交往的基本手段。距今约10万年前,语言传播时代到来,不过,此时的口语传播存在着明显的局限:由于发声功能的限制,口语传播只能在近距离进行;口语转瞬即逝,信息的保存和积累只能依靠人脑的记忆。总之,口语传播受到空间和时间的巨大限制,只能在近距离和小范围内进行,即所谓的"声不能传于异地,留于异时"。

文字时代 文字的发明与使用是人类进步历程中最具意义的成就之一,拓展了传播的时间和空间维度,人类跨文化传播的时代也真正到来了。传播学者德弗勒(Melvin DeFleur)即指出:"与工具、火、语言本身一样,文字是人类古今意义最重大的成就之一,没有它,世界上多数人仍将是文盲。"[②] 文字的使用突破了语言在时空上的局限,使其具有规范、便携和能够长期保存等优点,所承载的信息也由简单、容易变得复杂和繁多。更为重要的是,以文字为核心的信息系统

① 关世杰:《国际传播学》,北京大学出版社2004年版,第4页。

② 〔美〕梅尔文·德弗勒等:《大众传播学诸论》(杜力平等译),北京:新华出版社1990年版,第11页。

的形成和扩展，反映了“人类接触的频繁程度以及征服、思想和更大的社会组合”[1]，验证了各个文化的产生、发展与延续，促进了地球各个角落的人群之间经济、政治和文化的交流与融合。

印刷时代 印刷术的发明，给整个人类文化带来了新的曙光，亦使跨文化传播步入了一个崭新的时代。就欧洲而言，印刷品的大量出现，激发了人们的求知欲，推动了教育的发展、文化的普及、科学的启蒙和社会的进步，加速了欧洲封建社会的解体和资本主义的诞生。一如施拉姆所说：“书籍和报刊同 18 世纪欧洲启蒙运动是联系在一起的。报纸和政治小册子参与了 17 世纪和 18 世纪所有的政治运动和人民革命。正当人们越来越渴求知识的时候，教科书使得举办大规模的公共教育成为可能。正当人们对权力分配感到不满的时候，先是报纸，后来是电子媒介使普通平民有可能了解政治和参与政府。”[2] 罗素也指出，印刷术的出现“大大扩展了新思想的传播范围，结果有助于去挖传统权威的墙脚。因为用方言翻译出来的《圣经》印刷成书，很容易到手，教会不能再用花言巧语来继续维持它在信仰方面的监护人身份。至于一般学术，也出于同样原因的促动而回到现世主义。印刷术不仅给批评旧秩序的新政治理论提供了传播工具，而且还使人文主义学者得以重新出版古代人的著作，随之促进了经典原著的广泛研究，有助于教育水平的普遍提高”[3]。

电子时代 电子传播实现了信息的远距离快速传输，推动了人类知识和经验的加速积累，也使人类跨文化传播的质量和效率获得空前的提升。以广播和电视为主体的电子传播，突破了时空的限制，使人类跨文化传播的内容更加丰富，感觉更加直观，依据更加可靠。计算机的发明和电子通信技术的发展，更使人类的跨文化传播进入了一个前所未有的境界，而 20 世纪 90 年代以来全球范围内网络技术的普遍运用，则是人类传播方式的一次重大革命，改变了传统的传播观念、媒介运作及传播方式，一个新的时代——“数字时代”已经到来。

跨文化传播的历史脉络表明，跨文化传播是人类社会发展的产物，促进了世界文化的发展和进步。正如历史学家戴逸所说：“一部世界文化史，从某种意义上讲，就是各民族文化相互传播、碰撞、融合和不断创新的历史。”[4]

---

① 〔美〕威尔伯·施拉姆、威廉·波特：《传播学概论》（陈亮等译），北京：新华出版社 1984 年版，第 13 页。

② 同上书，第 18 页。

③ 〔英〕伯特兰·罗素：《西方的智慧》（马家驹等译），北京：世界知识出版社 1992 年版，第 222—223 页。

④ 转引自李喜所主编：《五千年中外文化交流史》第 1 卷，北京：世界知识出版社 2002 年版，序言第 1 页。

譬如,考古研究证明,古埃及文化与两河流域的古巴比伦文化在农业、畜牧业、手工业技术以及天文、历法、语言文字、算术和服饰等方面有许多相同和相似之处。由于埃及文化和巴比伦文化之间固有的大量融合与交流,有很多学者将其合称为"东地中海文明"或"西亚文明"。再比如,当代阿拉伯文化与中近东文化不仅仅是本土文化的总和,它们在不同程度上还受到了来自古希腊与罗马的文化、拜占庭与波斯萨珊王朝的文化、中世纪以及现代欧洲文化和当代美国文化的影响。中国文化也是如此。通过持续不断的跨文化传播活动,中国历史上形成了包括朝鲜、日本、越南以及东南亚广大地区的"中华文化圈[①]"。同时,中国自汉代之后就保持着与印度文化、阿拉伯文化乃至欧洲文化之间频繁的对话和融合。其中,中印之间的佛教文化交流深刻影响了中国文化的深层结构,明清尤其是 1840 年鸦片战争以来西方文化的涌入,则促使中国文化传统在困境中一步步向现代化迈进。

二、跨文化传播学的诞生

> 为实现有效的跨文化传播,我们必须学会灵活、谨慎地面对各种差异。[②]
>
> ——跨文化传播学者斯特拉·丁-图米(Stella Ting-Toomey)

文化人类学家是跨文化传播学的开拓者。

从 20 世纪初期开始,以英国和美国的文化人类学家为先导,对人类不同文化的差异及跨文化传播活动的学术研究日益深入。特别是在第二次世界大战进入后期阶段之后,美国面临着一个现实的问题:如何确保美军能在新近占领的岛屿上与土著居民沟通与合作?由于美军对这些土著居民的语言和文化一无所知,美国政府就邀请了一些优秀的文化人类学家,专门研究这些地区的文化。在这一时期,研究者对开展跨文化传播研究的重要性产生了全新的理解,同时积累了这样的认识:跨文化传播研究应致力于考察那些对不同文化成员之间的人际传播最有影响力的文化因素。

文化人类学家鲁思·本尼迪克特(Ruth Benedict)的《菊与刀》(*Chrysanthe-*

---

① "文化圈"是指某一大的地区以某种特定民族的文化为母体文化而不断创新和发展,或者说,这一地区的各个文化虽然各具特色,但文化源头是相同的。"中华文化圈"的共同特点是:以以儒学为核心的中国文化为基础,形成一种独特的文化取向和思维方式;接受和传播中国式的佛教文化;以中国传统社会的政治制度和社会模型为社会运行的基本机制;接受或吸收汉语的文字范式而创造出本国或本地区的语言文字。

② Stella Ting-Toomey, *Communicating across Cultures*, p. 3.

mum and the Sword)一书,就是美国政府在1944年委托研究的成果之一。当时,美国政府需要两个问题的答案:第一,日本政府会不会投降?盟军是否要进攻日本本土并采用对付德国的办法?第二,如果日本投降,美国是否应当利用日本政府机构以至保存天皇制?正如本尼迪克特在《菊与刀》中所说:

> 严重的事态接二连三地出现在我们面前。日本人下一步将采取什么行动?能否不进攻日本本土而获致投降?我们是否应该直接轰炸皇宫?从日本俘虏身上,我们可以期望得到什么?在对日本军队及日本本土进行宣传时,我们将宣传些什么才能拯救美国人的生命,并削弱日本人那种抵抗到最后一个人的意志?这些问题在日本通中也引起了相当大的对立。如果和平降临,为了维持秩序,日本人需要永远进行军事管制吗?我军是否要准备在日本深山老林的要塞中与那些疯狂的抵抗到底分子进行战斗?在世界和平有可能到来之前,日本会不会发生一次法国或俄国式的革命?谁将领导这次革命?或者,日本民族只有灭亡?[①]

本尼迪克特的研究报告推断:日本政府会投降;美国不能直接统治日本;要保存并利用日本的原有行政机构——因为日本与德国的诸多不同,不能用对付德国的办法对付日本。随后的发展确如本尼迪克特所料,美国政府的一系列决策也与她的意见大抵一致。

第二次世界大战之后,美国在世界许多地区建立了海外基地,与此同时,联合国、世界银行、世界卫生组织、联合国粮农组织等国际性机构也在纷纷建立。美国政府急需了解各个国家的政治、经济和文化情况。1946年,美国国会通过了《外交法令》(Foreign Service Act),决定在美国国务院下设驻外事务处(Foreign Service Institute),为美国援外技术人员和外交官提供语言和人类学意义的文化培训。一些学者认为,此举意味着跨文化传播研究的正式开始。[②] 1958年,美国南亚问题专家伯迪克(Eugene Burdick)等出版了《丑陋的美国人》(*The Ugly American*),直指50年代美国驻东南亚的外交官和经援人员漠视当地文化的令人反感的形象。美国国务院向驻外人员明确提出,应以该书为镜子来对照各自的行为。

文化人类学家爱德华·霍尔(Edward Hall)是在美国驻外事务处任职的专家之一,他的主要工作是选拔和训练到国外工作的美国人。霍尔发现,美国人与他国人民相处时的许多困难是由于美国人"以我们自己的标准与他人交往"引起

① 〔美〕鲁思·本尼迪克特:《菊与刀》(吕万和等译),北京:商务印书馆2003年版,第2页。

② Fred Jandt, *Intercultural Communication*, p. 36.

的,美国形象的不堪也与培训不足以及缺乏了解其他文化的外交人员和出国人员有关。在发表了一系列有关跨文化培训的论文后,霍尔在1959年出版的《无声的语言》(*The Silent Language*)中具体勾勒了跨文化传播研究范式的若干原则,其中包括:跨文化传播培训的参与和体验;从单一文化社会层面的研究转向跨文化人际交往的研究;重视非语言传播;强调文化无意识(unconsciousness);坚持非评判性的族群相对主义(non-judgemental ethnorelativism);关注传播与文化的关系。鉴于《无声的语言》无可辩驳的学术影响,许多研究认为,此书的出版标志着跨文化传播学的正式诞生。

20世纪60年代,美国总统肯尼迪发起创立的"和平队"(Peace Corps)[①],让美国各个学术领域对不同文化之间的有效传播产生了更多的兴趣。在这一时期,美国国内少数族群争取民权的斗争和知识界不断深入的关于文化多样性的争论,更使美国政府认识到不同族群、不同文化群体之间传播的重要性。以1964年美国国会通过的《民权法案》为标志,美国政府开始正视少数族群文化的合法权利,同时,以文化人类学家和语言学家为主力,社会科学的不同领域都加强了关于文化与传播的综合性研究。

在这一时期,跨文化传播研究逐步从人类学中分离出来,开始成为传播学研究的一个重要组成部分,主旨是对造成文化差异的文化、语言、非语言要素进行探讨,尤其是聚焦于理解人际层面的跨文化传播,以及增进有效传播的相关技巧。自1961年到1969年,霍尔的《无声的语言》发行量高达50多万册,并被译为6种语言畅销海外。霍尔还出版了他的另一力作《隐蔽的空间》(*The Hidden Dimension*),着重分析分属于不同文化的人们的行为类型、学习特点、接受和反应方式,得到了世界各地学界乃至普通读者的广泛关注。1966年,阿尔弗雷德·史密斯(Alfred Smith)主编了论文集《传播与文化》(*Communication and Culture*),呈现了知识界将文化研究与传播学结合起来研究跨文化传播现象的集体努力成果。

20世纪70年代,交通和通信技术迅速发展,世界各国之间的往来日渐密切,这进一步促进了文化人类学、社会心理学、语言学、传播学等学科对跨文化传播现象的关注和理论汇聚,跨文化传播学逐渐发展成为传播研究领域的一门独

---

① "和平队"是根据肯尼迪政府1961年出台的《和平队法案》,由志愿人员组成的美国政府代表机构,在1971年之后成为美国睦邻关系委员会的分支。"和平队"的目的是:协助他国进行开发,提供有关教育、农业、保健、贸易、技术以及社区发展等领域的专业人员。除了关注教育、医疗保健、农业发展、环境保护等问题之外,提升美国国家形象、传播美国文化及价值观、服务于美国外交战略和国家利益是和平队的主要使命。仅在1963年,美国就派出了7000名队员到世界上46个国家志愿服务。

立学科。这一时期，全美传播协会(National Communication Association)与国际传播协会均成立了跨文化传播分会。1972年，第一届跨文化传播国际会议在日本东京举行。1974年，《国际与跨文化传播年刊》(*The International and Intercultural Communication Annual*)创刊。1977年，《跨文化关系国际杂志》(*The International Journal of Intercultural Relations*)创刊。跨文化传播专业出版社在这一时期开始出现，其中包括影响至今不衰的Intercultural Press、Sage Publications等。大批关于跨文化传播的研究和教学著作陆续问世，最有影响的是拉里·萨默瓦等主编的《跨文化传播》(*Intercultural Communication*)，1972年首版后每隔3年就重新修订，成为长期通行的专业教材。也是从这一时期开始，美国高等院校广泛设立了跨文化传播相关课程。1977年，全美有450所教育机构开设了这门课，部分院校开始授予跨文化传播专业的硕士和博士学位。①

20世纪80年代，跨文化传播学迎来了快速发展的时期，这一学科在学术研究和应用领域的重要性得到了西方学界的普遍认可。1989年，阿森特(Molefi Asante)与古迪孔斯特主编的《国际与跨文化传播手册》(*Handbook of International and Intercultural Communication*)出版，集中了这一时期的研究成果。在这一时期，鉴于跨文化传播学无可辩驳的实用性，其研究成果进一步被应用到外交、国际贸易和经济管理等机构，美国和欧洲一些国家还纷纷成立了进行跨文化传播培训的专门机构。此外，由于跨文化传播学自身的发展，跨文化话语分析学、跨文化语用学、跨文化心理学等分支科学也应运而生，研究领域日益宽广，服务领域也在不断拓展。

进入20世纪90年代以来，人类各种文化之间的交融和冲突日益频繁，呈现出不同层次的摩擦、矛盾和冲突，跨文化传播愈加成为社会科学研究特别关注的对象。正像萨默瓦指明的，“生产的流动性、不断增多的文化交流、全球化市场以及具有多元文化的组织和劳动力的出现——这些都要求我们掌握适应多元文化社会和全球村生活的技能”②。学界更为深刻地认识到，掌握跨文化传播能力可以帮助人们与不同文化进行比较，改善人们的自我认识，促使人们重新审度自己的文化。跨文化传播学的研究议题也变得更为多样，全球化趋势与本土化的矛盾分析、文化多元与文化霸权已成为探讨的焦点之一，现代性、反思性和文化认同危机等问题正

① 关世杰:《跨文化交流学》，第11页。

② 〔美〕拉里·萨默瓦、理查德·波特:《文化模式与传播方式》(麻争旗等译)，北京广播学院出版社2003年版，第1页。

在被广泛关注。一些学者还借助后殖民主义、文化帝国主义、女性主义、知识话语权力理论等,对跨文化矛盾和冲突的根源进行了更为深入的探讨。

自20世纪80年代后期以来,跨文化传播学逐步进入中国学术界的视野。除了翻译介绍国外著作外,中国学者具有原创性特点的著作也陆续出现,其中包括胡文仲主编的《跨文化交际与英语学习》、段连城所著的《对外传播学初探》、关世杰所著的《跨文化交流学》、贾玉新主编的《跨文化交际学》,等等。1995年,中国召开了第一届跨文化交际研讨会,成立了中国跨文化交际研究会,到2005年5月,已举办了第六次会议。但总的来看,国内对跨文化传播的研究还处于一种起步阶段,对跨文化传播学的学科特质缺乏统一的认识,对跨文化传播研究前沿进展的了解、吸收仍有欠缺,在学科理论基础、研究目标和方法论等方面尚处于探索之中。

今天的中国已经走上了伟大的和平发展道路,中国与外部世界的跨文化传播实践日益广泛和深入,中国经济快速起飞和社会加速转型的现实更是对跨文化传播研究形成强烈的刺激,为跨文化传播学在中国的本土化拓展提供了历史机遇和理论诉求。有必要强调的是,虽然中国学界对跨文化传播学的学术边界还没有一个定论,但这并没有妨碍跨文化传播学的理论与话语在中国学术领域和社会实践中的渗透及其普遍的参照价值。尤其是,相比其他学科而言,跨文化传播研究对人类交往的多方面关注,对当下中国的诸多文化实践都具有积极的、不可替代的现实意义,这就构成了跨文化传播学本土化得以深入的主要动力。

第二节 文化与传播

文化与传播是互动和一体的,每一种文化形式和社会行为都会明晰或含糊地涉及传播。运用"传播"概念研究文化现象的做法,最初见于文化人类学家爱德华·泰勒(Edward Tylor)的《原始文化》(*Primitive Culture*),主要用以指涉文化迁徙、采借、暗示以及分布等现象。在泰勒之后,"传播"渐为社会学家、文化人类学家和民族学家普遍使用。在他们看来,传播是文化发展的主要因素,传播构成了文化和社会生活的核心,文化变迁的过程也是一种传播过程。

一、文化的内涵、特征与要素

历史上所有的社会其实都是全球社会,每一种文化也都是包容宇宙万物的体系,将大千宇宙纳入各自的文化版图。

——社会学家萨林斯(Marshall Sahlins)

中西方历史对文化的理解并没有本质的区别,均涉及人与社会的关系以及人的存在方式。

英语中的“文化”(culture)源于拉丁文“cultura”,有“耕种”“培养”和“驯化”的意义。18世纪后期,这一术语广泛进入欧洲人的日常生活,启蒙思想家将之解释为“与野蛮相抗衡的一种理智”,时人也用科学和艺术领域的成就以及社会制度和政权机构的公平程度去衡量文化的优劣。在中国典籍中,“文”的本义是指各色交错的纹理,如《易经》云:“物相交,故曰文”;“化”的本义是指事物动态的变化过程,如《易经》云:“男女构精,万物化生。”“文”“化”并用也见于《易经》:“观乎天文,以察时变;观乎人文,以化成天下。”此外,汉代《说苑》中还有:“圣人之治天下也,先文德而后武功。凡武之兴为不服也,文化不改,然后加诛。”在这里,天文与人文相对,天文是指天道自然,人文是指社会人伦。由此也可说明,最晚是在汉代,“文化”已有了明确的文治和教化的含义。

文化的定义与特征

对于普通人来说,文化如同水之于鱼,是一种日用而不知的客观存在;对于研究人员来说,文化则是一种易于感知却难以把握的复合概念。

最早具有科学意义的文化定义,公认是爱德华·泰勒在1871年提出的:“文化或文明,就其广泛的民族学意义来讲,是一个复合整体,包括知识、信仰、艺术、道德、法律、习俗以及作为一个社会成员的人所习得的其他一切能力和习惯。”[①]此后多年,西方学者对文化的定义都没有超出泰勒这一定义的影响。

1963年,人类学家艾尔弗雷德·克洛依伯(Alfred Kroeber)等在整理和概括已有定义的基础上,提出了一种较为全面的文化定义:“文化由外层和内隐的行为模式构成;这种行为模式通过象征符号而获致和传递;文化代表了人类群体的显著成就,包括它们在人造器物中的体现;文化的核心部分是传统的(历史地获得和选择的)观念,尤其是它们所带的价值。文化体系一方面可以看作是行为的产物,另一方面则是进一步的行为的决定因素。”[②]这一定义确定了文化的符号传播方式,强调了文化既是人类行为的产物,又是决定人类行为的某种因素,还指明了文化作为价值观的重要性,称得上是泰勒定义的一个创造性发展。

本书视阈下的文化内涵,大致可等同于联合国教科文组织在2001年发表的《世界文化多样性宣言》(*Universal Declaration on Cultural Diversity*)中使用的解释:**文化是某个社会或社会群体特有的精神、物质、智力与情感等方面一系列特质之总和;除了艺术和文学之外,还包括生活方式、共同生活准则、价值观体**

---

① 〔英〕爱德华·泰勒:《原始文化》(连树声译),上海文艺出版社1992年版,第1页。

② 傅铿:《文化:人类的镜子》,上海人民出版社1990年版,第12页。

系、传统和信仰。

有必要说明的是，进入20世纪90年代之后，不同学者提出的文化概念大致可归纳为两种类型：一是针对社会结构意义上的文化；二是针对个体行为意义上的文化。前者指的是一个社会中长期、普遍起作用的行为模式和行动的实际准则；后者是个体习得的产物，包括群体成员为了在他参与活动的群体中被相互接受而必须具备的文化要素。如此种种的定义和讨论也进一步表明：文化并不仅仅是对社会存在的反映，它本身就是对人类一切行为的技术方式、社会方式和价值取向的解释、规范和综合，是人与自然、人与社会以及人与自身关系的体现。

与本书的讨论相关联，文化的特征大致体现在四个方面。

第一，文化是人类进化过程中衍生和创造的一种代代相传的习得行为，能够促动个体和社会的生存、适应和发展。换句话说，文化不是人们先天的遗传本能，是人们在社会化过程中习得的知识和经验，每一个社会人都是在紧紧依靠文化的力量而得以生存和发展。

文化作为人的生存方式，承担着个人和群体生活的基本职能。从某种意义上说，文化是为人类生命过程提供解释系统、帮助他们对付生存困境的一种集体努力。而人类对自身生存行为的解释，则产生了共同价值体系。这种共同价值体系的制度化又反过来规范着人们的生存行为，决定他们与自然界进行物质交换的方式，调整他们在此生存活动中的相互关系。社会学家伊曼纽尔·沃勒斯坦(Immanuel Wallerstein)进一步指出："文化是人们用来包装其政治—经济利益和动机以便表达它们，掩饰它们，在时空中扩大它们并牢记它们的领域。我们的文化就是我们的生命，我们最主要的内涵，而且也是我们最多的外在表现，我们个体和群体的特性。"①

第二，文化是特定群体和社会的所有成员共同接受和共享的，往往以民族的形式出现：一个民族使用共同的语言、遵守共同的风俗习惯，其所有成员都会具有共同的心理素质和性格。这就是文化无可辩驳的民族性，关于它的影响，人类学家克利福德·格尔茨(Clifford Geertz)精到地指出，"我们的思想、我们的价值、我们的行动，甚至我们的情感，像我们的神经系统自身一样，都是文化的产物——它们确实是由我们生来俱有的欲望、能力、气质制造出来的"②。

从20世纪50年代起，不同学科领域的学者开始猜想：不同文化中是否具有

① 〔美〕伊曼纽尔·沃勒斯坦：《现代世界体系》第2卷(庞卓恒等译)，北京：高等教育出版社1998年版，第68页。

② 〔美〕克利福德·格尔茨：《文化的解释》(韩莉译)，上海：译林出版社1999年版，第63页。

类似生物基因(gene)的某种基本、齐一的“文化基因”？1976年，生物学家道金斯(Richard Dawkins)在《自私的基因》(*The Selfish Gene*)一书中提出了“文化基因”的“拟子”(meme)概念，他把生物世界中基因复制这一现象的分析应用到人类文化演进机制的分析中，将“拟子”视为“文化传播的基本单元”或是人类行为“模仿”的“基本单位”。道金斯指出，虽然生物基因的复制具有高保真度(copying-fidelity)，但必须通过生物体的遗传关系来进行，与之相比，由于文化的传播过程会出现许多变化和混合，“拟子”的传播虽然没有高保真度，但可以在不同地区、民族和社会中的毫无干系的任何人之间进行，均会是如生物基因一样的丰盛繁衍和忠实地自我复制。道金斯的结论是：正是“拟子”的复制和传播，使得不同文化模式得以保存、维系和承传，决定了人们认知世界、观察社会的共有观念。

第三，文化是稳定的，也是发展变化的。在一般意义上，人类各种文化都具有保持内部稳定的文化结构，包括相对稳定的规范和观念，如习俗、道德、世界观、价值观等等，可以在面临外部文化冲击时通过吸收、变动等机制来保持自身结构的稳定和平衡。基于文化的这一特征，萨默瓦提醒人们：“在评估特定文化的变迁程度时，必须深思熟虑：究竟是什么发生了变化——‘不要因为东京的市区与巴黎或纽约越来越像，就把自己弄得昏头昏脑’。”[①]文化又是一个活性系统，并非存在于真空之中，而是发展变化的。生产力的发展，新的发明创造、新的观念的出现，政治上的风云突变，经济的全球化趋势，都是文化发展变化的主要推动力。当然，文化表层结构的变化，从速度和质的方面，都远远超过深层结构的变化。譬如，衣、食、住、行乃至语言等方面的变化，要比宗教、价值观、世界观等层面的变化明显得多。

文化的稳定性是相对的，文化的变迁是绵延不绝的。恰如古希腊哲学家赫拉克利特指出的，“人不能两次踏入同一条河流，因为总是不断有其他的水流涌入”。事实上，文化从来都是一个开放、变化、发展的动态结构，既是稳定性与变异性的辩证统一，也是纵向传承与横向吸收的辩证统一。在中国文化悠久的发展进程中，从没有中断过吸收其他文化精粹化为自身的“血肉”。同样，中国传统文化中一些既有的内容也可能被消解、同化，甚至逐渐丧失，或为别国所移植，成为它们极富特色的东西而保存下来。譬如，中国唐代的“破阵乐”“燕乐”等，在中国本土早已失传，而在一衣带水的日本至今尚在演奏。

第四，文化是各种要素组成的一个整合体系(integrated system)，体系的各部分在结构上互相联结，功能上互相依存。爱德华·霍尔就曾借用信息论和系

① Larry Samovar and Richard Porter, *Communication between Cultures*, p. 44.

统论的基本思想，按照人类活动的领域把文化分成了十大“信息系统”：互动、联合、生存、两性、领土、时间、学习、消遣、防卫和利用，每个系统既为其他文化系统所反映，自身也反映其他系统。他还指出，由于这些系统是交织在一起的，因此文化研究者可以将任意一个信息系统作为起点，最终都会展示出一幅完整的文化图景。针对文化系统中各个要素之间相互依存的关系，萨默瓦也曾以美国妇女运动为例做了说明：妇女运动（women movement）仅由两个词组成，但这一社会现象会引起连锁反应。它会涉及性别角色、性别文化、教育机会、职业机会、法律系统等等，也即是说，文化体系中任何一个部分的变动，都往往会影响到其他部分。

文化的要素

文化就像是一座大厦，是由各种各样的材料构成的。如果不了解这些具体材料的性能、作用、属性、特点以及它们相互之间的关系，就不能了解这座大厦的构成、规模、质量，更不会了解它与其他建筑的差异抑或共同之处。就文化本身而言，构筑“大厦”所用的“材料”就是文化的要素。这些要素不是孤立存在的，其间有着密切的关联、交叉和重叠的关系，共同构成了文化的深层结构。

认知体系　认知（cognition）是人类个体内在心理活动的产物，主要指主体赖以获取知识和解决问题的能力。人类依靠认知来认识客观世界，有选择地收集周围世界的信息，并对客观世界中的各种刺激作出不同反应（详见第三、五章）。

认知体系主要由感知、思维方式、世界观、人生观、价值观等构成。在很大程度上，认知体系可以被视为一个文化群体的成员评价行为和事物的标准，这个标准存在于人的内心并通过态度和行为表现出来，决定了人们赞赏什么、追求什么、选择什么生活目标和生活方式。由于认知体系体现在人类社会生活的各个方面，就自然成为跨文化传播学重点关注的文化要素。毕竟，生活在不同社会文化或民族群体中的人的认知，必然受其生活环境和生活经验的制约而有所不同。尤为重要的是，文化的弱点和局限性也主要隐藏在认知体系之中——人类社会面对的现实具有无限多样的内容，人们并不能真实地把握这些“现实”，是文化给人们提供了认知的尺度和边界。

规范体系　规范（norms）是历史地形成和固定的人们参与社会活动的共同标准，包括习俗、道德、法律、制度等。规范确定了不同文化群体成员的活动方向、方法和式样，不仅如此，各种规范之间也是互相联系、互相渗透、互为补充的，共同调整着人们的各种社会关系和社会交往活动（详见第四章）。

语言和非语言符号系统　在人类的社会生活中，人们只有借助语言符号和非语言符号才能交往和沟通，进而创造文化本身。语言和非语言符号还是文化积淀和储存的手段，各个文化要素只有通过语言和非语言符号才能反映和传承。

此外,一个文化群体常有自己的语言和非语言的符号系统,这往往成为跨文化传播中最为明显的障碍(详见第二章)。

社会组织与家庭 社会组织是实现社会关系的实体,任何一种文化都要建立诸多社会组织来保证各种社会关系的实现和运行。家庭、生产组织、教育组织、宗教组织、政治组织、娱乐组织,等等,都是保证各种社会关系运行的实体。其中,家庭(family)是基于婚姻、血缘关系或收养关系而形成的亲属间的社会组织——在所有的社会组织中,家庭是最古老、最基本的一种。毕竟,每个社会人都出生在家庭里,成长在家庭里,进而组成新的家庭,最后在死亡时离开家庭。美国作家威廉·塞耶(William Thayer)还有一句名言:“看家庭,知社会”,表达了家庭对于个人和文化的重要作用。可以概括地说,家庭帮助了文化,告诉我们世界的样子以及我们在世界中的位置;家庭担起了责任,把一个个生物机体转化成社会人,从孩童起就传授给人最基本的态度、价值观以及行为方式。最重要的,家庭还是一个“道德社群”。

譬如,在中国传统社会中,家庭一直行使着组织、管理、生产、消费、分配、教育等多种社会功能。颇具特色的是,个体家庭往往与具有血缘关系的其他家庭联合在一起组成父系家族,不同的家族又通过联姻等方式扩展各自的社会网络,以谋求稳定或更多的经济和政治利益。如此一来,中国传统社会结构就成为典型的“家国一体”格局——从家庭、亲戚、乡党到社团、族群和国家,人与人的一切社会关系与社会交往,都是以家庭为出发点的。

历史 历史是理解文化的中介,任何文化的历史都可作为文化价值、文化理想及文化行为的起源。关于历史之于文化的重要性,马克思有一段精彩的解说:“人们自己创造自己的历史,但是他们并不是随心所欲地创造,并不是在他们自己选定的条件下创造,而是在直接碰到的、既定的、从过去承继下来的条件下创造。一切已死的先辈们的传统,像梦魇一样纠缠着活人的头脑。”①

历史是人类活动的过程和记录,文化则是构成历史的重要内容,从历史事实中可以得到有关文化特性的每一种解释。进一步说,文化的现实是历史的延续,现实中的文化要素都能在历史中寻找到其嬗变的轨迹。在这个意义上,要理解任何一种文化现象,不仅要关注其内容,还要理解它形成的历史过程。比如,要理解当代犹太人,就必须明白犹太人“满篇皆血泪”的历史。因为有着漫长的受歧视、受迫害的历史,当代犹太人在社会生活中作出的选择必然受制于这一渊源。现代日本社会的情形也反映了历史、文化和行为之间的必然联系,尤其是,日本历史表现出

① 《马克思恩格斯选集》第1卷,北京:人民出版社1995年版,第585页。

的隔离特征使日本人“有一种强烈的自我认同感以及一种在别人面前几乎是痛苦的自我意识”，还使“日本人能敏锐地意识到来自外部的任何刺激”。[①]

在文化与传播研究领域，常常是可以把“文化”与“历史”两个词互换的。这是因为，历史是隐藏在文化深层结构中的要素，每一种文化都有自己特殊和独享的历史。许多史学家甚至认为：历史就是文化史，就是文化发展的历史。历史学家施本格勒（Oswald Spengler）就认为，文化是通贯于过去与未来的世界历史的基本现象，世界历史就是各种文化的“集体传记”；汤因比也认为，世界历史表现为文化发展史，研究历史的线索主要来自不同形态的文化史。

物质产品　文化的物质产品，指的是经过人类干涉或改造的自然环境和创造出来的一切物品。它是文化的具体有形部分，比如建筑、纸张、计算机、电话、汽车等，折射出文化的价值观、需要、目标和关注所在。爱德华·霍尔即指出：“一切人造的物质事物都是对人类以往用其躯体或躯体的某一部分所做之事的延伸”，譬如，衣物和房屋是人的生物体温控制机制的延伸，货币则是延伸和贮存劳动的方式。[②]

物质产品与其他文化要素之间有着密切的关联。在物质产品中，凝聚着人们的观念、智慧、需求和能力，也为人们建立和开展各种社会文化交往，维系各种社会关系的结构、功能和秩序提供了基本的物质依托。正如马克思所说，“人们按照自己的物质生产率建立相应的社会关系，正是这些人又按照自己的社会关系创造了相应的原理、观念和范畴”[③]。

中国古代著名的“四大发明”就是中国文化中重要的物质产品，它们在传入欧洲之后，不仅为文艺复兴运动和新航路的发现提供了物质和技术基础，更使世界文明和历史的发展进程发生了重要变化。美国汉学家德克·卜德（Derk Bodde）这样评价说：

> 如果没有纸和印刷术，我们仍将生活在中世纪；如果没有火药，世界可能少受些苦难，但在另一方面，欧洲中世纪穿带盔甲的骑士们会仍旧占据着护城河围绕的城堡，居于至高无上的统治地位；我们的社会将仍旧停留在封建农奴状态。巴拿马运河和大石坝的修建也是不可能的。最后，如果没有指南针，地理大发现的年代将永远不会到来。而正是这些发明丰富了欧洲的物质生活和精神生活。没有这些发明，迄今为止整个世界仍然是不可知

① 〔美〕拉里·萨默瓦、理查德·波特：《文化模式与传播方式》，第16页。

② 〔美〕爱德华·霍尔：《无声的语言》（刘建荣译），上海人民出版社1991年版，第59页。

③ 《马克思恩格斯选集》第1卷，北京：人民出版社1995年版，第142页。

的，甚至包括我们的国家在内。[1]

地理环境 追溯文化的本源，谁也无法否认自然地理环境之于文化的关键性作用。因为环境给予了人类生活极大的限制，而“任何一种环境在一定程度上总要迫使人们接受一种生活方式”[2]。

就处于西方文化源头的古希腊、罗马而言，由于濒临开放的海洋，土地相对贫瘠和稀少，物种单调，生活资料在相当大程度上需要从海外换取，所以，这里的航海事业很早就比较发达，由此成为商业文化的策源地。此外，由于这种生产方式需要冒险精神和掠夺欲望，更促使人们独立思考、追求个性、崇尚变化和斗争。相比之下，中国的地理环境是封闭的大陆型，大部分地处温带，气候适宜，多样化的山脉与河谷、平原环境提供了丰富的生活资料，使这里很早就形成了相对稳定的农业社会结构，以及与农业文明相适应的民族性格和文化模式。虽偶有外来文化由西北、西南或海上传入，皆能“雍容消纳”，使农业社会的发展稳定而富于自信。

> 源于对田园生活的追求，老子的《道德经》描述的“理想国”是这样的：甘其食，美其服，安其居，乐其俗。邻邦相望，鸡犬之声相闻，民至老死，不相往来。

美国汉学家弗兰克·古德诺(Frank Goodnow)就指出，“地形与气候条件使得地球上没有别的地方能在自然条件上比中国更适合于从事农业，这一事实对中国的文明起了决定性的作用，同时说明为什么这种文明能够长期稳固地存在”。田园生活同时塑造了中国人安详知足的性格，“如果不遭到外来的破坏，一种已达到的稳固的平衡可以保证他们以在过去多少个世纪的历史中已形成的生活方式一直生活到无限久远的将来”。[3]

根据黑格尔的观点，世界上有三种显著不同的自然环境，进而产生了三种不同的政治制度乃至文化特质。第一种是拥有广阔草地的高原地区，居民主要以畜牧业为生，随季节变化逐水草而居，常常聚集起来劫掠平原地区的居民。由于生活来源不定，所以无须法律，社会状态是严格的家长制，人的性格有好客和劫掠两种极端。第二种是大河流域的平原地区，这里的居民以定居农业为生，按季节变化有条不紊地进行生产活动，土地所有权和各种法律关系应运而生。从这些法律关系开始，国家成立的根据和基础变为可能，于是出现了中国、印度、巴比

---

① 〔美〕德克·卜德：《中国物品传入西方考证》，载《中外关系史译丛》第1辑，上海译文出版社1984年版，第232页。

② 〔英〕雷蒙德·弗思：《人文类型》(费孝通译)，北京：华夏出版社2002年版，第33页。

③ 〔美〕弗兰克·古德诺：《解析中国》(蔡向阳等译)，北京：国际文化出版公司1998年版，第7—20页。

伦和埃及等伟大王国。第三种是与海洋相联结的沿海地区,例如西方文化的发源地希腊半岛以及附近沿海地区,这里手工业、商业和航海业发达,大海邀请人类从事征服、从事掠夺,但同时鼓励人类追求利润、从事商业。由于冒险求利是经常性的活动,所以海岸居民富有胆略和理智,这也刺激了海岸国家民主政权的发育。

关于地理环境的影响,黑格尔还有一句提示:“我们不应该把自然界估量得太高或者太低:爱奥尼亚的明媚的天空固然大大地有助于荷马诗的优美,但是这个明媚的天空决不能单独产生荷马。”[①]

二、传播的系统与功能

我们既不完全像神,也不完全像动物。我们的传播行为证明我们完全是人。[②]

——威尔伯·施拉姆

传播(communication)是人类生活中最具普遍性、最重要和最复杂的方面。这是因为,人们的日常生活总是受到与他人的交流行为以及各种各样的人传递的信息的影响。[③] 由于传播内涵的复杂性,学界一直很难对传播作出确切的定义。虽然迄今为止相关定义已超百种,但难以形成定论。本书使用的传播概念,同时具有以下三个方面的内涵。

第一,传播具有社会性。传播是人类特有的活动,社会人是传播的主体——社会人既是信息的传播者,又是信息的接收者,既是产生传播的原因,又是导致传播的结果。传播与社区(community)、公社(commune)有共同的词根,这并非偶然,没有社区就不会有传播,没有传播,社区也难以为继。这从一个侧面说明了传播的社会性,即人类能够通过传播沟通彼此的思想、调节各自的行为。事实上,通过结成一个有机的整体去从事各种社会活动,也是人类有别于其他动物社会的主要区别。

正如查尔斯·库利指出的,传播是人类关系赖以存在和发展的机制,是一切智能的象征和通过空间传达它们和通过时间保存它们的手段;社会是人与人之间相互发生影响——由于这种影响是由传播形成的,所以说,传播的历史是所有历史的基础。另外,在诺伯特·维纳(Norbert Wiener)看来,社会本身就是一个

① 〔德〕黑格尔:《历史哲学》(王造时译),上海书店出版社 1999 年版,第 82 页。
② 〔美〕威尔伯·施拉姆、威廉·波特:《传播学概论》,第 39 页。
③ 〔美〕斯蒂芬·李特约翰:《人类传播理论》(史安斌译),北京:清华大学出版社 2004 年版,第 4 页。

传播和控制的系统，信息和传播作为一种组织化机制，不仅存在于每个个体之中，而且是任何团体组织赖以存在的纽带。总之，“传播是社会这个建筑物得以黏合在一起的混凝土”①。

第二，传播是不同信息的交流、沟通与共享的过程，传播者不是简单地输出信息，接收者也不是被动地接收信息，两者是动态的和互动的——传播者和接收者之间是相互影响、相互制约、交互作用的。

对于传播的过程，有两种认识是不准确的：其一，将传播过程视为一条直线，即认为信息传播在一条线性的、单向的交流过程中得以完成。这种观点容易使人产生一种判断：传播不需要他人的回应和协商，同时极大地掩盖了传播过程的开放性与复杂性。其二，将传播过程看作一个圆圈，即认为信息传播是没有停顿、周而复始的“循环”过程。虽然这种观点注意到传播过程不断运动的一面，但同时忽略了一个事实：传播过程中一切都可能发生变化，同时总会有新的东西出现。无论如何，传播是复杂的、多向的、有目标和需求的信息交流与共享。当然，信息共享是有条件的，在某些特定的环境和条件下，传播双方很难实现信息共享。

第三，传播是一个持续不断的、复杂的、合作的意义交流过程，由语言和非语言符号形成意义，进而建造人类生存的意义世界。这里的“意义”是主客观相结合的产物，是客观事物在主观意识中的反映，是认知主体赋予认知对象的含义，也是符号所包含的精神内容。②

受到20世纪70年代符号学的兴起的影响，一些传播学者指出，“意义”比“信息”更适合描述传播的过程，人们还达成了一点共识：传播是一个持续不断地合作建构意义的过程。20世纪80年代之后，传播学开始形成相对自足的理论领域，这一时期关于传播的一个常见定义是：传播作为符号活动，是一个动态多变的编码和译码的过程，当传播者把意义赋予语言或非语言符号时，就产生了传播。约翰·斯图尔特(John Stewart)还提出，人类生存于“意义的世界”中，这个世界至少由六种成分构成，分别是空间、时间、自然规律、关系、文化和工作，它们都是经由传播而得到，经由传播而建构，经由传播而修改，经由传播而成形。③

概括相关的讨论，传播的实质就是通过符号和媒介交流信息的一种社会互动过程。在这个过程中，人们使用大量的符号交换信息，不断产生着共享意义，同时运用意义来阐释世界和周围的事物。

---

① 〔美〕诺伯特·维纳：《人有人的用处》(陈步译)，北京：商务印书馆1978年版，第17页。
② 李彬主编：《大众传播学》，北京：中央广播电视大学出版社2000年版，第12页。
③ John Stewart, ed., *Bridges Not Walls* (New York, NY: McGraw-Hill, 1999), p. 21.

传播的系统

传播的系统主要由以下四个方面的要素构成，所有的人类传播活动都离不开这些要素。这些要素相互勾连、相互制约，使传播本身具备了鲜明的动态性和结构性特征。

信息　作为传播的材料，信息可以指在特定时间、特定状态下，向特定的人提供、传递的有关特定事实、主题和事件的知识。通常，信息有三个基本特征：第一，信息总是与现实中的事实相关，并通过一定的载体形式表现出来；第二，信息总是处在流动过程中，被相关的信息接收者所分享；第三，信息和环境密切相关，环境作为传播的一个组成部分，意味着信息是在一定环境下发出的，这种环境可以是社会环境、自然环境、身体状况或心理状况，信息的意义和被理解也离不开这些环境因素。跨文化传播研究尤其关注的，就是环境对信息的影响，因为在一种文化环境中形成和发出的信息的意义，往往与其他文化环境中的接收者领会的意义大相径庭。

编码与译码　传播是通过信息编码和译码来赋予意义的过程。编码(encoding)是通过媒介技术手段把思想、感情、意向等编成别人可以理解的传播符码；译码(decoding)则是将从外界接收到的传播符码进行破译、赋予意义或进行评价的过程。重要的是，编码必须以接收者能够理解为前提，否则信息难以传递。一般来说，编码与译码是约定俗成的，主要在特定的群体、特定的文化中流通，一旦跨越文化的边界，就会形成跨文化传播。换言之，在同文化传播中，信息的发送者与接收者在编码和译码过程中使用的是同一个“编码本”；在跨文化传播中，传播双方使用的是不同的“编码本”。

媒介　媒介还可称渠道或信道，是传播方式、传播手段或传播工具的具体化。传播过程中的各种信息必须通过一种或一种以上的媒介进行传递。在跨文化人际传播中，传播媒介往往就是人本身——人可以通过自身，接通与他人之间的情感、思想，确立人与世界的关系本质。随着科学技术的发展，人类传播信息的媒介日益增多，效率也越来越高，一种信息常可以通过多种媒介加以传递。跨文化传播研究关注的主要是不同文化、国家的传播媒介的差异及文化特色，以及不同文化、国家对同一媒介的运用方式和偏好。

反馈　信息产生的结果返回到信息发出者的过程，就是传播的反馈。反馈通常是检验传播效果的重要尺度，特别有助于修正传播者当前和未来的传播行为。正如维纳指出的，反馈是“一种你用过去的操作来调节未来行为的功能”[1]。

---

① 〔美〕诺伯特·维纳：《人有人的用处》，第15页。

根据控制论原理,反馈是指把给定信息作用于被控对象所产生的结果再输回来,并对信息的再输出产生一定影响的过程。如果新的数据库在肯定的意义上转化和简化了最初的数据,导致整个系统的增长,这就是正反馈;如果新的数据库推翻了原有的数据,导致系统的调整,这属于负反馈。在维持系统的平衡和稳定方面,负反馈具有最为重要的作用。

在面对面的人际传播中,如果信息接收者不了解发来的信息,可以立刻把不理解的结果返回发送者,发送者可以即时修正传播中的不足,这是人际传播效率较高的原因之一。在跨文化传播中,由于彼此之间的文化差异较大,因而多方面、多渠道的即时反馈就显得愈加重要了。原因很简单:个体对周围的环境越熟悉,负反馈信息的准确度也就越高。不过,当身处异文化环境时,人们常有一种无所适从感,负反馈功能也难以正常发挥。所以,衡量个体的文化适应能力,往往需要考察他能否尽快在不同文化中正常地发挥负反馈的功能。

传播的功能

什么是传播的功能?简单地说,就是传播活动对人类社会所产生的影响、作用和后果。

1948年,拉斯韦尔(Harold Lasswell)在《社会传播的结构与功能》("The Structure and Function of Communication in Society")一文中,较早对传播的功能进行了概括。拉斯韦尔指出,传播主要有三个方面的功能:第一,监视或提供与环境有关的信息,即准确地、客观地反映现实社会的真实情况,再现周围世界的原貌及其重要发展,揭示那些会对社会及其组成部分的地位带来影响的威胁和机遇;第二,协调社会各部分的关系,就是把社会的各个部分、各个环节、各类因素整合为一个有机的整体,以应付环境的变化和挑战;第三,传递社会遗产,使社会文化世代相传。1975年,在拉斯韦尔这一观点的基础上,社会学家查尔斯·莱特(Charles Wright)补充了传播的第四个功能,即提供娱乐的功能。

1982年,施拉姆等学者在《传播学概论》(*Men, Women, Messages, and Media*)一书中对传播的功能作出了新的概括:传播的功能包括一般功能、政治功能和经济功能,具体功能为雷达功能、控制功能、教育功能和娱乐功能。

1981年,联合国教科文组织在名为《多种声音,一个世界》(*Many Voices, One World*)的报告中,对传播的功能提供了较为全面的描述,包括:**获得消息情报**,收集、储存、整理和传播必要的新闻、数据、图片、意见和评论等信息;**社会化**,为人们提供从事社会活动的知识,增强人的社会联系和社会意识,使之积极参加公共生活;**动力**,即促进各个社会的当前目标和最终目标,激励人们的意愿和理想,鼓励人们为实现共同商定的目的而进行个别活动或社会活动;**辩论和讨论**,

即为便于达成一致意见或澄清不同观点而提供和传播必要的事实,目的是促使人们关心和参与本国和国际事务;**教育**,即传播知识以促进智力的发展,培养人的品格,使人们在人生的各个阶段获得各种技能和能力;**发展文化**,即传播文化、艺术作品,保护历史文化遗产,激起人们对美学的需要与创造力,发展文化事业等;**娱乐**,即传播戏剧、舞蹈、艺术、文学、音乐、喜剧、体育、游戏等,使个人和集体得到娱乐和享受;**一体化**(integration),即使所有的个人、群体和国家得到各种不同的信息,便于彼此相互了解并借鉴别人的生活条件、观点和愿望。

三、文化与传播的关系

> 文化和传播协同工作——两者不可分离。事实上,要判别哪个是声音、哪个是回音往往是困难的。①
>
> ——拉里·萨默瓦

文化是人类互动行为发生的大环境,影响人类传播的最大系统就是文化本身。

在文化人类学家莱斯利·怀特(Leslie White)看来,文化是人类创造的具有象征意义的符号总和,是人类赋予事物和事件的一种物质形式。在考察人类文化发展的进程时,怀特还从传播的角度把文化看作是纵向和横向传播流程的统一体,对文化的本质做了独树一帜的阐释:"文化是一个连续统一体,是一系列事件的流程,是一个时代纵向地传递到另一个时代,并且横向地从一个种族或地域播化到另一个种族或地域。"②

受到怀特的影响,各种现代文化社会学派如符号互动论、现象主义、存在主义、结构主义等,都把文化看作象征符号的总和,进而研究文化的传播如何受到社会心理特征的制约和影响,如何在社会关系中产生、发展和变化。许多传播学者还认为,文化的传播功能是文化的首要和基本的功能,文化的其他功能都是在这一功能的基础上展开的。詹德特(Fred Jandt)即指出:人们如何看待传播——传播是什么?如何进行传播?进行传播的理由是什么?——本身就是文化的组成部分。③

综合相关的研究,可以从以下三个方面来看待文化与传播的关系。

第一,文化是世代相传的,传播使文化成为连续的过程。一切文化都是在传

---

① 〔美〕拉里·萨默瓦、理查德·波特:《文化模式与传播方式》,第6页。

② 〔美〕莱斯利·怀特:《文化的科学》(沈原等译),济南:山东人民出版社1998年版,第2页。

③ Fred Jandt, *Intercultural Communication*, p. 37.

播的过程中得以生成、发展和变迁的,传播是形成、保存和发展人类文化的必由之路。如果没有传播,任何文化都不会有生机和活力,最后都将终结和消亡。从人类早期社会开始,区域文化的联系就已存在,相邻部落的联系也始终存在,并通过传播不断扩展到更大的空间。此后的历史经验也表明,文化依赖于传播的建构活动,文化的形成和发展始终受到传播的天然影响。在传播的过程中,文化中的经验、知识、技术、思想等也会得到不断的补充、发展和丰富,并进行新的文化的创造和积累。

20世纪初期出现的文化社会学理论还认为,文化最初都是在一个地方产生的,经过传播才在其他各地发展起来。格雷布内尔(Fritz Grabner)等学者就把人类形形色色的文化归结为单一的、一次性的现象,用"形式标准"和"数量标准"把相同的文化现象划为某一文化圈。在他们看来,任何文化现象在历史上都只是一次性出现的,其他地方相同的文化现象都是由此地传播的结果。受到这一思路的影响,路威(Robert Lowie)在《文明与野蛮》(*Are We Civilized?*)一书中指出,欧洲文明完全是受到埃及、希腊、印度和中国文化的影响发展起来的。英国扩散论学者、人类学家艾略特-史密斯(Grafton Elliot-Smith)把这一观点发展到了极端,他提出的"泛埃及主义"甚至声称:人类的一切文化只有一个中心——埃及,人类文化的各个要素都是从这个中心传播到地中海和世界各地的。

第二,文化是传播的语境(context),没有文化的传播和没有传播的文化都是不存在的。此语有两层含义:一方面,传播产生于人类生存和发展的需要,深度卷入人们的日常生活之中,成为人类的主要生存方式;另一方面,文化不是"静态的"而是"动态的",文化从一产生就有一种向外扩张和传播的冲动,文化的传播与流变是文化生存和发展的必然需求。

把文化视作传播,是爱德华·霍尔的理论贡献之一。在霍尔看来,人类的任何传播都离不开文化,没有传播就没有文化,"我们会选择什么样的传播行为在很大程度上取决于我们生长的文化环境。记住,我们并非生来就知如何着装、玩什么玩具、吃什么食物、崇拜什么神明、怎么花钱,或怎么用时间。文化既做先生又当课本。从应该有多少目光接触,到怎么讲清生病的原因,文化在生活中占据主导地位。文化是传播的基础,文化是多样的,传播亦有差异"①。霍尔还论述了文化与人的传播行为之间的重要关系,阐明了文化如何在人与外部世界之间设置具有高度选择性的"屏障",为人们提供了外部世界的结构,使文化以多种形态决定人们该注意什么、不注意什么,并对人们的选择发挥着决定性的作用。

① 〔美〕拉里·萨默瓦、理查德·波特:《文化模式与传播方式》,第6页。

文化与传播之间兼容互渗的关系表明，文化是传播的结果，一切文化都你中有我，我中有你，没有任何一种文化是独立单纯的，所有文化都是杂交的、混成的。由此还可以归纳出一个认识：每一种文化都是一件东拼西凑的"百衲衣"，谁也不能夸口说它是"独家制造"的。举例来说，欧洲拼音字母的创始人原是尼罗河上的埃及人，今天世界通用的数字系统阿拉伯数字的发明者是印度人，只不过是中世纪的阿拉伯人把它传入了欧洲。

第三，传播促进了文化的变迁和整合，传播是文化延续的整合机制。文化变迁是指世界上任何一种文化都处在动态的发展和变化之中，都不同程度地经历着产生、发展、变化、衰退和再生的过程，传播则是文化变迁最普遍也是最根本的原因。20世纪初中国发生的五四运动和新文化运动，是中国近现代社会的一次大规模的文化变迁，主要得益于西方民主和科学思想在中国的传播。再如，古罗马文化不仅仅继承和发扬了希腊文明，更重要的是，随着罗马共和国和罗马帝国的向外扩张，它把同一种文明推广到整个西欧大陆，其影响在于：无论此后欧洲的民族和语言如何复杂，每个民族都以大体相同的方式接受了来自同一渊源的文化。

文化整合与文化变迁相互关联，涉及不同文化的兼容和重组，是不同文化之间彼此吸收、认同并趋于一体化的过程。根据历史经验，彼此的渊源、价值取向、目标定位各异的不同文化的整合过程，是一种不断适应、共同发展、逐渐融合为新的文化体系的过程。研究者在考察英属北美殖民地时期英国文化的地位时发现，尽管英国文化在殖民地占有主导地位，但因为这里的移民群体还来自西欧其他国家，所以殖民地的文化实质上是多元的，其中也包括印第安人的文化——不仅吸收印第安人的农业技术、军事经验和生产知识，甚至包括美国宪法的制订都参考过易洛魁人的政治经验。在今天看来，印第安文化对美国的影响，不仅反映在美国文化的不同方面和不同层次中，甚至也反映在美国人的性格之中。[②]

20世纪30年代，社会学家拉尔夫·林顿(Ralph Lindon)描述了当时美国社会中的文化"整合"景象：在一个美国人的日常生活中，不仅有来自近东的床、印度的棉花、中国的丝绸、印度的睡袍等用品，还要遵从源于埃及的剃须传统，以及17世纪克罗地亚人打领带的风俗。用餐时，他会用到中国的碟子、意大利的叉，吃的是波斯蜜瓜和小亚细亚小麦做成的面饼，餐后的香烟来自墨西哥，读的报纸是由德国人发明的技术印刷而成。[①]

---

① 〔美〕史蒂文·瓦戈：《社会变迁》(王晓黎等译)，北京大学出版社2007年版，第69—70页。

② Louis Spindeler, *Culture Change and Modernization* (Prospect Heights, IL: Waveland, 1984), p. 23.

针对文化整合，人类学家卡罗尔·恩伯(Carol Ember)有一个解释："我们说文化是整合的，指的是构成文化的诸要素或特质不是习俗的随意拼凑，而是在大多数情况下相互适应或和谐一致的。"[①] 中国文化就是不同文化要素和谐适应的过程和结果。历史地看，中国文化并不是单一族群的文化，而是历经数千年、融合中华大地所有族群文化的中华民族文化，不仅兼容了中原文化、吴越文化、巴蜀文化、楚文化等不同文化元素，还融合了周边各个族群的文化以及外来文化。这种整合既是社会发展的结果，也是跨文化传播的产物。中国文化历经几千年而仍然生机盎然的一个根本性原因，就是多元文化的交融、冲突为其延续和发展提供了强大的动力。

第三节 跨文化传播学的理论基础与学科建构

由于观念、背景的不同，学者们对跨文化传播学作为一个学科的基础和本质的看法也不尽相同。不必讳言，相比其他成熟的学科来说，目前这一领域的研究方向显然是多维的，研究成员也是离散的，既缺乏统一、严谨的研究范式，学术信度也有缺失。萨默瓦就一再批评说，当前跨文化传播的多数成果主要表现为对当前社会问题、种族问题以及民族问题的反映，而不是对跨文化传播的界说。

虽然人类的跨文化传播活动历史久远，但当前的跨文化传播在参与人数和重要性上要远远超过以往的任何时期。正确认识和理解跨文化传播，不应当忽视自近代兴起、在当代愈演愈烈的全球化进程。结合不同文化的实践和时代特征，对跨文化传播研究的理论基础与学科建构进行具有科学意义的"知识整合"，应当是这一领域为建设"科学共同体"而首先要面临的任务。

一、跨文化传播研究的多学科基础

> 当一门学科正在产生的时候，要想取得进步，必须借鉴所有现成的学科，将这些学科中的宝贵经验弃之不用，显然是很不明智的。[②]
>
> ——社会学家埃米尔·迪尔凯姆(Emile Durkheim)

对跨文化传播研究影响较大的学科主要有社会学、人类学、语言学、符号学、心理学、哲学、历史学等。自20世纪40年代跨文化传播学在美国诞生以来，这些学科的知识系统为跨文化传播研究充当了最为直接的概念、理论和方法来源，

---

① 〔美〕卡罗尔·恩伯等:《文化的变异》(杜杉杉译)，沈阳:辽宁人民出版社1988年版，第47页。

② 〔法〕埃米尔·迪尔凯姆:《社会学研究方法论》(胡伟译)，北京:华夏出版社1988年版，第118页。

为跨文化传播学的学科建构、研究对象和研究方法提供了基础性的支撑。

社会学 社会学是跨文化传播研究重要的学科基石。如前所述，社会因素是传播语境的重要组成，只有把跨文化传播置于一定的社会过程之中，即置于人们的社会关系和社会交往活动的相互作用中去分析、研究，才能从现实中把握它的发展、变化。社会过程主要见诸人们互动的活动，涉及传播过程、冲突过程、社会群体形成过程、变迁过程等。在社会过程中，人们一方面通过文化进行社会交往活动、相互发生作用并形成社会结构，另一方面又对各种文化现象给予认知、理解和界定。在这个意义上，社会学中关于角色和角色关系、社会化、符号互动、社会组织、社会冲突、社会分层等的理论，都构成了跨文化传播理论的根基。尤其值得关注的，是近年来社会学"向文化开放"(opening to culture)的运动。学界普遍认为，这一变化不仅将为传统的社会学研究增加质性化的思考，亦为跨文化传播研究开启了新的思想资源。

在社会学的视阈中，社会秩序和社会变迁是不变的两个命题，这一学科旨趣与跨文化传播学非常相似。这是因为，作为人类传播活动的重要组成部分，跨文化传播促进了人类的社会化进程，在维系社会发展系统的动态平衡的同时，具有重要的维护整个社会秩序、推进社会变迁的作用。跨文化传播也在不断地改变着社会成员的社会角色、文化认同、社会规范和观念体系，为人类不同文化建立了共有的规范、观念和交往机制。这里就凸显了跨文化传播学的两个基础概念：一是规范，即历史地形成和固定的人们参与社会活动的共同标准，它限定了人与人的关系，也决定着社会成员的共有信念和价值标准，从而成为维护社会基本秩序的"文化模式"的要素；二是认同，它指导着人们的行动，也影响着人们对他人的期望和行动的预测。在一定程度上，跨文化传播的过程也就是创造、维持或改变认同的过程，尤其是在全球社会多元文化并存的情况下，人们的生活选择和价值判断往往是由认同所决定的。①

人类学 20世纪初期以来，研究人类社会中的行为、信仰、习惯和社会组织的起源与发展的人类学，逐渐发展成为不同学科之间理论和方法的桥梁，特别是与跨文化传播研究建立了直接的、密切的联系。人类学的核心使命之一，就是解释世界上存在的多民族、多文化现象，在广泛实地调查的基础上论述社会人的各种制度、思想和行为模式，揭示社会发展和文化变迁的规律及动力。这些论域无一不显现了跨文化传播学自诞生以来的核心议题。

20世纪60年代，人类学研究发生了一个引人注目的变化，即将学术诉求从

① 孙英春：《跨文化传播研究面临的"知识整合"》，载《浙江学刊》2007年第3期。

制度、仪式、风俗习惯和思维方式的起源转移到解读"观念文化"上来，努力寻求对不同地域和族群的人们的世界观、人生观和价值观的理解。进入20世纪70、80年代之后，人类学研究越来越显示出敏锐的政治和历史感，这种敏锐正在持续地改造着全球知识界描绘文化多样性的方式。马尔库斯(George Marcus)即指出："描写异文化的传统惯例在现代经历的变化，是人类学之当代策略性功能与运作效用之所在。"[①]在这些潮流的驱动下，跨文化传播研究也在持续关注各个文化的观念体系，孕育着自身对人类历史文化的使命感，努力与人类学同步展现对世界文化的逐步深入的认识，并为不同文化的平等交往提供更为重要的启示。

文化人类学是人类学的重要分支，与跨文化传播学有着天然的密切联系。文化人类学的主旨是研究与人的生物特性相区别的人类社会及其文化，侧重于描述、分析、解释人们的思想与行为方式，以及社会和文化的异同，包括不同文化在习俗、家庭、宗教、制度等方面存在的共性与差异。这一领域的先驱者如弗雷泽(James Frazer)、迪尔凯姆和摩尔根(Lewis Morgan)等，都致力于比较人类社会发展过程中的演化阶段，探究现代社会的制度、仪式、风俗习惯以及思维习惯的起源。这些成就提供的思想和研究规范，不仅具有重要的文化学术意义，也对跨文化传播学的未来走向产生着重要的影响。

> 马林诺夫斯基(Bronislaw Malinowski)提出的田野工作三原则是：必须树立真正的科学目标，了解各种评价和当代民族志的标准；必须单独生活在本地人当中，以创造良好的工作条件；必须运用各种收集资料、利用资料和关注物证的特殊方法。[③]

有必要说明的是，人类学研究是建立在大量民族志(ethnography)[②]材料的基础之上的。民族志也被称为"文化阐释"，是对某一文化群体的行为进行的观察和描述。对于跨文化传播研究来说，民族志方法可以运用到群体传播模式的研究中，以理解某一文化或群体成员所采用的传播方式。民族志构架的源泉就是田野工作(field work)。作为人类学家获取研究资料和建立通则的基本途径，田野工作通常是由经过专门训练的人类学者亲自进入某一社区，通过参与观察、个别访谈、住居体验、文物文献搜集等方式获得第一手研究资料的过程。作为人类学研究方法

---

① 〔美〕乔治·马尔库斯等：《作为文化批评的人类学》(王铭铭等译)，北京：生活·读书·新知三联书店1998年版，第35页。

② 民族志研究在不同国家的学术传统有一定差异：在美国，民族志研究被统称为文化人类学，侧重于对不同民族整体性文化的研究；在德国、俄罗斯及北欧诸国，民族志研究侧重于对民族精神以及民族成员共享文化特征的考察，也称为民族学研究。

③ 〔美〕罗伯特·尤林：《理解文化》(何国强译)，北京大学出版社2005年版，第46页。

的基石，田野工作对社会科学其他相关学科也在发生着重要的影响，并构成了跨文化传播研究方法论创新的基本动力。

符号学 针对符号对人类生活的影响，传播学者朱莉娅·伍德（Julia Wood）曾作出概括：符号能够帮助人们定义自我，评价他人、事物、事件、现状、感知和运动等；符号能够帮助人们组织经验、描述关系、表达情感和思想；符号允许人们提出思想假设，人们可以通过语言符号来设定目标，制订计划；符号帮助人们进行自我思考、自我评价，进行沉思、反省等，甚至管理人们在他人眼中的形象；符号能创造关系和互动的意义。[①]

符号学是一门研究符号的本质及其运作规律的科学。当前学界的共识是：对于跨文化传播这个广阔的领域而言，与符号学的结合不但是必要，也是必然的。这是因为，作为一种基本的人类现象，符号现象与社会历史和文化的发展变化直接相关，表明了人的活动所产生的与世界融为一体的统一图像，体现了文化的本质——一种由象征符号构成的共享系统。符号学方法的立足点也在于，通过符号强调人与世界的关系，关注的基本问题包括：符号的性质、符号的功能、意义理论、人类思维的符号化特征、符号与思维的关系、符号与人本身的关系等等。显然，这些都是与跨文化传播研究有着直接关联的重要命题。

20 世纪 40、50 年代以来不断深入的当代符号学运动，是西方社会人文学术沿跨学科方向发展的一个自然结果。受到这一世界性潮流的影响，跨文化传播研究开始注意用符号学观点看待和分析诸如历史、语言、宗教、艺术和科学等人类文化现象。人们也看到，符号学方法论有着强大的生命力和特有的解释力，其功效已经充分显现在语言学、文学、社会心理学等领域。可以确信，对符号的深入研究势必进一步提升对文化、世界乃至人自身的认识，由此而推动的文化符号学和跨文化符号学的兴起，也在为当代跨文化传播研究的目标、认识论和方法论革新提供着必要的营养。

心理学 作为心理学概念的文化，是个体具有某种共性的一种心理程序，决定了个体的认知、情感、需要与态度，进而决定了人们的行为模式。离开对心理因素的分析，对跨文化传播这一动态多变过程的研究就是不全面的。关世杰指出，探索文化与感知形成、文化与选择信息、文化与理解信息、一个文化群体与另一文化群体的人的思维特点的关系、跨文化传播对个人和群体心理的影响等问题，离不开心理学的方法。[②]

---

① Julia Wood, *Communication Mosaics* (Belmont, CA: Wadsworth, 2001), pp. 91—98.

② 关世杰：《跨文化交流学》，第 68 页。

心理学研究的是心理事实、规律和机制，主要目标是通过心理分析来解释和预测人的行为和活动。自从科学心理学创立以降，心理学家的工作就集中于确立个体心理与个体行为的因果关系，揭示心理现象所遵循的规律，进一步确定心理活动的机制和人类心理活动的共性，特别是探索个体行为的心理分析以及个体与整个社会环境实践的关系，这些都为跨文化传播研究的深入开展提供了重要的检验机制和激活机制。此外，普通心理学对于跨文化传播中文化和认知之间的关系及其在传播中的作用，社会心理学所展示的关于信息破译过程，文化与语言、思维方式的关系，行为的知觉过程等方面的看法，都对跨文化传播学的学科发展特别是学术观念的演进产生了基础性的影响。

20世纪后期，跨文化心理学和文化心理学陆续兴起，预示了西方主流心理学领域发生的一次重要转折：心理研究不能忽视不同文化条件下心理与行为的差异，必须面对文化的特殊性和多样性的事实。可以预期的是，这一转向将大大增强跨文化传播学在文化心理论题上的解释力。不过，由于传统心理学的概念和理论主要产生于欧美文化背景，因此在应用于不同种族和文化的人口时，往往有着极大的局限性，必须经过检验和修正才可能适用于跨文化传播研究关注的多元文化的特征。所以，研究者必须非常小心，以免将自己从本文化中习得的理念和定义机械地运用在陌生的文化之中。

哲学 哲学作为关于自然界、人类社会和思维的最一般的发展规律的学说，研究的是整个自然界、人类社会及思维活动的所有现象。哲学研究的知识谱系自然不会忽视人类社会纷繁复杂的文化与传播活动，不仅能够把文化现象放到历史哲学和思辨哲学的高度来概括其一般发展规律，同时为传播提供了“含蓄的条件”，即“传播依赖于预先建立起来的哲学思维”[①]。

在传统学术系统中，哲学的应用范围是最广阔的，而跨文化传播学也以广泛的跨学科适用性为特征。此外，哲学对各个知识领域都具有理性指导和知识组织的重要作用，跨文化传播学的许多理论因素首先来自哲学认识论和方法论的成果。哲学对跨文化传播学的意义，还在于深层分析不同文化群体的价值系统、文化与社会变迁的关系、文化的人类共通性与差异性、跨文化交往规范等重要议题。通过这些思考，基于整体性原则和无限性原则的哲学融通和综合，必将构成对各种跨文化传播理论进行整合和检验的基本途径。同时还应看到，作为一个厘定人类基本信仰和基本取向的学术体系，哲学对于整体性意义上的文化观念

① 〔美〕史蒂夫·莫滕森编选：《跨文化传播学》（关世杰等译），北京：中国社会科学出版社1999年版，第50—51页。

的关注，形成了充分理解文化与传播研究领域诸多核心命题的思想基础。在面对诸如不同时代的交往方式、技术发展、文化的实在性与价值、文化危机与文化复兴、文化冲突与文化融合、全球文化的可能性等问题时，跨文化传播学也需要借助综合考量的哲学意识：文化交往与文化变迁是各种过程叠加的结果，包括政治、经济、文化方面的诸多要素。

二、20 世纪 80 年代以来的跨文化传播理论

理论指引着我们的思维和行动。①

——传播学者斯蒂芬·李特约翰(Steven Littlejohn)

跨文化传播研究使用的理论工具大致有三个来源：第一，把传播学的理论加以扩展，形成跨文化传播理论，这是比较多见的；第二，援引其他学科的理论作为跨文化传播理论；第三，在对跨文化传播现象进行专门研究的基础上发展新的理论，这些理论主要是在 20 世纪 80 年代之后陆续出现并逐步得到验证和应用的。

根据威廉·古迪孔斯特的概括，上述的第三种理论大致可以归纳为以下七种类型。②

第一，**关于文化与传播过程整合的理论**，具有代表性的主要有**建构理论**(Constructivist Theory)、**意义协同管理理论**(Coordinated Management of Meaning Theory)等。

建构理论是詹姆斯·阿普尔盖特(James Applegate)等把文化概念引入建构主义理论中发展起来的跨文化传播理论，研究核心是文化与传播的关系。这一理论的核心假设包括：理论应当具备解释力；必须对日常互动进行密集、详细的考察；必须作出价值判断；应当在理论与针对实践的培训之间建立密切的关系，等等。根据建构理论，传播就是“一种通过分享、交换信息进行相互识别的互动过程”，这一过程是目标驱动的，个体会根据其所思所想来完成他们的目标。进一步说，复杂的信息行为(信息中包含着许多目标和情境因素)会导致“个人中心”的传播(这还取决于个人对互动对象的适应程度)。重要的是，个体的观念(constructs)不同，对于传播以及与目标相关的信仰(beliefs)也会各不相同，这会影响个体对情境的定义，同时指导他们的“策略行为”。

1988 年，通过考察文化在意义的协同管理中扮演的角色，巴尼特·皮尔斯

---

① 〔美〕斯蒂芬·李特约翰：《人类传播理论》，第 3 页。

② William Gudykunst, ed., *Theorizing about Intercultural Communication* (Thousand Oaks, CA: Sage, 2005), pp. 5—25.

(Barnett Pearce)等学者提出了意义协同管理理论。这一理论主要有三个方面的诉求。第一,尝试去理解我们是谁?生活的意义是什么?当这些问题关乎特定的传播事例时,情况又该如何?第二,在承认文化异质性的同时,寻求不同文化的可比性。第三,寻求对包括研究者自身在内的各种文化实践的启发性评论。其核心观点在于:所有的传播都是各不相同的,也是社会的;人类传播天生就是不完美的,道德秩序是传播的组成部分;对于传播过程中信息的解释与传递而言,多样性(diversity)至关重要。这一理论还提出了三个涉及文化的推论:第一,文化是结构与行为共同进化的模式;第二,文化是有着多种声音的(polyphonic);第三,科学研究本身就是社会实践的组成部分。

在一些学者看来,意义协同管理理论的实质,就是一种规则理论,阐明了人们如何以规则为基础来进行阐释和活动,即"处于某种社会条件下的个人首先想要理解所发生的事情。他们会运用规则来进行阐释。然后,他们会在理解的基础上采取行动,运用规则来确定哪种行动是合适的"①。意义协同管理理论还强调,所有规则都是在一定的语境内发生作用的——语境是用来阐释和行动的参考框架,一种语境通常嵌入了另一个语境中,每一个语境都是更大的语境的组成部分。总之,要理解传播活动,必须要把握个体以规则为基础对其传播活动的阐释,这一阐释与语境本身密不可分。

意义协同管理理论还提供了一个重要的论断:人们可以在互不了解的情况下取得各方满意的、近乎完美的协同。换言之,传播各方可以运用对各方都合乎逻辑的方式来组织他们的行为,与此同时,传播各方对意义可以有不同的理解。譬如,演说人和听众之间可以达到很好的协同:演说人充满活力、热情洋溢,听众反响热烈,各方都感到满意——演说人认为自己教育和说服了听众,听众也感到十分愉悦。不过,用不了几个小时,听众就会把演说的内容忘个干净。

第二,**解释传播过程中文化差异的理论**,主要包括:**面子—协商理论**(Face-negotiation Theory)、**会话制约理论**(Conversational Constraints Theory)和**预期违背理论**(Expectancy Violation Theory)等。

面子—协商理论的核心观点是:文化的规范和价值影响并改变着文化成员如何管理自己的面子以及如何面对冲突情境。这一理论来自美国华裔学者斯特拉·丁-图米在1985年进行的冲突研究,后来主要用于阐释面子问题、冲突方式和维护面子的行为。根据这一理论,冲突的实质,就是个体原有的认同或面子受到威胁或质疑时的一种"面子—协商"过程(另见第三章第二节)。

① 〔美〕斯蒂芬·李特约翰:《人类传播理论》,第203页。

会话制约理论的核心观点是：人际会话是目标导向的，需要传播者之间的相互协作。在1993年提出这一理论之初，金明善（音译，Ming-Sun Kim）就把会话的"制约"分为两种类型：社会关系（social-relational）和任务导向（task-oriented）。所谓社会关系制约，就是把对话的重点落在关心他人上，避免伤害听者的感情，同时尽量避免把意见强加给听者；所谓任务导向制约，就是强调透明度（clarity），也即信息被清晰传播的程度。会话制约理论还解释了不同文化在传播策略选择上的差异：在追求目标的过程中，集体主义文化的成员常常认为维护面子的行为（比如，避免伤及听者感情，避免强加于人，避免听者的负面评价等）更为重要；相比之下，个人主义文化的成员更加重视透明度。

20世纪70年代后期至90年代，朱迪·伯贡（Judee Burgoon）等人在**互动适应理论**（Interaction Adaptation Theory）的框架下提出和发展了预期违背理论。这是一种有关人际互动中预期与回应关系的理论，核心观点是：每一种文化都有针对人类行为的若干方针，让人们可以获得对他人行为的预期（expectancy）。通常，违背预期的行为会引起不安与警觉，而违背预期的行为会导致什么后果，则由传播者的特征所决定。

作为一种微观理论，预期违背理论主要关注的是传播过程中信息接受与处理的冲突。信息的接受和处理往往是一个将外部信息内化的过程，经常会产生各种各样的冲突。预期以及对预期的违背，就是一种常见的冲突。预期违背理论所要面对的，就是互动适应过程中，传播双方对违背预期的认定、解释和价值判断，并据此调整双方行为以达到适应。

这一过程涉及了几个方面：第一，预期的界定，即它由哪些内容组成，受何种因素影响；第二，对违背预期的认定，即何种行为会被认为是违背，以及作出认定的依据是什么；第三，如何对认定的违背预期行为进行解释，同时作出相应的价值判断；第四，基于对违背预期行为的价值判断，调整互动中的行为以达到适应。

第三，**聚焦于跨群体/跨文化有效传播的理论**。关于这一类型理论产生的背景，古迪孔斯特指出，发展理论的目的之一，就是去解释具体的"结果"（outcomes），对于跨文化传播理论家来说，在建立理论时所面对的"结果"之一，就是有效传播和有效的群体决策。[①] 相关的理论主要有：**文化趋同理论**（Cultural Convergence Theory）、**有效决策理论**（Effective Decision-making Theory）等。

文化趋同理论是劳伦斯·金凯德（Lawrence Kincaid）在20世纪80年代初提出的，其理论基础就是金凯德本人提出的**传播趋同模式**（Convergence Model

---

① William Gudykunst, ed., *Theorizing about Intercultural Communication*, p. 11.

of Communication)。根据文化趋同理论,传播是两个或两个以上的个体或群体分享信息来理解各自的意义及各自所属文化的过程。重要的是,人们可以逐步走向相互理解,但无法实现完美的理解,即"通过若干回合的信息交换,两个或多个个体将逐渐趋同,对各自的意义实现进一步的相互理解"①。

文化趋同理论从热力学规律中得到启发,提出了一个重要假设:假定传播是无休止进行的,在一个封闭的系统中,随着时间的推移,所有的参与者都将会向着"平均的集体模式"会聚——当然,从系统之外引入的信息则会延缓或改变这一趋同的过程。1988 年,金凯德把文化趋同理论概括为两条定理:第一,在一个相对封闭的社会系统中,倘若社会成员之间的传播不受限制,那么,随着时间的推移,整个系统会发生趋同,进入一种更为明显的文化一致性(uniformity)状态;第二,当传播受到限制时,这一系统将会发生分化,进入一种更为明显的多样性(diversity)状态。

1995 年,在**警惕性互动理论**(Vigilant Interaction Theory)等理论模式的基础上,约翰·奥特泽尔(John Oetzel)提出了适用于跨文化群体的有效决策理论。根据警惕性互动理论,群体成员谈论与群体决策相关事宜的方式,影响着他们去思考那些与必须作出的决策相关的事宜;群体成员对那些与决策相关事宜的思考,也影响着所做决策的质量。此外,群体作出的最终决策,是由"一系列相互关联的副决策(subdecisions)"组成的。不过,奥特泽尔认为,警惕性互动理论只限于解释美国社会中的单一文化群体。毕竟,个人主义文化和集体主义文化强调的"结果"有着显著的差异。

1995 年,基于对有效决策的质量和适用性的考量,奥特泽尔的有效决策理论纳入了 14 个命题,大部分命题关注的是同质群体(homogeneous group)和异质群体(heterogeneous group)的差异,其中包括:当同质群体的成员进行独立的自我阐释(self construals)时,较为注重任务结果(task outcomes);当他们进行相互依赖的自我阐释时,更为重视关系结果(relational outcomes);与进行相互依赖的自我阐释的同质群体成员相比,进行独立的自我阐释的同质群体成员并不追求相互间的一致,他们会有更多的冲突。此外,与异质群体的成员相比,同质群体的成员对群体的贡献更为均衡,对群体也更忠诚;群体成员对群体的贡献越是均衡,以及对群体和群体的决策越是忠诚,决策的有效性就越高。奥特泽尔还认为,相比基于大多数成员的决策和妥协性决策来说,一致性决策(consensus decisions)更为有效。最后,对于跨文化群体而言,如果群体成员能够理解存在

① William Gudykunst, ed., *Theorizing about Intercultural Communication*, p. 11.

的问题,为之建立"适当的"标准,提出一些备选的决策,并分析这些备选决策的正/负效果,那么,这些群体作出的决策就会更为有效。

第四,**针对调节或适应的理论**,侧重于传播活动的参与者彼此之间的相互调整或适应,主要有**跨文化适应理论**(Intercultural Adaptation Theory)、**传播调节理论**(Communication Accommodation Theory)、**群体文化理论**(Co-cultural Theory,见第四章第二节)等。

跨文化适应理论是埃林斯沃斯(Huber Ellingsworth)在 1983 年提出的,核心观点是:由于所有的传播活动都会涉及不同程度的文化差异,所以,对跨文化传播活动的解释应从人际传播入手,同时要纳入相关的文化要素来进行考察。基于这一理解,跨文化适应理论的主要目标就是,解释传播者在"与目标相关的相遇"中是如何相互适应的,同时还归纳了若干定理,包括:对于传播风格的不同适应情况,导致了以文化为基础的信仰差异;适应行为给传播参与者带来的压力,取决于既定场景对传播各方的有利程度,等等。

埃林斯沃斯还认为,功能性的适应传播(adapting communication)以及适应过程中的公平(equity),有利于传播过程的完成。非功能性的适应传播,则会激发文化差异并延缓任务的完成。在适应传播的过程中,当传播者之间不得不相互合作时,公平就实现了。此外,适当地运用一些说服策略也有利于适应传播;当环境对传播的一方有利,或传播的一方势力较强时,则另一方就会感到适应的压力。进一步地,传播者的适应性行为越多,其文化信仰方面的变化也就越大。

传播调节理论关注的是特定社会语境中人们的传播行为的变化及变化的心理动机。20 世纪 70 年代,出于揭示社会语境中言语变化特别是口音易变性(accent mobility)的目的,霍华德·贾尔斯(Howard Giles)等提出了**言语调节理论**(Speech Accommodation Theory),用于考察人们在交往过程中的言语趋同(convergence)、分化(divergence)和保持(maintenance)等会话策略背后的心理动机和情感因素。根据言语调节理论,在与他人进行互动的过程中,说话者会运用语言策略来博取赞同或显示其个性。基于这些动机,说话者使用的主要策略就是言语趋同或言语分化,分别用以缩小或拉大传播的距离。

1987 年,贾尔斯在言语调节理论的基础上发展出了传播调节理论,立足于语言、认同(identity)和语境之间的关系,通过评价语言、非语言和辅助语等行为来理解不同群体和人与人之间的互动。该理论的核心观点是:互动中的人们通过使用不同的会话和行为策略来显示自己的态度,他们还会运用这些策略来获取听话人的赞同、好感,或用以彰显认同的独特性。此外,这些会话和行为策略的使用与变化,不仅与传播者的动机有关,还会受到传播者的认同以及传播所处的社会历史语境(sociohistorical context)的影响。

传播调节理论主要有三个基本假设:第一,传播互动深嵌于既定的社会历史语境之中;第二,传播不止涉及相关意义的交换,还是个人和社会认同的协商过程;第三,根据可感知的个人和群体特征,传播双方得以利用语言、非语言、辅助语、推论等调节手段实现传播的信息功能和关系功能。基于这些假设,传播调节理论认为:第一,传播活动在宏观层面受社会历史语境的影响,在微观层面则受到参与者的初始取向(initial orientations)的影响,而后者的影响更为直接;第二,传播策略始终受到初始取向和人际互动的具体特征的影响,其中包括:被接纳和熟识的渴望、被他人理解和理解他人的需要,以及保持面子、维持关系以及保持人际控制的需要,等等;第三,传播调节是语境、社会规范和特定行为综合作用的结果,随着语境和行为的变化,人们的动机和调节策略也会处于动态变化之中。①

第五,**关注跨文化互动中认同的协商或管理的理论**,较有代表性的有**认同协商理论**(Identity Negotiation Theory)、**认同管理理论**(Identity Management Theory)、**认同的传播理论**(Communication Theory of Identity,见第四章第三节)等。

1993年,丁-图米通过借鉴社会认同理论、符号互动论等理论工具,提出了聚焦于跨文化传播能力的认同协商理论,基本观点是:跨文化传播能力的实质,就是互动各方在传播中进行的认同协商的有效性。这一理论的主要假设有:文化差异影响着自我意识的生成;自我认同的形成与个体的安全感或脆弱性直接相关,等等。基于这些假设,认同协商理论认为:在自我认同的形成过程中,个体越有安全感,就越愿意与其他文化中的人们交往;反之,个体越觉得脆弱不安,就越会对跨文化交往感到焦虑不安。进一步说,人们在自我认同的过程中安全感越强,就会有更具连续性的认同与自尊感。人们的个人自尊感越强,他们的集体自尊感就越强,在与陌生人互动的过程中就有了更好的应变能力。(另见第七章第二节)

认同管理理论是威廉·库帕克(William Cupach)等人在1993年提出的,以人际传播能力为研究对象,核心观点有二:第一,认同为"经验"(experience)提供了一种解释框架;第二,认同提供了行为的预期,并激励着个体行为。此外,虽然个体具有多种认同,但文化认同(cultural identity)和关系认同(relational identi-

① Cindy Gallois, et al., "Communication Accommodation Theory", in William Gudykunst, ed., *Theorizing about Intercultural Communication*, pp. 136—138.

ty)在认同管理中占据着中心的位置。库帕克指出：当对话者有着不同的文化认同时，他们进行的是跨文化传播；当对话者具备相同的文化认同时，他们进行的就是文化内传播。

基于自我展示(self-presentation)和面子行为(facework)概念的启发，库帕克指出，“保全面子是人类互动中的一种自然且不可避免的条件”，是人际传播能力的一个方面，也是跨文化传播能力的重要组成。他还强调，传播能力的一个重要成分，就是人们在互动中成功地协商双方都能接受的认同的能力，而认同的各个方面都会在“面子”的展示过程中显露无遗。在这个意义上，要培养跨文化传播能力，需要经历三个阶段：第一阶段是一个反复实践、不断摸索的过程，在这一过程中，要发现传播双方共享的某些认同；第二阶段是把传播双方的认同融为一种互相接受的、趋同的关系认同，尽管他们的文化认同仍存在差异；第三阶段是对认同进行重新协商的阶段。有能力的跨文化对话者往往会利用在第二阶段出现的关系认同作为重新协商各自的文化认同的基础。在库帕克看来，这三个阶段是不断循环的，处于跨文化交往中的人们都会经历这三个阶段。

第六，**聚焦于传播网络的跨群体、跨文化传播理论**。这一类型的理论有一个共同的假设：个体的行为更多地受到个体之间关系，而不是个体的特征的影响。所以，这些理论关注的是人们在群体/社会中所处的位置及相互间的社会关系，而不是信仰或规范，也不是静止的、与外界壁垒分明的群体本身。相关理论有：**网络与外群体传播能力理论**(Network and Outgroup Communication Competence Theory)、**文化内与跨文化网络理论**(Intracultural versus Intercultural Networks Theory)、**跨文化工作组有效传播理论**(Effective Intercultural Workgroup Communication Theory，见第七章第三节)等。

其中，网络与外群体传播能力理论是韩裔美国学者金英润(音译，Young Yun Kim)在1986年提出的，这一理论的主旨在于：运用个人网络(personal network)的概念来解释外群体传播能力。在这里，个人网络强调的是个体之间的诸多关联。金英润指出，个人网络的重要特点之一，就是自我(ego)会有意或无意地依赖这一网络的其他成员去感知和解释他人的特征与行为。

金英润提出的核心假设是：在个体的个人网络中，影响外群体传播能力的因素有二，一是外群体成员的存在，二是个体与这些外群体之间关系的特质。通过相关论证，她提出了三个命题。第一，个人网络的异质性(heterogeneity)程度越高，进行外群体传播的整体能力就越强。也就是说，在个人网络中存在外群体成员，有利于提高外群体传播能力。第二，个人网络中外群体成员的向心性(centrality)程度越高，进行外群体传播的能力就越强。换言之，在个人网络的中心位置存在外群体成员，有利于提高外群体传播能力。第三，自我与外群体成员的关系越密切，进行外群体传播的能力就越强。这一命题还说明，与外群体成员保持频繁的接触和密切的关系，有利于提高外群体传播能力。

文化内与跨文化网络理论是廉俊玉（音译，June Ock Yum）在1988年提出的，用于分析个体的文化内网络与跨文化网络的异同。为发展这一理论，廉俊玉提出了一个核心假设：相比文化内部的行为而言，不同文化之间的行为具有更多的变化。通过对这一假设的论证，她提出了六个命题。命题一：跨文化网络是放射状的——个体与他人联结，但他人之间并不互相连接；文化内网络是相互联结的——个体联系着他人，他人之间也相互关联。命题二：与跨文化网络相比，文化内网络更为稠密。命题三：与跨文化网络相比，文化内网络是一种复合的、信息多重传输的网络。命题四：跨文化网络中的各种人际关联，是弱关联而非强关联。命题五：与文化内网络相比，联络人（liaison）与桥梁（bridge）的角色在跨文化网络中更为显著，在保持网络畅通方面也具有更重要的地位。在这里，联络人与桥梁都是“中间人”（intermediary），能够在不同群体的成员之间建立间接的联系。命题六：在跨文化网络中，“传递性”（transivity）的作用要比在文化内网络中小得多。什么是“传递性”呢？当“我朋友的朋友是我的朋友”时，它就产生了。

第七，**关注涵化与调整的跨文化理论**，主要包括：**传播涵化理论**（Communication Acculturation Theory），**互动涵化模式**（Interactive Acculturation Model），**焦虑—不确定性管理理论**（Anxiety-uncertainty Management Theory），**同化、偏离与疏远理论**（Assimilation，Deviance，and Alienation Theory），**文化图式理论**（Cultural Schema Theory）等。（详见第七章第一节）

三、跨文化传播学面临的“知识整合”与“本土化”

社会科学的目标是预测与控制人类行为。[①]

——社会学家赖特·米尔斯（Wright Mills）

在过去的一个多世纪里，全球范围的文化传播与互动持续增加，信息技术深刻地影响并改变着人类的生存方式，传播全球化扩展了全球不同文化广泛的交流与分享，促进了不同文化之间互补性、关联性和依赖性的增强，使全球社会呈现出相互依存、共同发展的新局面。在这个背景下，跨文化传播日益成为人类超越文化屏障，实现认知、理解及互动的重要沟通方式，不断推进全球文化的相互

① 〔美〕赖特·米尔斯：《社会学的想象力》（陈强等译），北京：生活·读书·新知三联书店2001年版，第122页。

认同与融合，消解着不同文化之间的疏离、隔膜乃至冲突，创造出丰富、开放的对话空间。

面对急剧变迁的全球社会中社会关系和社会交往的复杂现实，与其他人文社会科学领域一样，跨文化传播研究正面临着"如何充分而恰当地描述社会现实"的困局。由于还缺乏一个把跨文化传播涉及的众多变量和现象乃至零星的事实有机地串在一起的、前后连贯的整体系统，或者说是缺乏一个"包括规律、理论、应用和工具在内"的范式，跨文化传播研究正面临着理论进路的诸多艰难选择。此外，由于缺乏美国或西方国家之外的跨文化传播理论，在西方文化环境中产生的许多新理论、新学说亟待整合，需要通过在不同文化中的论证发展出更具"普遍性"的理论。

这些状况无疑会阻碍跨文化传播学的当代发展和学科前景。幸运的是，跨文化传播研究的多学科基础已经为跨文化传播学发展成一门独立学科奠定了难以变更的基础，这些学科也同样是跨文化传播知识系统所面临的"知识整合"的出发点。跨文化传播研究范式的最终形成，就是结合不同文化的实践，就是把各个学科领域提出的不同观念、知识和理论综合起来，把一个个零散的"飞地"汇聚成一个相对连贯、交融的"科学共同体"。显然，这是一个意义重大的重塑和形构的"知识整合"活动。

正如前言所述，跨文化传播是一种建立和沟通不同文化背景中的人与人之间关系的社会活动。因此，跨文化传播研究应立足于把握人类社会系统和社会关系的全面图景来展开分析和综合。就这里所说的"知识整合"而言，就是借鉴社会学、语言学、人类学、心理学、文化学、哲学等学科关于传播和文化的研究成果，以综合学科的视角，从相互建构的层面探讨跨文化传播涉及的各种关系，借此归纳、阐释相关社会学科及各个学派关于跨文化传播的理论成果，并以此为起点，进一步探索跨文化传播的过程和本质。

> 关于跨文化传播研究的"知识整合"，古迪孔斯特有一个重要提示：跨文化传播研究是一个跨学科的领域，不仅需要从已有的跨文化传播的论著中寻找资料，还要从文化人类学、比较社会学、跨文化心理学、跨文化培训、群体关系（心理学和社会学）、国际事务、国际关系、语言学、宗教研究、社会心理学等领域获得帮助。①

事实上，不同人文社会科学领域之间从来就是互相联系和彼此渗透的，你中有我，我中有你。历史研究就是如此，特别是现代历史学方法在注重与其他学科的结合之后而具有了高度的经验性和实证性，从而使意志服从于事实，判断服从

① 关世杰：《跨文化交流学》，第 67 页。

于材料，价值取向服从于历史根据。跨文化传播研究所涉及的文化差异、文化冲突、社会运动、技术影响等许多命题，也同样需要历史学理论与方法的支撑。正是由于认识到历史学与跨文化传播学的天然联系，萨默瓦曾郑重建言：历史研究应当成为跨文化传播研究的一部分。①

任何学说、理论都会有自己的生命周期。为了使跨文化传播学能够根据社会实践的发展不断更新，必须进行知识的“生产”和“再生产”活动。毋庸讳言，现有的跨文化传播研究成果，大多是在全球化尚不明朗的背景下获得的，有其时效性、或然性和局限性。尤其是，作为一门研究领域，在不同文化中建构和检验理论是跨文化传播学发展过程中必不可少的环节。古迪孔斯特就一再指出，当前缺乏美国以外的跨文化传播理论是一个客观存在的问题。他还解释说：这主要是因为理论在不同文化学术中的位置，同时，传播理论研究在许多文化中才刚刚兴起；只有当各个文化中的本土化理论完成创建并经受实践甄别之后，才可能整合到跨文化传播研究的理论体系中去，进而发展出更具“普遍性”的理论。

根据古迪孔斯特的观点，跨文化传播研究的“本土化”，就是在应用规范的、具有普遍性的跨文化传播理论与研究方法时，要充分考虑不同社会和文化的事实和差异，进行适当的调整、改造和补充。这是因为，跨文化传播研究的对象是由人的社会行为所构成的社会关系与社会现象，不同的社会历史和文化传统决定了人们不同的行为方式，也决定了人们对于同一研究工具和研究方法的不同反应。所以，有必要认真探讨各种理论和方法在不同文化环境中的适用性和局限性，并在此基础上对研究方法进行调整、改进和创造，使之能接近不同文化的现实，接近各个文化成员的文化和心理世界。

跨文化传播研究的“本土化”还意味着，任何一项本土化研究的成果，都必须有勇气接受跨文化传播“学术共同体”的检验和评价。为实现这一目标，必须将不同文化中的经验研究与跨文化传播理论、方法进行连接，立足于从不同文化的经验研究结果中归纳出、抽象出具有理论内涵的概念和命题，以提高跨文化传播本土化研究的理论价值，进而搭建一座连接跨文化传播本地化研究和理论整合的“桥梁”。

跨文化传播本土化实践的重要任务之一，是从方法论角度研究和探讨不同理论与方法的本质特征、特定假设、所遵循的特定逻辑、能够回答的问题类型。这是因为，正如不同学科由于方法论取向的差异而形成实证主义和人文主义传统的分野一样，跨文化传播研究中也有类似泾渭分明的分野。大体而言，跨文化传播学中的实证主义传统更注重实证的、定量的研究范式，试图寻求变量之间的

① Larry Samovar and Richard Porter, *Communication between Cultures*, p. 123.

因果关系;人文主义传统则更青睐定性的研究方式,强调研究者在理解上的投入,注重解释。有必要说明的是,理论与方法本身并无好坏优劣之分,关键在于其运用要与所要探讨和回答的问题相适应。总之,我们有必要弄清楚:跨文化传播研究的"工具箱"中,各个研究工具的本质特点和功能究竟是什么?

目前国内学界的一个普遍共识是:中国的跨文化传播研究在理论框架、研究目标和实践途径等各个层面尚在探索之中,落后于美国和其他西方国家。主要表现在于:对西方跨文化传播理论前沿的跟踪与研究不够,与其他人文社会科学的融合不够,进而也就导致了具有理论深度和批判意识的系统性研究成果的缺乏,甚至对如何就这一研究领域的对象、方法、理论等进行具有学科意义的定义,还存在着许多分歧和争论。在此种状况之下,既无法构建中国跨文化传播研究的学术自治地位,也无法为当下中国日益丰富的跨文化交往实践提供成熟的理论支撑。

有鉴于此,中国的跨文化传播研究应当立足于更为扎实的工作,运用科学的研究方法,进行细致的、微观层次的、体现跨文化传播差异的各个"基因"研究,逐步积累科学研究基础上的理性认识,[①] 进而为跨文化传播研究本土化的拓展和深化作出贡献。

这一努力至少包括三个方面的诉求。第一,立足于把握全球化语境中人类社会系统和社会关系的全面图景,梳理跨文化传播理论的前沿进展和学术脉络。当前,跨文化传播研究尚未形成完整的理论体系是国际学术界的共识,但这一现实也使该领域仍保有理论开放性和思想灵活性的巨大空间,所以,需要大力鼓励自由、开放的学术对话,理性、客观的学理探讨,广泛、深入的问题分析,以及多元、多维的学术话语。第二,发挥跨文化传播研究的理论开放和方法融会的传统,从不同层面和角度出发,逐步推进跨文化传播研究的视角转换和理论积累工作。最为重要的,就是对跨文化传播的性质、功能和意义作出基于本土视角的重新定位。第三,积极探索世界多元化发展道路,积累有关跨文化传播战略、跨文化传播能力等重要实践问题的理性知识,为开拓中国跨文化传播研究和实践应用的广度和深度提供理论资源。

作为一个已经走上和平发展道路的文化大国,中国应在跨文化传播研究的国际学术领域据有重要的位置,这是毋庸置疑的。中国的跨文化传播研究要想取得突破,也必须以人类共同的知识财富为基础,以积极的本土化实践为努力方向,充分参与到国际学界共同的"知识整合"过程之中。

---

① 关世杰:《中国跨文化传播研究十年回顾与反思》,载《对外大传播》2006 年 12 期,第 36 页。

第二章 语言与非语言符号

传播的最小单元是符号——信息是传播的材料，信息也总是表现为某种符号。

符号学与人类传播有着密切的关联。符号交往是人类特有的交往方式，人类符号互动的能力和范围，表征着人类传播的本质特征。20世纪下半叶符号学的快速发展，本身就是传播无孔不入的时代压力的结果。正如符号学家罗兰·巴特(Roland Barthes)指出的：大众传播的发展使人们空前地关注着有关符号的广泛领域，"语言学、信息学、形式逻辑以及结构人类学等学科所取得的成就，又为语义分析提供了新的手段。符号学在这种情势下呼之欲出，就不再是几个学者的异想天开，而是现代社会的历史要求"①。符号学家霍克斯(Terence Hawkcs)甚至认为，符号学应包括在容量更大的传播学科之内。②

人是通过符号与客观世界发生联系的，客观世界也只有通过符号才能为人们所认识。随着符号学的发展，文化与传播研究的各个领域已经清楚地看到了人类文化现象的符号学实质，开始用符号学的理论和方法去看待和分析语言、历史、宗教、艺术和科学等人类文化现象。学界还达成一种共识：对于跨文化传播研究这一领域而言，符号学还是一种跨学科的方法论，两者的结合不但是必要的，而且是必然的。

语言符号、非语言符号是传播的源头。人们在交往中使用的符号系统大致分为两类。一是语言符号系统，包括了口语和文字的语言符号。语言是人类创造出的最为先进、完善的符号体系，在一切符号形式中占据着基础地位。文化的各个要素都在语言之中烙下了深深的痕迹，通过语言差异去了解文化差异，才能客观地把握不同文化之间差异的本质。二是非语言符号系统，人们可以运用表情、手势、姿态、沉默、时间、空间、颜色等各种非语言符号进行传播，分享不同的

---

① 〔法〕罗兰·巴尔特：《符号学原理》(王东亮等译)，北京：生活·读书·新知三联书店1999年版，第1—2页。

② Terence Hawkcs, *Structuralism and Semiotics* (London, UK: Methuen, 1977), p. 154.

文化经验，共建交往的内容和意义。

进入跨文化实践之中，人们对语言与非语言符号的理解常常出现歧义和误解，这就需要传播双方能恰当地选择语言和非语言符号来传递信息，揭示文化的差异，展现文化的意义和社会关系的分享。尤其是，对于非语言符号传递的信息，要置于特定的情境中去理解，不能简单化。在很多情况下，非语言符号传递的信息往往是与语言符号矛盾的，当然，这也是非语言符号的重要功能之一。

第一节　符号与符号学

人类所处的是一个符号的世界，人类的思维、语言和传播都离不开符号。德国哲学家恩斯特·卡西尔(Ernst Cassirer)指出，“符号化的思维和符号化的行为是人类生活中最富于代表性的特征，并且人类文化的全部发展都依赖于这些条件”[①]。此语强调的是，符号作为一种基本的人类现象，还与社会历史和文化的发展变化直接相关。

符号体现的是人与世界的关系，人通过符号创造了文化，符号使自然世界成为文化世界——这里就凸显了符号的两种功能：认知功能和传播功能。一方面，符号可以帮助人们进行理性思考，把握事物的本质；另一方面，在社会公共约定的基础上，符号可以作为信息的载体，实现人与人之间的思想沟通和情感交流。

一、符号与文化

传播关系涉及的是分享信息符号。

——威尔伯·施拉姆

在一般意义上，符号(symbol)是指能够用来在某些方面代表其他东西的任何物象，是常用的一种传达或负载信息的基元，用以表示人、物、集团或概念等复杂事物。关于符号的基本功能，施拉姆提供了一个较为浅显的说明：“符号是人类传播的要素，单独存在于传播关系的参加者之间——这些要素在一方的思想中代表某个意思，如果被另一方接受，也就在另一方的思想中代表了这个意思。”[②]

符号可以是图案，譬如基督教的十字架、卫生机构的红十字；符号可以是描述性的，比如，“约翰牛”(John Bull)和“山姆大叔”(Uncle Sam)分别代表英国和

① 〔德〕恩斯特·卡西尔：《人论》(甘阳译)，上海译文出版社1985年版，第35页。

② 〔美〕威尔伯·施拉姆、威廉·波特：《传播学概论》，第67页。

美国;符号可以是字母,比如,K 表示化学元素钾;符号也可以是任意规定的,比如,∞表示无穷大、$ 表示美元。不仅如此,在一些符号学家看来,整个世界就是一个符号系统。正如贝塔朗菲(Ludwig von Bertalanffy)所说,“包围人的是符号的世界”,“从作为文化的前提的语言开始,到他与同伴的符号的关系、社会地位、法律、科学、艺术、道德、宗教与无数其他事物,人的行为除了饥饿与性的生物需要等基本方面之外,都由符号的实体支配”。[①]

日本语言学家早川一荣是这样描述符号的:

> 无论朝哪边看,都能发现符号过程在运行。帽子上的羽毛、衣袖上的花纹代表军阶,贝壳、铜、纸币是财富的象征。十字架代表宗教信仰,纽扣、麋鹿的牙齿、绶带、特殊的发型、文身,代表社会关系。符号过程贯穿于人类生活最原始的层次到最开放的层次。军人、医生、警察、门卫、护士、牧师、帝王,都穿着标有他们职务记号的服装。美国印第安人收集颅骨,大学生收集有入会限制的俱乐部会员用的钥匙,并把这些当作各自领域的胜利记号。凡大家做或想做的事、拥有或想拥有的东西,几乎都兼有物质价值和符号价值。[②]

符号是人类用于传播的重要手段。任何符号都可以用来进行传播。有的符号比较简单,例如中国古代的烽火狼烟,抗战时期的“鸡毛信”“消息树”;有的符号则形成了复杂的系统,比如语言、文字、计算机软件;有的符号使用者很少,比如某些群体、少数民族或部落的语言,如“女书”[③];有的符号使用者则很多,汉字这种语言符号的使用者多达十多亿。这里要强调的是:在不同的文化中,符号的意义大不相同。施拉姆曾举例说:假设一位妇女一生都是在北极圈里度过的,除了拉雪橇的狗外,其他什么狗都没有见过。再假设有一位妇女在中美洲住了一辈子,只见过墨西哥一种叫“吉娃娃”(Chihuahua)的狗,其他什么狗也没见过。如果把她们两人带到一块儿,她们要共同使用“狗”这个语言符号肯定有很大的困难。当北方妇女讲到狗拉雪橇时,南方妇女一定难以相信;如果南方妇女把狗抱起来把玩,北方妇女也会感到十分惊奇。

自现代符号理论诞生以来,人类对符号的认识不断深化与扩充,逐步总结出

---

① 〔美〕路德维希·贝塔朗菲:《一般系统论》(秋同等译),北京:社会科学文献出版社 1987 年版,第 165 页。

② 张国良主编:《20 世纪传播学经典文本》,第 250—251 页。

③ 又名“女字”,是一种独特的女性文字符号体系。千百年来,这种符号体系只流传在中国湖南江永县及其邻近一带的瑶族妇女中,依靠母传女、老传少的方式,一代代流传至今。

符号具有的任意性、模糊性、抽象性等特点。这些特点也提醒人们，由于符号的任意、模糊、抽象、多变而带来的意义差别，容易造成传播中的误解或对立。

第一，**任意性**(arbitrary)，指的是符号与指涉对象之间并不存在必然的“再现”式的关系。或者说，符号本身并没有含义，只有当人们用它来描述世界的时候，意义才得以产生。这也表明，符号具有人为的、约定俗成的甚至是武断的多种解释的可能性，必须从具有连带关系的整体出发，才可能获得相对准确的符号意义。关于这一点，施拉姆还指出：一个符号的意义总比字典上写的含义多得多，符号的含义是无穷无尽的。[①]

第二，**模糊性**(ambiguous)，主要指符号自身的模糊性，以及人们对符号的多种歧义的解释。符号表达的观念和意义往往是内涵模糊、界限不清的，“符号使用者”也会有意、无意地将本来精确的“符号所指对象”模糊化，从而造成符号的模糊性。此外，一些符号受传播环境变化和个人经历的影响，会具有不同的含义。与符号的模糊性对应的，就是符号的精确性(accurate)，即符号的能指与所指之间是某种程度上的准确对应关系。应当明确，符号的模糊性和精确性都是相对的，在一些文化中看似精确的符号，在其他文化中并非如此。譬如，汉族中有大量用以精确区别本族、外族、直系、旁系的词汇，而其他许多族群并非如此。

第三，**抽象性**(abstract)，主要指符号让人不能具体经验的、笼统的、空洞的特点。根据施拉姆的解释，由于符号必须是从个人的经验中抽象出来的，所以任何一套符号都不能把一个人的全部感觉和内部的所有活动表达出来。根据符号学理论，符号作为表意的工具，必须是在语义明确并与解释者的理解相对应的时候，或者在一定的传播语境中，才能发生其语用效果。这说明了符号的解释具有语境依赖性(context-dependence)，同时表明，符号不是孤立的，它的意义是社会赋予的，是在复杂的社会和文化背景中孕育和产生的。

第四，**多变性**(changeable)，主要是指符号的意义不是稳定不变的，而总是处于变化的状态之中。连续性本身必然隐含着变化，变化的原则建立在连续性原则的基础之上。正如卡西尔所说：“真正的人类符号并不体现在它的一律性上，而是体现在它的多面性上。它不是僵硬呆板而是灵活多变的。”[②] 符号的多变性还表现在，即使在同一文化中，同一符号也往往有着不同的含义。施拉姆就指出，“共有的是符号，而不是含义。含义始终是属于个人的，是个人根据自己的经验得来的，是反应的总和。任何两个人都肯定不会一样”。“符号的含义对不

---

① 〔美〕威尔伯·施拉姆、威廉·波特：《传播学概论》，第 72 页。

② 〔德〕恩斯特·卡西尔：《人论》，第 47 页。

同的人、不同的背景,甚至是同一个人在不同的时候,都有某种程度的不同。”[①]

第五,**便携性**(portable),主要是指符号具有便于打包、储存和传输的特点。任何一种文化中积累的思想、著作、图片、电影、计算机碟片等等,都可以通过符号的形式得以保存和传播,文化的连续性和承继也就成为可能。

从文化的构成来看,符号系统是文化系统的重要构成。20 世纪 30 年代,莱斯利·怀特曾提出一个影响深远的文化概念:文化是人类创造的具有象征意义的符号总和。卡西尔在 1944 年出版的《人论》(*An Essay on Man*)中进一步指出,文化是人类创造的符号表意系统,人类通过劳作创造符号,用符号来指代一定的意义。同时,人类也是唯一能够创造和利用符号创造自己历史的动物——人类利用符号创造文化,一切人类的文化现象和精神活动,如语言、神话、宗教、艺术和科学等等,都是在运用符号方式表达人类的种种经验,并趋向一个共同的目标——塑造“文化人”。卡西尔还有一个颇有深意的观点:应当把人定义为符号的动物(animal symbolicum),而不是把人定义为理性的动物。[②]

文化是符号行为,文化中的符号既表示了人类的创造能力,又是人区别于其他动物的一种标志。运用符号的视角,人对客观世界的认识是一种不断修改和完善符号体系的活动。一方面,人类文化的进化依赖于创造和运用符号的能力,任何一个行之有效的符号体系都是在人类的实践中积累、修改和定型的;另一方面,一切人类的文化现象和精神活动,如语言、神话、宗教、艺术和科学等,都是在运用符号方式表达和储存人类的经验和成就。

关于符号与文化的关系,符号学家李幼蒸有一句精彩的评论:“各种符号形式的生成,构成了人类精神成长的历史。”[③] 正是因为人有创造符号的能力,所以能在个体与个体、群体与群体以及一代一代的人们之间学习并传递文化。在符号的视角下,人类在社会生活中的关系与交往过程,其实质就是符号意义的生成与传递的过程。正是符号的介入,使人际交往和社会交往变成了现实过程,如果没有符号交往形式的支配,人际交往和社会交往就不可能发生。可以确切地说,人类符号互动的能力和范围,呈现了人类社会和文化的本质特征。

---

① 〔美〕威尔伯·施拉姆、威廉·波特:《传播学概论》,第 72 页。

② 〔德〕恩斯特·卡西尔:《人论》,第 34 页。

③ 李幼蒸:《理论符号学导论》,北京:社会科学文献出版社 1999 年版,第 574 页。

二、符号学研究的思想基础

要发现语言的真正本质，首先必须知道它跟其他一切同类的符号有什么共同点。[①]

——语言学家索绪尔(Ferdinand de Saussure)

无论在东方还是西方，人类对符号现象的关注和研究都源远流长。

人类对符号的兴趣主要发端于早期社会的语言学、修辞学和逻辑学思想之中。中国先秦诸子中公孙龙提出的“白马非马”命题，已在语言学和逻辑学的层面蕴涵了符号学的思想。两汉时期《说文解字》的语言学研究，也具备了现代符号学所认可的丰厚的符号学思想：把语言作为一个符号系统进行理解和阐释。西方文化中的符号学传统，是从古希腊哲学开始展开的，亚里士多德的著作就在多方面涉及符号：在《工具论》中，他研究了科学语言的语义学和句法学；在《诗学》中，他研究了美学领域的许多不同方面；在《修辞学》中，他研究了语用学的一些问题。

在亚里士多德身后，斯多葛学派、伊壁鸠鲁学派等都对符号问题作出了描述性的研究。斯多葛学派明确指出，要区分对象、符号和意义的不同，主张对象和符号都是可感知的具体存在物，而意义是纯粹主观的东西；伊壁鸠鲁学派的《符号论》(*Designis*)也是这方面的专著。在西方近代思想史中，洛克(John Locke)、莱布尼茨(Gottfriend Leibniz)、康德(Immanuel Kant)等都曾论及符号问题。其中，洛克在《人类理解论》(*An Essay concerning Human Understanding*)中将人类知识分为自然学、伦理学和符号学三类，还专门对语言符号的类型及其与不同类型观念的关系问题进行了阐发；莱布尼茨将其对符号问题的关注投入到数理逻辑的开创性研究之中，力图创造一种比自然语言更精确、更合理的通用语言，以消除自然语言的局限性和不规则性；康德在《实用人类学》(*Anthropology from a Pragmatic Point of View*)中提出了符号分类的命题，将符号划分为艺术符号、自然符号和奇迹符号，并进行了深入的探讨。

进入20世纪之后，符号学(semiology)迅速发展成为一门研究符号的本质及其运作规律的独立学科，以所有符号系统为研究对象，包括文字、图像、动作、音乐、物品，日常生活中的礼仪、仪式或表演，涉及意义表达的一切领域。目前，符号学研究已经成为一种国际性的热潮，不仅以强劲的发展势头向各个学科渗

---

① 〔瑞士〕费尔迪南·索绪尔：《普通语言学教程》(高名凯译)，北京：商务印书馆1980年版，第39页。

透,而且已成为跨学科、跨领域的方法论之一。

根据查尔斯·莫里斯(Charles Morris)的概括,现代符号学研究主要有以下三个分支。

第一,**语义学**。研究符号与它所指称的外部世界关系的学科,关注的是符号世界与物质世界的关系。正是在语义的层面上,符号把思想、感觉或概念带入了人们的脑海之中。

第二,**句法学**。研究符号如何与其他符号发生关系的学科,重点在于语法和句法结构,关注的是符号以何种方式被组织成为更高一层的符号系统。句法学的核心特征,在于抓住了符号的差异性特点,差异性使符号的组合成为可能,并使不同的语法结构产生出完全不同的意义。

第三,**语用学**。研究符号是如何在日常生活中得以运用,特别是符号对人类行为所产生的影响,以及人们以何种方式在互动和交流的过程中塑造符号及其意义。①

现代符号学的迅速发展,得益于语言学、人类学和哲学等领域在20世纪实现的重大进步。其中,现代语言学是符号学获得理论构架和研究方法的主要依据;文化人类学为符号学提供了部分研究对象——文化人类学和符号学都同样关心话语中影响个体语言的文化习惯;哲学现象学研究为符号学提供了有关意指概念的启发,等等。在贯穿20世纪的发展历程中,对符号学影响较大的学者有索绪尔、查尔斯·皮尔斯(Charles Peirce)、罗兰·巴特等人,他们的理论贡献已构成符号学研究的重要基础。其中,索绪尔和皮尔斯几乎在同一时期发出了建设"符号的科学"的呼吁,堪称现代符号学的奠基人。

索绪尔的基础性贡献

19世纪的瑞士语言学家索绪尔是现代语言学理论的奠基者,也为现代符号学的诞生作出了基础性贡献。索绪尔的语言学思想集中体现在《普通语言学教程》(*Course in General Linguistics*)一书中。该书预言:将有一门专门研究"社会生活中符号生命"的科学出现,"它将告诉我们符号是由什么构成的,是受什么规律支配的"。②

索绪尔对符号学的理论贡献之一,是把语言作为一种表达观念的符号系统来看待。正如他指出的,语言系统的"任何部分都可以而且应该从它们共时的连带关系方面去加以考察",由于符号是任意的,它的存在取决于它与其他符号的

① 〔美〕斯蒂芬·李特约翰:《人类传播理论》,第68—69页。

② 〔瑞士〕费尔迪南·索绪尔:《普通语言学教程》,第38页。

对立和差别，因此任何符号都不是独立存在的，都从属于受一定惯例支配的符号系统。换言之，语言符号的意义不是绝对的，而是一个系统的作用。所以，要从表面上看来千差万别的语言习惯中去寻找语言学的对象，要寻找语言得以运作的那些基本的规则与惯例；要分析语言的社会和集体层面，而不是单独的语言；要研究语法而不是用法，要研究规则而不是表达方式，要研究模式而不是材料；要找出所有说话者在潜意识层次上所共有的语言"深层结构"。

索绪尔对符号学的贡献之二，是把语言符号分为**能指**(signifiant)和**所指**(signifié)两个部分。能指是用来表达意思的字、词、句，是符号中具有物质形式的部分；所指则是这些语言要素指向的意义、概念和思想，基本上是比较固定和约定俗成的。索绪尔认为，每一个语言符号都包括了能指与所指两个部分，能指由声音—形象(音像)两部分构成，通过社会的约定俗成，被分配与某种概念发生关系，或是在使用者之间能够引发某种概念的联想，这种概念就是所指。需要注意的是，能指和所指的联结是通过意指完成的——意指是一个过程，是将能指与所指连接在一起的行动，其产物就是符号。

表 2-1　索绪尔眼中的符号构成

符号	
音像	概念
能指	所指

索绪尔强调，能指与所指之间并没有天然的联系，它们之间的联系是任意的，是由传统约定俗成的。进一步说，语言既不反映那先于自身存在的现实，也不会去命名所有文化共享的普遍观念。事实上，语言通过将时间和空间的统一体分割成各种范畴而创造了现实。只不过，由于产生的环境存在着广泛的差异，这些范畴会因文化的不同而迥然有别。[①] 譬如，因纽特人描绘"雪"的词汇有很多，但在许多文化中，一个词就够了；汉语里有许多表示"丝绸"的词汇，但在英语中，一个"silk"就足够了。索绪尔还强调，意义并非来自符号本身固有的某种品质，而是符号与符号之间差异的产物。为了说明这一点，他把语言比作国际象棋。每一枚棋子只有与其他棋子及其运动发生关联，才能获得意义；同样，符号只有与语言中的其他符号发生联系，才能获得意义。

---

① 〔英〕丹尼·卡瓦拉罗：《文化理论关键词》(张卫东等译)，南京：江苏人民出版社 2006 年版，第 18 页。

索绪尔的贡献之三，是把不同的语言形式分为语言（langue）和言语（parole），大致可对应于汉语中的“书面语”和“口头语”。他认为：语言是一个独立的、自足的整体，遵循一定的分类原则；言语是对语言进行的有目的的实际运用，是运用语言的成果。作为语言的实现形式，言语是个人的、临时的、多变的。语言和言语之间的区别在于稳定性。语言以共时性为特征，较为稳定；言语以历时性为特征，随着时间和情境的变化而变化。重要的是，语言和言语是紧密相连、互为前提的：要使言语为人所理解，并产生它的一切效果，必须有语言；要使语言能够建立，也必须有言语，促使语言演变的是言语。总之，语言是言语的工具，又是言语的产物。[①]

皮尔斯的现代符号理论

活跃于19世纪后期的美国符号学家皮尔斯，是现代符号理论的创立者。与索绪尔相比，皮尔斯不仅关注于语言的内部结构，还注重把外部世界纳入他的理论视野，特别是通过对各种符号现象的分类，打破了索绪尔的“符号（能指）——意义（所指）”二元符号模式，把符号表现为一种符号自身（representamen）、对象（object）和阐释（interpretant）三者之间合作的符号化过程（semiosis），强调符号只能通过阐释来传达意义，阐释则必须把符号同世界的某些相关方面联系起来，如图2-1所示：

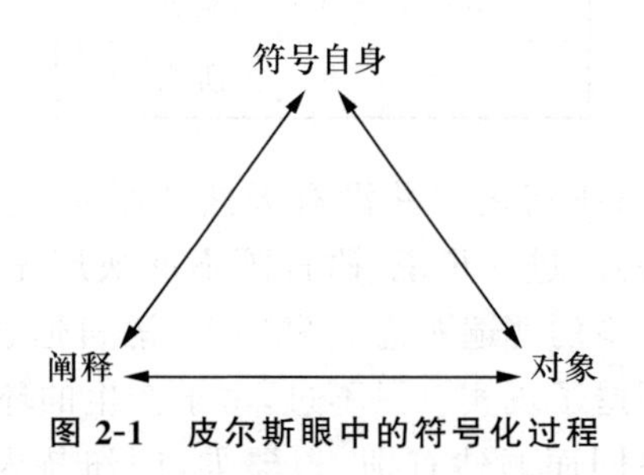

图2-1　皮尔斯眼中的符号化过程

从皮尔斯的符号学思想中，可以获得关于符号的三个基本认识。第一，同一对象可以有不同的再现和符号，这完全取决于主体的符号环境，比如语言环境。第二，不同的主体对同一符号可以有不同的理解和解释，这取决于主体对符号的经验和解释水平。比如，“有100个读者就有100个哈姆雷特”。第三，在符号传播过程中，编码者和译码者都不能离开阐释这一中介要素。这也进一步说明，符号是不断发展变化的，其能指和所指不可能呈现严格的一一对应关系，所以，对

① 〔瑞士〕费尔迪南·索绪尔：《普通语言学教程》，第41页。

符号的研究也应该具有开放性。

根据符号与其对象的关系，皮尔斯把符号分为如下三种类型。

第一，**表征符号**(index)，即与指涉对象有着某种直接联系或内在关系的符号，其特点在于：与指涉对象之间并无明显相似之处，而在涉及具体、单独的对象时，会以出人意料的方式吸引人们的注意力。譬如：打哈欠是困倦的表征；旗帜摇动是起风的表征。

第二，**类像符号**(icon)，即一种与指涉对象之间存在相似、类比关系的符号，譬如地图、壁画、照片、雕塑、口技或模拟的声音，也是生活中无所不在的信息符号。这些符号载体所拥有的色彩、线条、形状，与其表现的人、物体、景观等的物质特征之间存在着明显的相似、类比的关系。

第三，**象征符号**(symbol)，与指涉对象之间没有必然、内在的联系，完全是依据某种规则或惯例而成为某种对象的再现。通常，象征符号需要使用者进行创造性的解释，才能生成其意指的事物或概念，譬如道路交通标志。可以说，象征符号是针对真实事物的话语，是符号的符号，也是完成意义表达的主要符号。

总之，在皮尔斯看来，符号代表着它的对象，是通过指称某种观念来实现的，这个对象是现实生活中的客观存在。显然，皮尔斯关注于符号产生意义的社会背景，重视认知主体与客体世界的交互作用，认为只有把符号置于这样的背景之中，它所指称的意义才会清晰可辨。同时，任何一种符号的意义都不可避免地为一些语境条件所限制，符号发送者的意图语境、释义者的心理语境，以及符号的历史、文化语境等，都会对符号的意义产生限定作用。

罗兰·巴特的符号学思想

法国文学评论家、符号学家罗兰·巴特的符号学思想，集中在1964年出版的《符号学原理》(*Elements of Semiology*)和1975年出版的《神话》(*Mythologies*)两书中，前者针对的是符号理论的建构，后者则聚焦于符号理论的应用。

在1964年出版的《符号学原理》中，巴特推翻了索绪尔关于语言学从属于符号学的观点，主张符号学是语言学的一部分，即“符号学知识实际上只可能是对语言学知识的一种模仿”。针对索绪尔用以分析语言符号的能指与所指的概念，巴特进一步提出，能指和所指之间不是“相等”而是“对等”的关系，即两者形成相互联合的关系。具体地说，在语言符号中，能指与所指之间是一种“结构性关系”；在非语言符号中，能指与所指属于“联想式整体”，即通过行为者的意图与社会惯例的本质之间的结合而构成符号。比如，用一束玫瑰花表示“爱情”，“玫瑰花”是能指，“爱情”是所指，两者之间通过“联想”而成为一个整体的符号。[①]

针对索绪尔提出的语言(langue)/言语(parole)这对概念，巴特提出了更具科学意义的论断：人只有从语言中吸收言语，才能运用言语——只有从言语出发，语言才能存在。也就是说，语言是言语的产物，同时又是言语的工具。巴特的研究还竭力表明，人类置身其中的世界不是由纯粹事实组成的经验世界，而是由符号形成的意义世界。人们从一个符号系统进入另一个符号系统，不停地对符号进行编码和译码，而人类的全部事务都渗透着编码行为。基于这一理解，巴特把符号学引入服装、饮食、汽车、家具等复杂的非语言符号领域，展示出符号学无孔不入、无所不在的巨大应用空间。

巴特还有一个影响深远的符号学观点：要了解主体间的互动，首先需要了解“主体间性”(intersubjectivity)的特征。他所说的“主体间性”，是指在心灵的“共同性和共享性”中，隐含着不同心灵和主体之间的互动和传播。巴特认为，不论编码者还是解码者，对符号意义的感知并不是因人而异，他们首先是从属于一个文化群体，共同的文化背景为他们提供了互相影响的意识。所谓心灵的“共同性和共享性”，就是同一文化背景中所有成员共同感受的知识与经验，是在大家共同遵守的契约中得到认可的。进一步地，不论编码还是解码，人们都可以意识到“彼此传达信息的意向”，而解读就是两个或者两个以上的心灵彼此进入，然后获得“共享世界”。就跨文化传播研究而言，这显然是有着重要价值的启示。

第二节　传播中的语言符号

作为人类社会中客观存在的特有的社会现象，语言是社会群体约定俗成的，由语音、词汇、语法构成的符号系统，代表了某一文化社会之内的经验。语言也是文化核心特征的标志——每一个人都生活在语言中，语言构成了人的世界，而真实世界(real world)在很大程度上是被无意识地建构于特定文化群体的语言习惯之上的。进一步说，语言差别是不同文化间最重要的区别之一，是同文化传播与跨文化传播相区别的显著标志之一，也是跨文化传播实践最大的障碍之一。

---

① 〔英〕特伦斯·霍克斯：《结构主义和符号学》(瞿铁鹏译)，上海译文出版社 1987 年版，第 134—135 页。

一、语言与文化

民族的语言即民族的精神,民族的精神即民族的语言。二者的同一程度超过人们的任何想象。①

——语言学家洪堡特(Wilhelm Von Humboldt)

对语言的定义是很困难的。语言学家萨丕尔(Edward Sapir)的定义是:纯粹人为的,非本能的,凭借自觉地制造出来的符号系统来传达观念、情绪和欲望的方法。② 索绪尔的定义是:"语言是一种表达观念的符号系统,因此,可以比之于文字、聋哑人的字母、象征礼仪、军用信号等等。"③

语言是人类精神认识实在、构造人类经验世界的工具和途径。正是基于语言的功用,海德格尔(Martin Heidegger)说过:语言是存在的家,人就住在这家中。维特根斯坦(Ludwig Wittgenstein)也指出:我的语言的限度,意味着我的世界的限度。这些说法都强调了人与语言的关系:语言介于人与世界之间,人通过语言认识世界,语言记录了人对世界的看法和存在于世的经验。事实上,人类区别于动物的关键就在于,动物只有一个现实世界,人类拥有两个世界:现实世界和语言世界。人因为有了语言,所以有了一个"世界",同"世界"有了一种关系,对"世界"有了一种特殊的态度。

语言有狭义与广义之分。狭义的语言是指具有自身独特结构、功能和规则的日常语言,通常包括**对话语言**(dialogue language)、**独白语言**(monologue language)、**书面语言**(writing language)、**内部语言**(inner language)等,提供了一切文化形式所必需的表达手段和意义的载体。广义的语言甚至可以指代人类文化,每一种文化形式,如神话、宗教、艺术、科学等,都是一种语言。正如卡西尔指出的,"不仅存在着由声音、词汇、词语、句子构成的语言,而且还存在着由艺术、宗教、科学符号建构起来的更为广博的语言。这类语言的每一种都有其相应的用法和相应的规则;每一种都具有其自身的语法"④。

作为人类文化的核心形式,语言与文化相互依存、相互影响。一方面,语言来自特定的文化,语言也只有置于其所属的文化和社会的语境中才具有全面的意义。只有诉诸语言,其他一切文化形式的生成和发展才有可能。另一方面,文化在语言

---

① 〔德〕威廉·洪堡特:《论人类语言结构的差异及其对人类精神发展的影响》(姚小平译),北京:商务印书馆1999年版,第52页。

② 〔美〕爱德华·萨丕尔:《语言论》(陆卓元译),北京:商务印书馆1985年版,第7页。

③ 〔瑞士〕费尔迪南·索绪尔:《普通语言学教程》,第37页。

④ 〔德〕恩斯特·卡西尔:《符号·神话·文化》(李小兵译),北京:东方出版社1988年版,第26页。

中存在，历史与传统保存在语言中，语言负载着历史与传统。关于语言与文化的关系，马林诺夫斯基有一个意味深长的提示：语言深深地扎根于文化现实和该民族人民的习俗之中，语言研究也必须植根于这一宽泛的语言行为环境。

语言是一个民族文化得以发展延续的直接载体，也是民族共同体的重要标志之一。正如洪堡特所说，“一个民族的精神特征明显地反映在该民族运用的语言的各个历史时期之中”，“不论我们将什么样的形象赋予语言，它始终是一个民族富有个性的生活的精神表现”。[①] 语言中保存着各个民族长期与自然交往所积累的经验，各民族不断创造出新词语、新概念、新含义和新的表达方法，记录着民族的历史，透视着民族的文化心态，蕴涵着民族的思维方式。关于这一点，李约瑟也有一个著名的观点：中国人的思维和文化模式可能与汉字有关，至少，语言帮助塑造了中国文化。

> 按照不同语言在文化上的亲属关系或亲属关系的远近，可以把世界上的语言分为印欧（Indo-European）、乌拉尔（Ural）、阿尔泰（Altai）、汉藏（Sino-Tibetan）、闪米特-含米特（Semito-Hamitic）、南亚（Austro-Asiatic）、马来-波利尼西亚（Malayo-Polynesian）、达罗毗荼（Dravidian）、柯伊散（Khoisan）、尼罗-撒哈拉（Nilo-Sahara）、高加索（Caucasian）和班图（Bantu）等 12 个语系。

譬如，在世界历史进入全球化时代之前，东亚内部的历史发展具有很强的一致性特征，而汉字正是构成这种一致性以及延续至今的东亚文化认同的核心要素。法国汉学家汪德迈（Léon Vandermeersch）就评价说：直至中西文化撞击的近代，这一文化区域所表现出的内聚力一直十分强大，并有其鲜明的特点。“它不同于印度教、伊斯兰教各国，内聚力来自宗教的力量；它又不同于拉丁语系或盎格鲁-撒克逊语系各国，由共同的母语派生出各国的民族语言。这一区域的共同文化根基源自萌生于中国而通用于四邻的汉字。所谓汉文化圈，实际就是汉字的区域。汉文化圈的同一即‘汉字’的同一。”[②]

在维持和加强文化成员之间的社会地位和社会关系方面，语言也具有重要的作用。譬如，日语的语言结构就要求说话人重视人际关系和特定的情境。在不同场合，语言使用存在着很大差别。在称呼上级、下级和同级时，要使用不同的词汇和表达方式。在泰国，不同的阶层使用不同的代词、名词和动词来表达级别和亲密程度。在泰国语中，表达“我”的代词有 17 种，表达“你”的有 19 种（相比之下，英语中只有一种第二人称的代词，而多数欧洲语言中最多有两种“你”的代词）。由于不同阶层使用不同的语言形式，泰国语也分成了 4 种类型：皇家语

① 〔德〕威廉·洪堡特：《论人类语言结构的差异及其对人类精神发展的影响》，第 219、59 页。

② 〔法〕汪德迈：《新汉文化圈》（陈彦译），南昌：江西人民出版社 1993 年版，第 1 页。

言、宗教语言、大众语言和俚语。

表 2-2　人类文字的发展简史[①]

公元前 3500 年—前 3000 年	乌鲁克文明出现于苏美尔，象形文字诞生；中国的象形文字进一步衍生表意字和形声字。
公元前 3000 年	印度产生了自己的文字。
公元前 3000 年—前 2500 年	尼罗河畔又产生了一种象形文字体系。
公元前 1000 年—前 700 年	腓尼基字母形成，为希腊字母体系开辟了道路。阿拉米人创造了希伯来和阿拉伯文字的前身。
公元前 600 年	希腊人和伊特拉斯坎人在罗马定居；拉丁文第一次在"黑石碑"上出现。
中世纪	在东罗马帝国，演化自希腊文字的西里尔文字(Cyril)向东传播。在西欧，人们用加洛林、哥特及人文主义字体书写拉丁文。

同一语言在不同时期和不同地域形成的变体，反映着不同时期、不同地域的文化特点。譬如，在 16 世纪之前，英语是一门仅限于英伦三岛的小语种，随着英国的殖民扩张和 20 世纪美国的快速崛起，英语传播到世界各地，并在美国、加拿大、澳大利亚、非洲及亚洲许多地区形成了区域性变体。受到本地文化的影响，这些变体在语音、词汇、句法及语用等方面都有不同程度的差异。到了今天，众多的变体、庞大的使用者和广泛的使用范围，使英语不再仅仅是一两个民族的语言，不再是单纯承载盎格鲁-撒克逊民族文化、反映其民族特质的语言。这也从一个侧面说明：语言反映的是它的使用者的文化，不同的使用者有可能将不同的文化附着在同一种语言之上。

应当明确的是，语言是作为一个整体与文化发生关系的。构成一种语言，必须具备的基本要素主要有语音、词汇/词义和语言规则等。无论是文化对语言的影响，还是语言对文化的承载，两者之间的相互作用都主要发生在语音、词汇/词义、语言规则这些方面。由于语义始终伴随在语音、词汇/词义和语言规则之中，所以，对语言系统的分析，可以归结到对语音、词汇/词义和语言规则这三个子系统的分析之中。

语音

语音来自人类的发音器官，负载并传达着特定的语义信息；语音也是构筑

① 艺衡等：《文化权利：回溯与解读》，北京：社会科学文献出版社 2005 年版，第 18 页。

语言的主要材料，是基于影响听者的行为这一目的发出的声音。每个语音都处于一系列相互独立而又紧密联系的语音当中，是人类语言这一符号系统的载体。关于语音的重要性，索绪尔有个生动的比喻："语言就像一张纸。声音是纸的这一面，观念思想是纸的另一面。我们不能只拿起纸的这一面，而不要另一面。"①

语音具有自然特性，也具有社会特性。与自然界的其他声音一样，语音具有音高、音强、音长和音质等物理性质。语音的社会特性，主要表现为音义结合的任意性，以及语音对其所表达的意义、语言表达的风格等方面具有的重要影响。

语音系统可以划分为**音素**(phone)、**音位**(phoneme)、**音节**(syllable)等若干不同的子系统。其中，音素是人类语言在一次发音中从音质角度切分出来的最小的语音单位，可以分为两大类：元音音素和辅音音素。记录音素的书写单位是音标，目前在国际上最为通行的是国际音标(International Phonetic Alphabet)。音位是具体语言或方言在一类发音中从能否区别词或语素的角度划分或归并出来的最小的语音形式。音节是具体语言或方言的音位与音位组合起来的，从自然发音和听感的角度得到的最小的语言结构单位，可以看作是不同的元辅音序列，大致可以划分的音节类型包括：以元音收尾的开音节，以辅音收尾的闭音节，以及以元音开头的元音首音节、以辅音开头的辅音首音节。

要明确的是，音位和音素是截然不同的两个概念。音素可以超越具体的语言或方言，主要表明了语音的自然属性；音位则落实到特定的语言和方言中，表明了语音的社会属性。或者说，音素就像人类拥有的制造语音外壳的原材料，由使用不同语言或方言的人们从中取走不同的音素组成各自的音位系统，所以，汉语有汉语的音位系统，法语有法语的音位系统，俄语有俄语的音位系统。譬如，对于汉语而言，[r]和[R]可能是奇怪的声音，但[r]之于俄语、[R]之于法语，则是不可缺少的声音。

在不同文化的交往过程中，一种语言的语音会对另一种语言产生影响。譬如，在清朝统治期间，由于受到汉语的影响，满语的辅音系统发生了重大变化，从而形成了一种与汉语北方方言比较接近的新音系。一些研究还注意到，人们生活节奏的快慢，与发音时舌部和口腔肌肉的张弛度、开口度以及发音时间的长短密切相关。近二三十年来，英语元音的舌部位置发生了一些变化，一些单元音发生了向舌中位置滑动的变化，其音质也随之变异。这是因为，适应

① John Stewart, ed., *Bridges Not Walls*, p. 68.

快速的生活节奏和发音时流畅方便的要求已成为语音发展的一种趋势。总之，语言是不断发展变化的，语音同样也处于不断的演变当中。国内一些研究注意到，汉语从中古时期至今，语音的变化主要体现为：浊音的清化、新音位的出现、旧音位的消失等。

词汇/词义

词汇是一种语言中全部词和固定词组的总和，也可指某一范围内使用的词的总和。语言是由词汇组成的，在语言系统中，词汇相当于构筑语言的建筑材料。

由于词汇是语言的基本要素，文化差异在词汇层面上必然有所体现，对词汇的解释也必能体现民族或文化间的差异。语言学家奈达(Eugene Nida)还指出，词汇能反映文化，因为词汇反映了人们对世界的了解和分类方式，“某一种语言在某些领域具有较高比例的词汇体现了该文化的着重点所在。某些词汇知识常常说明人们在特定领域的能力，某些词汇的消失表明了这一文化所关注的东西发生了变化”[①]。

词义是指词汇的意义，可以指词的内容，也可以指某一固定词组包含的意义。词义大致分为两类：**字面意义**(denotation)和**引申意义**(connotation)。字面意义也称本义，是字面上直接所指的事物或概念，引申意义是指字面意义之外的意义。如前所述，符号与指涉对象之间的关系是人们在社会生活中约定俗成的，针对同一对象，各种文化各有不同的名称，甚至同一文化内对同一对象也有不同的名称。由于各个文化都给词汇赋予了特有的含义，每个词汇代表着一定的对象或现象，就使词汇与词义的问题成为文化与传播研究的重要领域。人类学家伊文斯-普里查德(Edward Evans-Prichard)甚至认为：如果研究者弄懂了某种语言中全部词汇的意义(在各种相关情景中的运用)，也就完成了对一个社会的研究。[②]

> **几个例子**：美国一家航空公司在飞往巴西的航班上推出了一种休闲舱(rendezvous lounge)。不过，在葡萄牙语中，“rendezvous”的意思是“做爱的地方”。麦当劳公司曾自称是“Big Macs”，不过，在法裔加拿大俚语中，此语的意思是“波霸”。中国现代京剧《红灯记》(Story of Red Light)的名称常被西方人误解，因为在一些西方国家，提供色情服务的街区往往被称为红灯区(red-light district)。

词义是语义系统中最基本的语义单位，传统语义学的主要研究对象就是词

① Eugene Nida, *Language, Culture and Translating* (Shanghai, CN: Shanghai Foreign Language Teaching Press, 1994), p. 107.

② 〔美〕罗伯特·尤林：《理解文化》(何国强译)，北京大学出版社2005年版，第48页。

义。在不同的文化和不同的时期中，同一词汇也会产生不同的词义，不了解这种差别，就不能完全接受一个词承载的全部信息。这里就涉及词义的两个特征：稳定性和多变性。词义必须具备相对的稳定性，否则人们难以进行正常的传播。例如，水、火、太阳、月亮、男、女等词汇的含义都有相对的稳定性。不过，稳定性是相对的，而多变性是绝对的。只要词汇被使用，词义就会发生演变，而词义变化始终是语言变革中最敏感和最活泼的因素。就语言的历史发展来看，在较原始的社会中，人们要沟通和表达的意念比较单纯，需要和使用的词汇自然就比较简单。随着文化的积累和社会的演进，人类的思想也渐趋复杂，原有的词汇已不敷应用，于是词义跟着演变。语言学家分析，由于汉语是一种象形文字，而英语是一种拼音文字，因而英语词义的变化速度要比汉语快得多，据统计，英语中500个最常用的词汇可产生出1.4万多种意义。

由于文化差异等原因，不同语言中的词汇数量是不等的，一种语言中的词汇在另一种语言中往往找不到对等或契合的词汇，这种情况可以称为**词汇空缺**(lexical gap)。比如，汉语中“豆腐”“麻将”“功夫”等，在英语中就找不到对应的词汇。所以，本着社会发展和交往的需要，必须不断产生新词才能适应社会的需要。例如汉语中的“咖啡”“沙发”“克隆”“拷贝”就是“借词”——根据外来语的语音用汉语表达的词。五四运动之后，汉语中新词汇的产生超过了此前任何时代，这是东西文化激烈碰撞的结果。

关于英语中的外来词汇，有一个例子：“Maria saw a baby squirrel eating ketchup left out after yesterday's barbeque. Although she was still wearing cotton pajamas, she hurried outside to chase the creature away”。在这句话中，“baby”来自荷兰语；“squirrel”来自法语；“ketchup”源于马来语；“Barbeque”出自加勒比海地区的印第安人；“cotton”原为阿拉伯语；“pajamas”来自印度的乌乐都语。

外来词汇的大量出现，是词汇演变中颇为显著的现象。英语就是如此，据统计，在大约2万左右的英语常用词汇中，约有75%是外来词——词汇的意义和声音的形式都来自外语的词汇。当代汉语词汇还有一个特点，就是用“译词”代替“借词”，比如“火车”“轮船”“飞机”“电视”之类便是译词。有一种观点认为，在一个民族的语言中，借词与译词的数量多少，既表明这个民族语言的发达程度，又表明这个民族文化的开放程度和对外来文化的吸收程度。通常，一个民族的词汇表中借词与译词的数量比较，可以从一个侧面表明该民族文化同化力的强弱。同化力强，则译词多于借词，反之则借词多于译词。

国外一些研究还着重考察了词汇与文化的关系。一些研究指出，由于法语词汇意义清晰，绝少含糊，因此使得法国人逻辑清楚，能够迅速思考；西班牙语、意大利语和葡萄牙语词汇丰富，有大量关于感情的说法和爱称，往往难以翻译，也使这些国家的人们以一种热情和富有人情味的方式与人交流，给人一种健谈、朴实的感觉；日语中有丰富得令人生畏的敬语，虽然这些词汇在日本人之间的交流中非常有用，但也使日本人与外国人的谈话显得异常啰嗦。

语言规则

语言规则(linguistic rules)大致包括两方面的内容。一是**语法规则**，针对的是语言系统的结构规律，大体上是构词规则和造句规则的综合。相比上述的语音、词汇来说，语法规则是语言系统中最为稳定的部分。譬如，早在甲骨文时期，现代汉语中最为基本的语序"主语＋动词＋宾语"的排列顺序就已经存在了。二是**语用规则**，指的是决定使用语言是否得体的文化、社会等因素。由于语言是社会行为，必须遵循其社会或群体所共享的使用规则，这就涉及语用学(pragmatics)以及跨文化语用学的研究。

语用学又称语言实用学，是 20 世纪 70 年代以来在语言学研究中产生和发展起来的语言学分支学科，以语言意义为研究对象，主要研究特定情景中的特定话语，以及如何通过语境来理解和使用语言。跨文化语用学针对的是使用第二语言进行人际交往时出现的语用问题。由于此类交往中使用的第二语言总是或多或少地带有母语的特征或影响，因此跨文化语用学的研究内容就包括：如何准确地使用第二语言进行人际交往；不同文化背景的人们在人际交往中语言行为的差异和语用策略；母语文化对特定场合中语用行为的影响，等等。

语用学和跨文化语用学的大量研究表明，不同文化在语言使用规则方面存在着很大差异，或者说，语用差异之所以存在，很大程度上是由于深层文化差异的存在造成的。基于此，不同语言之间交流的核心任务就是寻求**语言对等**(linguistic equivalence)，包括词汇对等、习语与俚语对等、语法—句法对等、经验—文化对等、概念对等。这些无一不与文化差异密切相关，同时是一项困难重重的工作。譬如，《圣经》中的短语"上帝的羔羊"(Lamb of God)翻译成因纽特语时，只能译成"上帝的海豹"(Seal of God)——极地人无从知道羔羊为何物，就只能换用一个文化意义大致相近的词汇。

需要注意的是，语用规则不仅因文化而异，而且具有无意识特点。换言之，尽管一个人对自己母语的使用规则已运用自如，但他可能对这些规则的存在毫无意识。因为人们常常是无意识地习得语用规则，同时同样能无意识地运用这些规则去判断别人的语言行为。正是这种无意识，往往使人们在与不同文化背景的人们交往时产生传播失误。在语用学的研究中，这种现象就是**语用迁移**(pragmatic transfer)，即用自己的语言使用规则作为标准，去解释和评价别人的语言行为。

语用规则的差异是普遍存在的。特定文化、社会或群体中的语用规则往往只能在自身的语境中加以理解，不能使用不同文化的语用规则来描述某种特定文化中的语言行为，否则造成的**语用失败**（pragmatic failure）会表现在语言使用的各个方面。比如，在跨文化交往中，一个文化中的人们习惯讨论的话题，可能是另一文化设法回避的话题；一个文化中人们常常涉及的内容，可能构成另一文化中对隐私的侵犯。需要注意的是，违背语用规则的后果往往比违背语法规则的后果严重。毕竟，语法错误是语言本身的错误，有时并不会影响传播的结果，而不符合语用规则的"问候""致谢"或"恭维""道歉"等各种语言行为，则可能被误认为是不友好的表现或触及隐私的行为等，直接导致传播的失效。

为了保证会话的顺利进行，达到传播双方的相互理解、相互配合，20 世纪 70 年代，美国语言学家格赖斯（Paul Grice）提出了会话的**合作原则**（cooperative principle），认为会话必须遵守一些基本准则：数量准则（quantity maxim），涉及交谈所需要的信息，强调不应超过所需信息；质量准则（quality maxim），应当说真话或提供足够的证据，否则就不要说；关联准则（relations maxim），说话要贴切，要有关联，不答非所问；方式准则（manner maxim），力图避免模糊语言和模棱两可的态度，力求直截了当、有条理。

考虑到语用规则在交往中的重要性，英国语言学家杰弗里·利奇（Geoffrey Leech）在 1983 年提出了会话的**礼貌原则**（politeness principle）。其中包括：得体准则（tact maxim），减少表达有损他人的观点，尽量多使别人得益；宽宏准则（generosity maxim），减少对利己观点的表达，尽量少使自己得益；赞誉准则（approbation maxim），减少对他人的贬损，尽量多赞誉别人；谦虚准则（modesty maxim），减少对自己的过誉之词；一致准则（agreement maxim），减少与他人在观点上的分歧；同情准则（sympathy maxim），减少与他人在情感上的对立，尽量增加对他人的同情。

合作原则和礼貌原则都是语用规则的重要组成部分，体现了语用规则与语境的关联。礼貌原则还表明，礼貌是人们交往中不能忽视的重要因素。不同文化有着不同的礼貌原则，对礼貌的重视和理解也各不相同，但总有一些共同的内容，即各种文化在传播中都会照顾对方的面子，凡是伤害对方感情的话应避免直说，以降低不愉快的程度。例如，在东方文化中，对他人的请求若不能答应的话，多婉言拒绝而很少使用"不"这个词。这种委婉会使一些西方人误解，感到说话人不够坦诚。相比之下，美国人更为坦率，常常直接说"不"，这常常会让东方人感到尴尬或觉得伤了面子。一些研究者还注意到，在菲律宾工作的美国"和平队"队员中，许多人因为谈吐坦率而破坏了与当地人的关系。

二、语言与传播

> 人与其他生物不同。人拥有一个语言的世界，其他生物不过是居住在环境中而已，并不与环境发生关系。①
>
> ——哲学家迦达默尔(Hans-Georg Gadamer)

早在古希腊时代，西方社会就把语言研究当作一门独立学科。在古希腊，人们对语言本身，对语言在传播中的作用推崇备至——"雄辩就是力量，因为雄辩好比深谋远虑"，由此开创了修辞学(rhetoric)教育的传统。在古希腊教育的"七艺"——修辞、语法、逻辑、几何、算术、音乐、天文中，占据首位的就是修辞，主要是指演说与说服的艺术，涉及立论和修饰语句的技巧和能力，甚至包括讲演者的姿态、表情和嗓音等。亚里士多德还认为，修辞学是一门通过吸引和保持注意力来改变某种意向的学问，具备了"能在任何一个问题上找出可能的说服方式"的可能性。② 为此他主张：修辞学不是为某一特定阶层的臣民专有的学问，而是人人应该掌握的学问。

比较之下，中国传统教育中的"六艺"，则是"礼、乐、射、御、书、数"，并没有针对演说或修辞的内容。虽然中国知识界很早就开始关注语言和语言表达问题，典籍中亦不乏关于修辞的评论，如《周易》中的"修辞立其诚"，《尚书》中的"政贵有恒，辞尚体要，不惟好异"，《礼记》中的"言语之美穆穆皇皇"，以及中国古代修辞学的集大成之作《文心雕龙》等，但都停留在对书面语言的关注上，集中于讨论赋、比、兴、语体、对仗等修辞手段。至于鬼谷子传授苏秦、张仪的"揣摩之术"，自然为世人所不齿，只能算是私授秘传的"蛇鼠之智"。龚文庠就此指出，修辞在中西传统教育中的不同地位，是"中西文化传统的一个有趣的差异"③。

语言、传播与社会关系

传播是从语言开始的。作为人类最基本的活动，语言遍及人类各个重要的领域，参与并构成了人类的各种传播行为。

---

① Hans-Georg Gadamer, *Truth and Method* (New York, NY: Crossroad, 1989), p. 443.

② 〔希腊〕亚里士多德：《修辞学》(罗念生译)，北京：生活·读书·新知三联书店1991年版，第24页。

③ 龚文庠：《说服学》，北京：人民出版社1995年版，第7页。

语言学家杰弗里·利奇把语言的功能概括为**信息功能、表达功能、指标功能**和**社交功能**。信息功能也称描述功能，以传达语言的理性意义为主要目的；表达功能也称情感功能，以传达语言的情感意义为主要目的；指标功能是指语言用以指示或影响他人的行为和态度；社交功能强调的是语言维系社会关系与维持社会交往的功能。在这些功能中，语言最基本的功能是信息功能。

在日常生活中，没有人能把传播同语言分离开来，也没有人能割断人与语言的密切联系。人们通过语言制订计划，运用语言去梦想、沉思、评价、传诵和记忆，也通过语言因袭与创造文化，向他人表现自我，与他人沟通情感和思想，完成人类的传播需要。正如乔治·米德指出的："实际上，我们的思维始终借助某种符号进行。没有符号，人们也可能凭经验了解'椅子'的意义，但不可能在没有符号的情况下思考它。"①

语言是人类传播的重要工具，也是一种社会现象。人们创造和运用语言的行为是一种社会行为，并对人们的社会关系不断产生着重要影响。索绪尔即指出，语言是一种社会事实，语言学的材料由人类语言活动的一切表现构成，在个人生活和社会生活中，语言活动比其他任何因素都重要。进一步地，语言学的任务就在于：寻求在一切语言中永恒地普遍地起作用的力量，整理出能够概括一切历史特殊现象的一般规律。②

关于人与语言的关系，萨丕尔有一个重要的观点：语言不仅是人表达思想的再生工具，也是思想的塑造者、程序的制定者。因为语言左右个人的心理活动、印象分析，所以，人对世界的理解总是会受到语言环境的影响。需要明确的是，在语言塑造人的同时，人也通过对语言的运用和理解不断地创造出新的意义。萨丕尔还强调说：人的独特性正在于，人能通过语言的传播建构自己与世界的一体化关系——人类不只是生活在客观世界之中，也不仅仅是生活在社会行为的世界之中，还受制于特定的语言环境。在这个意义上，语言就成为人们在社会生活中表达自己的媒介。③

语言必须被放入人类的传播活动中来观察，人类的语言无不是在传播过程中被创造和表现出来的。耐人寻味的是，迄今为止世界上所发现的任何一种人类语言，都是可以互相翻译的。这也可以说明，人一方面很难超越自己生活的界限，另一方面却可以通过学习各种语言来拓宽自己的世界。这似乎也能够印证福柯(Michel Foucault)的一个观点：语言塑造了人所理解的事物，只要文化认为

---

① 张国良主编：《20世纪传播学经典文本》，第174页。

② 〔瑞士〕费尔迪南·索绪尔：《普通语言学教程》，第26页。

③ Benjamin Whorf, "Language, Mind and Reality" in John Carroll ed., *Language, Thought and Reality* (New York, NY: Wiley, 1956), p. 134.

是重要的，语言符号就会赋予它们社会意义，当然，这个过程是通过传播得以确立的。当前，语言学研究的一个新视角就是：研究语言与社会人的关系，开掘社会人的语言潜能，让人所创造的语言符号体系满足社会人的传播需要。

通过语言与文化、语言与传播关系的考察，爱德华·霍尔提出了影响深远的**"高—低语境"理论**（high/low context），将人类行为划分为高语境（high context）与低语境（low context）两种传播系统，同时指出，世界上没有一种文化能够游离于两种体系之外，均可划分到高语境文化和低语境文化之中。[①]

"高—低语境"理论隐含的假设是：文化提供了一面"屏障"，它位于人与外部世界之间，决定着人们应当关注什么、忽视什么。在爱德华·霍尔看来，低语境中的语言传播，主要表现为一种具有线性的逻辑互动、直接的语言传播、公开的意向表达的传播方式。这是因为，低语境文化中的大多数信息存在于传播过程中，以补充语境中缺少的信息，所以传播者主要依靠逻辑、推理、思维和语言表达，从而呈现出一种直接的、外在的语言交流。与之相比，在高语境文化中，语言和符号的既定意义不是意义的最重要来源，意义只是隐含在语境和关系当中。这样一来，传播各方通常不直接表达自己的想法，而是借助各种不成文的规范、价值观、仪式、非语言符号等信息，语言中包含的实际意义较少。霍尔还以日本人和美国人的差异为例，指出高语境文化更多地依靠非语言传达，更习惯于将人群区分为"我们"或"他们"，更关心外来者进入"我们"的圈子时，是否能举止恰当，并不关心外来者究竟如何想、其真实的态度或感情如何。

语言多样性和语言霸权

在跨文化传播研究的视阈下考察语言与传播的关系，不能忽视两个彼此相关的命题：**语言多样性**（linguistic diversity）和**语言霸权**（linguistic hegemony）。

目前，在全球范围内的人文社科领域，语言多样性命题与语言消亡、语言权利、语言平等这些热点话题直接相关，尤其是构成了文化多样性讨论的基础。仅就语言消亡来论，在一般意义上，如果一种语言要从一代传到下一代，其使用者至少要有10万人。照此估计，到21世纪末，约有50%—90%的语言会消亡。正如联合国前秘书长加利指出的："当今世界，每两个星期就会有一种语言消失，随之，与之相关的传统、创造、思

> 目前世界上大约有6800种语言，有8个国家的语言数量占到了语言总数的一半以上，这些国家分别是：巴布亚新几内亚、印度尼西亚、尼日利亚、印度、墨西哥、喀麦隆、澳大利亚和巴西。在这些语言中，有一半语言的使用者不足2500人，多达90%的语言正处于濒危状态，使用者超过1万人的大约有1000种。

① 〔美〕史蒂夫·莫滕森编选：《跨文化传播学》，第36—45页。

想、历史和文化也都不复存在。”加利强调，语言多样性是丰富的人类遗产中不可分割的部分，“如果我们听凭语言的单一化，那将会导致一种新型的特权群体，即‘话语’的特权群体的出现”。[①]

加利提及的“话语”特权群体，涉及了语言霸权的命题。以英语为例，经过英国的全球殖民统治、第二次世界大战后美国的全球扩张，英语已成为国际关系、科技、旅游、国际贸易、互联网等方面的公共语言。据21世纪初的统计，全世界有近3.8亿人口把英语作为母语，约2.5亿人口把英语作为第二语言。学习英语的人数则更多。据英国文化委员会估计，全球正在学习英语的人口大约为10亿；到2050年，全球一半人口能够熟练使用英语。另据统计，目前世界上有60多个国家把英语作为官方性的语言，有85%的国际组织（联合国、欧盟、东盟等）把英语列为工作语言。此外，世界上有75%的邮件是用英语书写的，80%的出版物和互联网信息是用英语出版和发布的。[②] 这些数字和事实，足以证明某些语言已制造了某种“霸权”，其他语言面临的削弱乃至消亡的危险正在不断逼近。

第三节　交往中的非语言符号

人类交往中的非语言符号主要有两大特点：一是生物性，二是社会性。生物性是指任何一个文化、民族都具有共同的传递信息的生物性特征，比如恐惧时的颤抖，寒冷时的哆嗦。社会性是指人类使用的部分非语言符号是后天习得、世代相传的，常为某一群体的成员共同拥有，也构成了该群体文化的一部分。由于非语言符号具有生物性和社会性，因而不同文化使用的非语言符号既有普遍性，又具有某种程度上的特殊性乃至模糊性。这就要求在跨文化传播实践中，既要对非语言符号的多义性高度敏感，也要努力把握非语言符号与情境的关联。

一、非语言符号与人际交往

我们用发音器官说话，但我们用整个身体交谈。

——语言学家戴维·阿伯克龙比(David Abercrombie)

非语言符号(nonverbal symbol)可以指代用以传播的语言符号之外的所有符号，其功用在于重复、补充、调整、替代或强调语言符号传递的信息，主要包括身体语、时间、空间语、沉默、辅助语(paralanguage)，等等。萨丕尔称之为一种

---

① 〔埃及〕布托·布托-加利：《多语化与文化的多样性》，载《南京大学学报》2002年第3期，第10页。

② 郭可：《国际传播中的英语强势及影响》，载《现代传播》2002年第6期，第26页。

不见诸文字、无人知晓但人们都能理解的“微妙代码”(elaborate code)。

1872年,达尔文(Charles Darwin)出版了《人类和动物的情感表达》(*The Expression of Emotions in Man and Animals*)一书,开创了一种至今仍被广泛应用的研究方法,即把人类的非语言符号与动物的表达方式联系起来进行研究,探索生物进化的发展进程。将非语言符号与人际关系结合起来的研究,始于20世纪50年代心理学家伯德惠斯特(Ray Birdwistle)等人的身体语研究。由于大多数非语言符号具有强烈的文化色彩,因此不可避免地成为跨文化传播研究的重要对象。从20世纪50年代至80年代,以爱德华·霍尔《无声的语言》领衔的大量著作出版,把非语言符号的研究向前推进了一大步,同时促进了心理学、社会学、语言学等学科对这一领域的关注。

研究表明,非语言符号构成了人际传播的主要信息源,人们之间表达情感的信息大都是经由非语言符号传播的,其中大部分通过身体语传递。此外,虽然语言符号明显地起支配作用并被认为是占支配地位的传播手段,但任何语言行为都需要通过非语言符号来完成传播。换言之,人类丰富的思想和情感并不能通过语言符号得到充分的表达,或者说,任何一种语言都不可能全面表达和负载人类传递的丰富信息。尤其是在面对面的交流中,人们往往会倾向于通过非语言符号来发送和获得自身所需要的信息及其意义,并据此判断、认识和描述自己与他人的关系。一些研究还注意到:由于女性的声音被压制或无法使用男性的言语来流利而充分地表达自己,所以,女性在传播过程中更加依赖于非语言符号来表达自己,比男性更为频繁地使用各种非语言符号。

在社会心理学的视角下,非语言行为能够反映并表明关系的发展——人际关系的形成过程是一个交往过程,别人的内在状态或态度是无法直接观察的,所以,人们只能从其非语言和语言行为上加以推测——“非语言行为的紧密配合,不仅在推测过程中极其重要,而且在熟识过程中也非常重要”[①]。就比较而言,语言符号长于逻辑的思维、抽象的分析和理论的探索,非语言符号则能够表达复杂的、无法言表的感情和信息,主要用来补充、强化、重复、强调、调整语言符号的信息,或者用来产生与语言符号信息相反的效果等。非语言符号还是语言反应连续发生的必要条件,对于传播双方都具有潜在的信息价值和意义。正如萨默瓦提出的,在人际传播的场景中,来自传播双方以及环境的非语言刺激物(stimuli)对传播双方都有潜在的信息价值。[②] 此外,在很多情形下,语言符号与非语言符号可以互为替代、互为补充,共同传递信息和意义。

---

① 〔美〕史蒂文·达克:《日常关系的社会心理学》(姜学清等译),上海三联书店2005年版,第77页。

② Larry Samovar and Richard Porter, *Communication between Cultures*, p. 169.

许多非语言符号往往局限于特定的区域范围之内，从而凸显出广泛存在的文化差异。爱德华·霍尔在针对"高—低语境"的阐述中就指出，意义并不必然为语言所蕴涵，相比低语境文化，高语境文化往往更为依赖非语言符号，许多信息是通过手势语甚至沉默来表达的。有必要说明的是，弗洛伊德(Sigmund Freud)的潜意识理论对霍尔的这一思考影响很大，正如霍尔所说："弗洛伊德最有影响的也是最富革命性的成就之一，就是对潜意识作用的详细分析。……弗洛伊德非常依赖于人的行为的传播意义，而不是人的言语。他不相信口头的言语，许多思考都基于一个判断：言语隐匿的东西远远超出它所揭示的。"[①] 关于非语言符号的文化差异，美国学者还提出一个案例：一位美国医生在印度行医时，发现自己无法清楚地了解当地的病人，尤其是不能理解病人的非语言符号，因为从当地人的相貌、说话方式和服饰上，他得不到任何提示。

与语言符号一样，非语言符号是一个复杂的系统，它的各个构成部分是共同发生作用的，由此而生成的文化差异也极其复杂，难以准确厘定。尤其是进入跨文化人际交往中，非语言符号的意义更是变得难以捉摸，使人们的把握和理解常常出现困难和歧义。不仅如此，人类学家威斯勒(Clark Wissler)还提醒人们："我们关于世界许多民族的经验表明，一旦我们在住房和饮食这类日常和外部事物中发现了尖锐的对立，就一定会在信仰、社交方式、理想、道德观念以及对任何事物采取的态度中发现同样尖锐的对立，甚至是更加尖锐的对立。"[②]

需要注意的是，不能把不同文化中非语言符号的差异盲目地夸大，应该认识到非语言符号在不同文化中的相同之处和普遍意义。同时还要看到，文化是发展变化的，非语言符号也在不断变化，特别是在跨文化传播如此广泛、频繁的今天。

二、传播中的身体语

她的眼睛里、面庞上、嘴唇边都有话，连她的脚都会讲话呢；她身上的每一处骨节，每一个行动，都透露出风流的心情来。[③]

——英国文学家莎士比亚

人们用身体的各个部分单独或配合作出动作来表达一定的信息，这就是身体语(body language/kinesics)，包括表情、目光、手势、姿势、辅助语、身体接触甚

① Perri Klass, *A Not Entirely Benign Procedure* (New York, NY: Signet, 1987), p. 64.

② 〔美〕克拉克·威斯勒：《人与文化》(钱岗南等译)，北京：商务印书馆 2004 年版，第 5 页。

③ 莎士比亚：《特洛伊罗斯与克瑞西达》，载《莎士比亚全集》第 4 卷，北京：人民文学出版社 1994 年版，第 337 页。

至气味，等等。20 世纪 50 年代，伯德惠斯特开始研究身体语与传播的关系，率先提出了“kinesics”的概念，指出人的身体各部位的动作、器官等都可以表达和传播信息、感情和态度，认为所有的身体行为在传播的语境中都有潜在的意义。

在《身体语与语境》(*Kinesics and Context*)一书中，伯德惠斯特提出了针对身体语的若干假设。他的身体语理论的基本主张包括：第一，在传播的语境中，所有的身体活动都有潜在的意义，人们会赋予这些活动一定的意义；第二，行为的组织过程能够被分析，也需要研究者作出系统分析；第三，传播中的身体活动是社会系统的一部分，不同的群体以不同的方式使用身体语；第四，人们会受到他人较为明显的行为和动作的影响；第五，身体语的使用与个人癖好有关，同时是个人与他人共享的社会系统的一部分。

身体语常常与语言符号同时参与传播，两者相互支持、相互制约。在传播过程中，两者可以融为一体，共同表达具体的内容，特别是能够把无形的思想与心理活动直接转化为动态的感觉和视觉信息，取得语言符号难以取得的效果。伯德惠斯特就指出：身体语与语言在结构上是平行的关系，身体语系统中的许多“词汇”与语言中的词汇有着惊人的相似之处，总之，“简单的身体语会构成更为复杂，更具持续性和具有一定结构的行为体系”[①]。

关于身体语在传播中的作用，一些统计研究还发现，身体语带有的“词汇”多达 70 万种。[②] 此外，在意义和情感的表达手段中，有 65%以上靠表情、手势、姿势、辅助语等身体语完成，通过语言符号传递的信息则只占 35%。另据研究者对课堂教学的统计，82%的教学效果是通过教师的表情、辅助语等非语言行为达成的，只有 18%的信息通过语言行为实现。

表情

表情(facial expression)是身体语的重要组成。概括地说，表情是人类社会交往的调节装置，面部结构则是精神的直观表现，很容易表现出柔情、胆怯、微笑、憎恨等诸多的感情谱系，也是艺术意义上最具审美特质的人体部分。通过表情，人类可以显示各种情感，阐释话语、调节对话、塑造社交形象，从而使之成为一种最具体、最确切的非语言符号。墨西哥人就有句谚语：“脸是一个人灵魂的镜子。”

虽然人类传播存在固有的文化差异，但世界各地的人都使用近乎相同的表

① Ray Birdwistle, *Kinesics and Context* (Philadelphia, PN: University of Pennsylvania Press, 1970), p. 80.

② Larry Samovar and Richard Porter, *Communication between Cultures*, p. 177.

情来表达人类的主要情感,比如喜悦、幸福、悲伤、惊奇、恐惧、气愤和厌恶。社会学家亚当·肯顿(Adam Kendon)提供的解释是:表情能以极快的速度建立或确认共同的期望,所以说,“如果没有表情这样的手段,互动中行动的协调远不会这么灵巧、快捷。如果没有表情,误解他人行为的可能性就会大得多”[①]。

在不同文化中,表情既是普遍一致的,也是各具特色的。由于生理原因,不同文化的人处于喜怒哀乐的心理状态时,大致都有类似的表情,这是共性;有些表情则因文化不同而不同,这是个性。再者,尽管人类的表情大都相似,但不同的文化会对人在何种场合表达何种情感、表达多少情感,有着不同程度的规定,这就使不同文化的表情有着多寡的不同。譬如,在地中海地区,悲伤的情感表达往往比其他地区更为强烈,男人在公共场所哭泣的场面,并不会特别令人惊讶。此外,某些表情在孤立状态下的意义具有相似性,而一旦受到环境因素的干扰,就会显示出某些差异。比如,不同文化群体的成员会因为谁在场、在什么地方、讨论什么问题等因素的变化而不同程度地抑制或修正自己的情感表达。

通常,在美国等西方国家,家长鼓励孩子表现自己,使他们逐步形成表情丰富、活泼开朗的特点。相比之下,东亚人在儿童时代就被家长告知不要情感外露,因而大都具有内向、含蓄的特点。此外,美国社会的文化规范会抑制男性的悲伤或哭泣等负面情绪的表达,但女性要表达这些情绪是可以接受的。相比之下,日本人倾向于以笑容来掩饰负面情绪,通常也不会在公开场合用表情来表达任何重要情感,最容易看到的是平静的、难以捉摸的表情,或是平淡的微笑,其确切的意图总是让人难以猜测。总体上看,对日本人来说,微笑是社会礼仪的一部分,主要用以维持和谐的人际氛围,避免负面感情的外露,有时则是为了避开令人尴尬的问题,给自己留下思考的时间或转圜的余地。

目光语

目光语(eye contact/gaze),就是运用目光的接触与回避、眼睛睁开的大小、目光接触时间的长短、视线的控制等方式传递信息。根据戴尔·莱瑟斯(Dale Leathers)的研究,目光语至少承担了六种传播功能:表明专注、感兴趣或兴奋的程度;影响态度的变化与说服;调节人际互动;传递情感;确定权力和身份关系;为“印象处置”(impression management)确定一个核心角色。[②]

中国东晋画家顾恺之有一句名言,“四体妍媸本无关于妙处,传神写照正在阿堵中”(“阿堵”即是眼睛),生动地表达了眼睛对于表达内在情感和精神世界的

① 〔英〕亚当·肯顿:《行为互动》(张凯译),北京:社会科学文献出版社 2001 年版,第 160 页。

② Dale Leathers, *Successful Nonverbal Communication* (New York, NY: Macmillan, 1986), p. 42.

作用。事实上,很多中外文学作品都多有形容某个美丽的女子“眼睛会说话”,这一方面是在强调目光语传播信息的能力,另一方面也表明,不同个体运用目光语的能力是不同的。关于眼睛之于交流的作用,柏拉图还有一段生动的描述:“当那种使人的身体保持温暖的柔和的火焰变为一种均匀而又细密的光流从眼睛里流出来的时候,就在观看者与被观看的事物之间形成了一座可感知的桥梁,从外部物体发出的光线刺激便顺着这道桥梁到达人的眼睛,最后又从眼睛到达心灵。”①

不同文化在目光语的使用上有很大的差异。譬如,非洲祖鲁人认为,“眼睛是用来挑衅的器官”;在美国黑人文化中,直视对方的眼睛也被当作一种敌视的行为;东方人不喜欢直盯着一个人看,并把这种行为视为粗野的表现;英美人则有句格言:“不要相信不敢直视你的人”,即将不能直视或躲躲闪闪的目光语视为掩饰、不真诚或是缺少自信的表现。当然,眼神接触要适当,倘若死盯着对方一次达10秒以上,也会使对方感到很不自在。与英美人相似的是,阿拉伯人也认为,只有凝视对方的眼睛,才能领会对方的心灵,所以说话时常常会目不转睛地直视对方的眼睛。

一些研究注意到,相比欧洲其他地区,地中海地区的人们更擅长用目光来表达信息,这里的人们还比欧洲北部国家的人更多地扬起或降低眉毛,表达惊奇、不赞成、进攻和无所畏惧等意思。此外,阿拉伯人和拉美人的目光接触要多于西欧和北美人;北欧人、印度人、中国人、日本人、朝鲜人、韩国人、印度尼西亚人和墨西哥的乡下人的目光接触少于西欧和北美人。日本人认为,眼对眼谈话是一种失礼行为,过长的目光接触被认为是粗鲁、威胁和不尊重对方。日本人在与人对话时,绝大部分时间要避免眼神接触,听对方说话时会看着对方的脖子,自己讲话时则时常看着自己的脚或膝。在尼日利亚、波多黎各和泰国,人们甚至教导儿童不要与师长或成年人做直接的目光接触。

手势语

手是身体中最具表现力的部位,康德称之为“可以看见的头脑”。

使用手臂与手指活动传递的信息就是手势语(gesture),可分为三类。一是模仿型,即用手势模仿一种物体或动作。比如,用手掌侧面做抹脖子状表示“杀头”,用一只手指指向太阳穴表示用手枪自杀。二是代表型,即用一个手势代表一个含义,比如用跷起大拇指表示称赞或欣赏。三是指挥型,例如合唱队指挥用

① 转引自〔美〕鲁道夫·阿恩海姆:《艺术与视知觉》(滕守尧等译),北京:中国社会科学出版社1984年版,第52页。

手势打拍子。聋哑人日常交往使用的“手语”也可看成是手势语，或是一种“视觉身体语”，因为这种运用手势传达信息的方式可以“充分表达人类的所有行为。不管是解答疑难问题、处理社会关系还是详细讲述美丽动人的故事，这些符号都能做到”①。

手势语是人类最早使用的非语言符号，由于手势语不能表示更多、更精细复杂的内容，才发展到有声语言阶段。直到今天，美国西部草原上的一支印第安部落喀罗人仍在大量使用手势语来进行复杂的信息交流。在语言心理学家戴维·麦克尼尔(David McNeill)看来，手势是话语活动的一个重要组成部分，“手势与语言是同一心理过程的两个方面，属于同一系统之中”，他还分析了手势、语言和思想三者之间的相互关系。首先，手势与语言密切联系——手势在说话的过程中出现，与语言行为同步进行，共同行使语义和语用功能。其次，手势语有极大的自由度，使之能够灵活补充语言符号难以传递的信息，包括微妙的思想和情感。再次，手势与语言共同构成思想——手势语和语言符号的结合，是传播者思想过程的组成部分。手势提供整体的综合形象，语言提供切分的层次结构，这样一来，“思想的表述既包含语言的普遍社会成分，又具有手势的独特个人成分”，相同的意义就成了将语言与手势融合为一体的具体语言行为的共同基础。②

关于手势语之于信息传递的作用，电影理论家贝拉·巴拉兹(Bela Balazs)的描述也颇为透彻：

> 不说话并不表示无话可说。默不作声的人可能在内心里极不平静，只是这种情绪要用……手势和表情才能表达罢了。具有高度“视觉文化”的人并不像又聋又哑的人那样用这些来代替对话。他并不用语言来思想，在想象里把字母化成莫尔斯电码……他打手势并不是为了表达那些可以用语言来表达的概念，而是为了表达那种即便千言万语也难以说清的内心体验和莫名的感情。这种感情潜藏在心灵最深处，绝非仅能反映思想的语言所能表达的。③

在不同文化中，手势语的使用频率和传递的信息有一定的区别。

在使用频率上，美国人和北欧人把多次使用手势和用力使用手势的人，看作

---

① Paul Higgins and Jeffrey Nash, *Understanding Deafness Socially* (Springfield, IL: Charles Thomas, 1987), p. 4.

② 程同春：《非语言交际与身势语》，载《外语学刊》2005年第2期，第38页。

③ 〔匈〕贝拉·巴拉兹：《电影美学》(何力译)，北京：中国电影出版社1987年版，第26页。

是过分感情用事、不成熟或性情有些粗鲁的人，因而对手势的使用相当节制；中东人、南欧人很喜欢手势，阿拉伯学者曾把阿拉伯人交谈时使用的手势划分为247种；欧洲有句谚语说，“意大利人的双臂若被截去，那就宁愿以哑巴自居”，表明了意大利人使用手势的频率。相比之下，玻利维亚的印第安人很少使用手势，这与当地寒冷的气候有关，他们常把手放在披肩下或裹身的毡子里，主要用表情和眼神传递信息；芬兰和日本也不鼓励人们做手势，在这两个社会中，人们接受的教育是要控制并掩饰自己的感情，所以他们使用肢体语言时较为抑制。研究者曾对各国的手势语进行过统计，发现在1个小时的说话中，意大利人做手势80次，法国人120次，墨西哥人180次，芬兰人只有1次。①

许多研究还注意到，在表达信息方面，美国人的手势大部分用来表示动作；犹太人的手势大部分用作强调的手段；德国人常用手势来表示态度和评价；法国人的手势常用来表示一种风度和克制；意大利人常用手势来帮助描述复杂的空间概念。不同文化中一些常用手势语所传递的信息内涵也有不同程度的差异。比如，用食指和拇指作出“O”的形状，美国人表示的是“OK”，中国人表示的是数字“0”，日本人表示的是“钱”，突尼斯人表示的是“我杀了你”，法国人表示的是“零”或“无价值”，在埃塞俄比亚，它表示的是同性恋。

姿势语

姿势语(posture)主要是指人们生活中的坐、走、蹲、卧等身体姿态。中国传统社会对姿势的要求非常严格，认为人应该坐有坐相，站有站相，即“站如松，坐如钟，走如风，卧如弓”。直到今天，一些中国人仍认为，女子跷起“二郎腿”是举止轻浮、缺乏教养的表现，走路时臀部摆动过大也会被视为有失端庄。欧洲国家对姿势语的要求也比较严格，认为懒散的姿态是无理和粗俗的。美国人和加拿大人崇尚随意和友好，坐姿和站立都比较放松，这在德国、瑞典等国家会被视为粗鲁、不礼貌的行为。比利时人甚至认为，双手插兜是不尊重他人的表现。

美国人在坐着的时候，常常跷起“二郎腿”，这是美国人典型的双腿交叉坐姿，但这种姿势在朝鲜半岛、加纳、土耳其、泰国都属禁忌。第二次世界大战期间，德国纳粹在清查间谍时，曾凭借架腿方式来确定某人是否是美国人。1988年汉城奥运会期间，由于美国体育评论员在电视实况转播中跷起二郎腿，并将鞋底朝向韩国体育评论员，甚至招致韩国报纸公开指责美国体育评论员侮辱韩国人。

不同的文化走路的姿势也有明显的差异。日本妇女的步子碎而小，被认为

① 关世杰：《跨文化交流学》，第276页。

温柔谦恭。美国女性走路步子迈得大，腰挺得直，在东方人看来，她们胆大而泼辣。蹲的姿势也反映出文化上的不同。在中国北方农村，蹲是一种常见的姿势，人们在聊天和吃饭时，习惯的动作就是蹲着。美国人则认为，在公共场所蹲着是有失文雅的。在墨西哥农村，蹲也是一种常见的姿势。据说有一个时期，美国边境巡逻队就利用这种差异，开着飞机在美墨边境低空飞行，推断哪些蹲着的野营群体是非法偷渡者。

辅助语

伴随语言的声音信息就是辅助语(paralanguage，也称副语言)，是通过发声的不同质量来表达感情和意愿的非语言符号。在人际交往中，发音的速率、音调、音量、质量等方面的不同，都可以为语言信息增加新的意义，为语言传播产生重要的辅助作用。譬如，研究人员发现，人们说话的速率(rate)能对接收信息的方式产生影响，当说话者使用较快的速率时，通常会被视为更有能力。[①]

辅助语是重要的身体语类型，与语言学研究密切相关。语言学家早川一荣就指出，语言学研究中应强调对辅助语的研究，不能把语言作为孤立的现象加以考察，应把“语言作为活动的语言——在构成其背景的非语言事件的整个脉络中加以考察”[②]。

在语言研究领域，通常把辅助语划分为三种类型来进行考察：一是声音修饰语(vocal qualifiers)，包括音量、音高、节奏、速度、共鸣、音调等等；二是声音特征语(vocal characterizers)，包括笑声、哭泣、呼喊、呻吟、打嗝、哈欠等等；三是声音隔离语(vocal segregates)，譬如英语中的“un-huh”“shh”“cooh”“humm”，等等。[③] 在一些研究中，还把叹息、呻吟、咳嗽等视为与辅助语相似的类语言(quasilanguage)进行研究。

一位德国诗人曾说，“相比琴弦或铜管乐器，人的声调更能打动灵魂”；中国也有俗语说：“听话听声，锣鼓听音”。社会心理研究表明，人在说话时的音量、音调、节奏、语气都能表露个性特征和心理状态，总之，“人的喜怒哀乐，一切骚扰不宁，起伏不定的情绪，连最微妙的波动，最隐蔽的心情，都能由声音直接表达出来”[④]。此外，“不管内容如何，说话流畅都可用作了解某人能力、诚实和正直的指标。停顿和语误被看成欺骗、焦虑和羞怯的标志。语速快的人，一般会被评价

① 〔美〕桑德拉·黑贝尔斯等：《有效沟通》(李业昆译)，北京：华夏出版社2002年版，第98页。
② 张国良主编：《20世纪传播学经典文本》，第265页。
③ Larry Samovar and Richard Porter, *Communication between Cultures*, p. 187.
④ 王德春：《社会心理语言学》，上海外语教育出版社2000年版，第60页。

为有能力、见识广、自信和具有领导才能"[①]。跨文化传播研究还注意到,口音和方言常常会影响到传播进程本身。对口音(accent)和方言(dialect)的好感会导致对讲话者本人的普遍好感——至少双方见面后的第一印象是如此。更重要的,在主导文化或主流文化看来,某些区域性的、族群的、蓝领的口音甚至是智力低下、教育落后、身份低劣和缺乏成就的标志。[②]

辅助语也是一种体现鲜明文化差异的非语言符号。譬如,在音量(volume)方面,东亚女性的音量一般不大,以示温文尔雅。泰国和菲律宾女性也是如此,讲起话来就像耳语,以表示自己受过教育。但在一些西方文化中,女性音量大表示力量和真挚,细声细气则表示意志薄弱。在音质(quality)方面,中国社会偏好的女性音质往往比较清脆、婉转,多数美国人欣赏的成年女性声音则略有厚度,显得更有"磁性"。美国的一些研究还注意到,在美国,黑人和白人之间往往由于辅助语的不同而发生误读:在很多白人看来,黑人说话声大气粗,给人咄咄逼人,甚至是难以自控的感觉;在一些黑人看来,白人的声音过于矜持、虚伪,缺乏真情。

身体接触

身体接触(touch)是一种基本的身体语,也是人与人之间建立关系的一种较为直接的方式,包括拥抱、亲吻、握手、拍肩膀,等等。身体接触可以满足人们相互交往中的诸多的控制需要和情感需要,比如,用拍肩膀的方式表示安慰,用拥抱或亲吻的方式表达友情和爱意,用握手的方式表示祝贺。从身体接触的方式中,人们可以获得对相互关系的一些理解,并感觉出双方的态度或关系的强度。

身体接触对于人际关系的处理非常重要。不过,在什么时候触摸、在什么地方触摸,受到一系列社会规范的制约,由此也可以把不同文化分为"不爱触摸的文化"和"接触文化"两种类型。在"不爱触摸的文化"中,主动触摸可能是危险的。传统的中国人从小就生长在这种文化里,随便触摸被认为是一种不体面的事,异性之间更是如此,所以中国历史上一直有"男女授受不亲"的说法。即使到了当代社会,父母也被要求不要在孩子面前相互触摸,以免丧失家长的尊严。日本、朝鲜、韩国、美国、英国等国家也属于"不爱触摸的文化"。在日本,接触他人的身体常常被认为是失礼的行为,日本人之间打招呼基本上是以鞠躬来表示,一般不接触身体,传统上也没有握手的习惯。相比之下,阿拉伯、拉美、南欧、犹太

---

① 〔美〕史蒂文·达克:《日常关系的社会心理学》,第52页。

② Larry Samovar and Richard Porter, *Communication between Cultures*, p.189.

人和一些非洲国家的文化属于“接触文化”。

虽然中国和美国同属“不爱触摸的文化”，但在美国，夫妻、恋人在公开场合可以亲吻、拥抱，这种接触在中国社会是难以接受的。中国成年人喜欢触摸儿童，比如触摸孩子的脸颊和头顶，但这种触摸会使美国人感到不舒服。此外，在美国，女性间的触摸比男性之间更为自由一些，女性朋友或亲属可以挽着胳膊走路、一起跳舞或彼此拥抱，但相比中国而言，非同性恋男性之间的身体接触要受到更多的限制。

三、人际沉默

在人的交往中，对词语的误解会导致悲剧的发生，对沉默的误解也一样。

——哲学家亨利·梭罗（Henry Thoreau）

在人际交往中，沉默（silence）是一种重要的非语言符号，包含多种程度不同的信息，常常作为语言符号的补充，特别是能够反映出语言符号隐蔽的信息。在不同的文化中，沉默可分别表示正在思考、压抑、蔑视、不同意、责备、赞成、原谅、谦恭、沉着、允诺、悲伤等不同的意义，并由此成为跨文化传播研究较为关注的一种非语言符号。

东方文化给予了沉默较多的积极意义。中国古训有“非淡泊无以明志，非宁静无以致远”，表明了中国人对沉默的依赖和向往。中国人也深谙沉默的避祸作用，古训中多有“讷言”“慎言”“寡言”“多闻”等警示。汉语中的一些成语如“伶牙俐齿”“巧舌如簧”“油嘴滑舌”多有贬义，而“病从口入，祸从口出”“言多必失”则告诫人们不要多说话。在这一传统的影响下，东亚其他国家的传统中也提倡沉默。在日本传统社会，沉默甚至被视为一种美德，“言者无知，知者不言”是受人尊重和值得信赖的象征，日语中还有“鸭子叫，早挨刀”的说法。日本茶道的根本精神就是“和敬清寂”，最高境界在于“寂”，意味着闲寂和优雅，不能有多余的声响，特别反对杂声。即使到了当代，日本家庭中的问题也很少通过父母与子女的公开讨论解决，谈话多是父母单方面的发话，子女则多要保持沉默。值得注意的是，在日本人看来，沉默可以巧妙地用来表示不同意、不接受或左右为难，还可以用于斟酌合适的反应或思考某种观点。

关于沉默在东方文化中的意义，金英润提供了一种解释：“在表达强烈的恭维或爱慕时，沉默有时甚至比动人的语言更受欢迎。东方人不太相信过度的语言赞美或恭维，因为他们认为，最真切的感情必须是一种直觉的外露，因此不需要，也不可能用语言清晰地表达出来。”[①]

阿拉伯文化和西方文化给予沉默更多的消极意义。在这些文化中，沉默往往意味着无所事事、无话可说，是交往中最不理想的状态，所以，人们不能容忍沉默的出现，往往喜欢通过提问来迫使对方说话。譬如，阿拉伯人和希腊人强调朋友之间、家庭成员之间积极的语言传播；对于意大利人来说，与朋友交谈是能带来乐趣的重要消遣方式，也是美好生活的标志。自然而然地，许多西方学者将沉默视为传播的对立面，排斥沉默在传播中的积极作用。他们认为，语言的功能之一就是要打破沉默，因为沉默带有太多晦暗无声的秘密。当然，在一些西方文化中，沉默也可能意味着高度的相互理解和信任，比如在密友之间。芬兰人对沉默的看法就与东亚人很相似——沉默不等于没有交流，而是社交活动的组成，更重要的是，“懂得什么时候应该缄口是一种美德”。此外，西方的宗教仪式等社会活动也期望人们保持沉默，在这些时候，哪怕是多说一句话，也会被认为是无礼或亵渎神灵。

20 世纪 80 年代后期，西方传播学者开始对沉默进行实用性研究。他们从沉默的非语言符号功用如何介入传播入手，探讨了沉默的积极与消极意义。陆续呈现的研究指出，沉默是一种“混合的”语言，沉默与人际对话有关，“话语没有停顿是不可理解的。沉默不是一种间隔……而是一座联合声音的桥梁”[②]。研究者看到，沉默可以传递信息，特别是在人受到了语词表达的限制时，沉默中运用的表情、身体动作、接触等非语言符号可以填补暂时出现的意义空白。而对语词无力解决的事情，沉默则能起到只可意会、不可言传的作用，在这个时候，“语言与传播合为一体。语言中有着沉默的知识，就像沉默拥有语言的知识一样”[③]。

围绕沉默研究，一些研究者提出了会话的**数量原则**，即对话时提供的信息量应当适量，不应多也不应少，说话的多少要适合不同的环境。毕竟，不同群体对什么时候应该开口以及应该讲多少话的期望存在着差异，而且这些差异往往是潜意识的。哈维·萨克斯(Harvey Sacks)等在研究如何调动和组织谈话的过程中，还总结了沉默的三种不同样式。**空白**(lapse)：当没有人继续谈话时，或是没有人愿意或能够接替谈话之时，此时出现的空白往往给人一种不舒服或难堪的感觉。**空档**(gap)：一个讲话者结束了谈话，人们也知道下一个人是谁，可这个人还没开始上场。这种沉默属于传播过程中的停顿和间歇行为，如果持续时间较长，也会令人感到难受。**停顿**(pause)：主要发生在一个人说话的过程中，属于比

---

① 〔美〕拉里·萨默瓦、理查德·波特：《文化模式与传播方式》，第 484 页。

② John Stewart, ed., *Bridges Not Walls*, p. 78.

③ Max Picard, *The World of Silence* (Chicago, IL: Regnery, 1989), p. 16.

较自然的沉默范围，是谈话者停下来，用于思考或用于谈话内容的改变。一般来说，此类沉默可以避免语言表达的平铺直叙，反映了传播者的心理活动过程。[①]

概言之，沉默是表现社会文化特征和心理过程的“话语真空行为”，存在着形式和意义结合的不确定性和巨大的文化差异。如果完全将沉默视为负面的传播现象，忽视沉默与人和语言的本质关联，缺少对沉默应有的肯定与观察，那就无法对沉默积极的传播意义产生进一步的理解。

四、文化中的时间

时间和空间，以及时间和空间的产物，构成了我们的思维框架。

——文学家吉尔伯特·默里(Gilbert Murray)

不同领域的研究中使用的时间概念，可以分为三种：**物理时间**、**生物时间**、**文化时间**。物理时间是由诸如天文学等精密科学进行研究的、可以精确计算的时间；生物时间是由自然科学加以考察、以生物节律进行测算的时间；文化时间是指人类的社会时间，针对的是不同文化中的人们对于时间的态度以及对时间的控制使用方式。本书所涉及的时间主要是指文化时间。

在跨文化传播研究中，时间被看作是文化差异较大、容易导致传播失误的一种非语言符号。对时间的使用、代表的意义及其传播行为的研究，被称为时间学(chronemics)。

由于人类交往的每一次活动都发生在特定的时间内，因此时间影响着人们对外界的感知，左右人们的判断和行为方式，塑造了不同的生活方式、思维方式、民族性格和传播行为。所以，在爱德华·霍尔看来：时间能改变生活的本质，是生活中最基本的组织系统的一个因素，因为所有情境中的行为都存在着时间的影响；时间也是文化的一面镜子，从这面镜子里，折射出一个文化的真实面貌。恰如霍尔所说，“时间会说话。它比有声语言更坦率，它传达的信息响亮而清晰，因为它既不像有声语言那样被意识所控制，也不那样容易使人产生误解，它往往能揭穿言词所表达的谎言”[②]。

每一种文化都有自己的时间。学界划分的不同文化的时间取向主要有三种类型，展现了时间意义的丰富性：在不同文化中，时间既是线性的，也可能是循环的；是过去的、现在的，也可能是未来的；是单向的，也是多向的。

---

① John Stewart and Carole Logan, *Together Communicating Interpersonally* (New York, NY: McGraw-Hill, 1998), p. 89.

② 〔美〕爱德华·霍尔：《无声的语言》，第1页。

过去取向、现在取向与未来取向

过去取向(past-oriented)的文化以中国、日本、英国、法国为代表。中国传统社会中“知天命”“畏天命”“死生有命,富贵在天”“温故而知新”等思想,都与过去取向的时间观念紧密相关,并反映在祭祖的习俗、对年长者的尊重、对传统的维护等行为上。古德诺就此评价说,“中国文化的特点是向后看而不是向前看,它并不企图用普遍的科学法则去征服自然,把握未来,而是沉醉于对辉煌的过去的向往,根据古代先贤们的训诫来规范自己的行为”[①]。英国人和法国人也有相似的特点,他们强调传统而往往拒绝变化。譬如,对于维护君主立宪制度而抵制变革,英国人的解释是:“因为我们一直就是这样”;法国人也推崇过去,乐于沉湎在对本文化历史的回忆和想象之中。

与过去取向完全不同的,是美国文化的未来取向(future-oriented)。对多数美国人来说,回归过去如同走向“原罪”,是没有出路的。同时,他们对目前也不十分在意,尽管眼下生活很幸福,但他们相信未来会更加幸福。由于这种取向的影响,美国人很少循规蹈矩,也难以忍受拖沓和慢节奏的生活方式。美国前总统约翰逊的一句话准确反映了这一取向:昨天并不需要我们去恢复,明天才是我们要去赢得或输掉的。

采取现在取向(present-oriented)的文化以伊斯兰文化为代表,人们相信将来的事情属于真主阿拉,所以在时间上有重视现在的倾向,不愿对自己无法控制的未来进行预测。现在取向的重要特点是强调当下的快乐,在个性上无拘无束,乐于选择轻松自在的生活方式。土耳其还有一句生动的谚语:“今日的鸡蛋要比明日的母鸡强。”在菲律宾和拉丁美洲一些国家,人们对待时间的态度也有很多随意性和随机性。通常,参加聚会迟到个把小时是很正常的。美洲印第安人也是这种取向,他们认为自己的行为只对现在有意义,过去和未来则常常被忽视,一些土著语言中甚至没有关于时间延迟、等待的词汇。

线性时间与循环时间

线性时间(linear time)把时间的流逝当作一种线性的单向持续运动,认为时间可以节省,也可以浪费,可以丢失,也可以补偿,可以加快,也可以放慢,也会最终消失殆尽。[②] 循环时间(circular time)是将时间的变化协调于自然状态,相信时间始终沿着永恒的圆周或螺旋运动,体现为一种节律性、周期性、可逆性和连续性,如昼夜交替、季节的往复、植物周期生长等,而盛极必衰、否极泰来是事

---

① 〔美〕弗兰克·古德诺:《解析中国》,第 41 页。

② 〔美〕爱德华·霍尔:《超越文化》(居延安译),上海文化出版社 1988 年版,第 13 页。

物演变的基本规律。

西方文化中占核心地位的是线性时间，东方文化中占核心地位的是循环时间。

在西方文化中，由于历史传统特别是基督教的影响，主导文化并不把时间理解为周而复始的运动，而是有始有终的线性运动，即认为过去、现在和将来之间有着明确的分割，重点自然是放在将来。早在中世纪的欧洲，就将世界的历史时间视为基督诞生前后的两个时代，并认为时间有起点和终点：上帝创造世界和末日审判。到了文艺复兴时期，欧洲开始把时间作为衡量生产力发展和社会进步的重要特征。建立在线性时间观念上的人生观和社会规范，自然会注重个体和集体的成长计划和发展规划，强调持续发展的不同阶段及不同特征，以及速度、效率、成本和未来的扩展可能性等。

> 关于现代西方社会中的时间，社会学家丹尼尔·贝尔（Daniel Bell）指出："在生产率高的社会里，时间的分配成为一个迫切的经济问题，有效能的分配必须充分使用时间。因此，原则很简单：生产率低下，时间就比较便宜；生产率高，时间就比较贵重。总之，经济增长引起时间匮乏性的普遍增加。"①

受到线性时间取向的影响，在近代以来的西方社会，人们珍惜时间（time thrift），在时间上精打细算，既不愿意浪费自己的时间，也不愿意浪费别人的时间，甚至用金钱来购买时间。正如乔治·吉思（George Gissing）在 20 世纪初期所说的："时间就是金钱——这是老少皆知的最庸俗的谚语。把这句话颠倒过来，就看到了一个千真万确的真理——金钱就是时间。"② 在瑞士、德国等欧洲国家，守时甚至成了一种"信仰"：德国人认为，把项目、日程、进程和生产划分为几个阶段是提高效率的最佳途径；瑞士人重视时间的观念更强，甚至使"精确"成为瑞士的国家象征——瑞士的钟表工业、光学仪器、药品生产乃至银行声誉都与精确密切相关，飞机、公共汽车和火车都在准点出发，一切事情都可以被准确地计算和预测。

与线性时间形成鲜明对照的是佛教、印度教文化中的循环时间——太阳每天升起落下，季节循环往复，每个人都从年轻到衰老、死亡，子子孙孙永远如此。特别是在佛教徒看来，时间按"成、住、坏、空"这"四劫"循环往复，大约 40 亿年形成一"劫"，有生命的东西永远像车轮运转一样在天堂、人间、地狱的范围内循环转化。在这些文化中，时间也是一种强大而神秘的力量，能够控制所有的事物。

① 〔美〕丹尼尔·贝尔：《后工业社会的来临》（高铦等译），北京：商务印书馆 1984 年版，第 523 页。

② 〔加拿大〕哈罗德·伊尼斯：《传播的偏向》（何道宽译），北京：中国人民大学出版社 2003 年版，第 66 页。

需要注意的是，在中国文化传统中，线性时间和循环时间是同时存在的。儒家文化历来重视历史，主张以史为鉴，通过研究过去指导现在和将来。《论语》中“子在川上曰：逝者如斯夫，不舍昼夜”，就凸显了孔子对待时间的态度：时间好比河水，不分昼夜地流过。不过，中国的线性时间取向毕竟不如西方，隐现在中国文化传统深处的循环时间给中国人带来了更为深刻的影响。在中国古代，就有“五百年必有王者兴”的朝代更替循环的思想；中国古人围绕四季变化而制定“节气”，以此来确定生产周期和节日，民间出行和办事都以某时是“吉日”或是“凶辰”作为参考。许多研究认为，建立在这种时间观念上的社会规范，会不可避免地强调忠诚和等级秩序，否定个性和创新。一些西方学者还把循环时间与东方文字联系起来，认为时间受语言的影响，语言使流行的观念和思维模式受到局限，产生观念和思维的僵化。爱德华·斯图尔特(Edward Stewart)甚至认为，循环时间使中国人倾向于与环境相合而非控制环境，适应境遇而非改变境遇。[①]

由于线性时间也是唯发展论或发展至上价值观念的基础，一些东方学者对“西方”的线性时间表示质疑，并从帝国主义、殖民主义、话语权和西方“文化霸权”的角度提出了尖锐批判。有必要强调的是，这类质疑是有一定偏颇的，因为线性时间和循环时间都是人类共有的时间，人类需要同时运用这两种取向及相关方法来认识世界和调整生活。

单向时间与多向时间

单向时间(monochronic time)与多向时间(polychronic time)是爱德华·霍尔提出的时间范畴，与循环时间和线性时间的划分方法大致类似。

单向时间是一种强调日程、阶段性和准时性的时间，倾向于作出准确的时间安排，往往把任务取向的活动与社会情感活动区别开来，注重未来而不是现在和过去。典型的就是美国人，他们喜欢把时间看作一条通向未来的道路或纽带，人们沿着它循序渐进，喜欢向前看而几乎总是着眼于未来。此外，西欧、北欧等多数西方国家都是单向时间，人们精心地制定时间表，确立优先考虑的问题。总的来说，就是把时间看成看得见、摸得着的像金钱一样的物质，看成人类生存基本问题中最紧缺、最珍贵的因素。这也正是工业时代的要求：在时间严格控制下的工业化生产中，被放置在大工业流水线上的人们，不论蓝领白领，都被时间严格地统治着。恰如福柯所说，“为了从肉体中最大限度地榨取时间和力量，就要使用那些普遍的方法，如时间表、集体训练、操练，全面而又具体的监视”[②]。

---

① 〔美〕爱德华·斯图尔特等：《美国文化模式》(卫景宜译)，天津：百花文艺出版社2000年版，第170页。

② 〔法〕米歇尔·福柯：《规训与惩罚》(刘北成等译)，北京：生活·读书·新知三联书店1999年版，第246页。

表 2-3　单向时间与多向时间的特点①

单向时间	多向时间
一次做一件事	一次做多件事
工作集中精力	工作易受干扰，易被打断
认真对待时间承诺（期限、日程安排）	把时间承诺视为可能情况下达到的目标
低语境，需要信息	高语境，有足够信息
忠于职守	忠于他人，忠于人际关系
按计划行事	常常轻易地变更计划
努力不打扰他人，尊重他人隐私	更关心与之关系密切的人，不在乎他人隐私
尊重私有财产，很少出借或借人东西	视私人财产的借与还为当然
强调及时迅速	是否及时依关系而定
习惯于建立短期关系	倾向于建立终生关系

在霍尔看来，大部分亚洲国家以及拉美、非洲国家属于多向时间文化。这种取向强调的是人的参与和传播活动的完成，而不是严格遵守预定的时刻表，一般可在同一时间内做不同的几件事情，往往把任务取向的活动跟社会情感活动统一起来，通常更注重现在和过去而不是未来。比如，在阿拉伯和一些亚洲国家，如果提前通知，被邀请人可能会忘记，因而最后一分钟通知也被认为是真诚的邀请；如果在委内瑞拉被邀请参加一个晚会，主人称晚会大约在 8:00 开始，而你在这个时间到达，会发现没有一个人在那里——客人直到 9:00 或 10:00 才会到达。总之，在多向时间的文化中，没有什么是固定不变的，尤其是关于未来的计划，即使重要的计划也可能在施行的那一刻有所变动。

为了更好地理解不同文化的时间及其发展变迁，有必要借助其他学科的思考。譬如，社会学家戴维·哈维（David Harvey）指出，在前现代社会，战争、瘟疫和饥荒常常使得社会生活变得无法预期，增加了流动的难度和风险性，因此“对许多个人来说，留在那些使自己与家人都比较喜欢的，有着固定不变的权利和义务的地方更为安全一些”，同样，对过去灾害的记忆、季节的变换和农业劳动的循环，也决定了对时间的理解。②

回顾人类历史，改变不同文化时间取向的事件有很多，其中主要有：阿拉伯人、中国人和欧洲人的环球航海和探险的开始；哥白尼学说确立了太阳是整个行

① Edward Hall and Mildred Hall, *Understanding Cultural Differences* (Yarmouth, ME: Intercultural, 1990), p. 15.

② David Harvey, *The Condition of Postmodernity* (Oxford, UK: Wiley-Blackwell, 1989), p. 240.

星体系的中心;文艺复兴的影响;印刷机和机械钟表的使用;与工业化相联系的运输技术革命。根据历史发展的逻辑,人们发现:时间的变化推动了人类行为的重构,世界不仅"显得"(appears)在收缩,而且在某种程度上"真的"(really)在收缩。与此同时,人们的社会眼界也在不断地扩展,对一些固定社会关系的依赖也在减少。[①]

到了今天,在高度工业化、市场取向的国家以及世界主要城市里,时间是大致相似的。福柯指出,工业时代最为重要的机械发明是精确时钟的出现,它使各地区的时间协调统一起来,"精确、专注以及有条不紊,是有纪律的时间的基本优点","时间单位分得越细,人们就越容易通过监视和部署其内在因素来划分时间,越能加快一项运作,至少可以根据一种最佳速度来调节运作。由此产生了这种对每个行动的时间控制"。[②] 今天的中国社会就是如此,人们再也无法像从前那样平静地体验"寒来暑往,秋收冬藏"的生命律动,欣赏"渠荷的历,园莽抽条,枇杷晚翠,梧桐早凋"的景致。另外值得注意的是进入现代社会后的日本人在时间观念上的变化——把单向时间与多向时间恰当地结合在一起。在与外国人打交道时,日本人采用的是单向时间,会严格遵守时间安排。在与其他日本人交往时,他们就会显示出多向时间的特点来。

五、文化中的空间

我们塑造了建筑物,建筑物也塑造了我们。

——英国前首相温斯顿·丘吉尔

人在生活中面临的各种空间关系,比如高低、前后、左右、疏密、远近、中心,甚至东南西北的方向,都包含一定的意义,这就是空间语。空间语既涉及传播中的人际空间和身体距离,又包括对建筑、居所等固定空间的布局和利用,是运用空间来表达信息的非语言符号。有关空间和距离的研究被称为空间关系学(proxemics)。这一领域的研究表明,空间是种种文化现象、政治现象和心理现象的化身,空间在与人类行为结合之后不断产生着特殊的意义,并在一定程度上支配着人的社会关系和交往行为。

在文化研究的视野中,空间总是社会性、文化性的空间,空间的构造以及体验空间、形成空间概念的方式,极大地塑造了个人生活和社会关系。20 世纪 60

---

① 〔英〕罗宾·科恩、保罗·肯尼迪:《全球社会学》(文军等译),北京:社会科学文献出版社 2001 年版,第 37 页。

② 〔法〕米歇尔·福柯:《规训与惩罚》,第 171—174 页。

年代，爱德华·霍尔在《隐蔽的空间》一书中，就把具有不同意义的空间划分为三种类型：**固定空间**(fixed feature space)、**半固定空间**(semi-fixed feature space)和**非正式空间**(informal space)。固定空间指的是结构和功能固定不变的空间，比如建筑物、街道、花园等；半固定空间指的是可以移动的，功能也可以改变的空间，包括家具、图画、盆栽植物等；非正式空间指的是紧紧环绕人们身体周围，随人们移动而移动的个人领地。在霍尔之后的研究中，非正式空间也被称为人际空间。

人际空间

20世纪50年代以来，西方学者对人际交往中的空间进行了大量研究，发现在空间语的使用方面，文化和性别的差异普遍存在。就性别差异而言，在多数文化中，男性占有的空间往往比女性多，男性大多拥有专属自己的书房、工作间等私人空间，而女性大多没有这些私人空间，就连男人占用的椅子也往往比女人要多。此外，在多数文化中，女性坐着的时候要双腿并拢，双肘悬放在体侧，走路时步子要小；当女性参加小群体的交往活动时，往往要坐在椅子边缘，身体前倾而不是“占满”空间。

爱德华·霍尔对于人际空间研究的主要贡献，就是根据人际间亲昵和疏远的程度，把人际交往中的空间分为以下四种类型。

第一，**亲密距离**(intimate distance)，即密友、父母、子女之间的距离，“存在于我们感到可以随时触摸对方的任何时候”，一般在0—0.5米之间。这是允许身体接触、能嗅到彼此气味、能看到必需的面部细微表情、能感觉到身体温度、能够轻声耳语的距离。当无权进入亲密距离的人进入这个空间，比如在电梯、公共汽车或地铁里，人们会有不同程度的不安或不适。

第二，**人际距离**(personal distance)，即由亲昵关系向一般社会关系过渡的距离，一般在0.5米—1.2米之间，是人们在进行非正式的个人交谈时经常保持的距离。这一距离近到足以看清对方的反应，可看到彼此的面部细微表情，也远到足以不侵犯亲密距离。

第三，**社会距离**(social distance)，即一般传播或做生意时常常保持的距离，通常在1.2米—3.6米之间。在此距离之内，传播者可以轻声谈话，但看不到面部的细微表情。非个人事务、社交性聚会和访谈都是利用社会距离的例子。

第四，**公共距离**(public distance)，即正式场合的传播距离，在3.6米—7.6米之间，主要存在于公众性的讲话和讲演等场合。①

① John Stewart, ed., *Bridges Not Walls*, p. 84.

不同文化都使用空间语来感受关系的亲密度，同时使用空间语来规范人际交往活动。在多大空间距离中与他人交往，既依赖人对空间的不同解释，也取决于互动者的个性、年龄、地位和性别。通常，同龄人站在一起时，空间距离会比较近，女性在一起时的距离也会比较近；男性与男性站在一起时，会比他们和异性站在一起时的距离远。在不同文化中，人际空间所受到的性别差异影响大相径庭：有些文化认可男性之间有身体的接触，有些文化则禁止这样的行为；有些文化希望女性之间应比男性之间保持更大的距离，而在另一些文化中，女性这样的行为会被理解为冷淡、漠不关心；有些文化允许异性交往时身体有某种程度的亲密接触，而一些文化则严格地禁止这种行为。

研究者注意到，在对话中，英国人、美国人和瑞典人彼此站得最远，意大利人和希腊人站得比较近，南美人、阿拉伯人和巴基斯坦人站得最近。爱德华·霍尔曾举例说，当一个北美人和一个墨西哥人交谈时，墨西哥人会稍稍靠近对方，以达到他所感到舒适的空间距离，而北美人会感到自己的空间被侵入，因而会后退。这种举动会让墨西哥人感到不舒服，因为他觉得两人之间的距离太远，于是他就会再靠近一些。如果北美人继续后退，墨西哥人就会认为，北美人发现他气味难闻或不愿意与他谈话。

埃德温·麦克丹尼尔（Edwin McDanniel）还观察到，日本人对个人空间的态度相当复杂并且好像相互矛盾。在不拥挤的时候，他们会努力保持人际空间距离，其程度甚至超过了美国人；在火车或汽车上时，他们并不抗拒与陌生人之间频繁、持续的身体接触，而在朋友或家庭成员之间，人际空间的距离也非常小。麦克丹尼尔认为，这种明显的二元分化是日本文化关注群体归属以及等级差别的结果。[①]

固定空间

固定空间主要是指建筑物及室内的空间和方向，反映了不同文化的价值观、生活态度、民族性格和交往方式。一般说来，乡村、城镇、都市的设计往往不是偶然的，而是随时代和文化变迁的一种有意识的设计，并因文化和历史不同而不同。一方面，文化直接影响着人们对空间的安排和使用；另一方面，空间的安排和使用又反映了文化的主流观念，公寓中居室的布局、家具的摆放，以及整个城市的规划、建筑物的风格，都明显体现出文化差异。

中国传统建筑中比较典型的是四合院。这种建筑以北房为上，东厢房为次，西厢房再次。长辈、尊者居于中轴线的正房，偏房是晚辈和卑者居住的地方，体

① 〔美〕拉里·萨默瓦、理查德·波特：《文化模式与传播方式》，第325页。

现了尊卑长幼和名分等级的区别。在四合院里，房间和房间之间相隔并不严密，难以保护个人的隐私权。从空间分配来看，这种布局注重的是家庭成员的共同活动和交流，而不大重视个人住室的分隔。由于家庭成员无明显的、固定的个人住室，房间的分隔不严格，这就与院墙——把家庭与外部世界严格分隔开来——的设置形成鲜明对照。一些研究就此指出，这种环境培养的是家族精神而不是公共精神，是相对的价值观而不是普遍的价值观。

> 不同文化采取不同的方式来调节或控制自己的固定空间。中国人习惯于使用围墙、篱笆等保护群体或家庭的领地。有人在20世纪90年代统计，中国在机关、企业和学校筑起的围墙长达100多万公里，约是长城的150倍。

同中国传统的住宅相比，日本的住宅具有对外开放和同自然浑然一体的特点，见不到中国住宅常见的把家庭内部世界与外部世界隔离开来的高大围墙，甚至也没有欧美人住宅中常见的篱笆或护栏。在居室空间的分配上，日本住宅优先考虑的也是集体活动而不是个人隐私，房间不是按每个成员分设，而是根据整个家庭的职能需要分隔成不同的部分。在这方面，“榻榻米”集中体现了日本人空间使用的特点：晚上在“榻榻米”上面睡觉；白天把被褥收起，在上面用餐和进行各种活动，也用来招待客人。

一些研究还认为，日本人对固定空间的安排表明了显著的等级差别观念：在日本的政府、公司办公室里，供低等雇员使用的桌子排列成行，部门负责人或经理坐在每一排的最前面。这种空间安排鼓励信息交换，便于复杂工作的完成，能促进集体合作和团结，更有助于明确以工作为中心的等级结构。关于这一特点，爱德华·霍尔还提供了一个例证：在日本，邻里间的房屋都按照建造时的顺序排列号码，而不管其在街边的具体位置。

西方与东方在固定空间使用上的显著不同，就是西方人对空间极端崇尚和高度敏感，习惯于使用空间来维护家庭或群体的领域和隐私。特别是在北美文化中，空间是权力的象征——有权支配更大空间的人通常被认为拥有更大的权力。一方面，女性和地位较低的男人被给予和认为应该占有比男性和地位较高的人更小的空间；另一方面，地位较低者不能控制别人可以进入的空间。譬如，老板可以自由进入下属的空间；而只有经过老板的允许，下属才可能进入老板的空间。

不同文化对固定空间的方位有着不同的偏好。例如，在中国传统文化中，把面南视为至尊，而面北象征着失败、臣服，宫殿庙宇都朝向正南，帝王的座位都是坐北朝南。中国传统还以东为首，以西为次，现代汉语中的“房东”“股东”“做东”都是以东为首的表现。中国古代还有尊左的风气，这是以东为上习俗的延伸，

"男左女右"的惯例也是尊左的反映。在伊斯兰文化中,对方向的偏好要靠所处的地理位置来定。中国的穆斯林偏好西方,因为麦加在中国的西方;摩洛哥的穆斯林偏好东方,因为麦加在摩洛哥的东方。同样值得关注的是,处于不同环境中的人们,对空间感知的方式也存在着显著差异。较为典型的是,生活在陆地上的人和生活在岛屿上的人对空间有着截然不同的感知,因为"土地每一块都不是孤立的,能给人以某处是中心的错觉,而岛屿每一个都孤绝无依,不能给人造成这种错觉。对于大陆居民来说,世界是相互联系着的,是合一的,是连续不断的。而对于岛屿居民来说,世界却是分裂的,呈现'多'的格局,不连续"①。

六、服饰与颜色

质胜文则野,文胜质则史,文质彬彬,然后君子。

——孔子

服饰(attire)是通过服装和饰物来传递关于社会地位、兴趣爱好、信仰观念等信息的非语言符号。作为民族性格、文化心理和审美精神的系统折射,服饰也是研究不同文化的历史、生产方式、宗教信仰乃至政治制度的直观和重要的资料。

根据人类学的研究,人类穿着服饰的目的主要有三个方面。一是**"礼貌"**(modesty),即因羞耻之念而把肉体遮蔽起来。《圣经》就把人类的着装行为同道德羞耻联系在一起:上帝创造的亚当和夏娃最早都是裸体,因为他们还没有羞耻之心,只是在偷吃禁果之后,夏娃才开始用无花果的叶子编织衣服。二是**"保护"**(protection),即保护身体、抵御气候的侵袭和外敌的攻击,这是服装的基本功能,也是人不同于动物的生存方式。三是**"装饰"**(adornment),即为装饰外观以便炫耀于众,在这个意义上,服饰成为人们表现、表达和传播某种意义、个性的符号和手段。跨文化传播研究所关注的,主要是服务于第三种目的的服饰。

服饰深深地根植于特定时代、特定群体的文化模式之中。一方面,服饰反映着人类的观念、制度形态等精神文化的内容,反映着特定时代人们的思想情感、主观意愿、社会习俗、道德风尚和审美情趣,是一种反映社会成员普遍心理和民族精神实质的文化形态;另一方面,服饰是文化群体的特征呈现,文化及群体自身的不断演化,必然导致了服饰式样、着装方式与服饰观念的衍化。此外,服饰也是一种区别社会等级和社会阶层的非语言符号,可以传递多种信息,包括经济水平、教育水平、社会地位、经济背景、社会背景、教育背景、是否

① 赵军:《文化与时空》,北京:中国人民大学出版社 1989 年版,第 25 页。

值得信任、是否庸俗、成功水平和道德品质，等等。在这个意义上，服饰也是社会人的公共地位的表现符号——从一个人的服饰上，人们可以大致判定其社会地位和职业状况。施拉姆就说过："服装能说话"，即人们不仅能够从服饰本身获得意义，也能对服饰所呈现的穿着者的地位、认同和遵循的规范等作出反应。

就中国传统的服饰而言，儒家思想的影响巨大且深远。孔子的《论语》有云："质胜文则野，文胜质则史，文质彬彬，然后君子。"这里的"文"指涉"文采""文辞""才情"等，表现在外部，尤其是延伸到服饰上，则指外表、外在的修饰，又有"纹饰""装饰"等含义；这里的"质"，意思则是"质朴""朴实""本质"。概言之，只有"质"与"文"的高度统一，即内在本质、精神与外在纹饰高度和谐一致，才算是尽善尽美的君子。在这样的服饰观念影响下，中国传统服饰突出的是人的精神与气质，不是人体的曲线，多侧重服饰整体的外观效果，以及图案的细致与华美。与之不同，西方传统服饰文化更为留念于人体的表达，认为服饰的目的之一就是为了表现人体。从西方服饰史中可以清楚地看到，西方服饰从一开始就强调人体美的理念，经历了古希腊、古罗马的极大弘扬，也经历了中世纪宗教的压抑，以及文艺复兴对人性和人体美的复归；对人体美的崇尚最终使西方服饰在近现代社会走上了塑形的道路。

> 服饰学者华梅如此概括了中国传统服饰的风格：中国服饰具有融天地为一体的气韵，而这一切又都在不言之中；并且色彩上有正色、间色的区别，中国这片广袤大地上的植物、矿物染料给予中国服饰以特有的外观和感染力。造型上则是以基本平直的圆筒状来突出内向的收敛，只是不经意显出人体的曲线，故而出现一种神秘的不可捉摸的美，它不似西方服饰表现人体那样一览无余。纹饰上力求有吉祥含义，任何物质的组合都要以吉祥为最美好的祝福，这适合中国人的民俗心理。[①]

比较西服和长衫这两种最能代表中西传统的服饰，可以看到隐藏在服饰中的文化差异：西方人注重自我，性格外向并有进攻性，故其服饰更多表现一种坚实、挺拔、稳固和刚性；中国人注重人际关系，需要灵活多变，服饰以线条为主，柔软多变，强调和谐。林语堂还概括说："西装意在表现人身形体，而中装意在遮盖身体"——西方服装注重独立性，突出形体和性征，中式服装寻求"从众"与中庸，要尽可能消除自身的某些独特性。

不同文化的服饰历经数千年的历史积淀，形成了各具特色的风貌和体系，在式样、结构、色彩、装饰等方面均不相同，有着鲜明的民族性和地域性。例如，朝鲜族妇女喜欢穿着白色的长裙；维吾尔族姑娘会在头上扎许多小辫子，喜欢戴花边小帽。再比如，在墨西哥，制服是

---

① 华梅：《服饰与中国文化》，北京：人民出版社 2001 年版，第 799 页。

受大众喜欢的服装；出于对德国纳粹的憎恶，以色列人不喜欢统一的制服。在不同文化中，服装对身体部位的遮掩程度也不同。在现代西方文化中，身体可以裸露的部位很多；在东方文化中，身体可以裸露的部位要比西方少，一些国家的女性还必须用衣服和面纱遮住身体的绝大部分。

颜色是一种由色彩和意义结合的非语言符号，来源于人类对客观世界的观察和描述，呈现出不同的文化感知与偏好，而不仅仅是个体的生理反应和感官印象。

受到历史、地理环境、种族、宗教等因素的影响，不同文化赋予了颜色以不同的象征意义和联想空间。在古希腊，人们比较偏爱蓝色和紫色。这两者都是大海的颜色：海水之蓝，是映照了天空之蓝的结果；海水之紫，是在蓝色之中加上朝霞或晚霞的映射而呈现在大海深处的颜色。在古希腊人看来，这两种颜色是最高贵的颜色，只有神才可以享用。在埃斯库罗斯的悲剧《阿伽门农》中，当阿伽门农远征特洛伊凯旋时，他的不贞的妻子为了激起神的嫉妒，特地用紫色花毯铺地欢迎他，而阿伽门农贵为国王，仍不敢在高贵的紫色上踏足。相比之下，古代中国人崇尚的是黄色，认为黄色是“青赤黄白黑”五色中最为高贵的色彩：黄色代表着土地和中心，“黄者，中和之色，自然之性，万世不易”。

不同文化赋予了颜色不同的意义，颜色也表达了不同文化的喜怒哀乐的情感以及善恶美丑的价值判断。就红色(red)的传统意义而言，在德国，红色是积极的，象征着爱情、热情和革命。在许多英语国家，红色代表的是愤怒、气愤和血腥。据说，古罗马士兵会用战败者的鲜血涂红所征服城市的墙壁，以夸耀胜利武功。18世纪英国军舰的甲板是红色的，原因是当血流到甲板上时，水兵们不会感到害怕。在古埃及、希腊以及古印度，红色甚至是死亡之色。相比之下，中国文化中的红色有着更为积极的含义，具有热情、希望、成功、大吉大利等意义。譬如，《礼记》中有“周人尚赤”的记录，表明了时人对于红色的喜好；《诗经》中的“贻我彤管，彤管有炜”，则是称赞赠送的佩物红而有光泽。当红色与现代中国革命联系之后，其代表的激情和热情等情感不免被放大和强化，“红色中国”在西方语境中也在持续引发着不同的联想。

> 20世纪20年代，美国心理学家加斯(Thomas Garth)对菲律宾人、日本人、印第安人、墨西哥人、黑人及白人进行了颜色偏好的实验研究。实验表明：蓝色是大多数民族喜欢的颜色；印第安人、日本人、菲律宾人和墨西哥人最喜欢红色；印第安人对紫色的喜好程度超过白人和黑人。

不同文化对某种颜色的好恶，往往来自民族的神话或宗教信仰。朝鲜民族以崇尚白色著称，自称是“白衣民族”。这一偏好的由来有两种说法：一是源自

"箕子东渡"传说,箕子是殷商的遗民,殷商"尚白"的传统也就被他带到了朝鲜;二是高句丽始祖朱蒙诞生的故事,他的母亲是生活于太白山的河伯之女,父亲是骑着白鹄来到人间的天之子,母亲"为日所照,引身避之,日影又逐而照之,因而有孕",这一传说中的"太白山""白鹄"乃至"日影",都有"尚白"的含义。

第三章　文化的差异、冲突与观念体系

对人类文化差异的关注，是跨文化传播研究的立足点。跨文化传播学的存在意义和学科本质，即是通过对人类文化差异的研究，求得对人类生活的社会和时代的理解，最大限度地克服差异所制造的交流障碍。随着全球交往活动的日益频繁和深入，文化差异研究的重要性愈加突出，跨文化传播研究的学术追问仍需建立在对文化差异的关注上，尤其是面对个人、群体、民族和国家之间相互关系的新特征、新动向、新需要和能力等议题之时。

误读是传播中不可避免的现象，即使在同一文化范畴之内，人与人的沟通也常常会发生误读。在跨越文化进行交往的时候，尤其是跨越差异较大的文化时，正常的误读不免会被放大，使交往行为变得困难重重或是无功而返，甚至引起不同文化和民族间关系的失谐和剧烈冲突。应当注意的是，对文化差异的夸大常常会引起不必要的误读和焦虑，尤其是容易把普遍存在的一些相似性掩盖起来。在看到差异的同时，也能认识到相似性的存在，是正确认识和应对文化差异的态度。

文化差异是文化经验和知识储备的累计结果。面对难以预料的跨文化情境，大多数的误读并不来源于表面上的文化差异，人们对事件和他人的反应方式主要是由文化深层结构决定的。这就提醒我们去关注不同文化的观念体系。作为社会事实的基本属性，不同文化的各种观念有着不同的内容、形式、地位、作用和历史过程，从不同的侧面以不同的方式反映着人类的社会生活，同时相互补充、渗透和影响，构成了不同文化特定的观念体系。

世界观、人生观和价值观构成了文化观念体系的主要内容，表现在这些观念中的差异是文化差异的重要内容，也是影响跨文化传播的重要因素。了解不同文化的观念体系，可以帮助解释和预测不同文化中的人的行为，更好地避免用自身的文化标准来解释和理解他人的行为。关于观念在社会生活中的作用，建构主义理论还提供了一种启示：人类关系的结构主要由共有观念而不是物质力量决定的，在很大程度上，行为体的认同和利益不是天然固有的，而是由这些观念建构的。重要的是，当前人类的社会关系与社会交往正在突破不同文化固有观念的束缚，这一事实必然要求我们去重新阐释不同文化的观念体系，去反思如何修复和完善既有的世界观、人生观和价值观，以应对崭新的、覆盖全球的复杂变化。

第一节　从文化差异到文化冲突

“物之不齐，物之情也”。

文化差异(cultural difference/variability)如同人类自身的存在一样，是不可改变的事实，影响着不同文化各自的存在、关系和行为方式。差异赋予了人类文化以多样性，没有差异就没有文化的多元发展，也不可能出现多姿多彩的人类文化。差异也往往导致冲突和战争，以及强势文化压抑、攻击弱势文化，甚至带来灭绝性的后果。在当前复杂的全球语境中，如何理解文化差异、减少误读和冲突的负面影响，是需要不断面对的核心议题。

一、针对文化差异的学术论争

> 文化差异植根于情感之中，也植根于不同民族对个人和社会关系本质的思考之中。[①]
>
> ——人类学家乔治·马尔库斯(George Marcus)

经济生活、政治生活、历史背景、地缘环境以及人种和民族特质等诸多方面既有的差异和多样性，决定了文化之间无法消弭的差异。正如本尼迪克特所说，一种文化就像是一个人，“是思想和行为的一个或多或少贯一的模式”，从而形成一种并不必然是其他社会形态都有的独特意图。[②] 针对文化差异，必须树立的一种认识是：文化差异是相对的，世界各个文化之间不同程度的差异，可以看作是一个连续体(continuum)，从一端(无差异)到另一端(完全不同)，中间有无数的过渡阶段，由量变的逐渐累积而出现“质变”。

关于文化差异为何存在，学术界出现过进化论学派、扩散论学派，以及20世纪早期的文化人类学和心理人类学的几种观点。

进化论学派　核心观点是：所有社会都要经过相同的“进化论”阶段的预定序列，各个文化也以不同的速度经历着文化进化的预定阶段，一些社会或文化达到最高阶段时，其他一些则处于较早的发展阶段，文化差异由此产生。在达尔文

---

① 〔美〕乔治·马尔库斯等：《作为文化批评的人类学》，第72页。

② 〔美〕鲁思·本尼迪克特：《文化模式》(王炜等译)，北京：生活·读书·新知三联书店1988年版，第48页。

的《物种起源》(*On the Origin of Species*)出版后不久,人类学家摩尔根在1877年出版的《古代社会》(*Ancient Society*)中也指出:人类文化是通过蒙昧、野蛮和文明的连续阶段发展起来的,即人类必须先获得文明的一切要素,然后才能进入文明状态。到了20世纪初期,爱德华·泰勒指出,所有社会都要经过三个基础阶段:原始状态—野蛮状态—文明状态,人类心智的结构和能力是同等地遍及世界的,正是由于有了这个"精神整体",才使得相距千里的各个社会独立地走过相同的进化道路。在20世纪,持有相似观点的西方学者还有很多。其中,汤因比在《历史研究》中提出了著名的"文明发展的阶段论",即每个文明都可划分为起源、生长、衰落、解体和灭亡五个阶段。汤因比还推测出一种人类发展的循环规律,而"富有创造力的少数人"是文明发展的动力。

扩散论学派 核心观点是:多数文化没有创造力,人类文化的大多数要素都起源于一个地方或少数地方,而后通过迁徙或模拟扩散到其他地方。以艾略特-史密斯为首的英国扩散论学派认为,玛雅人的金字塔、日本的塔式建筑、印度尼西亚巴厘岛和柬埔寨的庙宇、美国印第安人的坟丘等,都是埃及金字塔等与太阳崇拜有关联的建筑的"翻版",因为这些复杂的建筑不可能是玛雅人或巴厘人发明的。不仅如此,人类文化的绝大多数方面——从艺术、法律、政府到陶器、纺织甚至车轮——都是在埃及发明的,这些成果通过埃及人带到了世界其他地方。正如艾略特-史密斯所说:人类古代文明的大部分因素都直接或间接地来源于埃及,"从埃及延伸到最遥远的中国版图内,又从多瑙河和第聂伯河延伸到印度北部。这是这一广大地域内已知的最早文明"①。德国和澳大利亚的扩散论学派还提出,语言、工具制作和其他的文化基础是由四五个相互孤立的原始社会发明的。美国的扩散论学派则把人类文化划分为若干区域,认为每个区域都有一个"文化发源地"。不过,扩散论也留下了大量疑问:为什么一个特殊文化形态会在某个地方首先得到发展?这些文化的扩散机制是什么?为什么吸收某种文化的群体会适应特定的文化内容,而抵制另外的文化内容?

文化人类学 核心观点是:不同文化的差异根源于制度和认知结构的差异。20世纪初,为了弄清文化存在差异的原因,西方文化人类学家开始对不同社会的组织状况进行研究。其中,马林诺夫斯基的观点比较有影响:孤立的文化特征的差异并不是社会中最基本的差异,社会最初的差异出自人们生理的需要(如对食欲和性欲的需要)、工具的需要(如对教育和法律的需要)、整合的需要(如对促进沟通的普遍的"世界观"的需要);为了满足这些需要,社会便形成了制度或经

---

① 〔英〕艾略特-史密斯:《人类史》(李申等译),北京:社会科学文献出版社2002年版,第289页。

常性的行为模式。总之，文化是一个经过整合的、相互呼应的制度网络，不同文化的差异在于制度的差异。在这一理解的基础上，拉德克利菲-布朗（Alfred Radcliffe-Brown）进一步提出：人类学的工作不是去研究个体行为，而应去区分受影响的行为规范以及因此而暴露的社会结构的准则——习俗、信仰和制度的特定模式。循着这一思路，列维-斯特劳斯（Claude Lévi-Strauss）认为，文化差异的关键在于认知结构，人类心智利用现实的模式和认知结构的不同，是文化差异产生的主要原因。

心理人类学 核心观点是：儿童抚养行为是社会总体文化的一个部分，并受社会总体文化制约。儿童抚养行为把婴幼儿未定型的人格培养成社会的统治人格，进而反过来影响文化并造成文化差异。20世纪30—40年代，心理人类学接受了弗洛伊德精神分析理论的影响，认为成年人的人格是由儿童时期的经历决定的，或者说，人格的意向操纵在每一个人的早期阶段，所以，特定文化人群的人格特质由这一文化的儿童抚养行为所决定。作为文化人类学家的本尼迪克特接受了这一观点的影响。在她看来，在人类可能的全弧上，每个社会都不自觉地选择一段弧线作为文化观念，通过在儿童时代的惩罚和奖励，个体逐渐地使这些观念内在化。通过这种途径，每一个文化都形成了自身特有的群体人格和行为模式。本尼迪克特就此对日本传统社会的教育模式进行了观察，指出日本幼儿教育与成人教育的不连续性是形成双重性格的重要因素：

> 日本的人生曲线与美国的人生曲线正好相反。它是一根很大的浅底U字形曲线，允许婴儿和老人有最大的自由和任性。随着幼儿期的过去，约束逐渐增加，直到结婚前后个人自由降至最低线。这个最低线贯穿整个壮年期，持续几十年，此后再逐渐上升。过了60岁，人又几乎可以像幼儿那样不为羞耻和名誉所烦恼。……他们长大成人后，既可以沉溺于罗曼蒂克的恋爱，也可以一变而绝对顺从家庭安排的婚姻。既可以沉湎于享乐和安逸，也可以不计一切而承受极端的义务。谨慎的教育往往使他们行动怯懦，但他们却又能勇敢得近于鲁莽。在等级制下他们可以表现得极为驯服，但却又保留着傲慢不逊；在军队里，他们可以接受盲从的训练，但却又顽固不易驯服；他们是坚定的保守主义者，但却又容易被新的方式所吸引；他们曾经学习中国习俗，继而又吸收西方学说，这就是证明。[①]

① 〔美〕鲁思·本尼迪克特：《菊与刀》，第201页。

二、文化差异与文化误读

虽然许多跨文化传播问题仅仅发生在人际交往的层面，但绝大多数冲突和误解都可以追溯到文化差异的根源之中。①

——拉里·萨默瓦

在人类社会演进的过程中，不同文化视野中的“异域”空间越来越小，但文化差异一直是鲜明的、难以消逝的。

在18世纪德国文学家歌德的笔下，作为隐喻的“中国花园”充满了神秘的“异乡情调”，也寄托了他的“乌托邦”理想，即不同文化、不同生存方式的共同存在，使人们有了对不同意义进行追寻的可能性。不过，自从进入19世纪以来，开创“世界历史”的现代社会把不同文化和民族联系在统一的世界框架中，消灭了以往自然形成的闭关自守的状态，“把一切民族甚至最野蛮的民族都卷到文明中来了……使农村屈服于城市的统治……使未开化和半开化的国家从属于文明的国家，使农民的民族从属于资产阶级的民族，使东方从属于西方”②。经过近两个世纪的交融，无论是在强势的西方还是弱势的东方，人们仍会体验到文化差异的存在。一方面是东西方文化仍然保持各自鲜明的特色；一方面是各个大文化圈内存在着亚文化的诸多差异。譬如，西方文化中，北美文化和欧洲文化并不相同；欧洲文化中，岛屿文化、大陆文化之间，俄罗斯文化与欧洲其他文化之间，也有相当的差异。进一步地，对于神与人、个体与群体、公民与国家、父母与子女、丈夫与妻子的关系，不同文化有着不同的看法；对于权利与责任、自由与威权、平等与等级制度的差别，不同文化的理解也大有不同。

文化差异是客观存在的，但人们对差异的态度和倾向却是主观的。古德诺曾描述了20世纪早期西方人眼中的中西差异：“他们是和平主义者，而我们则崇尚武力；他们强调清静无为，而我们则提倡奋斗的生活；他们放任自流到无政府主义的边缘，而我们则认为必须有一个强有力的政府；他们是理想主义者，而我们则快要沦为只注重物质享受的实利主义者；他们是不可知论者，而我们相比较而言则是较为虔诚地信仰宗教；他们崇尚文学才能，而我们则崇尚科学。”不过，古德诺随之指出，如果对中国了解得深入一些，就会得出另一种结论：“不管怎么样，中国人其实与我们一样，都是生活在这片大地上的一群人，他们是我们的亲戚。”③

---

① Larry Samovar and Richard Porter, *Communication between Cultures*, p. 82.

② 《马克思恩格斯选集》第1卷，北京：人民出版社1995年版，第276—277页。

③ 〔美〕弗兰克·古德诺：《解析中国》，第1—2页。

以赛亚·伯林(Isaiah Berlin)也提示人们,人与人之间以及社会与社会之间的差异,可能被过分夸大了,"没有哪一种文化缺少善与恶、真与假的概念"[①]。大量事实亦提醒人们,切不可从传说和典籍中刻意寻找文化差异或是相似的理由,因为那很可能是牵强附会。比如,多年来学界流行着一种颇有影响的观点:西方文化是"罪感"文化,日本文化是"耻感"文化,中国则是"畏感"文化。此类的差异概括自然是必要的,可以让差异清晰可辨,但只要没有特殊的偏见,就会发现:无论是罪感、耻感还是畏感,都是人类各个文化普遍的情感和心理特征。

在研究人类现象和文化现象中过于强调差异,就容易忽略一些基本的相似之处,很容易导致对其他文化的误解和偏见。1968 年,人类学家在北爱尔兰的一项调查就表明,即使存在社会分隔,天主教徒与新教徒之间仍然存在一个"享有相当多的共同文化的空间",67%的新教徒认为信仰天主教的北爱尔兰人"跟自己没有什么差别",类似的是,81%的天主教徒认为新教徒"跟自己一样"。[②] 类似的许多研究提示人们,应当正确看待不同文化共有的基本行为特征和生活方式。毕竟,生物学意义上的人类都属于统一的现代智人种,文化的区分是相对的,种族差异也不过是人类进化过程中对自然界进行生物学意义上的适应的结果。

下表是人类学家乔治·默多克(George Murdock)与其助手列出的人类共有文化要素。根据他的观点:人类的实践活动是多种多样的,但涉及的具体文化要素则大致相同。

表 3-1 人类共有文化要素[③]

年龄划分	劳动分工	食物禁忌	遗产继承	音乐	青春期习俗
竞技	梦的解释	葬礼	开玩笑	神话	宗教仪式
化妆	教育	游戏	亲属群体	数字	性的约束
日历	伦理	手势语	亲属称谓	助产术	灵魂概念
预言	族群植物识别	礼物馈赠	语言	姓名	地位差异
烹饪	礼节	问候	巫术	人口策略	工具制造
合作劳动	信任感	发式	婚姻	育婴	居住规定
宇宙观	家庭	好客	进餐时间	怀孕习惯	交易
示爱	末世论	住房	医药	财产权	拜访
舞蹈	火的使用	卫生	谦虚	超自然力解说	断奶
装饰艺术	民间传说	乱伦禁忌	悲痛	天气观测	手术

① 〔伊朗〕拉明·贾汉贝格鲁:《伯林谈话录》(杨祯钦译),上海:译林出版社 2002 年版,第 37 页。

② Richard Rose, *Governing without Consensus* (London, UK: Beacon, 1971), p. 218.

③ 庄孔韶主编:《人类学概论》,北京:中国人民大学出版社 2006 年版,第 23 页。

文化误读(cultural misunderstanding)根源于文化差异,是基于己方的社会规范、观念体系、思维方式等对另一种文化产生的偏离事实的理解和评价。文化误读常常具有浓厚的政治和意识形态背景。由于服务于解释者的某种利益需要,这种误读通常比较稳定,也往往会形成误导,导致对所阐释的文化产生偏见和歧视。比如,16世纪以来,西方社会就开始用一种固定不变的解释来理解"东方人",尤其是把东方文化当作奇异、落后的事物来点评。这种显然是服务于西方立场的误读,一直伴有明确的政治、经济和意识形态的目标。

在跨文化交往中,除了社会规范、观念体系、思维方式等来自文化深层结构的原因,解读者自身的知识背景、社会地位等也是造成误读的因素。其中,知识背景尤其具有普遍性——对某种文化的知识性解读,很大程度上取决于解读者本人所拥有的知识的深度和广度。比如,李约瑟曾认为中国古代没有什么科学,但在他的中国学生鲁桂珍的影响和介绍下,李约瑟后来将毕生精力投入到对中国古代科学的研究中,写出了影响深远的《中国古代科技史》。

毕竟,任何确定的认知立场都是从某个既定的立足点开始的,但这一立足点同时又作为既定的社会事实,构成了认知的边界。在意大利人马可·波罗的游记中,曾把东方的犀牛当成了西方的独角兽(unicorn)。这一误读显然不能简单地归咎于西方的文化传统,马可·波罗本人的知识背景应当是产生误读的关键。

> 2002年,美国国家地理教育基金会的一项调查发现,美国青年的地理评分只能是"D"。在调查问及的56个地理和时事问题中,被调查者平均只能答出23个,近1/3的人不知道太平洋的位置,只有近30%的人知道新泽西州在美国地图上的位置,还有超过10%的人竟不知道美国在何处。研究者据此指出:由于缺乏地理和时事常识,美国的年轻人很难了解他们面对的世界文化、经济和自然资源,这将严重影响美国人对世界乃至常理的判断。①

作为社会实践中普遍存在的认知现象,文化误读也体现了人们接近和再现异质文化的努力,是人们为了实现某种主观愿望而出现的对异质文化的客观背离,并非没有积极的一面。特别是人们对艺术或人文作品的误读,就可能是激活想象力、创造灵感的过程,"有一百个观众,就有一百个哈姆雷特"。对另一文化中某一文学作品的误读,也往往会激发作家的灵感。鲁迅创作的《狂人日记》,就是对果戈理《狂人日记》的误读的结果。重要的是,误读的积累不仅会使彼此的认识趋于正确,还会通过相互的参照不断创造出新的意义,为原有文化增添新的诠释、风貌。

跨文化交往中的误读往往是一种吸收异质成分的常见方式,甚至会给本土

① National Geographic Education Foundation, *Roper 2002 Global Geographic Literacy Survey* (November, 2002), http://www.nationalgeographic.com/geosurvey2002, pp. 3—10.

文化一种“歪打正着”的启发，充分体现出本土文化的自主和能动性，具有再创造和“文化过滤”的意义。譬如，佛教在两汉之际传入中国时，人们就把佛教误读为当时流行的黄老之学，所谓“诵黄老之微言，尚浮屠之仁祠”；不仅如此，还认为佛教是“夷狄之术”，“七经之中不见其辞”，“违圣人之语，不合孝子之道”。为此，最早促成佛教中国化的东汉学者牟子在解释佛教教义中的“魂神”时，就在《理惑论》中对《老子》进行了有意的“误读”：“魂神固不灭矣，但身自不朽烂耳。身譬如五谷之根叶，魂神如五谷之种实；根叶生必当死，种实岂有终亡，得道身灭耳。《老子》曰：吾所以有大患，以吾有身也。若吾无身，吾有何患！又曰：功成名遂身退，天之道也。”再如，16世纪末期，意大利人利玛窦来到中国传教。通过对中国文化的了解，他意识到：强化圣母玛利亚怀抱圣婴的母亲形象，会与儒家的“仁”“孝”相通。由于他有意引导的“误读”，在很长一段时间里，很多中国人甚至认为，基督教信仰的上帝是一位慈祥的母亲。

三、冲突：人际与文化冲突

人们必须明白，通过传播来解决冲突，要远胜过诉诸武力。①

——拉里·萨默瓦

英文中的“冲突”(conflict)来自拉丁语“com”与“fligere”，有“一起碰撞”的意思，即两种力量的不和谐与相互撞击。在形形色色的社会、文化及人际关系中，冲突都是不可避免的。

在跨文化交往中，来自不同文化的传播各方会在交往的期望、过程和结果上表现出一种不和谐、不相容的状态，这就使文化差异通过**人际冲突**(interpersonal conflict)的形式表现出来。这里的人际冲突可以定义为：相互依存的两个人在相互交往的过程中感到与对方的目标、目的、价值观发生不一致，而且双方各视对方为阻碍自己实现目标的潜在干扰和阻力。可以概括地说，跨文化传播的过程呈现了人际冲突的本质：传播促进了对立问题的产生，形成个体对可感知的冲突的认知，并将情绪及观念转化为冲突的行为；传播也推动了人际冲突各个层面的呈现，包括冲突的避免与抑制、不同观念的公开表达以及冲突情势的发展，等等。

不同文化应对人际冲突的方式是多种多样的，大致可以划分为如下五种取向。②

---

① Larry Samovar and Richard Porter, *Communication between Cultures*, p. 8.

② 〔美〕布拉德福德·霍尔：《跨越文化障碍》(麻争旗等译)，北京广播学院出版社2003年版，第197—200页。

第一，**回避**(avoiding)。许多文化认为，冲突是应该尽量回避的，回避冲突的能力是成熟的表现，回避的方式可以是提出别的话题以转换对方的注意，或者干脆保持沉默、避开锋芒。比如，在西班牙，人们尽量回避冲突，视之为解决冲突的有效途径。

第二，**调节**(accommodating)。这种取向侧重于发现、满足对方的需要而不是突出自己的需要，以避免冲突。比如，津巴布韦人在发表意见之前，总希望知道对方想听什么，以避免直接表达意见分歧，并可依对方的想法来调节自己的观点。

第三，**竞争**(competing)。这种取向是把冲突视为生活的必然，将竞争看作一种积极进取的品质，认为其能够有助于实现自己的愿望而不必受对方需要的左右。比较典型的就是希腊和以色列文化：公开辩论、口角争执是希腊人的生活方式；以色列人也鼓励直接对抗——很多研究认为，这种取向可能是对第二次世界大战前犹太人的调节取向的一种反叛。

第四，**妥协**(compromising)。这种取向期望以妥协换取折中的结果，以最大程度地满足自己乃至双方的愿望。美国人在商业交往中就比较擅长运用妥协手段，人际法律争端也往往通过妥协来解决，即"我得到了想要的，同时你也会觉得不是无功而返"。不过，在俄罗斯文化中，妥协是一种软弱的表现。

第五，**合作**(collaborating)。这种取向认为，每个人的目标和需要都应得到尊重和满足，而合作是以协商和平等的方式解决冲突的理想方式，因为解决问题的最终结果是实现双赢的目的。

除了人际冲突之外，跨文化交往还往往造成相对规模较大的**文化冲突**(cultural conflict)。这种冲突经由文化误读或**文化忽视**(cultural ignorance)而产生，是所有交往关系中不可避免的一部分。[①] 不同文化体系的社会规范、观念体系、思维方式等因素的差异和排他性，一直是影响文化冲突的深层因素。文化的民族性、封闭性和保守性，也在不断强化着文化冲突的解决难度。

20 世纪 70 年代末，大规模捕杀海豚的报道让日本壹岐岛成为世界关注的焦点。长期以来，壹岐岛渔民一直视海豚为"恶魔"，因为海豚吞掉大量鱼虾，直接跟他们抢夺食物来源，日语里表示"海豚"的词也经常为"敌人""强盗"之类的说法取代。当时，渔民请电视台记者报道他们捕杀

> 20 世纪 80 年代末，印度裔英国作家拉什迪(Salman Rushdie)发表了小说《撒旦诗篇》(*The Satanic Verses*)，由于其中的言论伤害了穆斯林的宗教感情，伊朗宗教领袖霍梅尼发出了对拉什迪的追杀令，并导致英国和伊朗断绝外交关系。"9・11"事件发生后，为了安全考虑，包括加拿大航空公司在内的一些西方航空公司一度拒绝让拉什迪登机。

① Stella Ting-Toomey, *Communicating across Cultures*, p. 194.

海豚的情况，目的是让人们了解海豚数量的增加使当地的捕鱼量下降，当地政府应给予他们适当的经济补偿。不过，报道引发的却是西方社会的震惊和愤慨。在西方人看来，海豚聪明、美丽、友善，人们甚至称海豚为"海洋之人"，因而对日本渔民捕杀海豚的行为倍加谴责，"海豚事件"引发的争论也由此持续了十数年之久。

"海豚事件"只是文化冲突的一个小事例，全世界每天都有类似的冲突在发生，不胜枚举。需要强调的是，许多文化冲突往往"并非存在于现实中而是存在于感觉之中"[①]，而文化差异与冲突乃至暴力的严重程度并不一定呈现正相关关系。

关于文化冲突，亨廷顿（Samuel Huntington）的"文明冲突论"提供了一种解释：文化差异始终是人类的基本差异，文化之间互动的后果就是冲突；在未来世界中，国际冲突的根源将主要是文明，而不是意识形态和经济，"文明间的断裂带将成为未来的战线"，尤其是"西方和穆斯林之间的冲突将更多地集中于广泛的文明间问题，诸如武器扩散、人权和民主、石油控制、移民、恐怖主义和西方干涉等"[②]。不过，依据历史事实，文化冲突的实质不应仅被理解为不同民族、国家之间的文化差异，还在于强势群体与弱势群体的利益冲突，以及"文化霸权"与文化抗争的冲突。通观人类历史，冲突、侵略和战争与人类基于利益争夺的攻击天性具有直接的因果关系——由于资源稀有，为了更有利于生存，物种就会表现出竞争性和攻击性。萨默瓦即指出："一个部落对另一个部落的敌意，是人类最本能的反应之一。"[③] 要紧的是，国际冲突一旦染上文化色彩，冲突的双方就不免会根据自己的尺度和标准对冲突进行认知和判断，为自己的行为及目标寻求解释，使对利益的争夺化身为某种"神圣"的文化追求，从而使世界陷入局部或整体的危机、混乱甚至战争状态。

表 3-2　亨廷顿"文化冲突论"的基本观点[④]

世界范围的文化冲突		美国本土的文化冲突	
文化要素	宗教、语言	文化要素	新教、英语
西方文化	独一无二的特性	美国文化	西方文化遗产的独特继承者
核心国家	美国	核心文化	盎格鲁-撒克逊文化及其政治价值观
冲突原因	西方普世主义的霸权，非西方文化对西方文化的多重挑战	冲突原因	非白人族群的认同，多元文化主义的挑战，有色人种的人口增加

① 〔美〕史蒂夫·莫滕森编选：《跨文化传播学》，第 266 页。

② 〔美〕塞缪尔·亨廷顿：《文明的冲突与世界秩序的重建》（周琪等译），北京：新华出版社 1998 年版，第 234 页。

③ Larry Samovar and Richard Porter, *Communication between Cultures*, p. 8.

④ 郝时远：《民族认同危机还是民族主义宣示》，载《世界民族》2005 年第 3 期，第 3 页。

文化冲突并不仅限于西方文化与非西方文化之间。在特定的国家、民族、社会内部，文化冲突也十分明显，并常常超越阶级矛盾和意识形态，成为社会冲突的主要根源。这一情形尤以美国为典型。作为一个包含多种文化的国家，美国有着漫长的面对内部族群冲突的历史，确立多种文化的差异、界限及其影响，始终是美国社会与文化史上的中心议题。

2004年，亨廷顿在《我们是谁》(*Who Are We?*)一书中把视野转向了美国本土的文化冲突。在他看来，多元文化主义(multiculturalism)的广泛传播，表明美国文化的多元特点为越来越多的美国人接受，但它也有明显的局限性，甚至已成为对美国构成威胁的“特洛伊木马”。由于多元文化主义和文化多样性意识形态的挑战，美国正面临着“有色人种”族群认同的挑战，来自不同族群的人们之间发生冲突的场合与可能性正在不断增加，而美国必须维护白人“核心文化”的中心地位和同化能力，重建核心价值观的威权。亨廷顿甚至认为，多元文化主义与西方文明和美国信条之间的冲突是“一场真正的冲突”，仅凭体现在《独立宣言》、宪法和其他文件中的政治原则，如自由、民主、平等、法治、个人主义和私有财产等美国人信奉的信条，远不足以凝聚美国社会。亨廷顿还把那些不愿意融入美国文化的移民视为对西方文化的挑战，而这种挑战可能是西方文明在世界范围内衰落的原因之一。为此，他主张通过“同化”移民来消除多元化的影响，否则美国将会成为一个分裂的国家。

2005年年底发生在法国的外来移民骚乱，似乎在某种程度上印证了亨廷顿立足于西方文化立场所做的判断，同时提醒人们：虽然不能按照亨廷顿对美国多元文化主义的评判去认识现代国家内部的族群关系，以及被他基于明显政治目的而夸大的民族认同危机，但也不能无视多元文化主义和族群认同的纷争引发文化冲突的可能与后果。

文化冲突意味着不同文化在传播行为上都要有调整和变化，以走向合作，进而使双方都受益。调整意味着要改变自己熟悉的行为模式，变化总可以使冲突双方找到修复关系的新途径。如果对关系的发展没有调整和变化的能力，冲突就会向其反面发展，关系自然就会受到影响甚至走向终结。不过，在一些社会学者那里，“冲突”被称为“社会对抗”(social confrontation)，意味着“发现共同利益，说出不同的看法”，“一场冲突中的正常讨论”，“一种合作的策略以及处理问题的方式”，是构成人类全部复杂生活的要素之一，对培养人的健康心智及道德感有积极的意义。德国社会学家达伦多夫(Ralf Dahrendorf)就认为：权威的不平等分布是社会冲突的根源，制度化的权威和权力结构必然导致系统的社会冲突。所以，和谐和秩序只是局部和暂时的，强制和冲突则是普遍和持久的，应该允许人类不同团体间的冲突,积极调解各种矛盾,这样的处理更具有稳定社会的功能。[1]

通观人类历史,文化冲突一直是社会变革和文化发展的主要动力,也是文化特性得以保存和延续的客观要求。文化在面对外部压力的时候,会运用不同的机制去适应外来文化,进而实现发展、变迁。比如,古希腊的文化奇迹在很大程度上源于它与东方文化的碰撞与冲突;古代中国最富活力的思想,大都结晶于春秋战国这一文化冲突和社会变革最激烈的时期。再如,中国历史上曾出现过汉唐时期印度佛教的传入,从其最初的"入侵"到随后发生的儒佛之争,进而发展到儒佛融合以及中国禅宗的卓然生成,也是文化由冲突到融合的例证。又如,最初的欧洲移民在进入北美大洲时,他们钻进契洛克人和易洛魁人建造的木头小屋,学习种植玉米和打猎,努力适应印第安人的生活方式,随后渐渐地改变了荒野和自身文化,被改变后的新文化就是美国边疆文化,即"第三种文化"。

文化冲突有着深刻的文化、制度、意识形态以及利益竞争的根源,文化的共存、共融也是需要学习的过程。欧洲曾经经历了数百年的冲突和流血战争,今天欧洲一体化的进程就是这种付出了巨大代价的学习成果。探索文化冲突的原因,使国际社会的成员能够克服和超越冲突,追求共同的安全和福祉,已成为跨文化传播研究承载的重要使命之一。可以确信,人类理性、良知和智慧的不断增强,以及新思想、新观念的传播,应当可以帮助不同文化立场的人们缩短这一学习的过程。

第二节　文化的观念体系

文化的观念体系,指的是有关自我、他人、外部世界的全部思想和信念,表达了特定文化群体所共享的对社会现实的看法,也是渗透在人们社会行为中的具有普遍意义和系统性的观点总和。在跨文化交往中,人们往往凭借这些观念去应付其他文化给自己带来的思想、行为上的混乱,并下意识地认为只有自己的行为才属正常、自然和正确的。

世界观、人生观和价值观构成了观念体系的主要内容。世界观作为人类把握世界的方式和结果,是文化关于世界本质的总观念,由集体智慧所塑造,帮助人们生存和适应周围的世界;价值观则集合了不同文化中相对稳定、包含情感和

---

① 潘一禾:《文化与国际关系》,杭州:浙江大学出版社 2005 年版,第 55 页。

认知成分的观念，构成了文化的深层内核。一些美国学者针对当代美国人价值观的研究显示：许多核心价值观与两百年前十分相似。

一、世界观的文化差异

> 不同的文化以不同的方式构造现实。对任何行为者来说，现实都是通过世界观和他的文化所建构的行为环境传递的。[①]
>
> ——宗教社会学家梅尔福德·斯皮罗(Melford Spiro)

世界观(world view)是人们对包括自然界、社会和人的精神世界在内的整个世界的总的看法和根本观点，映射了对于上帝、人类、自然、存在、宇宙、生命、死亡、疾病等影响文化成员对世界看法的问题的感悟和体验，代表了不同文化最为根本的思想基础。神话、宗教、哲学都是世界观的表现形式：神话是混沌统一的世界，宗教是人神二分的世界，哲学则是主客二重化的既对立又统一的世界。进一步说，三者都是不同历史时期、不同的人，以不同的方式对世界作出的不同解释，为认识世界、理解文化提供了有效的途径。

世界观从各个方面影响着文化成员的感知和行为，并对社会、经济和政治生活产生深远的影响。从人类文明的最早起源开始，每一个文化都逐步形成了自己独特的世界观。这是因为，人们生活在世界中，首先就要进行变革自然的物质生产活动，以解决生存和发展所必需的衣食住行问题，同时还要进行政治、思想等各种社会活动。在这些活动中，人们必然逐步形成一定的认识和看法。世界观中包括了人生观，人生观是世界观在人生问题上的表现；世界观也是方法论，当人们形成了一定的世界观之后，就会按照这些观点去解释一切现象、处理各种问题；世界观还是系统化、理论化的哲学，经过思想家自觉研究、系统阐发和逻辑论证的世界观就是哲学。

> 神学家克拉夫特(Charles Kraft)概括了世界观的五种功能：**解释**(explanation)、**评估和确认**(evaluation and validation)、**心理强化**(psychological reinforcement)、**整合**(intergration)、**适应**(adaptation)。[②]

世界观对于跨文化传播研究的主要意义在于：世界观渗透在构成文化的各个要素之中，不同的世界观产生了不同的选择和行为。认识了一种文化的世界观，就能够对这种文化其他方面的行为和动机作出更为准确的预测。这是因为，不同文化的世界观有许多共同之处，但差异也是

① 〔美〕梅尔福德·斯皮罗：《文化与人性》(徐俊等译)，北京：社会科学文献出版社1999年版，第158页。

② William Gudykunst and Young Yun Kim, *Communicating with Strangers* (New York, NY: McGraw-Hill, 2003), p. 205.

明显的。文化的许多差异就是以世界观差异为本源的，由此而影响了不同文化的社会实践，以及感知和思维等方面的差异。西方的一些学者甚至有一种观点：近现代以来，东方之所以没有取得像西方那样的物质进步和社会发展，是因为东方的世界观无助于科学或技术的发展。重要的是，世界观对文化的影响往往非常微妙，并不会明显地表现出来，好比卵石投入水中，水波四散荡漾一般，世界观在文化中“展开”并渗透到文化的每一个方面中。

世界观的差异是多方面的，如洪堡特所说，每一种语言都包含着各自独特的世界观，而“语言的差异不是声音和符号的差异，而是世界观本身的差异”①。概括而言，不同文化的世界观差异主要表现在三个方面。

第一，**世界的本质**。根据不同文化对世界的本质问题作出的回答，以及指导人们观察和解释世界的信条，可以把各个文化阵营划分为唯物主义和唯心主义，它们各自又有许多派别。宗教属于唯心主义阵营，从不同文化的宗教传统中，均可以找到关于世界起源问题的宇宙观，以及对世界诸多事物联系变化等等问题作出的回答，这些内容构成了不同文化的世界观根基。

在基督教观念中，世界是以神即“上帝”为中心的，所有的生命、人类与世界都由神所创造。宇宙及其万物的浩大、奇妙，也充分证明了它的创造者——神的智慧和能力。如果没有神，宇宙万物就不能从无到有地产生，也不可能有序地存在和运行，道德亦将缺乏神圣来源、权威和监督。进一步说，在这个世界里，“价值世界”和“自然世界”是同一个世界，“灵魂世界”与“物质世界”也是同一个世界，而时间是一个“舞台”，能把价值与事实、灵魂与肉体连接在一起。如果没有神，这两个世界就会断裂，不复存在。

佛教观念中的世界含有时间与空间的双重意义。佛教经典《楞严经》对世界的解释是：“世为迁流，为方位。汝今当知：东、西、南、北、东南、西南、东北、西北、上、下为界；过去、未来、现在为世。”这个“世界”同现代物理学提出的“四维空间”很相似，整个世界以须弥山为中心，以铁围山为外廓，在同一日月照耀下的这一个空间，便是一个小世界；时间则按“成、住、坏、空”这“四劫”循环往复、无始无终。重要的是，以须弥山为中心的“小世界”并非一个，而是遍存虚空的。集一千个这样的小世界，名为小千世界；集一千个小千世界，名为中千世界；集一千个中千世界，名为大千世界——大千世界亦非一个，而是无量无数并存于宇宙空间。总之，从空间上说，世界是虚空无尽的；在时间上看，世界也是溯之无始、追之无

① 〔德〕威廉・冯・洪堡特：《洪堡特语言哲学文集》（姚小平译），长沙：湖南教育出版社 2001 年版，第 29 页。

终的。不仅如此，世界上的一切现象都是“此生彼生、此灭彼灭”的，其间没有恒常的存在，这即是“诸行无常”，是佛教对世界本质的总解释。

印度教认为，人与身边的万物甚至整个世界是一个整体，万事万物都是世界的一部分。由于人在世界中被迷惑了，特别是忽略了与“梵我”（梵即是世界的本质）的联系，所以才会有痛苦，才会有生死。以此为基础，印度早期思想家努力寻求人类实现精神满足的途径，培育了印度人的一种把世界的基本能量与人的精神力量统一起来的基本意识，认为这样才有可能把人的苦难的、有限的存在转化为自由的、无限的实在。千百年来，对于世界本质的这一理解直接影响了印度教徒的终极人生目标：人生的终极目的就是从自我的低级层面逐步解脱出来，以实现存在的最深层面——“梵我如一”的解脱境界。

第二，**人与自然的关系**。人与自然的关系和人类社会内部的关系，是人类与生俱来的两大关系。自然是人类社会关系的中介，人与自然的关系决定了人与人的关系。在人对自然的关系问题上，不同文化有着不同的选择。

其一，**顺从**，即认为人类在大自然面前是无能为力的，人们不是向大自然去索取，而是等待大自然的恩赐。生活在文明和科学技术不发达地区的人们常常持有这种观点。哥伦比亚的美斯蒂索人（Mestizo）就认为，自然界充满了危险并且因精灵所附，万物都具有生命，会对人的身体和头脑产生伤害，试图征服自然是愚蠢的。

其二，**征服**，即认为人类是大自然的主人，为了人类自身的利益，必须征服和主导自然力量。在土地贫瘠、多丘陵和山地的古希腊，特殊的地理环境造就了人们挑战自然的观念，这里的哲学家也把探索和认识自然看成自己神圣的使命，从自然中获得真理、掌握知识、拥有智慧成为人生最大的幸福。受此传统影响，重视科学技术的西方文化一直持有这种观念，正如欧洲文艺复兴时期培根（Francis Bacon）宣称的：让人类以其努力去重新恢复控制大自然的权利，这种权利是由神赋予的。美国文化就是这种自然观的承接者，从北美殖民地时期开始，自然与物质世界应当受人控制并服务于人的观念就占据着美国文化的主导地位，“美国人对此所表现出的令人惊叹，有时近乎莽撞的冲动简直无与伦比”。总之，正是通过对自然的征服，美国社会得以不断地繁荣和发展，“支配物质世界的自然规律似乎被人们所利用，为他们带来物质的财富，正是在这个意义上，自然服从于人类的意志”。[①]

其三，**和谐**，即视自然为朋友，认为人类应当与自然和谐共存。印度教认为，世界上有生命的和无生命的东西是密切相连的。在这一观念的影响下，追求与

① 〔美〕爱德华·斯图尔特等：《美国文化模式》，第156页。

自然的和谐相处是印度文化重要的特征。印度哲人泰戈尔还指出，印度文明的诞生始于森林，这种起源和环境形成了印度文明与众不同的特质：森林生活的环境并没有压抑人的思想，减弱人的活力，而是赋予人们一种特殊的倾向，使他们的思想在与生气勃勃的大自然产物的不断接触中，摆脱了想在他的占有物周围建起界墙以扩展统治的欲望。中国文化自始就强调人类与自然的和谐，主张"天人合一"，早熟的农业文明也造就了中国人亲和自然的意识以及以素食为主的饮食习惯。自佛教传入后，"天人合一"思想得到丰富和加强，热爱自然、珍惜万物、追求和谐共生，成为中国文化绵延至今的重要特征。

第三，**人性的善恶**。关于人性，中国文化的核心主张是"性善论"，即"人之初，性本善。性相近，习相远"。这一观念的代表孟子指出，"人性之善也，犹水之就下也。人无有不善，水无有不下"，同时强调孔子的"以直报怨，以德报德"的道德逻辑，认为只要每个人都能将善的本性挖掘出来，社会就可太平，即"恻隐之心，人皆有之；羞恶之心，人皆有之；恭敬之心，人皆有之；是非之心，人皆有之"。"性善论"对中国传统社会的影响至为深远，甚至于提出"人性恶"的荀子长期被看作异端，韩愈的《原道》就不列其入道统，宋明理学也拒不承认他的地位。

基督教文化关于人性的基本观念是"原罪说"，强调了人的不完满以及人内在的邪恶倾向，认为人人都有"原罪"——当亚当和夏娃在伊甸园偷食禁果之时，就犯下了原罪。既然人有原罪而又无法解脱，就只有效法耶稣去顺从上帝。在这一观念的影响下，西方文化中存在着一种集体的反思和忏悔意识，人们也相信：虽然人性是恶的，但也是可以改变的，由于人人皆有"趋利避害"之心，因此寻求通过宗教和政治制度来控制个人的行为。同时，人也可以通过坚持不懈的努力工作、控制和自律走向善的一面。伊斯兰教也认为，人有恶的本我，如果不加提防，这个"恶我"便会表现出来，使人们为邪恶和享乐所困扰，这时就需要安拉的拯救了。此外，按照印度教的观念，人性本善，但由于无知，这一本质往往并不表现出来。基督教教派之一的摩门教（Mormonism）则认为，人性本善，但面对世俗的挑战，人有可能从恶。

二、人生观的文化传统

> 未经审视的生活，是不值得过的生活。
>
> ——古希腊哲学家苏格拉底

在一般意义上，人生观（outlook on life）指的是对于人类生存的价值和意义的根本看法和根本态度。人生观主要涉及三个方面的内容：**人生的目的**，即人为什么活着，人在社会活动中要争取达到什么样的目标；**人生的态度**，即怎样做人，怎样度过自己的一生；**人生的评价**，即如何看待人生的价值、人生的意义。人生观是世界观在人生问题上的表现，总是受不同世界观的支配。由于人们总是通过人生实践去认识、感受和评价客观世界，因此人生观也在影响和制约着世界观。

人生观不仅受到世界观的支配，还会受到历史、传统、宗教等其他文化要素的影响。譬如，西方从古希腊时期开始，就努力追求个性解放，“求变”“求动”成为人们的精神动力。苏格拉底哲学思想中核心的问题就是：人是什么？他的回答是：人之所以与动物相区别，就在于人必须时时审视自己的生命和生存状况，这就是理性的显现，人类生活的真正价值就存在于这种显现之中。这种思想支配下的人生观，也被称为理性主义人生观。受此传统影响，美国文化中的核心人生观就是“求变”，因为变化体现出不断打破常规、不断创新的精神。美国人也永远不满足于他们得到的成就，不执着于传统的秩序，不甘受制于家庭、经济、教育乃至个人能力的限制，尽力迎接和适应变化。

有必要说明的是，源于清教徒宿命论的“使命观”对美国文化中的人生观也产生了重大影响：清教徒的行为就是实现上帝赋予他们的使命，去传播基督教文明、征服落后民族和落后文明并救赎世界。正如美国早期移民领袖温斯罗普(John Winthrop)的名言：我们将成为整个世界的“山巅之城”，全世界人民的眼睛都将看着我们。随着一代代移民在北美的拓殖，这种观念逐渐扎根，成为美国文化的显著特征。

受儒家思想影响的中国传统社会一直被“万变不离其宗”“祖宗之法不可变”的观念所笼罩，统一和稳定是社会生活的头等大事，也是社会发展的重要保证，其中包括了个人、家庭、社会乃至国家的社会地位、生活地域、社会关系等方面的稳定。人们习惯于接受“安居乐业”“知足常乐”的稳定观念，一旦稳定受到影响而“背井离乡”，就会无所适从。与此同时，佛教在东方文化圈的传播也对包括中国文化在内的不同文化产生了深远的影响，形塑着一种普遍的人生态度：讲质朴、重直觉、精玄思、尚慈悲、求宁静。

佛教人生观的核心思想是“**四谛**”：苦谛、集谛、灭谛、道谛。“谛”即是真理，“四谛”是一个统一的整体：苦谛是对人生的价值评价，人生之苦有八：生、老、病、死、爱别离、怨憎会、求不得、失荣乐；集谛是致苦的原因，苦产生于人的欲望，欲望是无知的表现；灭谛即终止受苦、到达涅槃的真理，认为世间万物处于无休止的因果循环之中，涅槃是解脱轮回之苦的精神境界；道谛指出了达到涅槃的途径，包括“八正道”：正见、正思维、正语、正业、正命、正精进、正念、正定。总体而言，“四谛”强调的人生观是：慈悲为怀、超度苦难。慈悲是“慈”与“悲”的合称：慈爱众生并给予快乐为“慈”；怜悯众生、愿拔一切众生痛苦为“悲”。现实人生和世界的缺陷和苦难，使佛教信众改善自我人生和现实世界的动因有了坚实的意义，也使现实生活中人与世界间的慈悲与宽容显得无比的亲切和高尚。

英国经济学家舒马赫(Ernst Schumacher)在其名著《小的是美好的》(*Small is Beautiful*)中，提供了理解佛教人生观的一个独特视角：佛教徒一点也不反对现世的福利，因为在他们看来：妨碍解脱的不是财富，而是对财富的迷恋；不是享受舒适，而是渴望舒适。所以，从经济学家的观点来看，"佛教生活方式的令人惊奇之处是它的绝对合理性——财力惊人地小却获得特别满意的效果"，"最佳生活方式是以较低的消费获得高度的满足，使人们的生活不感受巨大压力与紧张，并能履行佛教教义的第一戒律：'停止作恶，努力行善'"。[①]

与佛教不同，印度教指导人生观的中心理论是"**业报轮回**"。印度教认为，任何有生命的物类的行为都会引起业报，这主要是业力在发挥作用，所以，任何行为都必须考虑来世的后果。对人来说，一个人转世的形态取决于他本人在世时的行为："行善者成善，行恶者成恶"，"有什么种子，便有什么收获"。印度教还认为，一切生命在轮回的"链条"中都是无始无终的，都要经过一系列生死和苦难的循环过程，因此，不论在天国和人间都不能求得永恒的幸福。为了求得永恒的幸福，必得脱离生死轮回之苦，进入较高的、更神秘的、超越生死轮回以外的一种境界——"梵我如一"，即印度教徒的人生最高目标。

关于"梵我如一"的解脱之路，印度教各个教派和种姓有不同的解释和侧重，大致可分为三种：第一，行为的道路(业道)，即要求教徒严格奉行印度教的"法"，遵循种姓义务，严守戒律，例行祭祀，从而达到解脱；第二，知识的道路，要求教徒通过学习、修持、苦行、禅定等，使个体灵魂亲证最高的存在(梵或神)，与梵合一，从而获得解脱；第三，虔信的道路，即通过对神的信爱、皈依来获得恩宠，从而达到解脱。需要注意的是，印度教影响下的人生观并不完全否认人生享乐和世俗功利的重要，而是把追求财富和物质享受看成是实现人的本性的基本途径。当然，前提是严格遵守基本的道德规范，忠实地履行自己的社会责任。

三、价值观的四个维度

鱼，我所欲也；熊掌，亦我所欲也。二者不可得兼，舍鱼而取熊掌者也。

——孟子

价值观(values)是有关价值(value)的信念和理想，是不同文化在生活实践

① 〔英〕欧内斯特·舒马赫：《小的是美好的》(虞鸿钧等译)，北京：商务印书馆 1984 年版，第 34—35 页。

中形成的相对稳定、包含情感和认知成分的观念集合。与知识、理论和科学系统不同，价值观不是表明人们"知道什么，懂得什么，会做什么"，而是表明人们"相信什么，想要什么，坚持追求和实现什么"。盛行于整个文化的价值观，也可称为**文化价值观**(cultural values)。价值观是社会文化系统中深层的、相对稳定而起主导作用的观念，人们在社会化过程中接受文化的结果，就是对特定价值观的获得；一定文化群体的建立和维系，也依赖于群体成员价值观的相容和一致。

作为价值选择的内心定位、定向系统，价值观一旦形成，就支配着人们的信念、态度、看法和行动，对每一个成员的思考和活动起着规定性的或指令性的作用，其影响宽泛而稳定。通常，价值观能够帮助人们去了解正确、错误、真实、虚假的标准，也帮助人们界定什么是值得献出生命的，什么是应当保护的，什么是危险的，什么是值得学习的，什么是荒谬的。

本尼迪克特还指出，"人们既然接受了赖以生活的价值体系，就不可能同时在其生活的另一部分按照相反的价值体系来思考和行动，否则就势必陷于混乱和不便。他们将力求更加和谐一致。他们为自己准备了种种共同的理由和共同的动机。一定程度的和谐一致是必不可少的，否则整个体系就将瓦解"[①]。在这个意义上，价值观可以理解为文化群体的力量或弱点的根源。

从不同的视角出发，对价值观的认识大相径庭。1980 年，荷兰心理学家霍夫斯泰德(Geert Hofstede)在对 IBM 公司的 50 种职业、66 种国籍的雇员作出的 11.6 万份问卷进行分析的基础上，归纳出比较不同文化价值观差异的四个维度：**权力距离**(power distance)、**回避不确定性**(uncertainty avoidance)、**男性化—女性化**(masculinity-feminity)、**个人主义/集体主义**(individualism/collectivism)。近三十年以来，虽然这一研究尚有值得商榷之处，但其独特的认识框架，为跨文化传播研究的深入提供了重要的启示。

权力距离

权力距离衡量的是不同文化中的人们盼望或接受权力不平等的权力分配的程度，体现了不同文化中社会各阶层之间的不平等状况。在不同文化的社会生活中，权力距离不仅表现在下级对上级的服从与依赖的程度上，也表现在人际关系、政治选择、家庭观念等诸多方面。

根据霍夫斯泰德的研究，权力距离较大的国家和地区有菲律宾、墨西哥、委内瑞拉、印度、新加坡、巴西、中国、日本、法国、哥伦比亚等。权力距离较小的国

① 〔美〕鲁思·本尼迪克特：《菊与刀》，第 8—9 页。

家和地区有澳大利亚、以色列、丹麦、新西兰、爱尔兰、瑞典、挪威、芬兰、瑞士等。① 权力距离大,表示下级对上级的服从更为自觉,人际关系中往往带有强烈的情绪化色彩和极端倾向,下级对于上级不是过分倾慕就是蔑视;权力距离小,上下级都认为他们之间的关系是平等的,下级大多有自由说话的权利。

表 3-3 权力距离的文化差异②

权力距离较小的文化	权力距离较大的文化
人与人之间的不平等降低到最低程度	接受人与人之间不平等的状况
拥有不同影响或权威的人之间应该相互依赖	社会影响或权威较低的人应该依赖和服从于影响较大或较有权威的人
家长平等对待子女	家长教育子女要服从
学生平等对待教师	学生尊重教师
分权十分普遍	集权十分普遍
教育程度高的人有较少的权威主义(authoritarianism)观念	教育程度不同的人有大致相同的权威主义观念
等级制度主要是服务于便利的目的	等级制度反映了人际不平等的现状和程度
上下级之间的收入差别较小	上下级之间的收入差别较大
理想的领导是足智多谋的民主主义者	理想的领导是仁慈的独裁者
人们对特权和地位的象征表示不满	特权和地位的象征十分普遍

在亚洲文化中,日本文化的权力距离较为突出,对权威的服从甚至是日本传统社会的重要道德规范,并内化为民族性格的重要组成部分。正如日本学者中根千枝指出的,"下属必须无条件履行直接上级的命令,这是日本人的金科玉律,因为这种联系是这位下属同这个集团关系的唯一体现。任何犹豫不决、拒不执行都被认作是对该组织系统的公然违背"③。日本武士必读的《叶隐闻书》中的一则故事也说明了这一特征:一位藩主外出打猎,因为对一名随从有些恼怒,就举剑向这个随从砍去,不想剑脱手掉进了峡谷。这个随从立即下到谷底,拾起长剑,然后爬到主人面前,恭敬地俯身把剑递到藩主的手边。

中国社会也有这一特点。一方面,人们对权威的存在非常警觉和敏感,在任何场合总会细心观察或留意,遇到权威便习惯性地不加怀疑与批评,"家长"永远是"家长","老师"永远是"老师";另一方面,人们严重地依赖权威,很多时候会产生一种暂时性的"心理无能"(psychological disability)状况,甚至对权威做到一

① Fred Jandt, *Intercultural Communication*, p. 225.

② Geert Hofstede, *Culture's Consequences* (Beverly Hills, CA: Sage, 1980), pp. 135—136.

③ 〔日〕中根千枝:《日本社会》(许真等译),天津人民出版社 1982 年版,第 50 页。

种绝对而无条件的服从,因为"以恭顺的服从作为一种自我呈现(self-presentation)的方式,未尝不是有效产生逢迎或讨好效果,以使权威对自己增加好感与赞奖的好办法"[①]。

回避不确定性

回避不确定性这一术语来自组织社会学研究,主要指一种文化在多大程度上可以容忍或避免未来生活的多变性、模糊性和不确定性等,或是人们以何种态度面对未来可能发生的事。

按照霍夫斯泰德的观点,回避程度较高的文化往往有明确的社会规范和原则来指导社会活动和社会行为,人们往往做事认真,显示出强烈的进取心,但有强烈的感情色彩,容易焦虑,缺乏耐心;在回避程度较低的文化中,人们对社会生活中各种事物的焦虑程度较低,对社会规范和相关原则的执行不甚严格,习惯于放松自己,依靠自觉遵守纪律来保持工作的轻松状态。

表 3-4　回避不确定性的文化比较[②]

回避程度较低	回避程度较高
很少法律与法规,对社会制度的看法是积极的	较多法律法规,对社会制度的看法是消极的
对年轻人的看法是积极的	对年轻人的看法是消极的
宽容和温和是社会的显著特征	极端主义、强调秩序是社会的主要特征
认为一个群体的信仰不应该强加于另一个群体	人们相信只有一个真理,并且他们已经拥有了它
相信具有多方面才能的人和一般常识	笃信专家和内行
容忍不同的宗教、政治和思想意识	不容忍不同的宗教、政治和思想意识
哲学与科学领域存在着相对主义和经验主义的倾向	哲学和科学领域存在完美主义的倾向

根据霍夫斯泰德在 1991 年的研究,回避不确定性程度较高的国家和地区有:希腊、葡萄牙、危地马拉、乌拉圭、比利时、日本、法国、西班牙、阿根廷、土耳其、韩国、墨西哥、以色列、哥伦比亚、委内瑞拉等。相比之下,回避不确定性程度较低的国家和地区有:新加坡、牙买加、荷兰、瑞典、爱尔兰、英国、马来西亚、印度、菲律宾、美国、加拿大、挪威、澳大利亚、瑞士、芬兰、伊朗,等等。[③]

---

① 杨国枢:《中国人的心理与行为》,北京:中国人民大学出版社 2004 年版,第 108 页。

② Geert Hofstede, "The Cultural Relativity of Organizational Practices and Theories", *Journal of International Business Studies*, Vol. 14, No. 2, 1983, pp. 81—83.

③ Geert Hofstede, *Cultures and Organizations* (London, UK: McGraw-Hill, 1991), p. 113.

男性化—女性化

所谓"男性化—女性化",针对的是不同文化的性别角色分配所决定的文化特质。

在男性化文化(masculine culture)中,社会角色通常有明确的划分,成员倾向于赞扬力量、自我表现、竞争和物质上的成功,将收入、荣誉、进步和挑战这四种因素看得很重,个人被鼓励成为独立的决策者,受人赏识与积累财富是成功的标志。男性化文化导向的国家往往努力创建一个强大的社会,譬如在美国和英国,许多免税政策就向富人倾斜,导致财富的集中而使国家整体实力强大。在国际问题上,这些国家也倾向于使用战争等极端手段解决争端和冲突。

女性化文化(feminine culture)是指注重感情、人际关系和富于同情心的文化,其成员强调生活的质量、服务、关心他人和养育后代,社会性别角色有所重叠,男性和女性都可以是谦虚的、温柔的和关注生活质量的。占主导地位的价值观念是关心他人并讲求生活质量,人们之间的友好合作和良好的生活环境是个人取得成功的标志。以瑞典和挪威为例,这两个国家在税收政策上注重调节贫富差距。在国际问题上,这类文化倾向于通过妥协和协商解决争端。

表 3-5 男性化与女性化文化的分布①

男性化文化	女性化文化
日本	瑞典
澳大利亚	挪威
英国	荷兰
美国	丹麦
意大利	芬兰
墨西哥	智利
爱尔兰	葡萄牙
德国	泰国

男性化与女性化文化这一维度的思想基础,可以追溯到人类学家玛格丽特·米德(Margaret Mead)在20世纪30年代的研究。通过对新几内亚境内三个原始部落的考察,米德在《三个原始部落的性别与气质》(*Sex and Temperament in Three Primitive Societies*)一书中描述了三种迥然不同的文化特质:在生活于山地区域的阿拉佩什部落(Arapesh)中,人们崇尚男女平等、相互信任、互助友爱的生活原则,男女共同抚育子女,男性没有对女性颐指气使的习惯,也

① Fred Jandt, *Intercultural Communication*, p. 224.

不要求女性对其唯命是从。此外,男性与女性均有感情脆弱的特点。在河谷地区的蒙杜古马部落(Mundugumor),男女均性情粗暴,富有攻击性。男人凶蛮,对孩子毫无兴趣;女性也完全缺乏温柔特征,粗鲁、自私、缺乏母爱。在生活于湖岸地区、以捕鱼和贸易为生的查姆布里部落(Tchamburi),则是一种"男主内,女主外"的局面。女性是社会的主体,处事精明、讲究效率、终日忙碌;男性处于从属地位,不从事生产活动,但要承担养育孩子的责任,且性情多疑、易伤感、喜欢嚼舌头。不仅如此,男性大都富有艺术气质,喜欢服装、跳舞、雕刻、编织等,女性则大不相同。[①] 总之,米德认为,男性与女性的人格与气质的特点,并不是与生俱来的,而是由文化决定的。以此推论,倘若一个文化肯定个体具有不同的潜能,并允许千差万别的人格特质并存,也必然具备了与其他文化不同的价值体系。

个人主义/集体主义

在霍夫斯泰德的研究中,个人主义与集体主义价值观是衡量个人与群体关系松散与紧密的主要尺度,也是厘定文化差异的重要分水岭。在他看来,个人主义文化强调的是自我和个人的成就,个人与群体、社会的关系松散,相互依赖程度弱;集体主义文化强调的是社区或群体的和谐,个人与群体、社会联系紧密,相互依赖程度高。

表 3-6 不同国家/地区的个人主义偏好[②]

国家/地区	分数	国家/地区	分数
美国	190	印度	20
澳大利亚	186	阿根廷	12
英国	182	日本	12
加拿大	147	伊朗	−8
荷兰	123	希腊	−32
新西兰	99	菲律宾	−44
意大利	131	墨西哥	−52
法国	111	中国香港	−72
瑞士	99	泰国	−92
德国	95	中国台湾	−103
以色列	43	巴基斯坦	−115
西班牙	32	危地马拉	−147

① Roger Lobmann, "Sex and Sensibility", *Anthropology*, Vol. 33, 2004, p. 118.

② Geert Hofstede, *Cultures and Organizations*, p. 53. 表中数字越大,意味着该文化越倾向于个人主义;负数则表示该国对集体主义的偏好程度;平均分数为 0。

根据霍夫斯泰德的研究，集体主义文化的国家和地区主要在亚洲和拉丁美洲，占据了近70%的世界人口，包括危地马拉、巴拿马、委内瑞拉、印度尼西亚、巴基斯坦、韩国、泰国、新加坡、马来西亚、墨西哥、菲律宾等；个人主义文化主要分布在北美和欧洲，包括美国、澳大利亚、英国、加拿大、丹麦、法国、德国、芬兰、奥地利等。霍夫斯泰德还特别指出，美国是世界上最为个人主义的国家，绝大多数美国人更注重个体的权力、动机、报酬、能力、态度，个人与组织之间的关系基本上是各有打算，是明明白白的各自利益基础上的关系。相比之下，中国则是集体主义文化的代表，个人与组织之间的联系不是一种经济利益上的关系，而是道德的关系，强调了个人对家族、组织或社会的忠诚。

四、个人主义与集体主义

所有的个体和文化都同时具有个人主义和集体主义的特点。[①]

——拉里·萨默瓦

在个人与群体和社会的关系中，蕴涵着个人生存境遇以及道德和价值的基本内容。整体看来，个人主义与集体主义观念不仅影响着特定社会中规范体系的形成和变动，也影响着个体在自身文化中的社会化过程，涉及**自我解释**(self construals)、**个体价值**(individual values)、**人格取向**(personality orientations)等方面，进而影响着人的传播活动。[②]

在文化与传播研究领域，个人主义与集体主义价值观是理解文化类同与差异的重要维度。心理学家哈里·特里安迪斯(Harry Triandis)甚至认为，文化差异最根本的层面就在于个人主义和集体主义价值观。特里安迪斯还把地理环境、富裕程度、社会化程度、乡村或城市环境、教育水平及社会变迁等宏观因素，归结为个人主义和集体主义形成的根本因素。在一些文化里，个人主义被认为是一种赐福，是生活安宁的源泉。特别是在西方文化中，个人是至高无上的，个人主义是首要的价值观，在美国则可能是主导一切的观念。而在另一种文化中，它可能被认为是不和与分裂的祸根。[③] 他还强调，在一种文化体系中，不同族群会展示出不同的个人主义和集体主义价值取向。比如，美国社会中的亚裔族群仍保留着集体主义的价值取向。

---

① Larry Samovar and Richard Porter, *Communication between Cultures*, p. 59.

② William Gudykunst, ed., *Cross-cultural and Intercultural Communication*, p. 13.

③ Harry Triandis, *Individualism and Collectivism* (Boulder, CO: Westview, 1995), p. 5.

表 3-7 个人主义与集体主义观念的基本差异[①]

集体主义	个人主义
人的个性以社会网络为基础	人的个性以自我为基础
从儿童时代就被教育要以"我们"作为考虑问题的出发点	从儿童时代就被教育要以"我"作为考虑问题的出发点
表达自己的想法时尽量避免对抗和冲突	表达自己的想法是诚实正直的表现
教育的目的是为了学习如何做事	教育的目的是为了学习如何去学习
教育和文凭提供了升至更高地位的可能性	文凭增加了个人的价值,使他人更加尊重自己
关系超过工作,关系是围绕共识的观念而组织起来的	工作胜于关系,合同是把人们联系起来的恰当机制
人的权利和义务来自社会需要	义务来自人的教育、宗教和良心,而不是社会需要

爱德华·霍尔提出的"高—低语境"理论,也有助于理解个人主义与集体主义价值观在不同文化中扮演的角色。根据霍尔的观点,低语境传播主要存在于个人主义文化传统中,高语境的传播方式主要存在于集体主义文化传统中。通常,高语境文化的成员崇尚集体需求和目标,将它置于个体需求和目标之上;在低语境文化中,个体的价值、需要和目标均高于群体,个人权利比群体责任更值得重视。

表 3-8 高/低语境文化分布[②]

高语境/低语境文化
高语境群体
日本人
中国人
朝鲜人
非裔美国人
美洲土著人
阿拉伯人
希腊人
意大利人
英国人
法国人
北美人
低语境群体

① Geert Hofstede, *Cultures and Organizations*, p. 67.

② Larry Samovar and Richard Porter, *Communication between Cultures*, p. 77.

20世纪90年代，管理学家厄尔利(Christopher Earley)用实验研究的方法阐述了个人主义和集体主义价值观在工作环境中表现出的差异。他给48位中国管理培训人员和48位美国的管理培训人员进行了一项"**公文筐测验**"(in-basket test)，分组回答诸如商业便函、评价工作设计、审阅求职申请等个人测试和集体测试题。结果发现：中国人以不记名方式做集体测试题时表现非常出色，以署名方式做个人测试题时成绩较差；美国人则相反，以署名的形式做个人测试题时表现出色，以不记名方式做集体测试题的成绩很糟糕。厄尔利认为，这一结果表明了工作环境下中国人的集体主义观念和美国人的个人主义取向。[①]

个人主义在西方的演进

康德说过，自从人开始用"我"来说话的那一天起，只要有可能，他就会表现出他心爱的自我，并且毫无止境地推行个人主义，[②] 这就是作为人类本能的个人主义。倘若作为价值体系，个人主义主要表述为三个主张：第一，一切价值均以人为中心，即一切价值都是由人体验的(但不一定是由人创造的)；第二，个人本身就是目的，具有最高价值，社会只是达到个人目的的手段；第三，一切个人在某种意义上说道义上是平等的，任何人都不应当被当作另一个人获得幸福的工具。

在西方，个人主义观念发端于古希腊智者学派(Sophist)关于个人地位与作用的思想，其中，普罗塔戈拉"人是万物的尺度"的命题开创了个体解放的先河。随着17、18世纪启蒙运动的深入，约翰·洛克关于天赋权力和个人政治平等的理论对个体自由、平等观念的发展产生了重要影响。到19世纪，法国思想家托克维尔首次提出了"个人主义"(Individualisme)的概念，认为个人主义就是面向自己的私生活、家庭和亲人，意味着个人从公共生活撤离到私人领域，互相孤立隔绝，其结果是削弱社会纽带。自这一时期开始，由于工业资本主义的兴起和商人新阶级的出现，个人主义思潮在英国逐步兴起并达到高潮，丘吉尔对此的描述是："我们从我们的父母那里得到的只有我们的名字而已，不是财产。我们必须寻找机会。我之特殊不是继承来的，而是我通过拼搏取得的。"

进入20世纪之后，个人主义思潮的中心转移到美国，迅速与美国独特的历史和社会文化相结合，逐步造就了美国特有的个人主义价值观。与欧洲相较，这种价值观的不同之处在于：个人成就的取得并不以他人为代价，美国广袤的土地和丰饶的资源为每个虔心追求自我成就的人提供了充裕的回报，无论财富、地位

---

① 〔荷〕吉尔特·霍夫斯泰德：《跨越合作的障碍》(尹毅夫等译)，北京：科学出版社1996年版，第70页。

② 〔德〕伊曼努尔·康德：《实用人类学》(邓晓芒译)，重庆出版社2005年版，第5页。

还是名望。此外,按照清教伦理,一个人拥有大量的财富,表明他是蒙受上帝恩惠的选民,清教教义也说:凡心怀愿望且努力工作的人,必将得到成功的报偿。

个人主义在美国文化史上经历了深刻的转型,其内涵也在不断丰富和扩展,逐步成为美国文化最基本的信念之一。根据社会学家约翰·杜威(John Dewey)的剖析,20 世纪之前的美国个人主义观念,大致可称为**"旧个人主义"**(old individualism),涉及《独立宣言》提到的"个人自由、平等权利和尊严"以及富兰克林提出的"自助者天助"(God helps those who help themselves.)等等,直接思想源头是欧洲的启蒙运动和社会达尔文主义(Social Darwinism)。其中,社会达尔文主义的主张是,人类社会与动物界一样遵循"适者生存"的残酷竞争法则,无论是政府还是个人,都不应该帮助弱者,干预竞争,因为这将破坏"自然选择"的伟大进程,从而阻碍整个民族的不断优化。

经过 20 世纪初期的进步运动(Progressivism)以及罗斯福新政(New Deal)的洗礼,美国社会的个人主义内涵发生了深刻的变化,越来越具有杜威所说的**"新个人主义"**(new individualism)的特征:重视人与人之间的联系,重视人与人之间的交流,重视人与人之间的合作。杜威深信,"新个人主义"不再把人生视为一场残酷的生存斗争,把他人视为必须征服的对象,而是把社会视为一个有机的共同体,强调全体社会成员合作运用智慧、运用科学技术来解决共同体所面临的问题,从而不断丰富共同体生活的意义,并最终实现每一个人的自由发展。

东西方传统中的集体主义

集体主义主要有两种含义:一是强调个人从属于共同体,共同体利益优先于个人的价值观体系,强调个人与社会的联系是以集体为中介;二是特指无产阶级的集体主义观念,具有强烈的意识形态色彩。跨文化传播学所关注的,是前一种含义。在人类历史上,集体主义观念先于个人主义而存在,在不同的文化和社会历史条件下,也有不同的内容和形式。

在西方社会早期,当个体力量不足以维系自身的生存而必须结合起来时,共同体利益的优先地位就已经在人类生产实践中被牢固确立了。古希腊的亚里士多德认为,个人不可能脱离国家和社会而存在——国家虽然由家庭和村社发展而来,但在目的和本质上要高于和先于个人和家庭,因此个人的行为首先要考虑到城邦利益。西方历史进入近代以来,尽管在资本主义社会中商品经济取代了自然经济,人的独立性取代了对共同体的依赖性,但共同体对个人生活的绝对价值仍然在一定范围内印证着集体主义的合理性。正如卢梭指出的,人类必须结合起来,彼此协作以求生存和发展,这就产生了一个道德的、集体的共同体,进而形成了个人与集体的关系,"不论是谁,如果他拒绝服从普遍意志,那么整个实体将强迫他服从"[1]。总之,个人只有服从群体的"总的意志",才能获得自己真正的存在和自由。到了 19 世纪初,黑格尔也以国家至上主义的思想表述了他的集体主义观念:国家的根本使命不是保护个人自由,而是赋予个人以自由的必要条件,"个人本身只有成为国家成员才具有客观性、真理性和伦理性。结合本身是真实的内容和目的,而人是被规定着过普遍生活的;他们进一步的特殊满足、活动和行动方式,都是以这个实体性的和普遍有效的东西为其出发点和结果"[2]。换言之,个人只有绝对服从民族国家的法律和制度,才能真正实现自己的存在和自由。

中国文化中的集体主义价值取向,决定于以血缘关系为纽带的社会结构。作为数千年来在广袤土地上共同生活和劳作的结果,中国人趋于依赖亲属群体,群体界限较确定,群体成员的地位与生俱来,几乎没有通过个人努力得以改变的可能性,这就使血缘家族一直是整个社会活动和社会关系的基础。表现在这种传统中的集体主义,就是强调个人与家庭、家族、民族、国家、文化传统之间的联系,强调个人对国家和群体的义务和责任而忽视个人的权利。在行为方式上,中国人较重视亲属团体和家庭生活,具有较强的家族观念和乡党意识,对家庭有较强的责任感和牺牲精神。同时,由于受亲属团体的束缚较大,中国人缺乏在亲属团体以外缔结联系的内心冲动,个体在进入非亲属团体之后,团结性、协调性较差,表现出较强的自我意识。在这种观念之下,个体的存在和发展完全以家族和群体的利益为前提,一旦发生利益冲突,个人必须服从集体,使"自我在诸种社会角色所构成的等级结构背景中不可避免地会淹没于集体之中",从而不可避免地培育着一种"自我克制""自我牺牲""自我消解""自我舍弃"的民族性格。[3]

事实上,中国传统中并不缺乏重视个人价值和个体生命关怀的思想。譬如,老庄追求人的绝对自由的思想,杨朱派提出的"人皆爱己利己"的主张,《吕氏春秋》中"身者,所为也;天下者,所以为也"的观点,等等。不过,这些思想一直处在被压抑的地位,而正统儒家思想的核心始终表现出以群体融合个体的倾向,即便是对个人在道德意义上的主体性的重视,也是以群体利益为旨归的,是把个体或个体所属的某个小群体的利益服从于一个更大的社会群体的利益。换言之,就是将社会的整体利益作为个人利益的唯一参照物,要求社会的个体成员无条件

① 〔法〕让-雅克·卢梭:《社会契约论》(何兆武译),西安:陕西人民出版社 2004 年版,第 15 页。
② 〔德〕黑格尔:《法哲学原理》(范扬等译),北京:商务印书馆 1961 年版,第 254 页。
③ 杜维明:《儒家思想新论》,南京:江苏人民出版社 1995 年版,第 23 页。

地服从社会需要。

在今天看来,由于这种集体主义观念缺乏人与自然、人与社会的紧张和冲突感,缺乏变革旧事物的精神,因此束缚了中国传统社会中人的自由及个性的发展,使人们不能积极探索、大胆创新。在很大程度上,集体利益本身也不免成为一种理想或停留在口头上的口号。在反思集体主义价值观的利弊时,梁漱溟曾深刻地指出:“中国文化最大之偏失,就在个人永不被发现这一点上。一个人简直就没有站在自己立场说话的机会,多少感情要求被压抑,被抹杀。”①

在不同文化中,集体主义观念的内涵及其折射出的行为方式有着明确的差异。譬如,中国和日本都有集体主义传统,但两国的集体主义内涵却有着显著的差异。

在日本早期社会,集体主义主要是在社会结构中的“基本共同体”中体现出来的。这种“基本共同体”的最初形式就是“村落共同体”,集体主义观念也因此表现为个人与村落中其他成员的团结协作、协调一致,以及对领主和村落利益的忠诚。譬如,从公元2世纪开始,日本的农业就建立在密织的人工水道支撑的水田基础之上,为了使这一系统能够正常运转,必须加强“村落共同体”建设,通过协商合作来合理分配水资源。绵延数个世纪的以“村落共同体”为核心的合作行为,在很大程度上培养了日本人对所属共同体利益和集体行动的偏好。进入现代社会后,日本社会结构中的基本共同体出现了“企业共同体”的新形式,集体主义的内涵也随之发生了一定的变化,表现为个人与其他企业成员的合作及对企业共同利益和领导者的忠诚。

相比中国而言,日本人的血缘意识淡漠,共同体意识和共同体利益往往凌驾于个人利益和家庭利益之上,倾向于漠视或淡化共同体中人与人之间的差异。在传统社会,日本人往往将所属共同体称为“家”,领主或领导者与下属的关系类似于中国家庭中的“亲子关系”。前者为共同体的生存、发展和每个成员的利益负责;后者则必须对所属共同体显示出真实的、无限的忠诚,在极端情况下,甚至完全漠视个人的存在。譬如,在日本武士道思想中,由于国家是先于个人而存在的,个人是作为国家的一部分及其中的一分子而诞生的,自然而然地,“个人就应该为国家,或者为它的合法的掌权者,去生去死”②。

---

① 梁漱溟:《中国文化要义》,上海:学林出版社1987年版,第259页。

② 〔日〕新渡户稻造:《武士道》(张俊彦译),北京:商务印书馆1993年版,第54页。

面子—协商理论的解释

一般来说,面子(face)是指在他人在场的情况下一个人的自我形象,意味着个体在自身文化许可的范围内以任何方式所获得的良好的自我感觉。

20世纪50年代,社会学家欧文·戈夫曼(Erving Goffman)提出了**面子行为理论**(Facework Theory),认为人际交往无时无刻不涉及面子,一个人要想自己不丢面子,最好的办法就是不去伤害他人的面子,当面子受到威胁时,人们也都会采取面子行为(facework)以求保全——在这里,面子行为是指人们用来构建和保护自己的面子,以及用来保护、构建或者威胁别人的面子的传播行为。在面子行为理论的基础上,丁-图米提出的面子—协商理论对个人主义和集体主义文化造成的传播差异作出了解释,核心观点是:这两种截然不同的价值观影响了不同文化成员对面子和冲突情景的处置。

在丁-图米看来,"面子"是由参与传播的双方共同决定的,在发生冲突的传播环境中,个人主义成员与集体主义成员不同:前者更关心的是保全自我的"面子",后者更关心的是保全双方或他人的"面子"。在面临可能发生冲突的传播环境时,个人主义者会更多地进行直接的个人攻击,也会通过向个人表示尊敬来保住或者重建自己或者别人的面子,关注的是解决问题或是平息冲突。相比之下,集体主义者较少进行个人攻击,更为关注的是回避矛盾和巩固关系。总之,个人主义倾向于将协商作为解决问题的手段,而集体主义更乐于以协商作为建立和维护关系的手段。①

承接霍尔的"高—低语境"理论,丁-图米还把"面子"分为消极、积极两种,认为低语境文化追求的是**消极面子**(negative face),高语境文化追求的是**积极面子**(positive face)。消极面子包括:"挽回面子"(face-restoration)——要求自我的自由、空间,避免他人侵害个人的独立自治;"留面子"(face-saving),表现出对他人的自由、空间和某种孤僻的尊重。"挽回面子"和"留面子"的主要作用是维护自我最起码的尊严,但不具有对他人的控制和支配作用。积极面子包括:"要面子"(face-assertion),表示面子有极高的价值,人们生活在群体当中,有被接纳、被保护、被包容的要求;"给面子"(face-giving),这是鼓励、支持并满足人们对被接纳、被保护、被包容的需要。

① Stella Ting-Toomey, *Communicating across Cultures*, p. 216.

价值观的转型

作为文化的核心观念，价值观是在长期的历史过程中逐渐形成的，具有与文化深层结构相适应的稳定性。不过，动态的、开放的、变革的文化变迁过程，也是价值观不断转型、趋同以及多元化的过程。一旦价值观发生剧烈变化，就会不可避免地引起社会行动的失范，造成社会秩序的失控，甚至产生严重的社会危机。

在传统社会中，价值观主要是在家庭、邻里、村落和社区等社会群体参与过程中获得的。由于人们生活在松散的社会结构和社会关系中，文化资源极其稀缺，人们主要通过面对面的交往来接受相互间的文化意义和价值，在潜移默化之中建构自己的价值观。进入现代社会之后，大容量、高密度的文化信息相互碰撞、融汇，不仅把彼此封闭孤立的群体联结在了一起，也改变了整个社会的交往结构，使一切遥远的社会关系都变得近在咫尺，也使人们有机会和条件去分享不同文化的价值，具备了价值观变迁的诸多外部可能性。与之并行不悖的是，现代化是人类为满足自身生存与发展需要的必由之路，世界经济的发展潮流、技术发展的冲击以及东西文化的融合，也促使每一种价值观体系都要从内部作出回应。(另见第八章第三节)

以中国而言，自近代以来，要求突破传统桎梏的个性解放意识和以个体自强而求国家富强的救亡意识，促使现代意义上的个人主义观念在中国知识精英的思想世界中初步形成。自鸦片战争以后，伴随大规模西学东渐的开始，第一代具有现代意识的中国启蒙思想家广泛输入和传播西方学理，试图重构中国人的思想文化世界。在这一过程中，中国的现代个人主义观念逐步生成。尤其是在新文化运动时期，由于知识精英的进一步推动，个人主义观念的社会影响逐步扩大，不仅个性解放思想渐成浪潮，而且明确提出了“个人本位”，使个人主义在五四运动前后一度成为主流的思想倾向。到了20世纪后期，中国逐步完善了社会主义市场经济体制，商品生产、交换、分配和消费成为社会生活的基本内容，个人开始从“集体成员”清晰地转化为有着独特利益要求的个体主体，这给传统社会中遗存的集体主义观念带来了前所未有的挑战。

表 3-9　20 世纪 90 年代初中国社会对传统价值的认可指数[①]

中国传统价值观	认可指数
悠久的历史遗产	89.7
勤奋节俭	86.2
精忠报国	67.5
父慈子孝	48.0
慷慨大方	39.8
尊重传统	38.5
服从权威	33.2
和为贵	29.5
循规蹈矩	25.3
女性的贞操	—13.5
祖先的光荣	—23.8
儿孙满堂	—35.5
重农轻商	—43.3
取悦上级	—48.9
明哲保身	—55.9
男女有别	—59.2
三从四德	—64.0

就价值观转型的利弊而言，美国心理学家麦克莱兰(David McClelland)提出的“成就需要”(need of achievement)理论可供参考：成就需要是同个人主义联系在一起的，而个人主义在不同的时代、不同文化的国家里都存在，只不过程度和范围有所差别而已。依据这一观点，麦克莱兰作出判断：中国政府能够取得比印度政府更好的经济成绩，是因为中国社会中有更多的个人主义和更为强烈的成就需要。[②]

第三节　文化相对主义与民族中心主义

作为面对文化差异的两种立场，民族中心主义与文化相对主义就像一个硬

① Godwin Chu and Yanan Ju, *The Great Wall in Ruins* (Albany, NY: State University of New York Press, 1993), p. 222.

② 尹保云：《什么是现代化》，北京：人民出版社 2001 年版，第 117—118 页。

币的正反两面。高度的民族中心主义与高度的文化相对主义可以看成是一个连续体(continuum)的两端。

文化相对主义是针对民族中心主义和“种族优越论”提出的,强调文化的相对性与多样性,或者说,就是不抱着民族中心主义的立场去看待异质文化,将每一种文化都看成是人类的选择。当然,强调文化的相对性和多样性,并不意味着否定人类具有超越民族、超越阶级的评价标准,比如,正义、悲悯、善良、仁慈、和平和自由。不能忽视的是,世界上任何民族、文化的成员都会自觉、不自觉地表现出程度不同的民族中心主义。跨文化交往中的一个主要后果,就是认为本民族群体是高于和优于其他群体的,这往往成为偏见、歧视乃至冲突的根源。

一、文化相对主义的内涵

> 我联合国人民,同兹决心,欲免后世再遭今代人类两度身历惨不堪言之战祸,重申基本人权、人格尊严与价值,以及男女与大小各国平等权利之信念,创造适当环境,俾克维持正义,尊重由条约与国际法其他渊源而起之义务,久而弗懈,促成大自由中之社会进步及较善之民生,并为达此目的,力行容恕,彼此以善邻之道,和睦相处,集中力量,以维持国际和平及安全。[①]
>
> ——《联合国宪章》

20世纪20年代,美国学者博厄斯(Franz Boas)最早在文化人类学研究中提出和运用了文化相对主义(culture relativism)的研究方法。根据博厄斯的观点,任何文化都是各个民族特殊历史发展的产物,每个民族都有自己不同的过去,也就有了独到的文化生活方式。进一步说,解释社会文化系统变化的法则不能千篇一律,同样,一个民族的文化道德标准也不能强加给与自己有迥然不同发展经历的其他民族文化。总之,单纯用历史发展阶段来解释文化的落后与先进并不科学,民族的种族和生物方面的差异并不能用来解释社会文化方面的不同。

在博厄斯的观点影响下,文化相对主义的早期观念逐步成形:任何文化都应该以其自身的历史和内涵加以理解和研究,世界上并不存在文化形态的高低优劣,“蒙昧时代”“野蛮时代”和“文明时代”这些术语不过是源于种族中心论的观点。[②] 承继博厄斯的观点,以克拉克·威斯勒为代表的人类学家提出了“文化区域”(culture areas)研究的理论,主张人类学研究的文化应当是一个部落的文化,

---

① 联合国:《联合国宪章》(杨兆龙译),1945年,序言。

② Marc Manganaro, ed., *Modernist Anthropology* (Princeton, NJ: Princeton University Press, 1990), p. 133.

即所谓的"文化区域",它由许多文化特质(traits)组成,相互关联而形成"文化丛"(cultural complex)并构成"文化类型"(types)。20世纪30年代,本尼迪克特出版了《文化模式》(*Patterns of Culture*)一书,被认为是人类学文化相对主义立场的集大成之作。

根据人类学家斯毕罗(Melford Spiro)在1986年的分类,人类学传统中不同时期的文化相对主义话语可以划分为三种形式。①

第一,**描述性的相对主义**(descriptive relativism)。这种话语建立在文化决定主义(culture determinism)理论的基础上,该理论的核心观点在于,文化决定了人类的社会和心理特征。鉴于文化差异的事实,必然可以得出的推论是,人类群体之间社会和心理特征的多变性取决于人类文化的多变性。这种文化相对主义有着丰富的历史资料来佐证其观点,易于被人们接受,并成为标准的相对主义和认识的相对主义的基础。

第二,**标准化的相对主义**(normative relativism)。由于所有的标准都是由各个文化自身决定的,因此并不存在进行跨文化善恶评价的泛文化标准。既然不存在普遍的标准,那么对于任何行为方式、任何习俗,就不能用这个文化之外的善恶标准来评价,而只能按照这个文化自身的标准来评价——事实上,人们能够作出的唯一的标准化评价就是,所有的文化都具有相同的价值。本尼迪克特在《文化模式》中就强调,每一种文化都有某种主导目的和内在结构,只有在一定的文化参照系之内,人类行为的价值标准和是非标准才有意义。

第三,**认识论的相对主义**(epistemological relativism)。这种话语承继了描述的相对主义话语,认为人类的所有社会和心理特征均由文化所决定,强调文化多样性,并且更为激进地认为,对于文化、人类本质和人类思想的一切"泛人类概括"(panhuman generalizations)都是错误和空洞的,只有限定于特定群体的概括才是真实和有意义的。持有这一话语的许多著名学者,比如格尔茨、拉比诺(Paul Rabinow)、施奈德(David Schneider)等都强调,人类学的目标是要对特定文化进行解读(interpretation),而不是泛文化的解释(explanation)。

进入20世纪后期以来,作为人类学基本命题的文化相对主义已经超越了人类学方法论的范畴,成为不同文化相互理解和交往过程中普遍关注的议题。由于文化相对主义强化了不同文化特别是弱势文化的平等性及其存在的价值,符合文化发展的历史事实,也有利于描述当下文化演进的现实和未来走向,容易被

① Melford Spiro, "Cultural Relativism and the Future of Anthropology", *Cultural Anthropology*, Vol. 1, No. 2, 1986, pp. 261—263.

不同学科接受并成为流行话语，并逐步演化为一种处理不同文化之间相互关系的文化观念：不仅要承认各民族自身的政治、经济、社会及文化方式都有其相对的价值，也要求在看待和研究不同于自身的其他社会时采取客观的方法论。

重要的是，依据这一观念，平等相待是世界文化多元繁荣的基础，只有民族文化绚丽多姿、共存共荣，才会有真正意义上的世界文化的兴旺发达。当今世界不同文化共存的事实，也要求人们对不同的文化现象采取尊重和宽容的态度。只有建立起对不同文化的宽容和尊敬，才能去理解文化的客观性。毕竟，每一种现存文化都对人类文化遗产作出过贡献，每一种文化也都有自身的缺陷，而且几乎在所有文化的发展史上，都曾有过令人难以置信的暴行、战争、暴力、压迫、剥削等等。

必须强调的是，改造社会不是人类学的目的，人类学的目标主要是发现不同实践对于部分参与者的意义，确定这些实践在整体的文化关联中发生的作用，所以，人类学研究倾向于以宽容的态度对待不同文化的习俗、信念和生活方式，而不是简单地、主观地去区分其优劣或者横加指责。相比之下，跨文化传播研究的当前发展呈现了一种迥然不同的立场：面对促进不同文化之间理解和人类文化共同体建设的目标，文化的评价和批判可能是一条必由之路。

在强调文化相对性的同时，应当反对那些缺乏是非观和道德感的极端的文化相对主义，即片面地将一个民族的个体文化夸大为所有文化的本体，或者抱残守缺、拒绝同外界的交流和发展，或者提倡极端的宗教教条，敌视其他的世界文化，或者坚持民族文化中的落后与愚昧的内容，并刻意将其“神化”，从而排除了各个文化之间的相互影响、相互融合的可能性。因为这些相对主义话语必然导致文化上的隔绝与孤立，并成为“文化孤立主义”的理论基础，甚至演变为危险的“文化割据主义”。就其实质而言，这也是变相的“文化霸权主义”，“不同之处仅在于他们无力对外实施霸权，只能对内镇压一切与自己意见不同的人，并且无所不用其极，以固守自己的既得利益和旧日的一统天下”[①]。譬如，当代某些宗教激进主义者，为了极端保守的宗教信仰不惜进行恐怖活动，为盲目推崇教义而不惜以社会倒退为代价，切断文化发展的外部参照与资源，这无疑是应该否定的。

文化相对主义话语的反对者不能用极端文化相对主义的事例来推翻文化相对主义的现实合理性。发展中国家确实还存在着大量文化落后的事实。譬如，印度传统观念认为，经期妇女不洁，不能进厨房和做工；一些文化中仍存在活人

① 乐黛云：《文化自觉与文明共存》，载《社会科学》2003年第7期，第117页。

祭祀、溺杀婴儿和对妇女行"割礼"等现象。不过,这并不能导致对整个非西方文化价值的否定。处在不同历史发展水平和经济进程中的民族文化都有一个逐步更新、完善的过程。基于全球社会共有利益的考量,在这个过程中,不能简单否定发展中国家自身文化所具有的相对价值。

二、民族中心主义的影响

民族中心主义的根源,就是**族群中心主义**(ethnocentrism),指的是某个族群把本族群的文化当作对待其他文化的参照系,以自身文化为标准来衡量其他族群的行为。

在族群关系及其他社会议题上,族群中心主义主要反映了两种倾向:一是**内群体偏好**(in-group favoritism),二是**外群体歧视**(out-group derogation),就是以本族群为中心来看待其他族群,认为本族群的价值观、社会规范等比其他族群更加真实、正确,同时以本族群的事物和利益为中心,遵照自己熟悉的、往往是有限的文化经验去判断他人和事件。

20世纪60年代,美国社会学家谢里夫(Muzafer Sherif)经过一系列实验研究发现:只要将人们划分为不同群体,就可能产生各种竞争行为和冲突,而实验中不同群体的对立后果的严重程度,甚至超出了研究者的预料。在这一观察的基础上,谢里夫提出了较早对族群中心主义提供解释的**现实冲突理论**(Realistic Conflict Theory)。根据这一理论,族群间的态度和行为反映了一个族群和其他族群之间的客观利益:第一,如果族群目标不一致,一个族群以其他族群的利益为代价来获得自己的目标,就会出现竞争和冲突,族群之间也会产生歧视的态度和相互的敌意;第二,如果族群目标一致,所有族群都朝同一目标努力,那么它们彼此之间更易于建立共同的、友好的、合作的关系。

根据美国社会心理学家罗森布拉特(Paul Rosenblatt)的概括,族群中心主义对于内群体的影响是多方面的,大致可以包括以下方面:

- **群体生存**(group survival),即强烈的族群中心主义可以使族群成员高度凝聚,能够在面临外来威胁时保证族群的生存;
- **实际回报**(tangible payoffs),即使族群获得某种政治、军事利益,或使管理的效能得到提升;
- **增进同质性**(increased homogeneity),即使族群内部具有更多的内聚力和一致性;
- **更具生命力与持续性**(greater vigor and persistence),即在面临与族群目标有关的问题时,强烈的族群中心主义能够增强解决这些问题的活力和持续性；

• **更易于应对外人**(greater ease of striving against out-siders)，即使族群内部具备强烈的奉献精神，能够为族群利益而去剥削、欺骗、斗争甚至是杀戮外群体成员；

• **减少社会的无组织性**(decreased social disorganization)，即强烈的族群中心主义能够减少族群内部的无组织性，减少族群内部的敌意、犯罪率、自杀率；

• **延长领导人的任期**(increased tenure of leaders)，即通过增强或鼓励族群中心主义，族群领导人能够得到族群成员的广泛拥护；

• **产生新的纷争**(new dissension)，即在增强族群内部同质化的同时，群体内部的纷争也常常出现；

• **对外群体的错误感知**(misperception of out-groups)，即由于对外群体成员的认知有误，造成对其行为的错误解释和不恰当的评价；

• **促进学习**(facilitation of learning)，即在强调内部同质性的压力下，对本族群行为的学习和传递变得更为便利。[①]

当族群中心主义体现在不同民族之间，也即某一民族把自己看成世界中心而歧视其他民族时，就产生了民族中心主义。其极端的表现就是"文化沙文主义"，即认为本民族无可置疑地凌驾于其他民族之上，其他民族则是奇怪的、不可理喻的。要注意的是，在当今世界，公开坚持"纯粹的"民族中心主义的并不多见，但作为对待其他民族或文化的立场或行为倾向，民族中心主义在西方国家和后发展国家都同时存在着。

德国学者约恩·吕森(Jörn Rüsen)还指出，民族中心主义是一种人们通过使自己的人区别于他人而实现群体认同(collective identity)的文化战略，是以给自己的群体以积极评价、给其他群体以消极评价为代价实现的，在很多时候，民族中心主义甚至是人们对自我评价合法化的手段。[②] 欧洲的民族中心主义就建立在这样的基础上：文化总是朝着更"文明"的阶段"进化"，而人类文明的巅峰就在欧洲。这正如詹明信(Frederic Jameson)的评价："欧洲中心论认为欧洲人的历史是真正的历史，而亚洲或其他地方的历史都是另外的东西。"[③]

---

① Paul Rosenblatt, "Origins and Effects of Group Ethnocentrism and Nationalism", *Journal of Conflict Resolution*, Vol. 8, No. 2, 1964, pp. 139—142. 关于族群与民族的内涵，详见第四章第三节中关于"民族、族群与民族认同"的内容。

② 〔德〕约恩·吕森：《如何在文化交流中进行文化比较》(郭健译)，载《史学理论研究》2003 年第 1 期。

③ 〔美〕弗雷德里克·詹明信：《后现代主义与文化理论》(唐小兵译)，北京大学出版社 1997 年版，第 19—20 页。

作为不同民族文化中不易察觉却无时不在的一部分，民族中心主义有积极的一面，也有攻击性和歧视性的一面。历史经验表明，民族中心主义往往成为大国沙文主义的温床，许多文化冲突乃至灾难都是民族中心主义造成的。对于跨文化传播的实践来说，民族中心主义还有一个重要的影响，即导致**传播距离**(communicative distance)的发生。一般来说，传播距离是难以直接测量的，它是肉眼所观察不到的，但我们会从某些言谈中感觉到它的存在。

参照相关研究，民族中心主义所导致的传播距离大致包括：

• **漠不关心的距离**(distance of indifference)，即对异文化和其他民族的人漠不关心，对文化差异缺乏认知和必要的敏感；

• **回避距离**(distance of avoidance)，即回避或限制与其他民族的交往；

• **蔑视距离**(distance of disparagement)，即对其他民族成员表示反感甚至敌意。

> 据1790年美国第一次人口普查统计，全美共有390万人，其中白人约320万，占总人口的80%以上。在这些白人中，信仰新教的盎格鲁-撒克逊人是主要部分，以他们为代表的文化成为美国文化的主导模式，也就是"沃斯普"(White Anglo-Saxon Protestant, WASP)文化。

民族优越感也是传播距离的一种反映。从古希腊的雅典人把境外的人一律称作"野蛮人"(barbarians)起，西方各个民族语言中一直存在着大量歧视其他民族的词汇，譬如英语中的"spic"(墨西哥人)、"kike"(犹太人)、"nigger"(黑人)、"wop"(移居美国的南欧黑肤人)等。就美国而言，民族中心主义的主要体现是"白人至上"的种族主义，这起始于北美殖民地时期的盎格鲁—撒克逊文化传统。直到2004年，亨廷顿还断言："种族观念和种族偏见现在是而且将继续是美国生活中的事实。"[①] 这种优越感必然导致美国以自己的标准看待其他文化，把落后国家或政体不同的国家居民视为"弃民"，而美国要以上帝的名义"给予"他们自由和民主，但同时"否决了他们选择自己命运的权利"[②]。

在中国传统社会，"华夏"与"四夷"有别的观念早在夏商周时期就开始形成，明确地把"中国"与东夷、西戎、南蛮和北狄加以区别和对立。到了春秋时代，"夷夏之防"的民族中心主义含义随着周王室的衰落、四夷落后民族的涌入中原而不断强化。《左传》中就有"内其国而外诸夏，内诸夏而外夷狄"，《孟子》中也有"吾闻用夏变夷者，未闻变于夷者也"。受此观念的影响，华夏文化虽然宽容外来文化的存在，但必须以华夏文化为正统和主导，否则外来文化就会遭到排挤甚至毁

① 〔美〕塞缪尔·亨廷顿：《我们是谁》(程克雄译)，北京：新华出版社2005年版，第255页。

② Fredrick Calhoun, *Power and Principle* (Kent, OH: Kent State University Press, 1986), p. 23.

灭性打击。宋代理学家石介明确表述了这一立场:“天处乎上,地处乎下,居天地之中者曰中国,居天地之偏者曰四夷,四夷之外也,中国内也。”即使到了当代,民族中心主义在一定程度上仍作为中国文化的重要观念而存在和发生着影响,塑造了中国人独特的行为方式和历史态度。

民族中心主义与**民族主义**(nationalism)有着内在的关联,也有着显著的不同。民族主义是伴随着现代民族国家的形成而产生的一种现代思想观念,表达了民族国家成员的忠诚感情和联合责任,也包含了民族成员对民族文化与民族生存、发展的自我肯定,以及捍卫民族传统和民族价值的理想。对民族共同体的认同、忠诚乃至奉献,是民族主义的核心特征。当民族主义发展成为褊狭、极端的民族意识,过分强调本民族的整体利益和优越感之时,就成为萌发民族中心主义的“温床”了。

20世纪90年代初,历史学家霍布斯鲍姆(Eric Hobsbawm)曾说,“虽然民族主义耀眼如昔,但它在历史上的重要性已经西斜……也许随着民族国家的式微,民族主义也会随之消失”,至少不会像第二次世界大战时期那样具有“呼风唤雨”的威力。[①] 不过,此语并没有在随后的历史进路中得到印证。

当前,全球化的复杂效应为民族主义的发展和多样化复兴提供了新的动力,民族主义已经在很大程度上成为当代世界共同关注的问题,并呈现出与以往的民族主义不同的形态和内涵。曼纽尔·卡斯特(Manuel Castells)指出,“当代民族主义更多是反应性的而更少是主动性的,因此,它往往更多是文化的,而更少是政治的,也因此更多地倾向于捍卫已经制度化的文化,而更少以建设或保卫国家为己任”[②]。随着全球化进程的深入,民族主义的内容、形式和空间范围都必然会继续发生变化,并与民族中心主义的演变与影响密切关联。

---

① 〔英〕埃里克·霍布斯鲍姆:《民族与民族主义》(李金梅译),上海人民出版社2000年版,第223—224页。

② 〔美〕曼纽尔·卡斯特:《认同的力量》(曹荣湘译),北京:社会科学文献出版社2006年版,第33页。

第四章 规范体系、社会互动与认同的建构

社会是人们在交往中形成的"人的真正的共同体"，规范是人与人之间进行交往和有效合作的先决条件，也是社会系统的秩序和均衡得到维系的前提。不同社会的规范体系确立了不同群体及其成员对社会行为的不同预期，也建构了不同的文化模式。传播的一个基本原理是：任何系统化的传播实践都要受制于特定的规范，参与传播的各方对于规范的共享是有效传播的必要保证。就跨文化传播的实践而言，必然要以了解和遵循不同文化的规范为前提。

跨文化传播学的学术支点之一，在于关注人类不同共同体之间，以及共同体内部不同阶层、不同地区的成员之间的交往关系，社会互动因此成为跨文化传播研究重要的基础概念。借助社会互动的视角，文化模式可以理解为一种人们在特定的、有组织的系统内有序地进行互动的方式。这种互动存在于个体与群体、群体与群体以及不同社层(social class)之间，使个体、群体与社层之间相互联系、相互制约，结成了相对稳定的社会关系，同时构成了跨文化传播的人际和社会空间。

本章着力讨论了认同的内涵、类型及影响。这是因为，跨文化传播是个体或群体表达自我认同或社会认同的重要渠道之一。不同文化的交往亦使人们在形成和表达认同上有了更大的空间。更重要的是，人们的交往活动在很大程度上受到认同的影响和限制：社会成员的自我认同和社会认同影响着自身观念体系、社会规范的形成，以及对内外群体成员的分类；人们的性别认同、文化认同乃至族群认同等，也不断影响着不同情境中人们的社会关系和交往行为。[1]

有必要澄清的一个认识是：抛开文化差异不论，就社会的不同发展阶段来看，人们的社会关系和社会交往活动也是有着很大差异的。在传统社会中，由于生活在以家庭或族群为基础的共同体之内，人们遵循的规范和认同高度一致，能够形成强烈的集体意识或共同意识，从而得以建构他们自身明确的生活体系。进入现代社会之后，虽然集体意识或共同意识还在不同程度上存在，但对个体的

---

① William Gudykunst and Young Yun Kim, *Communicating with Strangers*, p. 123.

控制力越来越微弱。具有独立思考方式和行为方式的个体逐渐游离于原有的生活体系之外,自然而然地,开始排斥或拒绝共同体规范和认同的支配。但与此同时,要想消除任何一个共同体的规范和认同,也变得愈加困难。毕竟,全球化正在使一个个群体的、族群的"共同体"显现出来。

第一节　规范体系的基本内容

规范是确定与调整人们共同活动及其相互关系的原则,同时是社会人的行为准绳,要求任何人的任何行为都要符合共同体的总体利益,进而使社会成为一个整体。在这个意义上,规范也称社会规范,它是社会成员共同拥有的、社会的,反映了合法的社会目的,并能创造出特定群体稳定的、共享的行为模式。

关于规范的分类,由于视阈不同,不同学科的看法也不一样。一些人类学家把社会规范分为三个层面:现实规范(reality norms)、等级规范(ranking norms)、成员规范(membership norms)。一些社会学家把规范划分为三个范畴:习俗、道德规范、法律。基于本书的视阈及讨论的便利,我们把社会规范划为相互关联的四个方面:**习俗/禁忌、礼仪/道德、宗教、制度/法律**。

一、规范与文化模式

社会规范是影响人类活动的最无形、最强大的社会控制形式之一。[①]

——社会学家贝滕豪森(Kenneth Bettenhausen)

关于规范的内涵,不同领域有着不同的界定。社会学者把规范看成是确定与调整人们共同活动及其相互关系的基本原则,常常把它等同于"行为的规则"(rules of conduct)、"行为的准则"(blueprints for behaviour)以及"文化期望"或"社会期望"等;传播学者认为,规范是"恰当得体的传播模式";社会语言学家把规范视为"在不同社会中,被认为是恰当、得体的各种具体行为的标准";人类学家把规范当作"人们应如何行动的一套固定的规则"。在跨文化传播学的视角下,规范则是信仰(beliefs)和价值观的外在表现形式,确立了人们从事社会活动的行为模式。[②]

规范来自维护社会关系运行的客观要求,是经由历史和生活实践形成的,决

① Kenneth Bettenhausen and Keith Murnighan, "The Emergence of Norms in Competitive Decision-making Groups", *Administrative Quarterly*, Vol. 30, No. 3, 1985, p. 350.

② Myron Lustig and Jolene Koester, *Intercultural Competence* (New York, NY: Longman, 1999), p. 83.

定了人们参与社会活动的共同标准，限定着人与人的关系，也决定着文化成员的共有观念、价值判断和行为方式。规范的内容多种多样，其中包括了对于违反规范的社会行为的惩罚，譬如，社会或群体对有关行为或有关人的否定、非议、责备乃至法律上的刑罚。规范还是对人们的社会行为（包括传播行为）进行评价的价值系统，它对社会可接受的行为作出“规定”（prescriptions），同时又指出为社会所“禁止”（proscriptions）的行为。总之，规范告诉了文化中的人们应该做什么，不该做什么。

与上述跨文化传播学对规范的解释相联系，文化可以理解为维护特定社会内部基本秩序的生活方式、互动合作模式，或者说是经由一整套规范体系验证的行为模式和伦理标准。譬如，中国传统中的“礼”就是一种维系家庭、族群、社群、乡里以及整个社会政治机制运作的规范体系。儒家推崇的“仁义礼智信”“己欲立而立人，己欲达而达人”的做人标准，以及“己所不欲，勿施于人”的处事原则等，也都是中国传统社会中规范体系的重要内容，与其他规范一起影响着中国文化深层结构的内蕴和构造。

不同社会的规范体系建构了不同的文化模式。每一个文化成员的生命历程，都始于对自身文化群体中代代相传的规范体系的适应，逐步做到与规范体系确立的行为模式和伦理标准保持一致。关于这一点，本尼迪克特在其名著《文化模式》中进行了深刻的剖析：人类行为的方式有着无穷的可能，但无论在行为的哪一方面，不同文化中都有自己从肯定到否定的一系列标准，进一步地，“每一种文化中都会形成一种并不必然是其他社会形态都有的独特的意图。在顺从这些意图时，每一个部族都越来越加深了其经验。与这些驱动力的紧迫性相应，行为中的各种不同方面也取一种越来越和谐一致的外形”[①]。这里的“外形”，即是由规范所建构的文化模式，区别了不同的文化，同时塑造着各自所辖的那些个体。

关于文化模式对人类行为的影响，还有必要留意格尔茨的一个观点：人的行为受两个方面的控制，一是本能的控制，二是文化模式的控制，重要的是，“人类行为的本能控制和文化控制之间的界线难以定义并且飘忽不定……几乎所有的人类的复杂行为都是二者相互作用的和非累积性的结果”[②]。譬如在日常生活中，是不是应该见面拥抱？是否可以用手抓食物？是否可以打听别人的收入或年龄？五花八门的规范不仅限制着人们，也让今天的社会生活丰富多彩。正是

① 〔美〕鲁思·本尼迪克特：《文化模式》，第47—48页。
② 〔美〕克利福德·格尔茨：《文化的解释》，第63页。

因为有了社会规范，非洲祖鲁人把绿色分成39种，北冰洋附近的因纽特人把雪分成42种类型，芬兰的土著拉普人把一年分成8个季节。

针对规范对不同文化中人类日常生活的影响，理查德·刘易斯(Richard Lewis)有一段生动的比较："日本人不喜欢握手，他们见面时鞠躬致意，而且不当众擤鼻涕；巴西人等公共汽车不排队，喜欢穿棕色的鞋而不是黑色的鞋，参加鸡尾酒会常晚到两个小时；希腊人会目不转睛地看人，当他们表示不同意时就点头，偶尔在餐馆里冲着墙摔盘子；法国人用一片面包把吃过的菜盘抹干净，把糕点放入咖啡里，在小酒馆里和陌生人握手；英国人吃饭时把汤盘放在离自己远一些的地方，倒拿着叉子吃豌豆，还在雨中打高尔夫球。"①

二、习俗与禁忌

> 习俗在经验和信仰方面都起着一种主导性作用，并可以显露出如此众多殊异的形态。②
>
> ——鲁思·本尼迪克特

作为人类社会最早的社会规范，习俗(folkways)是不同文化在日常活动中世代沿袭、传承的行为模式，表现在饮食、服饰、节庆、居住、礼节、婚姻、丧葬等各个方面。作为一种约定俗成、不受法律约束的社会规范，习俗多是古老的、长期存在的，体现了各个文化鲜明的个性与民族性。

习俗大体可分为七种类型。**岁时节令**是根据时间推移而周期性出现的一种重要习俗，比如中国的春节、元宵节，西方的圣诞节、感恩节。**人生礼仪**是根据个人的生命发展而定期出现的习俗，比如生日、婚礼、生育、丧葬。**社交庆典**是为进行集体交往和娱乐而周期或定期出现的习俗，例如竞技、赛会、集会，等等。**原始信仰**是人们根据共同的向往或信念而形成的行为模式，例如中国农村的祭灶习俗。**禁忌**是在社会活动过程中产生和延续的习俗，例如出海的渔夫所遵守的禁忌。**日常格调**是人们在饮食、服饰、居住、见面等方面的特殊模式。**惯例**是社会生活中人们共同遵守的某种规定。③

习俗由自然条件与社会条件两种因素造就，源于人们满足生存需要的活动，同时"非一人而成，亦非一日而积"，一旦形成之后，便成为人们行动的"老规矩"，纵使社会条件发生了变化，也往往会长期地存在下去。习俗一般是不成文的，它

---

① 〔英〕理查德·刘易斯：《文化的冲突与共融》(关世杰等译)，北京：新华出版社2002年版，第3页。

② 〔美〕鲁思·本尼迪克特：《文化模式》，第5页。

③ 宋林飞：《现代社会学》，上海人民出版社1987年版，第153页。

的传承主要是依靠心理信仰、习惯势力,又往往与人们的某种社会生产活动或心理需要相适应,"历世相沿,群居相染",有着顽强的生命力。今天世界不同文化所保留的习俗,大多经历了这一过程。

> 在汉语语境中,习俗即风俗。针对自然和社会条件对风俗的影响,东汉应劭在《风俗演义》中有精彩描述:风者,天气有寒暖,地形有险易,水泉有美恶,草木有刚柔也;俗者,含血之类,象之而生,故言语歌讴异声,鼓舞动作殊形,或直或邪,或善或淫也。

习俗是地域性的。中国有句俗语:"十里不同风,百里不同俗";《礼记》也说:"广谷大川异制,民生其间者异俗。"这些说法都强调了习俗的地域性特点。梁启超还把中国不同地域的习俗特点归结为"北俊南靡,北肃南舒,北强南秀、北僿南华"。习俗也是民族性的。有些习俗是某个族群特有的,有些习俗则是若干族群共有的。例如,中国苗族有独特的"芦笙节"、壮族有"歌坪节"、藏族有"赛马节"等,其他族群则没有这些节日;中国的传统节日如"春节"等,则是中华民族多数族群所共有的节日。由于习俗的地域性特点,无论什么人,无论在何时何地,一举一动都受到特定环境中习俗的影响,人们应当自觉不自觉地遵从它,尽量做到"入乡随俗"(When in Rome do as the Romans.)。

作为一种历史悠久的社会规范,习俗渗入到人们生活的方方面面,对人们的社会活动具有强大的约束力。马克斯·韦伯就指出,"只要大多数人的行为考虑了风俗的存在并参照了风俗,某一个人不按照风俗行事,他的行为就'不适应'环境,他就必须承受大大小小的不快和损失"[①]。在一般意义上,习俗比其他任何社会规范都更加广泛地熏陶与感染人们的行动,因而成为人们进入社会角色的"向导"。对于行动者来说,遵从习俗即"从俗"的行动一般会发生两种效用:一是获得生活的乐趣,激发人生的眷恋与热情;二是得到周围人们的接纳,即受到一定程度的社会认同,获得及强化成为社会成员的资格。通常,个体走向社会就是从"入俗"开始的,习俗给每个人都准备了成为社会成员的最基本的行动模式。在个体生活的历史中,首要面临的课程就是对这些模式的学习和适应。在不知不觉的模仿与感染的过程中,人们一步步地走进了社会和文化,成为合格的"社会人"和"文化人"。

禁忌(taboo/tabu)是习俗重要的组成部分。在中国,汉语"禁忌"一词的最早记录,是《汉书·艺文志》中的"及拘者为之,则牵于禁忌,泥于小数,舍人事而任鬼神"。由此时起,禁忌便和关于宗教、祭祀、鬼神等现象的文字记录掺杂并传

① 〔德〕马克斯·韦伯:《社会学的基本概念》(胡景北译),上海人民出版社 2000 年版,第 42 页。

了。《后汉书·郎领传》也有“臣生长草野，不晓禁忌，披露肝胆，书不择言”的说法。在中国传统文化中，与“禁忌”含义相近的还有“忌讳”。许慎《说文解字》云：“禁，吉凶之忌也”；《广韵》云：“忌，讳也。”到了今天，“忌讳”一词比“禁忌”更能通行于民间。但在学术界，通常使用“禁忌”一词。

英文中的“taboo\tabu”原是南太平洋汤加岛的土语，具有“神圣的”(sacred)、“不可侵犯的”(inviolable)含义。关于禁忌的定义，学界多援用弗洛伊德的概括：禁忌代表了两种不同方面的意义，一方面是“神圣的”“祭献的”，另一方面则是“神秘的”“危险的”“禁止的”“不洁的”。[①] 在这个定义的基础上，人们习惯于把禁忌的对象划分为“事物”“事情”两个方面：一方面指在宗教或者生活习俗中所禁止的，不能接触、不能谈及的某些事物；另一方面指人们不愿提及、不愿去做的某些事情。但无论禁忌为何，它都是神圣的、重要的、有价值的、有力量的、危险的和不可触犯的。

禁忌的历史悠久且背景复杂，往往难以确定其明确的源头，但这并不影响禁忌会渗入人类社会生活的方方面面，使每个社会成员都或多或少地受到它的约束。人类学家弗雷泽在《金枝》(*Golden Bough*)中即指出，禁忌是一种“想象的危险”，但“这种危险倒不因为它是想象的就不真实了，那种想象在人们身上所起的作用，跟地心引力对人所起的作用一样，它能够像一剂氢氰酸一样置人于死地”。[②] 人类学、社会学、宗教学等领域的许多研究甚至认为，禁忌历来就是整个社会秩序的基石，全部人类生活的任何组成部分无一不是借助于相应的禁忌来加以调节、治理的，政治生活、经济生活、家庭生活、臣民关系、财产关系、两性关系等，概莫能外。

禁忌作为社会规范，大致有四个方面的特点。第一，禁忌是相关群体在心理和行为上的“禁区”，群体成员具有回避、遵守和捍卫这些禁区的强烈意向，同时有要求其他群体遵守的倾向。第二，禁忌的产生往往是不明确的，遵守它们的人对之并不能作出确切的解释。第三，禁忌由内在的心理需要或信仰来维持，破坏禁忌所遭受的惩罚往往是由精神上的或当事人内心的力量来实行。尤其是，禁忌强调的是行为的结果，而非动机，不管人们是不是有意的，也不管违犯禁忌者具有什么样的身份，都会被施以惩罚和制裁。第四，禁忌渗透在相关群体的价值取向、社会性格之中，分享同一种禁忌的群体通常会共有相同的观念体系。

---

① 〔奥〕西格蒙德·弗洛伊德：《论宗教》(王献华等译)，北京：国际文化出版公司2001年版，第19页。

② 〔英〕詹姆斯·弗雷泽：《金枝》(徐育新等译)，北京：新世界出版社2006年版，第224页。

禁忌也是界定不同文化范畴的要素,常常标明了一种文化与另一种文化的界限。比如,在中国和日本,鹤是长寿和幸福的象征,但在英国,鹤被看作是丑陋的鸟,在法国则是蠢汉和淫妇的代称;中国很多制造品的商标中有孔雀、蝙蝠的图案,但在许多西方国家,这些图案都是禁忌的内容;再如,喜鹊在中国是吉祥鸟,在英语中却用来比喻饶舌多嘴的人,瑞典人将其与巫术联系在一起,苏格兰人则认为,喜鹊上门预示着死亡。此外,与西方传统不同的是,中国传统中曾长期存在"为尊者讳""为贤者讳"的禁忌传统,在日常生活中不能使用君王、老师、父母等的名字。比如,为了避讳汉高祖刘邦的名字,汉代把许多古籍中的"邦"改为"国"字,《论语》中的"何必去父母之邦"就被改为"何必去父母之国"。

禁忌因文化、民族、宗教、观念的不同而有巨大的差异,不同文化的禁忌便由此成为跨文化交往中颇为敏感的问题,要求人们予以充分的关注、理解和尊重。2002年,西班牙政府曾向参加阿富汗国际安全和援助部队的西班牙士兵下发了人手一册的"禁忌令",内容包括:不许同阿富汗妇女握手;不许给阿富汗妇女照相;不能在阿富汗人祈祷时打扰他们;男女在公共场合不能有亲昵行为;在阿富汗人家里做客时,不要轻易谈论主人的妻女;不能践踏阿富汗人祈祷用的地毯,等等。

三、礼仪与道德

> 道德、文化和传播交织在文化的拼图中,它们既不可分割,又是每个社会的显著因素。[①]
>
> ——跨文化传播学者罗伯特·舒特(Robert Shuter)

礼仪是人际交往中的一系列行为规范,涉及各种仪式的样式和要求,以及人际交往中的礼貌、礼节等,是人类社会为妥善处理社会关系、建立必要的生活秩序而建立的一种调节外在行为方式的社会规范,主要作用在于:"使我们作为个人在为自己营造的生活中能够和平地、有成效地与他人共处。"[②]

礼仪的产生和推广是人类文明进步的重要标志,其本身的发展过程也记录了人类文化交汇、融合的轨迹。礼仪的起源可追溯到人类在原始社会时期的活动,其实质是敬意的表达。原始宗教礼仪是对神的敬意,如《说文解字》中的"礼者,所以敬神致福也",此语指明了礼仪起源于祭祀仪式。在奴隶制、封建制时代,礼仪的形式和内容都得到了丰富和发展,主要表达了对社会上层结构和统治

---

① 〔美〕拉里·萨默瓦、理查德·波特:《文化模式与传播方式》,第493页。

② 〔美〕罗杰·阿克斯特尔:《世界礼仪大观》(孙铢译),上海译文出版社1998年版,第18页。

者的敬意。进入近代社会以来，封建礼仪逐渐式微，礼仪的功能也发生了变化，由过去对神灵与统治者的敬意而逐渐演变为对人的关爱与尊重，同时继续以精神约束力支配着个体的行为，其影响仍是深远的。有一种说法是，人离礼仪越近，就离动物越远。

不同时代、地域、民族、国家的人们，对礼仪的理解以及通行的礼仪规则略有不同。日语中的“礼仪”具有以诚相见、以心贴心的道德含义，如日本学者松平靖彦所说，“礼仪本身包含了人们在社会生活中应予遵守的道德和公德，人们只有不拘泥于表面的形式，真正使自己具备这种应有的道德观念，正确的礼仪才得以确立”[①]。英语中的“礼仪”来自法文“etiquette”，原意是“法庭上的通行证”——进入法庭的人会得到一张通行证，上面写明了在法庭必须遵守的规则。后来，这一词汇逐渐有了“人际交往的通行证”的含义。经过不断的演化，目前表达“礼仪”意义的英文词汇主要有四个：

- **Courtesy**，表示谦恭有礼的言行、礼貌、风度；
- **Etiquette**，表示礼仪、礼节和各种规矩；
- **Protocol**，表示外交、军事等特定领域里的相处准则；
- **Rite**，表示仪式、典礼，也泛指习俗中的礼仪行为。

在以“礼仪之邦”著称于世的传统中国社会，礼仪的地位不言自明。

虽然汉语的“礼仪”由“礼”和“仪”组成，但在古代文献中，“礼”常常单独出现，几乎成为一种无所不包的社会生活的总规范，不仅仅纳入了习俗和道德的内容，也可以看成是一种规范社会行为的制度体系。一些研究把中国古代对“礼”的理解概括为：法度、准则；礼节、规矩；仪式、仪典、仪礼；容貌、举止；礼物等若干方面。其中，在指代“礼物”方面，《礼记》有云：“子曰：‘无辞不相接也，无礼不相见也，欲民之毋相亵也。’”礼尚往来，可以说是中国社会自古相传的习俗；“礼”还包括为表示敬意或表示隆重而举行的仪典、仪式。《周礼》中就提到当时朝廷举行的五种主要仪典：吉礼、凶礼、军礼、宾礼、嘉礼，一般称之为“五礼”，指的都是有一定规模、规格和程序的仪式行为规范。至于在民间，家家户户都要举行的婚礼、丧礼、寿礼，以及为了招待客人而举行的宴饮，也同样有严格的规模、规格和程序。

关于“礼”对中国传统社会生活的影响，可从古德诺的观察中有所体会：

> 中国人那种温良、谦恭的气质在世界的任何其他地方都是难以找到复制品的。中国人要执行一整套的礼仪规范，他们的一举一动都很讲究礼节，

① 转引自顾希佳：《礼仪与中国文化》，北京：人民出版社2001年版，第14页。

几乎到了表演某种仪式的程度，这常常使得与他们打交道的欧洲人感到无所适从。①

必须强调的是，在中国传统社会，“礼”涉及的范围极其广泛，一直是与道德、法律和制度互为表里，不仅在日常生活中占有重要的地位，更对政治和公共领域的各个方面产生了深远影响。尤其是儒家历来提倡“以礼治国”，形成了博大精深的礼学，与中国封建社会相始终，成为绵延数千年的传统文化模式的重要特质。针对中国传统社会中的“礼治”，启蒙思想家孟德斯鸠还作出了这样的评价：在中国，礼与民族生活和民族精神融为一体，因而是永远不能改变的，尤其是，

> 他们把宗教、法律、风俗、礼仪都混在一起。所有这些东西都是道德，所有这些东西都是品德。这四者的箴规，就是所谓礼教。中国统治者就是因为严格遵守了这种礼教而获得了成功。中国人把整个青年时代用在学习这种礼教上，并把整个一生用在实践这种礼教上。文人用之以施教，官吏用之以宣传，生活上的一切细微的行动都包罗在这些礼教之内，所以当人们找到使它们获得严格遵守的方法的时候，中国便治理得很好了。②

道德是一个复杂、综合的概念，可以指涉个人美德、伦理价值、文化精神，同时是社会观念形态和人类生活理想的反映。作为以伦理手段调整社会关系的社会规范，道德主要指的是社会成员的思想品质、修养境界、善恶评价、人生自律乃至伦理教育活动等。人类总是在一定的社会关系中生存和发展，必须对相互之间的关系进行必要的调节，特别是对个体的行为进行必要的约束，道德就是实现调节、约束功能的最为重要的规范。

道德与习俗、宗教、礼仪等社会规范有着密切的联系。就道德的起源与发展来看，道德最初是从习俗中分化出来的，这就使道德的首要特征就是民族性，即不同民族都有一套为本民族成员公认与遵从的道德体系，一如爱德华・泰勒所说，“社会无论怎样古老和粗野，总是具有它们的关于好坏行为的准则”③。宗教产生以后，道德规范也被不同程度地涂上神圣的“灵光”，或多或少地纳入宗教戒律，亦如泰勒指出的，宗教是一种影响道德行为的信仰，有两项不能忽视的任务：“一方面的任务，是教人认识自己，认识世界，认识他的周围以及渗透于全部现实之中的可畏而无际的力量；另一方面的任务，是指导并支持人去完成生活所加于

① 〔美〕弗兰克・古德诺：《解析中国》，第 75 页。

② 〔法〕查尔斯・孟德斯鸠：《论法的精神》上册（张雁深译），北京：商务印书馆 1961 年版，第 313 页。

③ 〔英〕爱德华・泰勒：《人类学》（连树声译），桂林：广西师范大学出版社 2004 年版，第 385 页。

他的职责。"[①] 就道德与礼仪的比较来看，主要是两者的实现途径有所区别：礼仪的实现除了自律之外，还存在着某种程度的强制性；道德则主要是通过道德评价实现的。

道德评价有两种形式：**自我评价**是道德的心理调节机制，是个人对自己行为和动机的道德价值、意义进行的鉴定，表现为荣辱感、正义感、义务感、良心感，等等；**公共评价**是社会对于人们动机与行为的道德价值、意义的鉴定，表现为一种隐形或无形的精神影响，结果往往形成一定的社会舆论（social opinion）——一定数量的人们对某种社会行为的道德价值所给予的倾向性评判意见。这些评判意见的产生是许多人相互取舍、相互传递，最后形成一种精神压力的过程。道德的社会舆论一旦形成，会造成一定的孤立情境与心理压力，即"人言可畏，千夫所指，无病而死"。

在不同的社会经济、地理等条件下，不同文化形成了不同的道德规范体系，可能导致对同一事物、同一社会现象产生不同的甚至相反的道德评价。在某一种环境中、某一些人身上是道德的，在另一环境中、另一些人身上可能是不道德的。比如，撒谎、偷窃行为在多数文化中都是不道德的，但堕胎、同性恋等行为在不同文化中获得的道德评价则大不相同。不仅如此，虽然道德符合人类生活的目的，但在一些文化中，道德规范的基本功能却是压抑性或强制约束性的，尤其是当某些文化的道德规范体系成为一种"过于深厚的历史积习和传统形态"时，其压抑和强制的特点就更加突显。[②]

中西传统对道德的理解

西方传统中的道德概念源于拉丁语"mores"，具有规则、规范、行为品质和善恶评价等含义。在西方思想史上，关于道德的定义和论述有很多：苏格拉底认为，罪恶是对于道德所应知的许多事物的无知，而道德就是知识；霍尔巴赫认为，道德就是善的行为，就是做善事、为旁人的幸福尽力，换言之，道德就是为社会的利益、幸福、安全而尽力的行动；黑格尔认为，道德是"主观意志的法"。

关于当代西方社会对道德的理解，罗伯特·舒特作出了较为全面的概括：道德是有利于他人的福利、幸福以及成就感；只有公平对待人性的每个必要方面，包括个人和社会的，思想和身体的，思维、感觉和欲望的，这样的道德才是完整的，才能成为崇高理想的基础；道德是自愿的选择，不受物理或精神上的强制。道德也是必须作出决定时，基于最佳信息的选择，"它意识到那些希望影响他们

---

① 〔英〕爱德华·泰勒：《人类学》，第 347 页。

② 万俊人：《寻求普世伦理》，北京：商务印书馆 2001 年版，第 123 页。

所追求的价值和目标的人的动机"[①]。

当代西方社会对道德的这些认识,可以上溯到18世纪启蒙运动提倡的功利主义伦理观。在当时的启蒙思想家看来,来自宗教的道德只强调"善"的行为,是假仁假义的欺骗,而被之看作是"恶"的种种欲望,也是人性中固有的因素,不能轻易忽视。法国思想家爱尔维修(Glaude Helvetius)就指出,道德规范应从人的本性出发,而人有一种喜欢快乐而逃避痛苦的情感,这便是"自爱"和"利己"的来历:"不管人们的教育有多么不同,这种情感在他们身上永远一样:在任何时代,任何国家,人们过去、现在和未来都是爱自己甚于爱别人的。"他同时指出,利益是社会的唯一推动力,"人永远服从他理解得正确或不正确的利益",但"公共利益是美德的目的",每个人对个人利益的追求都不应妨碍他人的利益。[②] 英国思想家边沁(Jeremy Bentham)对爱尔维修的道德观进行了发展,其道德思想可以总括为:道德规范不是"神"规定的,应根据人的本性来制定;反对禁欲主义的说教,肯定人的现世生活和利益;社会制度应该建立在合理的利己主义的基础之上。

> 黄建中从五个方面总结了中西道德的异同:中土道德与政治结合,远西道德与宗教结合;中土道德以家族为本位,远西道德以个人为本位;中土道德主义务平等,远西道德主利权平等;中土重私德,远西重公德;中土家庭尚尊敬,远西家庭尚亲爱。[③]

在中国古籍中,最早是把"道"与"德"分开使用的。"道"表示道路,如"周道如砥,其直如矢",后引申为原则、规范、规律、道理等含义。孔子在《论语》中说:"志于道,据于德,依于仁,游于艺。"又说:"朝闻道,夕死可矣。"这里的"道",是指做人治国的根本原则。"德"即"得",人们认识"道",遵循"道",内得于己,外施于人,便称为"德",正如朱熹所说的,"德者,得也"。当"德"用于讨论人伦问题时,则用以表示人的本性、品德。"道""德"二字的连用,始于荀子的《劝学》篇:"故学至乎礼而止矣,夫是之谓道德之极。"在中国早期思想史上,孔子较早指出了道德的重要性:"上焉者,虽善无征,无征不信,不信民弗从。下焉者虽善不尊,不尊不信,不信民弗从。"孟子也提出了相似的观点:"以力服人者,非心服也,力不赡也;以德服人者,中心悦而诚服也。"在概括孔孟思想的基础上,汉代的董仲舒提出了"三纲五常"学说,从而确立了中国传统社会中最主要的道德关系和伦理起点。

在中国传统社会,儒家思想是判断是非曲直的主要道德规范。正如罗素的

---

① 〔美〕拉里·萨默瓦、理查德·波特:《文化模式与传播方式》,第494页。
② 转引自尹保云:《什么是现代化》,第21页。
③ 郁龙余主编:《中西文化异同论》,北京:生活·读书·新知三联书店1989年版,第170—178页。

评价,“中国有一种思想极为根深蒂固,即正确的道德品质比细致的科学知识更重要。这种思想源于儒家的传统”[1]。具体而言,**“仁”**是个人道德修养的最高境界,是与礼治密切相关的道德规范,而“天下归仁”则是社会道德的最高理想,这种社会道德理想是通过每一个个体自觉地“克己复礼”实现的。孔子说:“克己复礼为仁。一日克己复礼,天下归仁焉。为仁由己,而由人乎哉?”此话至少有两层意思:一是认为礼的本质是仁,是一种道德修养;二是认为做到“仁”全靠自己努力,每个人都应自觉地加强道德修养来保证礼仪的贯彻。此外,**“忠”**作为中国传统社会重要的道德范畴之一,是处理君臣关系和政治关系的道德规范。正如《忠经》指出的:“善莫于作忠,恶莫大于不忠”,而“忠”不仅仅是体现在“奉君忘身,殉国忘家,正色直辞,临难死节”上,还应做到“沉谋潜运,正国安人”。**“孝”**则是儒家源于宗法制度而倡导的处理家庭乃至社会关系的道德规范。《孝经》就强调:孝是“德之本”,指出“人之行,莫大于孝”,甚至是“孝始于事亲,中于事君,终于立身”,最终把“孝”提高到“天之经、地之义、人之行”的高度。

在18世纪前后,许多欧洲学者甚至把儒家学说视为一整套道德规范,包括了政治道德、经济道德、公众道德和私人道德:政府无道德,老百姓无法安居乐业;老百姓无道德,政府无法安定和正常运转。这一时期的启蒙思想家如伏尔泰、莱布尼茨、霍尔巴赫、魁奈(Francois Quesnay)、歌德等,都狂热地崇拜着中国文化和中国的道德思想,因为他们发现,在两千多年前的中国,“孔子以同样的方式思索同样的思想,并进行了同样的战斗”;他们还把儒家学说中的道德思想视为“天赐的礼物”,魁奈就声明,“中国的学说值得所有国家采用为楷模”,霍尔巴赫则宣称:法国要想繁荣,必须以儒家的道德代替基督教的道德。这些启蒙思想家还响亮地提出,要向欧洲“移植中国的精神”。[2] 在这些思想家的大力推动下,儒家的道德学说丰富了欧洲的道德内容,欧洲自由、平等、博爱的资产阶级民主思潮的崛起,也与之不无关联。

“耻感文化”中的道德观

“耻感文化”(shame culture)是本尼迪克特赋予日本文化的人格类型,也是对日本传统社会道德规范的一种概括。

在文化研究的知识谱系中,“耻感文化”是相对于西方社会的“罪感文化”(guilt culture)而言的。所谓的“罪感”,源于基督教的“原罪说”(In Adam's fall, we sinned all.),即人生来便是有罪的,其罪根源于人类始祖的原罪,因此人是

---

① 〔英〕伯特兰·罗素:《中国问题》(秦悦译),北京:学林出版社1996年版,第61页。
② 〔美〕顾立雅:《孔子中国之道》(高专诚译),太原:山西人民出版社1992年版,第374页。

无法凭借自身的力量来摆脱或洗清罪恶的，只能虔信上帝，顺从上帝，等待着上帝的宽恕与救赎。所以，“罪感文化”提倡建立道德评价的绝对标准，以上帝的存在约束着人们的思想和行为，宗教信仰也由此成为人们道德的支撑，个人道德观因此就具有两个特点：一是支配个人行为的终极动力源于内部；二是个人遵循非此即彼的绝对善恶标准。与之相比，“耻感文化”则是以羞耻为道德原动力的文化，在这种文化中，人们认为最高道德标准是“知耻”，同时认为，绝对的道德评价标准并不存在，人们行善是在外部强制力的影响之下进行的。

整体来看，“耻感文化”中的个人道德观有三个方面的特点。

一是缺乏恒定的是非标准。在本尼迪克特看来，日本人的人生是由缺乏统一的道德精神和道德要求的“忠”“孝”“义理”“仁”“人情”等许多“圈子”组成的。由于每一个“圈子”都有自己独特的、详细的道德准则，对不同道德“圈子”的强调就减弱了辨别善与恶的意义。在他们看来，“只要不良行为没有暴露在社会上，就不必懊丧，坦白忏悔只能是自寻烦恼。因此，耻感文化中没有坦白忏悔的习惯，甚至对上帝忏悔的习惯也没有。他们有祈祷幸福的仪式，却没有祈祷赎罪的仪式”[①]。

二是他律性的道德约束。本尼迪克特认为，“真正的耻感文化依靠外部的强制力来做善行。真正的罪感文化则依靠罪恶感在内心的反映来做善行。羞耻是对别人批评的反应。一个人感到羞耻，是因为他或者被公开讥笑、排斥，或者他自己感觉被讥笑，不管是哪一种，羞耻感都是一种有效的强制力”[②]。总之，日本人的道德不是靠“内心良知”的约束而是靠“外部”的强制力来加以保障的；重要的是，这种约束需要旁观者，至少是想象出来的旁观者。所以，“耻感文化”中的个体行为趋于分裂：在公众场合，其表现彬彬有礼、谨小慎微；一旦到了陌生的环境中，就完全不受道德规范的约束。这也正应了日本的一句谚语：“旅行之中无耻辱。”

三是名誉感，即把名誉看得比正义、善行更为重要。对传统的日本人来说，永恒不变的目标是名誉。为了名誉，当教师的不能承认自己的无知；实业家不能让人觉察到自己已接近破产；外交家也不能承认政策的失败。正如日本学者金田一春彦所说：对于日本人来说，不能丢脸是指导自己行为的根本准则。受这种“名誉感”的影响，日本传统社会的武士一旦遭遇失败，便会感到莫大的耻辱，常常用自杀的极端方式来洗刷污名并赢得身后好评。

道德的“金规则”

作为人类社会中独特的社会规范，道德不仅仅反映某一个群体的利益，还要

---

① 〔美〕鲁思·本尼迪克特：《菊与刀》，第154页。

② 同上。

反映其他群体的某些利益与愿望，这就使各个时期、各种社会中的道德都存在某些“共同的东西”。美国哲学家查尔斯·泰勒(Charles Taylor)指出，至少有三种“轴心式”的基本道德规范是每一种文化都具有的：尊重他人和对他人的义务、对生命意义的充分理解和人的自我尊严。泰勒所说的“轴心式”道德，可以等同于孔汉思(Hans Kung)等伦理学家大力张扬的道德的“金规则”(golden rules)，是人类共同的、长期有效的“不可取消的和无条件的(道德)规则”，也是现代人类建立全球伦理的共同道德资源。

譬如，人类社会共同接受的道德规范“尊重他人”，其内涵与中国传统儒家学说中的“仁爱”、西方基督教学说中的“博爱”以及东方佛教中的“慈悲”有着千丝万缕的联系。再如，与孔子所说的“己所不欲，勿施于人”非常相似，《圣经》中有：“你们愿意人怎样待你们，你们也要怎样待人。”《古兰经》中有：“你自己喜欢什么，就该喜欢别人得什么；你自己觉得什么是痛苦，就该想到对别的所有人来说，它也是痛苦”；“你们当中，谁若不想要兄弟得到他自己想要得到的东西，谁就不是信徒。”佛教经典《相应部》中有：“在我为不喜不悦者，在人亦如是，我何能以己之不喜不悦加诸他人。”印度教经典《摩诃婆罗多》中有：“人不应该以己所不悦的方式去对待别人，这乃是道德的核心。”

人类共同的本性决定了共同道德规范存在的必然性，也昭示了人类不同文化达成进一步道德共识的可能性。所以，促进不同文化之间道德规范的理解与融合，建设一种多元而富有理性、自由而有秩序的与现代文明相适应的人类共有道德规范，就成为跨文化传播研究的重要目标乃至使命所在。实现这一目标的必然前提，就是要理解、尊重各个道德主体和道德文化主体各自遵从的道德规范，毋庸多言，这些道德规范正是建构人类共有道德规范的基本文化资源。正如罗伯特·舒特指出的：

> 跨文化的目标是不断增加对每个社会及其传播道德的复杂性的深刻理解。传播者需要了解和感受一个社会的道德价值和道德规范，以及规范人类言行的深层的文化信仰和传播期望。真正的内文化旅行是具有挑战性的，它让旅行者置身于陌生的道德和传播系统之中。传播者只有通过多样的内文化旅行，才能获得跨文化道德的觉悟——它是一种个人意识，即人们对不同于己的道德系统能多大程度地接受。[①]

① 〔美〕拉里·萨默瓦、理查德·波特：《文化模式与传播方式》，第500—501页。

四、作为规范的宗教

在万千变相的社会中，宗教总是要去适应社会自身的文化传统。①

——跨文化传播学者迪安·巴恩伦德(Dean Barnlund)

英文的“宗教”(religion)来自拉丁文“religio”，有“集中”和“注意”的含义，强调了对神灵崇拜的认真态度。在中国典籍中，“宗”的本意是尊祖庙，“教”的本意是“教化”。把“religion”译为“宗教”二字，是中国近代学者借鉴了日本汉字的译法——明治维新以后，日本翻译家把西文的“religion”译为日本的汉字“宗教”。

宗教有**原始宗教**和**人为宗教**之分。宗教的最初表现是对自然物与自然现象的祭祀与庆祝活动。人们对不可抗拒的自然力量的崇拜形成了原始宗教，表现为图腾主义、万物有灵和自然崇拜，其本质是通过直觉所体悟的超越性的信仰和崇拜。相比之下，人为宗教是有意识地创建的，对自然力量和社会力量的崇拜在各个人为宗教中都有所反映。流传至今的宗教基本上都是人为宗教。中国最早出现“上帝”一词是在距今4000多年的殷代后期卜辞中，流传至今的世界各大宗教产生得略晚一些，其中，犹太教创立了3300年，佛教创立了2500多年，基督教不到2000年，道教有1800多年，伊斯兰教有1400多年。

据近年的统计，全球信奉各种宗教的教徒人数占全世界总人口的80%左右，大体上每5个人中有4个信仰宗教。关于全球社会中的宗教人口，乔治·洛奇(George Lodge)打过一个比方：如果把世界想象成居住着1000个居民的地球村，那么这村子里就有300个基督徒，175个穆斯林，128个印度教徒，55个佛教徒，47个泛神论者(pantheist)，4个犹太教徒，210人信仰其他宗教，还有210人宣称没有宗教信仰。②

宗教是贯穿人类历史的一种古老文化现象，曾经而且依然规范着大多数人的言行，并为之提供世界图景和社会知识体系。在一些社会里，宗教本身就是社会规范的核心，宗教通过对教义、教规、戒律等的宣讲来引导信徒的行为，告诉人们该做什么和不该做什么，同时还将一套完整的评价体系灌输给其他社会成员，使其在行为取舍方面有标准可以遵循。更为重要的是，宗教为社会成员扮演特定的社会角色提供具体规范，以其超经验、超人间的力量为参照，有效地培养人们的角色意识和社会行为。可以概括地说，作为社会规范的宗教，是以崇拜神的世界和接受超自然命令为核心信仰和行为准则，能够解释人与创世者的关系，以及“人们由对创世者之存在、品性的崇拜、意志的服膺而加

① Dean Barnlund, *Communicative Styles of Japanese and Americans* (Belmont, CA: Wadsworth, 1989), p. 192.

② 〔美〕乔治·洛奇：《全球化的管理》(胡延泓译)，上海译文出版社1998年版，第2页。

诸自身的道德义务”①。

针对宗教作为社会规范的特质，黑格尔作出了深刻的剖析：一方面，由于宗教的程序化、仪式化，宗教所表现的文化价值作用常常具有外在客观化的规约特征，其实质是一种“客观的宗教”，可以看作一种外在消极的强价值规范；另一方面，由于宗教是一种基于个人内在德性基础之上的自觉信仰，宗教也是个体道德的精神表现，其实质是“主观的宗教”。② 格尔茨还提供了一种解释：“宗教中处处都有着内在的义务：它不仅仅是鼓励虔信，它还要求虔信；它不仅仅是诱发理智上的赞同，而且还强化情感承诺”，总之，宗教“奠定了在人类存在的最一般的情景中对人的行为的最独特的要求”。③ 如此种种的观点均呈现了宗教的社会整合功能：人类社会整合的实现，在根本上取决于社会成员对某些共同目标和终极价值的遵从程度。通过宗教的作用，能够在一定程度上将这些共同的终极目标和价值与“神的世界”联系起来。通过对“神的世界”的崇拜以及相应的超自然命令的接受，一种强有力的对个人行为的控制就实现了。进一步地，它会引导社会成员遵守共同的目标和价值。

宗教作为社会规范，主要体现在三个方面。**仪式**，主要指礼拜、祷告、忏悔、节日等宗教活动及其形式，是与宗教有关的最古老、最复杂、最持久的具有象征意义的活动之一。重要的是，“信仰一定要表现为仪式，虔诚要表现为行动……仪式是联系信心和行动的”④。佛教的入教仪式是以“皈依”(conversion)为标志的，主要包括请师、香赞、师父开示等。基督教的入教仪式则以“洗礼”为标志。**戒条**，典型的就是基督教的“十戒”(Ten Commandments)：除耶和华上帝外不可信仰别的神；不可造拜偶像；不可妄称耶和华的名；当守安息日为圣日；当孝敬父母；不可杀人；不可奸淫；不可偷盗；不可作伪证；不可贪恋他人财物。**教义**，指的是对包括戒条在内的各种教条的解释，构成了宗教经典的基本内容。印度教的四部《吠陀本集》、基督教的《圣经》、伊斯兰教的《古兰经》、道教的《道藏》等，分别是这些宗教教义的集成。

> 佛教的主要经典是“三藏”：律藏、经藏和论藏。律藏名目繁多，是有关饮食起居的各种戒律；经藏是佛教的主要理论著作，《阿含经》是佛教最早的经典，阐述了佛教的基本教义；论藏多采用答问体形式，包含着佛教的哲学、伦理和逻辑思想。

宗教的仪式、戒条、教义等构成了宗教作为社会规范的基本前提，也构成了

① 〔美〕梅尔福德·斯皮罗：《文化与人性》，第208页。
② 〔德〕黑格尔：《黑格尔早期神学著作》(贺麟译)，商务印书馆1988年版，第5页。
③ 〔美〕克利福德·格尔茨：《文化的解释》，第127页。
④ 〔英〕雷蒙德·弗思：《人文类型》，第144—145页。

文化的基本特质。弗洛伊德曾指出,最广泛意义上的宗教观念可以视为人类文明中最为珍贵的财产,是文明所能给予其参与者的最为珍贵的东西,同时,宗教也对人类产生着最为强烈的影响,即使宗教教义得不到理性的认可。[①] 格尔茨也有一个相似的观点:对于信仰某种宗教的人来说,宗教体系似乎是在传递着真正的知识,“这些知识是人们生活展开所必需的基本条件”[②]。

在不同文化中,宗教的地位与影响大有不同。整体来看,这是隐含在世界观、价值观、思维方式以及君权与神权的关系、哲学与宗教的关系等文化深层结构中的诸多差异造成的结果。

基督教对西方文化的影响

在公元 4 世纪到 18 世纪的欧洲,基督教的地位高于一切。国家的最高统治权在罗马教皇而不在皇帝,基督教义也是衡量一切价值的最高准绳。上帝不仅是宇宙万物和人类的创造者和养育者,也是人间社会秩序的制订者和仲裁者。如此一来,教会成为中世纪欧洲社会唯一具有权威和影响力的势力,宗教不可避免地与欧洲人的社会生活以及私人生活密切地联系在一起,具有教化意义的宗教箴言则被应用于人们的个人生活和社会生活的方方面面,成为欧洲社会共同遵守的道德规范。

在这一时期的西方历史中,西欧国家共同的对外宗教战争,增强了西欧世界的认同感和凝聚力,罗马教皇也大大提高了教权的影响力,成功地通过宗教组织系统把分崩离析的西欧联结在一起,客观上促进了当时西欧各国之间的思想文化交流和社会生活的不断丰富,并为欧洲基督教文化的确立奠定了基础。直到进入 19 世纪后,欧洲的政治和社会生活才逐渐与宗教分离,并开始拒绝教会的领导。

在上述意义上,可以说是基督教奠定了西方文化的精神基础和文化特质。一些研究还把西方文化的起源归于西方基督教会的形成。西方基督教会是在罗马帝国崩溃后兴起的,罗马帝国的崩溃标示着古典文明的中断,这里留下的巨大文化“空隙”就被作为一种新兴精神团体的基督教会所填补,直到 18 世纪。正如文化史学家克里斯托弗·道森(Christopher Dawson)指出的,在欧洲中世纪时期,作为唯一没有受到古典文明衰落影响的精神力量,基督教是“以古典文明的使者与新兴民族的导师这样一种双重身份出现在罗马帝国的废墟上的。它以一种独特的精神力量把西方诸多民族凝聚起来,从而形成了一个新的文化整体,一

① 〔奥〕西格蒙德·弗洛伊德:《论文明》(徐洋等译),北京:国际文化出版公司 2001 年版,第 16—27 页。

② 〔美〕克利福德·格尔茨:《文化的解释》,第 158 页。

种新的文化特性”[1]。

诸多研究表明,进入近现代以来,西方国家之所以能够率先于其他文化完成社会转型,走上资本主义道路,一个重要原因就在于:基督教新教思想以积极的姿态深入到西方国家的社会生活中,有效地推动了资本积累,也促成了资产阶级经济伦理的建设。其中,马克斯·韦伯的研究颇具代表性,在他看来,**新教伦理**(Protestantism Ethics)对现代西方社会生活的影响是复杂而深刻的,包括:第一,合理地限制消费,尤其是奢侈品消费,坚决反对贵族的穷奢极欲与新贵的大肆挥霍,但对中产阶级的节制有度、自我奋斗则给予了较高的道德评价;第二,把合理地追逐财富视为上帝的意愿,从而把赢利冲动从传统宗教伦理的禁锢中解脱出来。当然,新教伦理坚决反对欺诈、贪婪和拜金主义,鼓励不满足、不懈怠、有秩序的劳作,因为“一种职业是否有用,也就是能否获得上帝的青睐,主要的衡量尺度是道德标准,换句话说,必须根据它为社会所提供的财富的多寡来衡量”[2]。

关于基督新教对西方现代社会日常生活方式的影响,从一位美国作家描写的 19 世纪早期美国社会的图景中可见一斑:

> 教会严格考察人们的一举一动。它们规劝酗酒者,指责骂街人,对一切丑恶行为提出警告,并把任何一个屡教不改的行凶作恶之徒开除出教。凡身为教会一员的雇主通常将其道德准则强加于雇员;大多数新教组织对破坏习俗的行为持强烈的反对态度,并多番严厉谴责卖酒和酗酒的行为,连一滴酒也不放过。所有教会在两性关系问题上都维护一种坚持不渝的准则。[3]

这里要关注的一个线索是:正是从 19 世纪早期开始,新教的清教主义(Puritanism)从各个方面深刻影响着美国的思想和文化,不仅促进了资本主义在美国社会的迅速发展,也奠定了美国文化的基调,塑造了美国民族的性格。

需要明确的是,在西方文化内部,对于宗教的理解也有着相当程度的差异。譬如,虽然基督教是以“原罪说”这一教义为根基,但自 19 世纪开始,受到基督新教思想影响的美国人的看法是:人是善与恶的混合体,或为环境和经验的产物。无疑,这一信念超越了欧洲传统中基督教的原罪教义。在此基础上,强调人的变

---

[1] 转引自张志刚:《宗教文化学导论》,北京:人民出版社 1993 年版,第 109 页。

[2] 〔德〕马克斯·韦伯:《新教伦理与资本主义精神》(于晓等译),西安:陕西师范大学出版社 2006 年版,第 88—106 页。

[3] 转引自〔美〕亨利·康马杰:《美国精神》(杨静予等译),北京:光明日报出版社 1988 年版,第 625 页。

革之力就成为更具代表性的美国文化观念，使现代美国宗教同时具备了至善论(perfectionism)和乐观主义的显著倾向。这同时反映了人们对人性可臻完美的深刻信念，即人是能够变好的，达到人性的完美既可通过传统的宗教信仰的途径，也可通过理性的手段来实现。[①] 由于关注到这一现象，汤因比曾郑重地指出：文化的进步有赖于人类宗教精神的完善，他还建议，应当将宗教的性质及其组织形式作为文化分类的主要标准。

中国传统社会中的宗教

比之西方社会，宗教在中国传统社会中的地位与影响有着显著的不同。

在上古时期，中国的原始宗教多以拜物教的形式渡过其早期萌芽阶段，如对动物、植物、太阳、星辰、江河等产生的崇拜。到了殷周时期，祖先崇拜与天神崇拜构成了中国早期宗教的主要内容，对中国文化的萌芽与发展产生了重要影响。特别是祖先崇拜带有浓厚的血缘家族关系的性质，使这一信仰凝固了中国旧家族制度，在此基础上提出的“孝”的观念，构成了秦汉以来中国文化的重要特色；尤其是经过儒家思想的发挥和润色后，成为维系家庭、家族乃至国家的重要伦理支柱。

总体看来，中国传统社会中的宗教是与整个社会结构相适应的，世俗王权的力量始终高于宗教力量，因此宗教的地位一直不像西方那样显著，民众的宗教情绪也不如西方那样强烈。中国历史上曾经流行过佛教、道教、基督教、回教、袄教等等，但这些宗教都没有在较长的历史时期内被提升到国教的地位。此外，中国宗教没有教会，皇权直接执掌宗教活动，即使在佛教的鼎盛时期也始终没能与皇权相抗衡。一个例证就是：中国的僧人必须向王者跪拜，如果违抗，就会受到“刳砧之虐”和“鞭颜皴面而斩”的惩罚。不仅如此，皇权对佛教一直采取限制政策，具体措施包括：“沙汰僧尼”、削减僧寺、设置僧官乃至废佛等，并使佛教受世俗法律而不是僧法的治理。

概要地说，西方学者对中国文化中的宗教主要有两种类型的看法。

第一，中国是一个缺乏宗教信仰的国家，中国人的宗教意识非常淡漠。罗素认为，中国实际上是一个缺乏宗教的国家，中国人注重实用和现世的意义，对于超念的、彼岸的事情存而不论，因此可以说，中国人对宗教缺乏西方人的那种严格和热情。康德认为，宗教在中国受到冷遇，许多人不信上帝，即使信的人也很少参加宗教仪式。法国传教士古伯察(Huc Evariste-Régis)认为，中国人对宗教漠不关心，中国人完全沉溺于世俗的兴趣之中，沉浸在感性的生活之中。即使是

① 〔美〕爱德华·斯图尔特等：《美国文化模式》，第154页。

论及在中国文化中占据重要地位的佛教，费正清也有相似的评论：佛教主要是中国传统文化的一种补充，但并未对中国本土的价值观产生过根本的修正，“佛教装饰了中国文化，但并未像基督教之于欧洲那样在整体上重塑了中国文化”[①]。

第二，中国人的宗教观具有现实性、功利性和契约性的特点。社会学家爱德华·罗斯(Edward Ross)指出：中国人接受宗教是出于实用的目的，所以，中国人将菩萨看作是从世界上获取利益的源泉，希望从菩萨那里祈求健康、好的收成、科举考试的成功、经商获利和仕途顺利。宗教社会学家乔基姆(Crisdian Jaojmu)也指出：对一个精神性的观念体系的信仰，绝对不是普通中国人宗教行为的动力。在中国，神与人之间似乎存在着某种契约性的东西，人对神的祈求通常都伴随着某种有恩必报的允诺。[②]

中国学界也存在三种不同的观点。第一种观点是从中国传统文化的特征出发，认为中国人的人格世界中没有宗教。辜鸿铭就认为，中国人不需要宗教，因为中国大众并不看重宗教。对中国人而言，佛寺、道观以及佛教、道教的仪式，其消遣娱乐的作用要远远超过道德说教的作用。之所以如此，是因为中国有一套完整的儒家哲学和伦理体系，是这种人类社会与文明的综合体取代了宗教。[③]第二种观点认为，中国是一个宗教意识浓厚的国家，中国有着各种宗教滋生蔓延的肥沃土壤。不过，中国人并没有把宗教置于支配万物的位置，参与宗教活动的动机不是出自对崇拜对象的虔敬信奉和对超凡力量的真挚敬仰，而更多地表现为一种世俗的要求与功利目的。费孝通准确地指明了这一特点：“我们对鬼神也很实际，供奉他们为的是风调雨顺，为的是免灾消祸。我们的祭祀很有点像请客、疏通、贿赂。我们的祈祷是许愿、哀乞。鬼神对我们是权力，不是理想；是财源，不是公道。”[④]第三种观点认为，虽然中国人宗教观念相对淡漠，但多数人都有不同程度的宗教感情，且佛道的影响在社会生活中无处不在，只不过是采取了孔子所说的“事鬼敬神而远之”的态度，或是通过内心的崇拜和反省来表达宗教情感。

20世纪70年代以来，中外学界出现了一种新的趋向，就是不仅视儒家思想为一种支配中国人行为的观念系统，而且将其理解为一种宗教伦理体系——“儒教”。因为“儒教”为传统社会中个体的存在提供了一种终极关怀(ultimate con-

① 〔美〕费正清：《中国：传统与变迁》(张沛译)，北京：世界知识出版社2002年版，第126页。

② 〔美〕克里斯迪安·乔基姆：《中国的宗教精神》(王平译)，北京：中国华侨出版公司1999年版，第163—185页。

③ 辜鸿铭：《中国人的精神》，海口：海南出版社1996年版，第125页。

④ 费孝通：《美国和美国人》，北京：生活·读书·新知三联书店1985年版，第110页。

cern)，在社会中发挥了“正人心、齐风俗”的作用，这些功能正是基督教等宗教传统所承担的。杜维明是这一观点的代表人物，他还强调说：“儒家以凡俗为神圣的价值取向和基督教的社会福音有类似之处，而其转化权力斗争为信赖社群的宏愿又和佛教为拯救众生而不入无余涅槃的菩萨道有相同之点。”①

在亚洲的不同国家，宗教的影响与地位各不相同。在泰国、缅甸、柬埔寨和老挝等佛教国家，虽然佛教的影响十分深远，但许多西方研究者认为，这些国家中的宗教主要服务于改造社会、解决现实问题，核心功能是帮助教徒实现精神和心理上的满足、平衡和慰藉。尤其是这些国家的宗教传统中形成的对权威的敬畏，使普通人在现实中对政府和官员十分顺从，并尽量回避与之冲突。就日本的情形来看，政治价值一直优先于宗教价值，并注重利用宗教的超越个人救济和实现集团统一的功能。比较典型的例子，就是16世纪晚期日本权臣丰臣秀吉为实现全日本在精神上的统一而颁布的“天主教徒驱逐令”，开头就说，“日本乃神国，决不许天主教国家在此传授邪法”，把禁止天主教的措施作为打击当时的反对幕府政治体制者的手段。出于相似的缘由，佛教在日本也逐步沦为“葬式佛教”以及政治上的御用宗教。正如铃木范久指出的：在日本，“宗教与伦理均在政治的大树下萎缩了，心甘情愿地做了御用宗教、御用道德”②。

关于宗教在日本社会中的地位，本尼迪克特还有一个观点：虽然日本是世界上有数的佛教国家之一，但其道德伦理显然与释迦及佛典对立，所以“日本并不谴责满足私欲。他们不是清教徒。他们认为肉体的享乐是件好事，是值得培养的”③。总体看来，今天的日本称得上是一个“宗教博物馆”，神道教、佛教、儒教、基督教、伊斯兰教等宗教的影响和融合，使日本社会的宗教生活非常复杂。一种形象的说法是：日本人出生时信奉的是神道，结婚时是基督教，送终时是佛教。

五、制度与法律

没有制度，社会便不能存在。

——阿诺德·汤因比

制度(institutions)是一定社会组织在某个社会活动领域的各种基本规范的综合，其对象与范围涉及两个方面：一是一定的社会关系，二是处于这一定的社会关系中的双方采取的社会行为。

---

① 杜维明：《全球伦理的儒家诠释》，载《文史哲》2002年第6期，第7页。

② 〔日〕铃木范久：《宗教与日本社会》(牛建科译)，北京：中华书局2005年版，第51—53、58页。

③ 〔美〕鲁思·本尼迪克特：《菊与刀》，第123页。

人类学家雷蒙德·弗思(Raymond Firth)就认为：制度是一种社会关系，“是由一群人为了达到一个社会目的而共同活动所引起的”[①]。由于确定制度的主体不是个人，而是社会或社会组织，所以，制度属于社会中最稳定、最基本的规范，也是社会得以存在和运行的基本保障。关于这一点，汤因比也明确指出：“人类的社会关系超越了个人所能直接接触的最大范围之后就变成了非个人的关系，而这种关系是通过社会机构的所谓‘制度’来维持的。没有制度，社会便不能存在。”[②]

制度的主要功能有三：一是给予个人以社会导向；二是保证与协调个人与社会一定利益的实现；三是维持一定的社会秩序。为了实现这些功能，制度规范包含了三种要素——**原则、奖惩与权威**，忽略或抛弃任一成分，都会削弱甚至完全丧失制度的创立、实现和发展的可能性。[③]

就原则来说，制度是对社会关系双方的权利与义务的基本规定。重要的是，对于权利与义务的规定，不是人们自身的意愿，而是社会性的外部规定。此外，社会关于个人的权利与义务的规定，与这些个人在社会体系中的地位是一致的，不同社会地位的个体或群体具有不同的权利与义务。就奖惩而言，制度是社会对一定社会关系与社会行为后果进行处理的基本方式。任何制度都是一种奖惩手段，奖惩是制度的本质。奖惩的依据是原则，奖励的对象是原则中倡导的部分，惩罚的对象是原则中禁止的部分。倡导与禁止的中间地带是容忍，容忍程度的高低是制度弹性程度的标志。就权威而言，是由于组织或专门的机构与设施的存在而产生的精神力量，贯穿于原则与奖惩规定的形成和执行过程的始终。权威来自一定的组织和机构——在人类早期社会，氏族制度的权威来自氏族组织，进入阶级社会之后，权威不仅来自一般组织，还来自专门的机构与设施。

当代社会主要有五种社会活动领域：经济活动、政治活动、文化活动、公共服务、私人生活。与之相应，制度规范也可划分为如下五种类型，不同文化之间的制度差异即存在其中。

- **经济制度**。关于生产资料归谁所有、产品如何分配与交换、行为主体相互关系的调整等方面的基本规范的总和。
- **政治制度**。关于各个阶级在国家政权中的地位与相互关系，以及行政、公共秩序、国家安全等方面的基本规范的总和。

---

① 〔英〕雷蒙德·弗思：《人文类型》，第 76 页。

② 〔英〕阿诺德·汤因比：《历史研究》(曹未风等译)，上海人民出版社 1997 年版，第 58 页。

③ 宋林飞：《现代社会学》，第 186 页。

• **文化制度**。思想观念的创作与运用的基本规范的总和，包括对教育、科学、技术、哲学、宗教、道德、文学、艺术等方面的方针、政策、机构、工作程序和行为规范的规定。

• **公共制度**。关于由政府机关举办的公用事业，以及个别人的直接社会服务（如救济、娱乐、健康、安全保卫等）方面的基本规范的总和。

• **私人制度**。关于婚姻、生育、亲属以及非家庭的私人生活等方面的基本规范的总和。

从不同类型的制度的演进线索可以看出，制度构造了人们在政治、社会或经济方面发生交换的机制，制度的变迁也决定了社会演进的方式。在这个意义上，制度是理解文化和历史变迁的一个重要视角：一方面，制度本身承载和保持着文化；另一方面，文化也是制度延续、演化和变迁中的连续性的“基因”。由此而言，关于不同文化中制度的差异与变迁，是当前文化与传播研究应予以充分重视的问题领域。

针对中国传统社会中的制度，陈寅恪有一个著名的观点：中国文化可分为制度层面和非制度层面，以儒学为核心的中国传统文化已经具体化为社会制度。黄仁宇进一步指出，中国传统社会中以儒家思想为核心的社会制度“自恃为十全十美的理想，毕竟假设多于实际”，它以满足民间最低的期望为目的，而不及最高的标准，既缺弹性，也缺实力。[①] 虽然这些观点尚有待商榷，但毕竟不能否认：中国传统社会的制度安排带有浓厚的道德和理想色彩。譬如，官员年老退休是保证官僚体系生气和新陈代谢的制度，但在执行时却冠以回乡孝亲的名义；“老者安之”是中国传统社会的理想目标之一，各朝统治者均将赏赐老年人作为重要制度来实施，依年龄不同而赏赐的物品和数量也不相同。

作为社会规范的法律，所指的是法的整体，包括法律、有法律效力的解释、为执行法律而制定的规范性文件等。与其他社会规范不同的是，法律是一种具有他律性、强制性的实现社会控制的规范，主要由国家制定或认可，并由国家机构保证实施。

不过，在人类早期社会，法律与习俗、道德、宗教等社会规范在对象和来源上是难以互相区分的，都涉及人与人之间关系的调节与约束，同时可以得出一个结论：习俗、道德、宗教等规范直接或间接地影响了法律的产生与发展——在人类学的视阈中，法律的最初形式不过是由舆论所裁定的习俗而已。可以说，法律是习俗、道德、宗教等规范的外在化、具体化和公开化，尤其是宗教和道德规范得以

① 黄仁宇：《中国大历史》，北京：生活·读书·新知三联书店 1999 年版，第 29 页。

实行的权威性和强制性的保证。《旧约》就是一部具有神圣法律性质的“法”，其中包括了“十戒”这样必须恪守的戒律，也包括各种各样的民事关系和法律关系，以及仪式规程和卫生要求。在政教合一的伊斯兰国家，《古兰经》则是确立各种法律规范的经典和准则。

任何一种法律的产生，都根源于文化、国家、民族的发展演变的实际状况。不可避免地，就法律的基本内容、地位和影响而言，不同文化之间存在程度不同的差异，彼此很难兼容，有些甚至尖锐对立。与跨文化传播研究直接相关的，就是不同文化中法律基本内容的差异，及其在社会规范体系中的地位。

对于影响社会关系的各种行为方式的评价，是形成各种法律规范的一个必要条件。在不同文化中，面对同样的行为及其结果，譬如堕胎、婚外恋、克隆人、枪支管制，乃至节日燃放鞭炮等行为，人们往往会有不同的评价，由此也就有了截然不同的法律规范。这也说明，一些法律规范只不过是针对自身社会的规范，具有鲜明的民族性和地域性。由此而导致的后果是：在一些文化中，法律具有至高无上的地位，道德是法律的陪衬和补充；在另一些文化中，道德是主要的，法律是道德或其他社会规范的陪衬和补充；在一些国家中，法律多如牛毛，深入到社会生活的各个角落；在另一些国家中，法律仍很不健全，在很多方面还无法可依。

在欧洲传统中，古希腊时期的法律就立足于肯定和保障人们与生俱来的权利，在此基础上的其他社会规范的确立，也是以不侵犯法律所规定的他人权利为准则的。赫拉克利特就有一个著名的观点：城邦必须用法律武装起来，有了法律，人们才能过好城邦生活。希腊民主政治奠基者伯里克利特提出的民主政治的三个基本原则中，第二条就是“法制”。他要求人人遵守法律，并提出了影响至深的言论：“法律对所有的人都同样公正。”此外，亚里士多德也非常重视法治，认为法治优于人治，法律是“最优良的统治者”。

在欧洲早期传统的影响下，欧洲文化的重要特质之一就是法律精神，并随着历史的磨砺而成就了人类法律史上的璀璨“明珠”——罗马法(Roman Law)。罗马法源于著名的十二铜表法(公元前449年)，其系统的推广始于东罗马帝国时期，在查士丁尼一世时期达到鼎盛，当时编纂的《民法大全》是罗马法的集大成者。罗马法一度失传超过600年之久，后来随着1135年《民法大全》完整文献的出土，在中世纪和文艺复兴时期两度掀起热潮，成为整个欧洲大陆各种势力争相研究和推广的对象，又直接成为近代资产阶级法学的渊源和近现代法律的先驱，其中体现的人人平等、公平至上的法律理念具有超越时空的永恒价值。英国的《权利法案》、美国的《独立宣言》、法国的《拿破仑法典》和《人权宣言》，包括中国的《民法通则》等，都受到它很大的影响。

在中国传统社会中，法律大致可以等同于具有明确社会控制目的的道德规范，或者可以说，道德与法律融合成为了一种"德法合治"的模式。在这个模式中，作为内在自觉要求的道德规范，往往比外在的法律规范更为有效和深沉。历史地看，由于强调了"礼治"，秦汉之前早期社会的法律体系均是以"礼"为指导的，有关刑事政策均努力体现礼治精神，法律内容也都配合着"礼"的要求来制订。以汉武帝的"罢黜百家，独尊儒术"为开端，启动了儒家礼义道德思想与法律的正式融合进程。到了盛唐时期，基于"德礼为政教之本，刑法为政教之用"的思想，礼义道德原则与法律规范更好地结合起来，从此实现了法律体系的道德化。直到辛亥革命的爆发，这种"德法合治"模式才逐步解体。

"德法合治"的最终结果，就是道德规范取得了法律的形式，追求的是"礼"和道德的正义性和制度化，也使社会行为带有普遍而强烈的"义务"意识。譬如，所谓的"五伦"就是义务：父母对子女要"慈"，子女对父母要"孝"；君对臣要"惠"，臣对君要"忠"；兄对弟要"友"，弟对兄要"敬"……如此种种，均为义务，没有一条属于权利。更重要的是，这种"德法合治"的法律模式力图保护"礼治"下的亲亲尊尊关系，维护特权阶级的特殊利益，减少社会结构内部的竞争与冲突。不同的阶层和不同地位的人们发生诉讼时，要根据亲疏、尊卑、男女、长幼等关系适用不同的法律；当亲、尊、长的关系存在时又要比较孰重孰轻、谁主谁辅的先后次序。严复曾就此对中西法律进行了比较："中国最重三纲，而西人首明平等；中国亲亲，而西人尚贤；中国以孝治天下，而西人以公治天下。"[①]

第二节 社会互动、群体影响与人际关系

作为人类社会得以形成的基础，社会互动（social interaction）引起了形形色色的社会现象，构成了人类丰富多彩的社会关系和社会生活。没有对社会互动行为的研究，就难以解释复杂的文化与传播现象。跨文化传播研究对社会互动的关注，还遵循了社会科学的一项基本原则：不研究不受群体影响的人的行为。由于人的行为是在社会互动过程中被塑造的，只有通过对社会互动行为的研究，才能解释人的行为。

传播是借助信息传递而实现的社会行为的互动过程，因为在接受或传播信息时，人们总是受到与其互动的群体以及更大的社会结构的影响。所以，人际交往和互动从来就是传播学关注的重点，有关这些问题的研究成果，构成了传播学

① 严复：《严复集》第1册，北京：中华书局1987年版，第3页。

关于人际传播的基本内容；传播学也一直重视群体和组织内的传播研究，并把群体和组织内的传播视为群体和组织存在的先决条件。

一、社会互动与人的社会化

> 一个群体遇到另一个群体时，他们采取的态度取决于他们对观察到的差异所做的反应。[①]
>
> ——人类学家克拉克·威斯勒

社会互动是社会学的重要概念，指的是两个以上的个体、群体或社层之间相互作用、相互影响的活动。

社会互动主要包括五个要素。**行动者**：不管是个人与群体，还是群体与群体的社会互动，行动者的最小单位都是个人。**社会目标**：参加互动的人们都是有意识的，都力图调节另一方的行动。**社会环境**：任何社会互动都是在一定的环境下进行的。**社会规范**：互动中的任何一方都必须在一定的规范导引下行动。**社会接触**：互动双方均受对方行动的发生与改变的刺激，从而形成真正的群体行动。

社会互动与社会化(socialization)过程密切相关。一般说来，社会化是个体用来获得其所属群体的规范、价值观、信仰、态度和语言特征的社会互动过程。人类的一切活动都受到群体的影响，在每一个个体的生活过程中，各种群体都将会冲击个体的生物"原材料"——塑造它、改造它、影响它。根据符号互动论(symbolic interactionism)的观点，所有社会结构和意义都是由社会互动所创制和维持的，社会化就是人们"发展思考能力和塑造人类行为"的过程，是创造和学习"符号"和"意义"的过程。重要的是，社会化不是单向的个体被动接收信息的过程，而是一种动态的、复杂的互动过程。[②]

对于个体而言，社会化是通过社会互动的过程学习不同的社会规范并逐渐形成自己的观点体系的过程，其内容广泛，是一个持续终身的过程。概括来看，社会化至少有两项任务需要个体来完成：第一，使个体知道社会或群体对自己有哪些期待，规定了哪些行为规范；第二，使个体逐步具备实现这些期待的条件，自觉地以社会或群体的规范和观念来指导和约束自己的行为。由此可以把社会化分为周期性的几个阶段。

第一，**基本社会化**。这是指在儿童时期通过家庭学习生活知识，培养语言能力和认知能力，掌握行为规范，建立感情联系，确立道德及价值判断的标准。

---

① 〔美〕克拉克·威斯勒：《人与文化》，第308页。

② George Ritzer, *Modern Sociological Theory* (New York, NY: McGraw-Hill, 1996), p. 210.

第二，**预期社会化**。主要指在学校里进行的社会化，学习将要承担的社会角色，为进入社会做好各种准备。

第三，**发展社会化**。主要指成年之后的社会化，是在实现了基本社会化的基础上进行的。随着环境和自身的变化，个体要接受新的期待和要求，承担新的义务、角色和责任。

第四，**再社会化**。当个体的生活环境或担任的社会角色发生急剧变化时，个体的生活习惯、行为准则、价值观念等需要作出重大调整，并开始新的学习。譬如，人们在迁居异国他乡时，需要学习当地的语言，适应当地的习俗和生活方式。

针对人类的互动和社会化行为，乔治·米德指出，人类具有应用符号、内隐反思、自我了解和自我控制的能力，这是为了有规则地互动并对环境压力作出反应。具体而言，通过约定俗成的姿势，人类可以发出其行动过程的信号；通过解读这些信号，人类可以相互采用彼此的看法，采取一种与社会情境相联系的更为“泛化的共同态度”；通过用心的考虑，人类可以“富有想象力地演习”各种可供选择的行为方式，并选择最适当的反应；进一步地，通过自我传播能力，人类可以把自己看作在一种情境中的评价对象，进而控制和调节自己的反应。

正如米德所说：

> 我们多少是无意中看着自己，像其他人看着我们一样。我们不知不觉地像其他人对我们说话那样对自己说话；像麻雀模仿金丝雀的叫声一样，我们选择了周围的方言。当然，在我们自己的机制中必定有这些特殊的反应。我们在他人身上引起我们在自身引起的某种反应，以致我们不知不觉地模仿了这些态度。我们无意识地置身于他人的地位并像他人那样行动。[①]

专就本书的讨论而言，社会互动的概念还提供了一种启示：意义是传播的结果，即人们获得的意义是与他人交流的结果，而行动者根据自己所处的情境和接收的指令来对意义进行选择、检查、重组和改变。在人类的生活世界中，每个人都在与他人进行社会互动，传承、增加和积累着关于如何进行社会交往和社会互动的知识，从而生成“使人成之为人”(make humans human)的由知识、经验、理解、意义、语言、信息所构成的知识系统。由此而言，社会互动也是形成和完善人们共有的“思想空间”(capacity for thought)的过程。

进一步说，在社会生活中，人们之间的互动就像是舞台上的表演一般——人们在各种场景中行动，作出各种展示，再现各种人物，讲述各种故事。通过这些

① 张国良主编：《20世纪传播学经典文本》，第153页。

行为，人们创制、维持和改变着特定群体或文化的现实和意义。在互动过程中，每一方都是信息的发送者，也是信息的接收者，社会就是这样一个由人际互动构成的网络。查尔斯·库利即指出，传播是个人社会化的一个重要途径，传播方式包括"手势、讲话、写作、印刷、信件、电报、照相及艺术与科学的手段——所有能把思想和感情由这个人传给那个人的方式"，传播修改了传统社会内部的人与人之间的相互反应，所以，"社会是人与人之间相互发生影响"。①

针对意义与社会互动的关联，霍华德·贝克(Howard Becker)对大麻吸食者进行的研究提供了一个很好的注解：在彼此互动的过程中，吸食者学习了三个方面的内容：第一，如何在他人的影响下学会"正确"吸食；第二，如何在他人的指导下定义"神魂颠倒"的状态，即如何分辨大麻带来的感受，并将之与吸食行为联系起来；第三，如何在他人的影响下把吸食感受定义为"快乐的""值得期待的"。总之，这一研究充分表明：大麻的意义是在互动的过程中产生的，这种意义决定了吸食者对于大麻的看法。②

由于社会互动的方式折射出不同文化的差异，所以，从社会互动的视角来考察文化差异，就成为文化与传播研究的一个重要视角。为了更好地理解文化与社会互动的关系，还有必要领会经典社会学的一个基础性认识：深嵌在"社会结构"中的文化是一定人群所共享的价值观、规范、信仰和态度，构成了社会互动所依赖的潜在的假设和期待，所以说，不同文化条件下的社会互动，必然有着不同的假设和期待。

二、文化中的群体与社会分层

荀卿曰："民生有群。"群也者，人道所不能外也。

——严复

群体(group)是人们在社会活动中形成的基本的、具体的社会结构，其成员不是孤立地个别存在，而是被组织到一个复杂的、相互依赖的关系网络之中，人们遵循相同的需要、规范或认同，并按一定行为模式进行互动。

群体的实质，就是社会互动的集合：群体的出现与持续，有赖于群体成员的兴趣、期待、感情等通过具体的社会互动过程来实现；群体成员通过群体性的社会互动，才能满足自身的需要和归属感，并在客观上把自己与外在的社会结构有序地、有意义地联系在一起。乔治·米德即指出，"人们通常根据我们所属的群

① 〔美〕查尔斯·库利：《人类本性与社会秩序》(包凡一等译)，北京：华夏出版社1989年版，第78页。
② 〔美〕斯蒂芬·李特约翰：《人类传播理论》，第175页。

体以及我们所处的社会情境对整个自我进行组织”[1]。对于个体而言，群体则是社会人的参考框架——虽然每一个人都是独特的、由多种因素塑造的，但每一个人都不可避免地具有所在群体的共同特征。

根据不同的标准，可以把群体划分为不同的类型，如基本群体(primary group)与社会组织，血缘群体、地缘群体与业缘群体，正式群体与非正式群体，所属群体与参照群体，以及年龄群体、性别群体和民族群体，等等。其中，基本群体的概念来自查尔斯·库利的社会学研究，指的是通过面对面的互动形成的、具有密切人际关系的社会群体，这类群体主要包括家庭、邻里、儿童游戏群体等，是人类产生合作、伙伴与友谊关系的土壤。

跨文化传播研究关注的基本群体主要是家庭。因为家庭不仅是社会的基本单元，也为个体提供了最为重要的社会认同。从孩童时候起，家庭就在为个体灌输着各种各样的认识，包括家庭的历史背景，有关自身所处文化的基本信息，特定的行为、习俗、传统以及与种族或文化群体相关的语言，等等。简单地说，“家庭告诉你，你是谁；同时会告诉你，你是什么样的群体的一员”[2]。

年龄群体也是跨文化传播研究关注的群体类型。在不同文化中，年龄群体构成了社会分层和社会区别的基础。譬如，在波利尼西亚，尊重老人是社会生活的基本原则，他们有句谚语：“尊重我——下山的夕阳，枯倒的树木，饱受海水冲击的人”。在非洲，人们通常认为，人的年龄越大就越有智慧，从社会上尤其是年轻人那里得到的尊重也就越多。在澳洲土著人的成年礼中，长者给青少年以严峻的考验——长者有较多的知识，经常给青少年以指导——这就是他们社会生活中的年龄原则。“对亲属的称呼也要着重表示年龄的区别，辈分一点也不能混乱。他们有常设的长老会，或作为酋长的参谋，或掌握部落的最高权力，在那里，年龄和经验联系在一起的重要性随处可见。”[3] 相比之下，美国文化更青睐年轻人，社会主流价值也更多地受到年轻人的影响。

文化是群体而非个人的特征。文化是在特定人群长期的相互交往中形成的，并成为人群共同活动和相互依赖的重要纽带。作为人类行为、思想和感情的模式，特定的文化总是与一定的人群相联系，是一个共同体的社会遗产，不仅带有民族生活轨迹中产生、遗留下来的文化传统，还包含着各个群体的思想、精神产品与行为方式。在某种程度上，文化就是特定群体的潜意识，霍夫斯泰德即指

---

① 张国良主编：《20世纪传播学经典文本》，第172页。

② Larry Samovar and Richard Porter, *Communication between Cultures*, p. 114.

③ 〔英〕雷蒙德·弗思：《人文类型》，第78页。

出:“文化是我们思想中集体的、能够把一类人与另一类人区别开来的集体程序(collective programming)。”[①]

世界上大多数文化中都可能存在着若干不同的群体,这些群体在历史、生活方式、世界观以及价值观等方面的共享,使其成员形成、发展和强化了各自特色鲜明的文化。当然,这些群体也在不断受到所属的主导文化的影响。这是因为,每个文化内部都有一个与主导文化相联系的**主导群体**(dominant group)。作为文化的核心和社会各个群体的领导者,主导群体能够决定和控制文化信息的内容和流向。

群体的一致性

一定数量的人们之所以被称为群体,是因为他们具有某些共性并由此而联结在一起,这些共性包括共同的目标、结构和传播方式等。这些共性是群体的形成与发挥功能不可缺少的成分。社会学家西美尔(Georg Simml)就强调说,“尽管从目的性和一般意义来看,社会群体最为变幻莫测,不过,群体内部个体成员之间仍然具有同样的行为方式”[②]。

群体的一致性往往体现为“**从众性**”——通常,个体乐于受到所属群体的影响,特别是来自年龄群体、性别群体或民族群体等的影响,进而满足从事社会活动的诸多社会和心理需要。[③] 这里有两个例子:在拉美国家的一些村庄里,妇女洗衣服的条件是恶劣的,但与其他人共同工作的愉快、与他人的交谈和玩笑补偿了洗衣的艰苦,所以,妇女们强烈反对改变洗衣方式;在非洲的一些村庄,水井发挥了同样的作用——妇女抵制那些将自来水接入每家每户的建设者,因为自来水剥夺了她们唯一的进行社会交往的机会。

群体的一致性是多方面的,其中重要的是,一个群体的规范往往是相似或一致的——在某种程度上,规范甚至是特定群体的成员在特定环境中共同拥有的价值判断(value judgement)。在日常生活中,群体遵从的规范是多种多样的,比如,发型、追求异性的行为、祝贺的方式、握手的规矩、对食物的嗜好、性行为的习惯,等等。这是因为,社会互动是有意识的行动,社会互动的发生都基于某些选择,选择的标准之一就是自身遵循的规范。由此也产生了一个基本的传播学原理:个人愈是承认自己是一个群体的成员,用与该群体价值观相悖的信息去影响

---

① 〔英〕理查德·刘易斯:《文化的冲突与共融》,第17页。

② 〔美〕乔纳森·特纳:《社会学理论的结构》下卷(邱泽奇等译),北京:华夏出版社2001年版,第151页。

③ Everett Rogers, *A History of Communication Study* (New York, NY: Free, 1994), p.381.

他的态度的可能性就愈小。所以,传播双方对规范的共享,是有效传播的重要保证之一。

由于个体对规范的遵从总是要受到群体的约束和影响,所以,来自群体约束的力量,远远大于自我约束的力量。群体不仅能够在人们相互的契约中确立规范的"绝对命令",而且还积极地涉入了每一种规范的形成过程。许多研究注意到,宗教得以在人类历史中传承、延续的原因有很多,其中最重要的因素就是**群体影响**,通常有三种情况。第一,**群体压力**,主要是指在某种宗教势力盛行的地方,不信教者都会承受一定的压力。第二,**社会网络**,主要是指个人直接的社会关系,比如亲属、邻里、朋友、同事等,他们往往是人们进入宗教"大门"的引荐者,宗教团体中的成员大多是通过社会网络而信教的。社会网络一般是在同一群体层次中形成的,因而它的影响反映了皈依宗教的某种群体的社会属性。第三,**家庭传统**,这是指许多人从小就目睹了家庭长者履行宗教信仰与规范的情景,宗教仪式与教义也往往成为这些家庭群体自觉不自觉地对儿童进行早期教育的内容之一。

群体规范规定了成员之间互动的方式,互动行为也决定了规范的产生和变化。20 世纪 30 年代,谢里夫通过实验研究表明,在不确定的环境下,人们依赖于群体的帮助,群体的影响甚至能超越群体的存在,出现在没有群体的环境中。① 在谢里夫之后,贝滕豪森(Kenneth Bettenhausen)等描述了规范在社会互动中逐步形成和完善的过程:在一个新的群体中,由于人们无法确定适当的行为规范,就会去寻找过去相似的经验和标准来作为行动的指导。如果群体成员对新的环境没有形成共同的解释,他们就会发展一种建立在群体基础上的对环境的理解。群体成员在互动的过程中,分享了经验,形成了对未来互动的期望。此外,对正在形成的规范的不同意见和争论,也会使规范得到不断的修改和完善。最后,一旦规范形成,任何试图改变规范的行为,都会遭遇惩罚或制裁。②

社会分层、权力与文化

在同一群体中生活的人们,虽然具有血缘、地缘或业缘关系上的同一性,但往往又具有经济利益、社会地位、生活方式等方面的差异。这些由生产力发展水平和社会分工形式决定的差异,形成了不同群体之间的权力、财富、收入和社会

---

① 〔美〕沃纳·赛佛林、小詹姆斯·坦卡德:《传播理论》(郭镇之等译),北京:华夏出版社 2000 年版,第 215 页。

② Kenneth Bettenhausen and Keith Murnighan, "The Emergence of Norms in Competitive Decision-making Groups", pp. 354—358.

地位的不平等分配局面。

通常，这种不平等是沿着性别、种族和阶级三个轴心运转的，并分别导致制度化的性别主义、种族主义和阶级分化与冲突的出现，而“性别、种族和阶级也以各种复杂的形式相互交错于一体，有时强化，有时会弱化现存不平等的结构”①。后果之一，就是现实地规定着处于不同社会层次的群体的互动方式、生活方式和权力，使不同的社会阶层都形成了自己独特的群体文化。

由此就涉及社会分层（social stratification）的概念。社会分层是指根据不同的社会等级标准（综合的或单一的），把社会成员划分成不同阶层的群体的过程。作为社会学研究社会结构的一个特定角度，社会分层理论在社会学原理中一直具有重要的地位和作用。一般来说，划分阶层的标准依据的是人们对广义的社会资源的拥有状态，会依据不同群体的社会性别、收入多寡、权力大小、受教育程度高低等状况进行。

不同社会群体的差异，在很大程度上影响着人们对于信息传播的选择、接受、解释和记忆。20 世纪 40 年代，拉扎斯菲尔德（Paul Lazarsfeld）通过选民行为调查发现，社会地位不同的人对媒介的关注程度和反应方式也会有所不同，而同一社会类型的人则大致相同。他就此提出了著名的**选择性影响**（selective influence）理论，包括两个步骤。第一，“选择性注意”（selective attention），即群体差异导致了接受媒介内容的方式的差异。在一个被信息包围的社会中生活的人们，会根据自己的社会地位、职业角色、文化水准、口味爱好等主观标准对信息进行过滤，对自己感兴趣的信息会更为注意。这种“选择性注意”也是和周围的人际关系、社会关系互动和协调的一种表现。比如，为了友谊或家庭生活而强迫自己去关注自己本身并无兴趣的信息，去看足球赛、看电视连续剧，等等。第二，“选择性感知”（selective perception），即由于兴趣、信仰、知识水平、主观态度、实际需求、价值观念等方面的差距，不同群体的人们会对同一则信息产生不同的感知。

跨文化传播研究应当关注的是，在每一个文化中，各个群体都会有不同程度的影响力，这些影响也转化成了不同群体的行为方式，并对群体文化发挥着不同的作用。显然，主导文化将极大地反映主导文化成员及权力精英的思想和利益。如此一来，那些处于较低社会层次的群体及群体文化就不可避免地被打上了等级的烙印，被主导文化及其成员赋予低等的身份。

针对复杂社会中广泛存在的这一特征，20 世纪 50 年代，人类学家雷德菲尔

① 〔英〕罗宾·科恩、保罗·肯尼迪：《全球社会学》，第 19 页。

德(Robert Redfield)提出了“**大传统**”(great tradition)与“**小传统**”(little tradition)的概念,用以说明复杂社会中存在着两种不同层次的传统:少数有思考能力的上层人士创造的文化系统是“大传统”,反映了以都市为中心,由上层士绅、知识分子所代表的文化;而社会下层在生活中自发形成的社会风习是“小传统”,是一种具有保守价值的观念形态。在文化系统中,“小传统”显然处于被动地位。

关于社会分层与权力分配的关系,社会语言学家福尔伯(Edith Folb)还提供了一个重要的观点:社会阶层的客观存在,表明了一种等级差别的秩序过程,保证了权力精英的发展和存在。由于权力精英占有了社会中最有价值和最必要的东西,从而使社会成员之间不平衡的关系得以存在和延续下来。尤其是,为了维护自己的地位以及由此带来的利益,权力精英们“支持帮助和创立一些特定的文化思想和人工制品来保证他们的权力的长存。当文化以含蓄或者清楚的方式反映了权力精英维护自己地位的要求和渴望时,文化就成了宣传的工具。因此,那些包含着社会组织、行为、价值观和信仰等诸如此类的思想和物品可被视为牺牲大多数人利益维护少数人利益的规章制度或机构”①。

20世纪90年代后期,马克·奥比(Mark Orbe)运用现象学的方法建立了**群体文化理论**(Co-culture Theory),将非白色人种、女性、残疾人、同性恋群体以及较低社会阶层的**未被充分代表的群体**(underrepresented group)纳入了自己的理论视野。群体文化理论的主要贡献,就是提供了一个分析框架:在主流社会结构中,如何让从属于主导文化的群体成员与那些企图使他们缄默的人协商。这一理论的提出基于两个前提:第一,在主流社会结构中,未被充分代表的群体成员处于边缘地位;第二,在面对“压抑的主流社会结构”时,未被充分代表的群体成员可以凭借特定的传播方式获得某种程度的成功。

近年来,群体文化理论已被广泛用于非裔美国人研究、残疾人研究、夏威夷原住民研究、以色列妇女研究以及对无家可归者的研究等领域,其中包括对黑人职业女性如何在主导文化中构建审美观念的调查。值得一提的是,通过在美国学术界的广泛应用,群体文化理论已使人们在对种族主义、性别主义、等级主义以及对同性恋和残疾人歧视等议题的理解上取得了显著的进步。②

跨文化传播研究还应关注的是:面对以西方文明为代表的现代经济、政治和社会的文化模式,同一文化内部不同社会群体的接受和适应情况并不相同。正如雷蒙德·弗思指明的:“在财富、教育或权力上地位最高的”特权阶层可以自由

① 〔美〕拉里·萨默瓦、理查德·波特:《文化模式与传播方式》,第157页。

② William Gudykunst, ed., *Theorizing about Intercultural Communication*, pp.173—189.

地和西方社会的人相互交往，但是，“其他多数阶层的人民不能完全达到他们适应西方文明的目的，一部分由于他们没有钱，一部分由于他们没有受过使他们获得文化的培训，但可能还有别的一些因素，如他们固守他们熟悉的生活方式，认为它很美好，很有道德，甚至很有精神价值”。[①]

三、个体行为的群体影响

> 人类的多样性也包含着个体的多样性；这些同样需被社会学的想象力所把握和理解。[②]
>
> ——社会学家赖特·米尔斯

针对群体影响个体行为的科学研究开始于20世纪30年代，美国社会学家谢里夫、勒温、拉扎斯菲尔德等是这一领域的奠基者，并由此对传播学的形成和发展产生了重要影响。20世纪40年代，拉扎斯菲尔德通过选举研究发现，群体在个体的政治态度形成和作出投票决定方面具有重要作用。由于群体对个体的态度、行为甚至感觉都有很大的影响，可以这样来看待个体与群体的关系：个体不是孤立的存在，而是有着一系列群体影响的存在。

需要说明的是，直到20世纪70年代，西方社会学的主流观点仍然是：个体是群体影响的被动接受者，文化影响着个体的目标。不过，从70年代开始，认为个体被动地受制于群体和文化的理论开始受到挑战。其中，安·斯威德勒(Ann Swidler)认为，文化给个体提供了一个广阔的选择范围，文化并不决定个体的目标，只不过是以“符号、传说、仪式以及世界观”等形式提供了人们用以解决问题和组织其行为的“工具箱”。虽然人们可能会共享同样的观念体系，但行为却可能各不相同，因为人们把特定的观念转化为行动的能力并不相同。更重要的是，现实生活中的文化本身，就不是一个按照始终如一的方向推动行为的统一体系，所有现实的文化都包含着分殊的、冲突的因素。与这一观点相似的，还有社会学家史蒂夫·德纳(Steve Derne)的论断：人们一般会倾向于遵从文化规范，但实际行为的选择总要比文化本身所指示的要宽泛得多。[③]

为了强调个体之于文化的独立和重要性，陈序经在20世纪40年代就提出：无论是从文化的发展与进步来看，或是从文化的模仿与创造来看，个人所占的地位比之社会更为重要，“因为个人是具体的，是发展文化的主体，是发展文化的原

① 〔英〕雷蒙德·弗思：《人文类型》，第156页。
② 〔美〕赖特·米尔斯：《社会学的想象力》，第143页。
③ 〔美〕戴安娜·克兰主编：《文化社会学》，第10页。

子,是发展文化的起点。所谓某个社会的文化,影响或传播到别个社会,严格地说,是前者的个人影响或传播到后者的个人"①。依据这一考量,跨文化传播即是由有意识的、追求某种目标的诸多个体进行的。由于每个人的生活条件、生活经验不同,这些个体的意识、心理和价值观念及对文化信息的理解也不同。这样一来,跨文化传播就不会像倒水一样,可以从一个容器里倒进另一个容器里,而是通过许多个体之间的互动或相互作用表现出来。这个意义上的跨文化传播过程,就成为一种由无数相互交错、相互作用的个体因素组成的"文化动力学过程"。

参照群体与意见领袖

参照群体(reference group)是指人们在塑造自己的行为和形成态度时加以模仿和效法的群体。参照群体不是个体的隶属群体,而是个体乐于参照甚至想要加入或理想中的群体。

参照群体对个体行为的影响主要在于两个方面:第一,个体在接受跨文化传播时总是受到参照群体的规范、评价、行为指向等的支配,个体为了与这些规范、评价、行为指向保持协调,需要通过具体的跨文化传播行为进行调节;第二,由于人们交往的渠道不同、价值观不同,各自所认可的参照群体也不同,不同的规范、评价、行为指向便形成了各种不同的与参照群体有关的观念与生活方式。

研究者曾以个案调查的方法说明,移居美国的华人,尤其是在美国出生的华裔,是以美国人为参照群体的,"她们涂脂抹粉,剪短头发,高高卷起,看起来一切都像她们的美国同伴。……他们蔑视父母的习惯和传统,模仿这些所谓的美国习俗,并力图学得惟妙惟肖"②。这一研究说明,相对落后群体的成员往往是以影响较大或较为先进的群体为参照群体的。雷蒙德·弗思的人类学研究还发现,"一个社区的人民对那些和他们的传统价值观念及组织形式有连续性的或相似的促进因素最容易接受",这主要是因为,传统势力的重要性是不容忽视的,"有些地方的人和外来文化发生长期接触以后,他们的生活方式和思想显然有了根本的改变,可能他们还会恢复古老的习惯,或是重新实行一些传统的习俗,把它们夹杂在新的生活方式中"。③

意见领袖(opinion leader)也是一个关注群体影响的社会学概念,强调了个体对群体的影响。通常,意见领袖就是能够输出信息和施加影响的人——主要是个体的人,也可以是群体。传播研究发现,意见领袖不仅能够向其他个体和群

---

① 陈序经:《文化学概观》,北京:中国人民大学出版社2005年版,第368页。

② 吴景超:《唐人街》,天津人民出版社1991年版,第269页。

③ 〔英〕雷蒙德·弗思:《人文类型》,第159页。

体发出信息、产生影响作用，而且自己也积极摄入信息和影响。在这个意义上，意见领袖被一些传播学者视为传播流程中的核心。根据拉扎斯菲尔德的观点，意见领袖在社区的任何部分、社会经济地位的任何阶层都普遍存在，他还特别指出："意见领袖在各种生活阅历类型中的分布密度是不同的，在各社会地位阶层中的分布密度则大致相同，通常，他们更多地集中于各领域社交活跃的群众中。"①

创新的扩散

对于创新扩散的研究始于20世纪初期，以人类学家和社会学家为先导。当时，人类学的扩散观强调：一个社会的绝大多数变化是由于引入其他社会的创新事物造成的。在这一时期，法国社会学家塔尔德(Gabriel Tarde)已开始探索创新的"模仿"(imitation)过程中的意见领袖的作用。到了1943年，布赖斯·瑞安(Bryce Ryan)等发表了关于杂交玉米种在美国艾奥瓦州农民中扩散的研究成果，标志着创新扩散的"革命性范式"的出现。② 1962年，罗杰斯(Everett Rogers)出版了《创新的扩散》(*Diffusion of Innovations*)一书，此作至今被认为是创新扩散研究的集大成之作。

根据罗杰斯的观点，无论在美国宾夕法尼亚州的某所学校推广新教材，还是在秘鲁山区的印第安村民中推行喝开水的习惯，人们接受新观念、新事物的过程大致相同。不过，由于不同的个体具有不同的动机、价值观念、既得利益，以及对于变迁的态度，特定群体中的一些人会比其他人更为迅速地采纳创新的事物，由此就产生了五种类型的群体成员。

- **创新者**。这是首先接受创新事物的人，他们有创新和冒险精神，有强烈的探索欲，有理解复杂技术知识的能力，而且和群体联系紧密——当他们把新技术和新观念展现在群体面前时，人们没有畏惧感。
- **早期接受者**。这些人往往受人尊重，在群体中常常比创新者拥有更多的既得利益，可以被视为是"意见领袖"。此外，这些人往往受过较好的教育，有较高的社会地位，从事着较大规模的商业性和专门化的活动。
- **早期多数者**。这些人不大可能占据领导地位，在采取行动之前，会仔细考虑。
- **后期多数者**。这些人往往比较多疑，之所以采纳创新事物，也主要是迫

① 张国良主编：《20世纪传播学经典文本》，第226页。

② Everett Rogers, "New Product Adoption and Diffusion", *The Journal of Consumer Research*, Vol. 2, No. 4, 1976, p. 290.

于群体压力。

- **滞后者**。这是群体中最为保守的成员，怀疑、担忧或是惧怕任何的变迁。

通过对创新采用率的研究，罗杰斯还总结了创新事物的五个特征：**相对的先进性**(relative advantage)，即人们认为一项创新优越于它所取代的事物的程度；**兼容性**(compatibility)，即一项创新与现有价值观、以往经验、预期采用者的需要的共存程度；**复杂性**(complexity)，即人们认为理解和使用一项创新的难度；**可试验性**(trialability)，即一项创新在有限基础上可被试验的程度；**可观察性**(observability)，即创新结果能为他人看见的程度。

在罗杰斯的推动下，扩散研究迅速成为传播研究的一个重要领域。在跨文化传播研究中，扩散可以指新生事物从一种文化传播到另一种文化，或是从一个群体文化传播到其他群体文化乃至主导文化的过程。根据人类学研究，人类从古至今存在有 4000 多个不同的社会，所有的社会都经历了不同程度的扩散，或是对已经引进的事物进行考察，或是将新旧事物融合在一起。总之，扩散推动了文化的发展变迁，并因此成为跨文化传播学开展有关技术影响、人际互动、社会变迁等研究的重要概念。

借鉴创新扩散及上述的参照群体、意见领袖等理论，在跨文化传播中，要想使一个文化群体接受某个新观念和新事物，必须设法改变该群体中的创新者及意见领袖的观念和态度，同时，将新观念和新事物转化成该群体可以接受的语言、观念等进行传播。从这个视角出发，可以从一个侧面解读伊斯兰教在中国得以流传、扩散的情形。伊斯兰教在唐代进入中国后不久，穆斯林学者就提出了"教有二教，理无二理"的口号，强调伊斯兰教与儒家思想道统同源、教理相同，这一做法首先得到了儒家人士的认可。宋明以来，伊斯兰教还与理学联系紧密，强调圣人之教是"东西同，今古一"。到了清代，穆斯林学者刘智编写了宣传伊斯兰教义的诗歌体启蒙读本《天方三字经》，不仅文学形式、内容体裁均与儒家文化密切相关，还结合中国传统道德规范对伊斯兰教的"伊马尼"(信仰)进行了通俗的解说，其中就有："尔小子，方有知，学浅近，莫深思。学孝顺，事亲师，明长幼，别尊卑，知仁让，学礼仪，谨言动，慎非为。"

四、关于人际关系的理论与东西方传统

> 传播是所有人际关系的基础。
>
> ——社会学家约翰·杜威

人际关系(interpersonal relations)是通过社会交往构成的人与人之间相互依存和相互联系的社会关系。作为普遍存在的社会现象，人际关系是每一个社

会和文化成员赖以生存和发展的基础,也是社会和文化得以生存和发展的基础。

早在古希腊时期,亚里士多德就概括了人际关系的三种基本形式:第一,建立在功利基础上的关系——因为别人能帮助我们,所以我们就喜欢他们;第二,建立在快乐基础上的关系——因为别人让我们快乐,所以我们就喜欢他们;第三,建立在美德基础上的关系——因为别人道德完美,所以我们就喜欢他们。在这三种关系中,建立在美德基础上的关系是最高级的关系形式,因为双方是真正地喜欢对方,而不是利用关系去达到某种目的。亚里士多德的这一概括,堪为理解人际关系的起点。

关于传播与人际关系,约翰·杜威有一句名言:传播是所有人际关系的基础,传播生产社会财富,沟通人际关系,使集体生活成为一种可能。承继杜威的观点,约翰·斯图尔特依据人类传播的质量把人与人之间的现实关系区别为"**社会层面**""**文化层面**"和"**人际层面**"三种情形。斯图尔特认为,这三种关系均处在一个传播的连续体中,也就是说,人际传播既可能是社会的、文化的,也可能是人际的,三者既相互关联又有所区别。

许多研究者的一个共识是:人际关系是社会关系这一庞大系统的基础,如果把人际关系排除在外,任何"纯粹的"社会关系也就无从谈起了。进入跨文化传播学的视阈中,人际关系是人与人之间在跨文化交往中发生的相互作用和相互影响,体现了人际的心理距离和社会距离。由于不同文化中的人们在社会化过程中习得了不同的社会规范和观念,所以不同文化中的人际关系也是迥然有别的。探究这些差异及其对传播的影响,对跨文化传播研究和实践有着特殊的意义。

一个不能忽视的现象是,不同文化之间人际关系的建立,往往不是毫无选择、纯属偶然的。通常,参与跨文化传播的人们都具有相同或相似的群体特征,科学家与科学家交往,商人与商人来往,依此类推。所以,在跨越文化的界线后,形成了一种"物以类聚"的局面,此时的人际关系往往比在本文化内的人际关系具有更强的凝聚力。

人际需要与社会交换

关于人际关系发生、发展的缘由,主要有两种理论解释:一是美国心理学家威廉·舒茨(William Schutz)提出的**人际需要**(interpersonal needs)理论,立足于解释人的心理需要对关系的推动作用;二是美国社会学家乔治·霍曼斯(George Homans)、彼得·布劳(Peter Blau)等提出和发展的**社会交换**(social exchange)理论,立足于从微观角度去探讨人类的社会行为,认为人际关系的存在和发展由利益和理智所决定。

根据人际需要理论，人与人建立交往关系主要是为了满足人类三种基本的内在交往需要：**情感需要**（need for affection）、**归属需要**（need for inclusion）和**控制需要**（need for control）。情感需要主要是反映一个人爱他人与被他人所爱的某种欲望，也包含渴望与畏惧等情感。归属需要是指人们指望通过与他人建立关系，来摆脱心理意义上的孤寂状态，通过寻求与他人的交往，以获得“我们”这种心理安全感。控制需要是指人具有影响他人与操纵事件的需要。关注他人、支配他人、喜欢对他人“负责”，是人类一种共同的心理爱好。总体来说，这三种基本需要是在社会成员中普遍存在的，决定了个体在人际交往中采用的行为，以及如何描述、解释和预测他人的行为。

社会交换理论的逻辑起点在于：人与人之间的社会互动是一种理性的、会计算得失的资源交换，“公平分配”与“互惠”是社会交换的主要法则。在这里，“公平分配”是指成本与报酬的平衡，即个人所付出的成本或代价与所获得的报酬利益应是相等的，付出越多，报酬也应越多，报酬包括具体的物品，也包括抽象的声望、喜爱、协助、赞同等，其价值因人而异；“互惠”是指个人在人际互动中所期望的礼尚往来的回馈。这里的“交换”还有两个条件：第一，行为的最终目标只有通过与他人互动才能达到；第二，行为必须采取有助于实现这些目标的手段。一种行为是不是交换，取决于行为者是否把对方的回报作为行为的尺度，不期望他人回报的交往不属于交换。

社会交换理论的理论背景有三个方面：人类学、行为心理学和经济学。

通过对西太平洋托比安岛（Trobriand）岛民的一种特殊赠礼仪式库拉圈（Kula Ring）的人类学研究，马林诺夫斯基描述了一种“库拉圈交换体系”——在一个封闭的人群里，岛民们用臂环交换颈饰，又用颈饰去换来臂环。要说明的是，这种交换隐含着一种互惠逻辑——被赠予礼物之后，时间不论长短，总要报以等值的答礼。与此同时，在交易的时候，双方不能对两样东西是否等值加以讨论，更不能够讨价还价或者是斤斤计较。在马林诺夫斯基看来，这种交换不只是经济或物质的交换网络，同时维系了友谊，构建了社会关系网络，能够满足人与社会的各种心理和功能方面的需要。从行为心理学中，社会交换理论主要借用了报酬（reward）和惩罚（punishment）的概念，主张人类是追求报酬的个体，追求那些产生最大报酬却最少惩罚的方案。报酬会增强或满足个体的需求，惩罚则会迫使个体付出成本以避免痛苦，当报酬与惩罚改变时，个人的行为就会随之改变。此外，社会交换理论还采用了经济学的许多核心假设来研究人类的社会行为，包括：每个人都是理性的最大利益追求者；个人所拥有的某类物质越多，对它的需求就越小；物品的价格由供需情况决定，等等。

概括地说，在社会交换理论的视角下，追求报酬的交换是人类生活中最基本的动机和社会得以形成的基础，人际关系由互动双方所能获得的报偿与代价的互换来决定。如果交往中所获得的报偿大，交往所传递的又是些“好感”“名声”“经济效益”以及“感情需求的满足”等令人看得到好处的信息，那么交往关系就可能得到建立或顺利发展，否则便可能走向反面。随着现代社会生活的日益复杂化和多样化，社会交换理论的主要观点逐渐被学界广泛接受，已经广泛运用到经济学、政治学、法律学、教育学和社会心理学等领域。

古希腊传统与东亚的“差序格局”

西方传统的个人本位与中国传统的群体取向，是中西人际关系迥然有别的渊源之一。西方传统中的人际关系往往只存在于两个或多个不同的个体之间，而东方传统中的人际关系要复杂得多，与角色、权力和地位等关联密切。

上溯到古希腊时期，生活在海洋型的地理环境中、从事商业活动的希腊人很早就摆脱了氏族社会的血缘纽带，建立了以财产关系为基础的城邦组织，取代了以血缘关系为基础的宗法社会组织。与之相适应的，就是“生存危机与竞争意识”的出现和延伸——在有限的资源和利益面前，人人都会为了自己的私欲而与别人争斗。赫拉克利特的一句名言比较明确地表达了这一传统：“战争是普遍的，正义就是斗争，一切都是通过斗争和必然性而产生的。”古希腊神话中的众神就是如此，他们除了神性和神的天赋能力之外，也与常人一样历尽坎坷和艰辛，演出着以竞争求生存的戏剧人生。

1986年，特里安迪斯等学者在对雅典市民的研究中发现，大部分雅典城市居民与传统的村庄保持着密切的联系，这些人仍在自己的村子里留有住宅，经常回去参加重要的宗教仪式。即使是参加选举，多数希腊人也愿意保留他们在村子里的户籍登记，而不是把它迁到市区——他们倾向于保留自己在偏远乡村的关系和地位，固守着一种在诸多方面影响他们生活的传统文化。那么，在希腊这个正在迅速从传统的村庄和岛屿文化跨入西方化和全球化的社会中，传统的人际关系是什么样呢？

本杰明·布鲁姆(Benjamin Bromme)概括了特里安迪斯等学者的研究所得：在今天的希腊，人际关系延续了传统中的斗争和对比，是一种“竞争的感觉，仇视的感觉，一种推和拉的感觉”。这种斗争和对比明显地表现在希腊社会生活的各个方面：在对话风格上，希腊人视对话为“一次个人意义的战斗，其目的既不是寻得真理，也不是得出结论，而是仅仅在于从那充满活力的话语中获得快感”；在社会关系上，在人际流动着对抗和怀疑的“潜流”，斗争给希腊人带来了个人和社会满足，也巩固了群体内部的团结。概言之，“没有敌人的生活是无法忍受的"。来自古希腊的传统使今天的希腊人视冲突为当然,视之为处理人际关系的一种规则。布鲁姆还强调,对于改善人际关系而言,"斗争关系"的概念对西欧人、北美人和希腊人具有同样重要的指导意义。[①]

表 4-1 北美与东亚人际关系取向比较[②]

东亚取向	北美取向
依据亲密程度、社会地位和特定环境采取特殊原则和互动模式	对不同的关系和环境采取平等的、客观的原则
人际长期的、不对等的相互关系	短期的、对等的、协约式的相互关系
内群体成员与外群体成员之间界限分明,群体成员相互依赖、紧密结合	内群体成员与外群体成员之间差异不大,成员对群体的效忠和流动是自愿的
建立新的关系经常需要中介人——中介人与双方都有内群体关系	中介人多数具有职业或协约性质,如律师、顾问等,只用于具体目的
私人关系往往与公共关系相互交织	私人关系与公共关系往往相互分离

中国传统的农业文化塑造的是一种主要由血缘纽带维系的社会结构。在中西比较的框架下,费孝通指出,这是一种独特的"差序格局"社会,以维护"上尊下卑"秩序为根本,从而导致人际关系呈等级取向:

> 我们的社会结构本身和西洋的格局是不相同的,我们的格局不是一捆一捆扎清楚的柴,而是好像把一块石头丢在水面上所发生的一圈圈推出去的波纹。每个人都是他社会影响所推出去的圈子的中心。被圈子的波纹所推及的就发生联系。每个人在某一时间某一地点所动用的圈子是不一定相同的。我们社会中最重要的亲属关系就是这种丢石头形成同心圆波纹的性质。亲属关系是根据生育和婚姻事实所发生的社会关系。从生育和婚姻所结成的网络,可以一直推出去包括无穷的人,过去的、现在的和未来的人物。[③]

与"差序格局"相对应的人际关系,就是"五伦":"父子有亲,君臣有义,夫妇有别,长幼有序,朋友有信。"此"五伦"不仅构成人们普遍遵守的道德标准,也成了中国传统社会中人际关系的基本规则。如果人人遵循这些规则,社会则井然有序;个人也只有无条件遵从这些由社会结构规定的等级秩序,才能求得自身的

---

① 〔美〕拉里·萨默瓦、理查德·波特:《文化模式与传播方式》,第 139—149 页。
② 同上书,第 86—89 页。
③ 费孝通:《乡土中国 生育制度》,北京大学出版社 2005 年版,第 24 页。

存在。此外，儒家思想还为中国传统社会提供了两个甄别人际关系的标准："仁""礼"。"仁"是做人的标准，是人生的最高理想和目的；"礼"是社会行为的规范，规定社会成员的权利和义务以及相应的行为。仁礼一体、相辅相成，构成了人际关系的基础和指南。受到中国传统的影响，韩国、日本等东亚国家的人际关系都程度不同地表现出与这种"差序格局"相应的特点。

费孝通所说的"差序格局"，是一个立体结构，既包含纵向的、刚性的、等级化的"序"，也包含横向的、弹性的、以自我为中心的"差"，由此而呈现的人际关系不是普遍关系，而是特殊关系——并不是对发生相互关系的每一个人采取同样的原则，而是依照相互的亲密程度、参与者的地位以及特定的环境把各种关系划分为轻重不同的各个类型。其中，"纵向"的关系可以看成是上下关系，如上下级关系、师生关系、父子关系等；"横向"的关系可以看成是朋友关系、同事关系等。纵横关系交叉，就构成了一个人们所处的社会关系网络。

就中日之间的比较来看，中国更强调"横"的关系——中国的人际关系像一张网，每个人都是网上的一个"结"，从一个"结"出发可有许多条线与其他"结"相连。每个人在这张网络中大都处于相同的地位。他会给予别人恩惠，同时从别人那里接受恩惠。正是在这个意义上，许多西方学者把人际关系视为中国文化最有趣、最重要的方面，并特别强调：这一"关系"远不止于英文中简单的"relations"，"在更深和更微妙的层次上，'关系'指的是一种方法，即中国人长远地利用关系作为一种社会资源。'关系'意味着人际的一种特殊联系"[①]。

日本传统社会更强调"纵"的关系，人际关系更像一个"链条"：每个人是这个链条上的一个环节，从一个环节出发只有两个点与其他环节相连接，一个是他上面的一环，一个是他下面的一环。在这种人际关系中，只有地位高的人对于地位低的人才有资格施恩义。回报也不必遵循等价的原则，地位低者对于地位高者的恩义，必须加倍偿还，而后者却不必为他付出。日本心理学家南博还指出，日本人的自我有"不确实感"，在行为上有更大的"他人中心""他人取向"的特点，所以"尽量不给别人添麻烦"这一行为取向受到特别的推崇，日本社会人际关系的许多特点均源自这种行为取向。一般来说，这种取向使日本人具有不固执、能虚心接受别人的意见、容易调整自己的行为等优点，但同时具有行动较容易受他人或环境的影响、容易丧失自我等不足。

随着现代社会的竞争、流动和社会分化的加剧，近年来东亚社会的人际关系

① 〔美〕史蒂夫·莫滕森编选：《跨文化传播学》，第124—125页。一些研究还认为，中国人的人际关系在实际运作方面的注意焦点，实际上是个人主义。

发生了很大的改变。一方面,人们交往的层面越来越宽,交往的对象和关系也越来越复杂,对人际关系有了自主选择的权利和意识;另一方面,契约化的人际关系冲击着以人伦为本的人际关系,人际关系开始摆脱对权力意志和家族宗派的依附,在平等互利的基础上进行自由广泛的交往、竞争和协作,群体利益不再成为阻碍个人价值实现的绝对正当理由。概括地说,当前东亚社会的人际关系的变化趋势是:从"群体本位"向更大程度上的"个体本位"变化,由强调"相互依赖"向更强调"自我依赖"变化;人与人之间的关系将会更重视规则、更易测量、更透明和更容易操作。

面对这种变化,杜维明的观点代表了一种普遍的担忧:由于东亚传统中人际关系的纽带是以家庭的"原初联系"为典范的,这种原初的联系"如果不经过创造的转化,它不可能成为现代价值的助缘,还有异化为扼杀个性的外在机制的危险"①。譬如,人们过分重视和强调个人需要的满足,就会忽视对社会、对他人的责任和义务。日本的一些研究就发现,年轻的日本人已不再像父辈那样献身于所属的小集团,而是更多地强调个人和小家庭,所以被一些媒体称为"只关心自己"的一代。不过,由于始终受到历史和传统的影响,处于社会转型时期的人际关系虽然会有很大变动,但在社会变迁趋缓之后,很可能会恢复到变动前的状态。

第三节 认同的建构与影响

根据个体与社会的关系,认同主要表现为自我认同(self identity)和社会认同(social identity)。自我认同就是个体自我的呈现,与个体在社会结构中的地位及扮演的角色紧密相连;社会认同是与群体相关的认同,是群体在社会化和文化涵化过程中形成的一致性认同,主要表现为一种社会和文化的过程。②

不同文化群体及其成员是凭借认同存在于社会,并依据认同与外部世界交往的。认同影响着人们生活方式的选择,指导着人们的行动,也影响着人们对他人的期望和行动的预测。接受了某种认同,就是接受了特定的角色和行为规范,以此指导和规定自身的行为。这些角色和行为规范,就是维护和建构认同所依赖的内在的认同框架(framework of identity)。在某种程度上,认同可以说是社会行为体对规范的内在化(internalization)。

---

① 杜维明:《现代精神与儒家传统》,北京:生活·读书·新知三联书店1997年版,第142页。
② 孙英春:《大众文化:全球传播的范式》,北京:中国传媒大学出版社2005年版,第102—108页。

一、认同:自我认同与社会认同

啊!我多么希望有什么神明,能赐给我们一种才能,可使我们以别人的眼光来审察自我!

——英国诗人罗伯特·彭斯(Robert Burns)

西方语言中的认同(identity)起源于拉丁文"idem",主要有两层含义:逻辑学意义上的同一性;在时间跨度中所体现出来的一贯性和连续性。[①] 在社会科学领域,认同概念的应用甚广,但又是一个十分复杂并屡遭争议的概念,学者们始终没有中断对这一概念的界定。其中,弗洛伊德的概念被认为最具现代心理学意义:认同是个人与他人、群体或被模仿的人物在感情上、心理上趋同的过程。韦克斯(Jeffrey Weeks)的定义则集中了社会学的思考:在最基本的意义上,认同给予社会成员一种个人的归属感,也给予个体的特征以稳固的核心。同时,认同也是有关个体的社会关系,涉及个体与他者之间复杂的关联。[②]

概括相关研究,本书运用的"认同"定义是:在社会互动的过程中,行为体对自身角色(role)、身份(status)以及与他者关系的动态建构、评估和判断。关于这一概念的确切内涵,可从以下三个方面来理解。

第一,认同是人们对自身角色以及与他人关系的一种定位,也是特定身份的获得。这里的"角色",来源于舞台上演员的概念,主要是指在社会结构中占有特定地位的人士应有行为的模式或规范,它确定了人们在社会中的位置。这里的"身份",指的是个人在群体中占据的地位或相对于他人的位置。这里的"定位",意味着认同是遵循一定规范的,违背规范就会有得到"污名"(stigma)的危险。在欧文·戈夫曼看来,"污名"是指由于具有某种与社会评价标准相偏离的特征而不能被社会所充分接受,简单地说,"污名"即是与"正常社会"的偏离。[③] 基于这一观点,有学者将认同区分为正面的认同和反面的认同。正面的认同就是社会予以肯定和个体主动接受的认同;反面的认同即是"污名",是社会予以否定以及个体力图避免的认同。

第二,认同是在社会互动过程中通过"自我"(self)的认知而逐步形成的。这里的"自我",指的是社会成员将自身视为客体,进而发展自我感觉和关于自身态度的结果。19世纪后期,心理学家威廉·詹姆斯(William James)提出了"社

---

① Richard Jenkins, *Social Identity* (London, UK: Routledge, 1996), pp. 3—4.

② Jonathan Rutherford, ed., *Identity* (London, UK: Lawrence & Wishart, 1999), p. 88.

③ Erving Goffman, *Stigma* (Harmondsworth, UK: Penguin, 1968), p. 11.

会自我”(the social self)的概念,强调人们关于自我的认知源于同他人的互动,“一个人,有多少人认识他,就有多少个社会自我”。在詹姆斯之后,查尔斯·库利进一步指出,自我是以群体为背景,在互动中产生的,即个体之间彼此互动,从他人的观点中看到自身,想象着他人如何评价自己,从而获取自我形象、自我感觉和自我态度。库利还将自我定义为“**镜中之我**”(the looking glass self):他人的姿态充当了镜子的作用,从中可以看到并衡量自身;正如他们在社会环境中看待和衡量其他事物一样。总之,只有通过社会互动,人们才能对自己以及与他人的关系有一种明确的认知,进而产生对自己的地位、形象、角色以及与他人关系的判定——这即是认同。基于此,认同具有社会性的特点,即认同是“个体与社会之间的纽带”[1]。

第三,认同是一个开放的、动态的、没有终点的过程。认同是在社会化过程中产生的,集中反映了人与社会化的关系,以及个体与其他个体或群体关系的结果。由于社会化过程的持续性,认同是一种开放的、动态的过程,与社会化一样,是贯穿了从生到死的全部过程。社会学家理查德·詹金斯(Richard Jenkins)就指出,“认同事实上只能理解为过程,理解为‘成为’或‘变成’”[2]。总之,认同的变化既是对外部社会环境变化的反映,也是人们之间相互关系不断变动的结果,同时体现了社会对某一个体或群体的态度的变化。

有必要说明的是,在国内的文化和社会研究领域,“identity”有“身份”和“认同”两种译法,与本书使用的“认同”既有相同之处,也有一定的差异。譬如,在文化研究中,“identity”通常有两种含义:一是指个体或群体据以确认自身社会角色的某些明确的、具有显著特征的依据或尺度,如性别、阶级、种族等等,在这种意义上,国内一些研究使用了“身份”的译法;二是当个体或群体试图追寻、确证自己在文化上的“身份”时,“identity”多用“认同”表示。为避免不必要的混淆,本书参照了目前国内社会学研究中的多数做法,将“identity”统一译为“认同”;同时将其他研究中的“身份”与“认同”两个概念视为密切关联的概念,并不将其截然分开。本书还要强调:无论是“身份”还是“认同”,其基本内涵都与“同一性”“连续性”有关,即与某种事物原本固有的特质、本质和内在逻辑等直接关联。

自我认同:自我的建构

自我认同也可称“个人认同”,是个体在不同的社会背景中认同的内在化,与

① Kath Woodward, *Questioning Identity* (New York, NY: Routledge, 2000), p. 8.
② Richard Jenkins, *Social Identity*, p. 4.

个体在社会结构中的地位及扮演的角色紧密相连。简单说来，自我认同就是自我的建构，其实质就是回答一个问题：我是谁？(Who am I?)

我是谁？这是一个自有人类意识以来始终困扰着人类的问题。在社会生活中，每一个人都要面临与外部世界的关系问题，其核心就是"自我"与外部对象的关系。关于"自我"，康德指出，"人能够具有'自我'的观念，这使人无限地提升到地球上一切其他有生命的存在物之上，因此，他是一个人"。黑格尔也有一个重要观点："人能超出他的自然存在，即由于作为一个有自我意识的存在，区别于外部的自然界。"总之，自我是认识外部世界的基础，只有意识到自己的存在，才能真正意识到外部世界的存在，才有自我和外部的分界以及两者之间的关系。否则，一切认识和实践活动都无从谈起。

自我是在人与人之间共同协商的互动过程中逐步展现和建构的。查尔斯·库利有一个著名论断：他人的看法不可避免地影响着社会成员对自己的评价，人是以他人的看法为参照来定义自我的。社会学家麦考尔(George McCall)等人还使用"角色认同"(role identity)的概念来指代"自我认同"，其立论的基础是：社会中的每一个人都在不断地调整自己的角色，寻找着自身的位置和追求的理想角色；与此同时，每一个人都在不断地调整着理解他人的姿态，并同时判断他人的角色和位置。由此而言，自我的建构抑或自我认同不可避免地受到个体所处的社会、文化环境的影响，体现出鲜明的文化差异。

关于中国传统社会中自我的建构，爱德华·斯图尔特认为，中国人的自我概念深深地根植于社会等级结构之中，人们往往围绕着包括祖先和后代在内的直系家族来建构自我，"家族里的成员已经做的、正在做的或者将要做的任何事情都属于自我的行动。中国自我的连续性就这样包含着家族成员们所经历过的无奇不有的事件延伸到一代又一代"[①]。与这一论断相似的，还有杜维明的观点：中国儒家文化主张的自我，是在一个不断扩展的人类关系的圆周中的自我，"可以由一系列的同心圆来表示家庭、邻里、各种形式的群体、社会、国家、世界以至宇宙，这种种关系，在自我的发展中是至关重要的"[②]。

在爱德华·斯图尔特看来，美国人对于自我的认识与中国人截然相反：自我是社会关系中的一个独立个体，也是一个能够控制环境的理性人，"在一个人的四周画一个圈，将自我与他人分离……处于分界线之内的就是美国人的自我"。美国人很自然地认为，"每个人不仅仅是一个独立的生物体，而且还作为具有独

---

① 〔美〕爱德华·斯图尔特等：《美国文化模式》，第180页。

② 杜维明：《新加坡的挑战》(高专诚译)，北京：生活·读书·新知三联书店1989年版，第130页。

特心理的生命及单个的社会成员而存在”。也就是说，美国人在自我与他者之间存在着较为鲜明的二分法：自我的界限之外便是他者，他者的行为带有他们自己主观的属性。一言以蔽之，“对美国人来说，自我的连续性主要存在于直接的、个人的选择之中”。①

社会认同：社会自我的“组织化”

社会认同与群体相关，是某个群体在社会化和文化适应的过程中形成的一致认同，强调了“人们之间的相似性，以及群体成员相信他们之间具有的某些共同的、相似的东西”。社会认同包括内在和外在两个方面：内在的方面是指群体认同(group identity)，即群体所属成员在主观上具有的群体归属感；外在的方面是指社会分类(social categorization)，即社会对某一社会成员的群体归类和划分。

社会认同与自我认同密切相关。社会认同是无数个体“社会自我”的一种“组织化”，或者说，社会认同就是“我们”对关于“我们”是什么人，以及“他们”是什么人的理解。乔治·米德曾把自我的发展划分为如下三个阶段，每一阶段不仅意味着某一个体从角色领会中所得的短期自我想象的演变，而且标志着一种更为稳定的自我概念在进一步明确化，从中可以看出自我认同与社会认同的内在关联。

- **嬉戏阶段**。这是领会自我角色的最初阶段。
- **团体游戏阶段**。成长中的个体开始体会和理解处于有组织的活动中的他人角色。
- **自我发展阶段**。这是团体游戏阶段的自然延续，个体开始体会进而理解社会中“一般他人”的角色或明确的“共有态度”。

米德据此认为，人们能同时提高对那些他们必须与之交往之人的反应的恰当性，并将他们可评价的自我形象从特定他人的期望，扩展到更为广阔的社会共同体的标准和观点。这样，随着“他人”总量的不断增加，角色领会的能力也不断提高。②

1982年，社会学家约翰·特纳(John Turner)等提出了一个关于群体影响的模式——**社会认同模式**(Social Identification Model)。根据这一模式，群体成员的角色认同主要是一种认知的过程，这个过程通常是人们在回答“我们是谁?”的问题时发生的。特纳认为，对这一问题的回答可以根据个体所属或确认的群

① 〔美〕爱德华·斯图尔特等：《美国文化模式》，第177—180页。
② 〔美〕乔纳森·特纳：《社会学理论的结构》下卷，第7页。

体立场来回答，也就是说，人们在不知不觉中监控着社会环境，根据环境的变化来调整自己的期望和行为，发展与他人的社会关系，并赋予相互期待的社会角色，从而获得了特定的社会认同。1985年，特纳还将社会认同的过程划分为三个阶段：第一，对自我和他人的群体归属作出分类，也就是将认知对象划分到不同的群体之中；第二，了解这些群体的具有代表性的、典型的特征和行为；第三，将个体所属群体的典型特征和行为赋予个体自身。[①]

如同对生活方式的选择一样，产生社会认同是社会成员都能做到的事，同时它也是可视的、可感知的外表和线索，是揭示人们的角色、身份的符号和象征。这就涉及社会认同的重要功能之一：**社会分类**。社会认同既是社会分类的产物，也是社会分类的基础。通过社会分类，人们可以将认知对象划分成为两种类型：与本群体相似的人和与本群体相异的人。我们把前者归结为内群体（in-group），并为其贴上内群体的标签；把后者归结为外群体（out-group），并为其贴上外群体的标签。当不同的认知对象被贴上内群体或外群体的社会标签后，社会分类也就完成了。

有必要说明的是，与社会认同一样，自我认同也包括内在和外在的两个方面：内在方面指的是个体在主观上的自我认同；外在方面则是社会对个体的分类和评价，涉及个体的自我形象和公共形象。究其实质，个体的自我形象就是个体的自我认同，个体的公共形象则是个体的社会认同。进一步说，自我认同与社会认同是辩证的统一，自我认同融合了个体的各种社会认同成分，比如性别、年龄、民族和阶级，等等，是各种社会认同要素在个体身上的结合。总之，自我认同是在社会认同条件下的认同，离开了社会认同的自我认同是不存在的；社会认同就存在于某一群具有自我认同的个体当中，社会认同并不排斥自我认同的存在。[②]

认同的传播理论

在传播研究的视阈中，人们参与传播活动的行为本身，就是一种特殊、重要的认同行动。就个体而言，在传播的过程中，人与人是相互关联的，这时的自我不仅是关系和社会的产物，也来自与他人交往的体验，即“传播帮助我们定义和评价我们自己”[③]。就社会群体而言，人们需要通过传播去“解释我们的社会环境，确定我们的社会自我的地位，传递关于我们是什么人、是什么东西的知识”[④]。

---

① Vincent Price, “Social Identification and Public Opinion”, *Public Opinion Quarterly*, Vol. 53, (1989), p. 200.

② Johan Fornäs, *Cultural Identity and Late Modernity* (London, UK: Sage, 1995), p. 233.

③ Kathleen Galvin and Pamela Cooper, *Making Connections* (Los Angeles, CA: Roxbury, 1996), p. 27.

④ 〔美〕罗伯特·沃斯诺尔等：《文化分析》（李卫民等译），上海人民出版社1990年版，第130页。

1993年,赫克特(Michael Hecht)在概括不同学科对于认同研究的基础上,提出了**认同的传播理论**(Communication Theory of Identity),其核心观点是:认同是一个传播过程(communicative process),是在传播的过程中建构、维持和调整的;认同在传播中得以实现和交换,传播是认同的具体化(externalization)。进一步说,对认同的研究必须在信息交换的语境中展开。[①] 赫克特依据的假设包括:

- 认同具有个体、社会和共有的属性;
- 认同是持久的,也是变化的;
- 认同是情感的、认知的、行为的和精神的;
- 认同涉及主观的和归属的(ascribed)意义;
- 认同是一种通过会话而呈现的代码(code),表明了共同体中的成员身份;
- 认同具有语义属性,通过核心符号、意义和标签而呈现;
- 认同规定了适当的、有效的传播方式。

基于对这些假设的讨论,赫克特认为,个体和社会互动均是认同的“焦点”(loci),并据此提出了认同的四个层次(layer):**个人的**(personal)、**表现的**(enacted)、**关系的**(relational)和**共有的**(communal),用以标明认同的各个“焦点”,即认同存在于某一个体之中,存在于传播之中,存在于某种关系之中,亦存在于某个群体之中。重要的是,这四个层次上存在的四种认同,反映了个体认同的四个不同的方面,相互影响、彼此贯通。

具体而言,在个人的层次上,个体是认同的“焦点”,表现在个人层次上的认同主要为自我概念、自我形象、自我认知、自我感觉等。总体看来,个人层次的认同提供了个体在不同的场景中进行自我定义的基础。在表现的层次上,认同是通过信息的传播得以确立的。由于自我就像一场表演一样显现和展示,在这个层次中,传播是认同的焦点。在关系的层次上,关系是认同的焦点。也就是说,认同是共同合作、共同协商和经由传播共同建构的结果。在共有的层次上,群体是认同的焦点。群体成员通常分享共同的特征和集体记忆,容易产生相同的认知倾向和价值取向,进而形成群体成员共有的认同——群体认同。

二、性别角色与性别认同

性是构成社会关系的一个重要领域。人们对其他国家的印象常常归结

① William Gudykunst, ed., *Theorizing about Intercultural Communication*, p. 19, pp. 262—263.

为男人对女人的印象,也会归结为当地的男人与女人之间的行为方式。[1]

——历史学家维克托·基尔南(Victor Kiernan)

性别(gender)也称"社会性别",与生理意义上的性(sex)不同。后者的含义始于基因的遗传,是加上染色体和性荷尔蒙作用的结果。性别则是以生理因素为基础,是受社会、文化以及心理影响的社会化的结果,强调了由于生理差异而形成的对两性不同的期望、要求和限制。在社会学的意义上,性别也是对个体进行社会分类的一种型式(scheme),它在反映生理差异的同时,也创造了社会差异。[2]

与性别相关的性别角色(gender roles),指的是特定社会或文化中适于男性和女性的一整套行为特征。作为人们重复展示的"动作"或社会表现,性别角色构成了人们日常生活的群体特征和行为方式。在许多学者眼中,性别角色的差异是人与人之间最基本的差别,爱德华·霍尔就指出:"一切文化都区分男人和女人,而且通常当某种行为模式与一种性别相关联时,就会被另一种性别所抛弃。"[3]

性别具有由文化所生成、所赋予的属性,对性别角色起决定作用的是社会和文化。朱莉娅·伍德即指出:"文化是通过在两性间随意分配某些品质、行为和识别方法等属性来构建性别的,然后再把这些属性记入社会生活的构造。"[4] 从人的婴儿时代起,就开始区分男性与女性活动,在随后的社会化过程中,不同性别的儿童在行为、态度、动机、价值和信仰等方面都会受到社会和文化的不同限制,从而获得不同的性别角色。

譬如,在多数文化中,女孩从小被教育要两腿并拢"坐如淑女";男孩则被教导不能轻易流泪或表现出惧怕——女孩会因为端庄、温存和多愁善感而得到称赞;男孩则会因为勇敢、独立和坚强而受到嘉奖。正如伍德描述的:

> 自从出生的第一天起,我们每个人就被性别文化所规定的、所谓对性别而言是自然和正确的传播方式包围着。从很多医院使用粉色和蓝色的毯子包裹女婴和男婴开始,性别的社会化通过同父母、老师、朋友和媒体的接触所产生的影响和作用持续进行着。在我们与其他人交往的整个过程中,我

---

① Victor Kiernan, *The Lords of Human Kind* (Kingston, ONT: McGill Queen University Press, 1982), p. 317.

② Carolyn Sherif, "Needed Concepts in the Study of Gender Identity", *Psychology of Women Quarterly*, Vol. 6, No. 4, 1982, p. 375.

③ 〔美〕爱德华·霍尔:《无声的语言》,第45页。

④ 〔美〕拉里·萨默瓦、理查德·波特:《文化模式与传播方式》,第225页。

们不断地接收信息,增强了我们认为女性是阴柔的及男性是阳刚的信念,这表明了“性别”是社会的产物,而不是个人的品质。[1]

不同文化给不同性别赋予了不同的角色,寄予了不同的期待。不仅如此,男人与女人应该遵循什么样的行为规范,也因文化的不同而互有差异。比如,在某些文化中,非同性恋的同性朋友可以手拉手走路,会在见面或道别的时候互相亲吻;而在某些文化中,这样的行为会被视为同性恋。在某些文化中,女性可以穿着暴露,可以正常地袒露身体的绝大部分;但在另一些文化中,女性甚至连脸部也不能正常地展示给外人,比较典型的就是伊斯兰社会中要求女性严格遵守的**闺阁制度**(Purdah),即为防止男性窥视而用面纱、帷幕等将妇女的身体遮掩起来,最终让女性与公共生活完全隔绝。

表 4-2　一些国家女性工资占男性工资的比例(1995 年)[2]

国家	百分比(%)
越南	91.5
澳大利亚	90.8
瑞典	89.0
挪威	86.0
土耳其	84.5
法国	81.0
美国	75.0
新加坡	71.1
英国	69.7
菲律宾	60.8
中国	59.4

在多数文化中,性别角色分配界限分明,形成了二元体系中截然相反的两极。在这个二元体系中,女性的社会地位、社会影响以及对社会关系的影响都往往被低估或忽视,或是完全处于从属于男性的地位。尤其是受到文化传统和宗教等因素的影响,在东亚、墨西哥、印度以及阿拉伯等文化中,男性被置于更高的地位,妇女从属于男性,以服从家庭需要和服侍男人为主。一些研究还注意到一个事实:在多数文化中,女性表现出的礼貌倾向往往比男性更为强烈。表现在人

---

① 〔美〕拉里·萨默瓦、理查德·波特:《文化模式与传播方式》,第 226 页。

② Fred Jandt, *Intercultural Communication*, p. 194.

际交往中,女性的性别角色以"情感"(expressive)取向为特点,男性的性别角色以"工具"(instrumental)取向为特点,由此而表现出截然不同的人际传播方式,以及泾渭分明的男性和女性传播文化。

朱莉娅·伍德较为详细地概括了两种传播方式的差异,如下图所示:

表 4-3 女性和男性在人际传播中的差异①

女性的谈话	男性的谈话
使用谈话建立和维持与他人的和谐	运用谈话来确定自我和自己的想法
使自己参与进去并通过揭露来认识他人	对个人的揭露可能会让自己易受攻击
运用谈话来创造人际的和谐或平等	运用谈话来建立自己的地位和权力
通过经验的比较来表达自己的理解	把经验的比较作为一种引起注意的竞争策略
通过对他人情感的理解来表示支持	通过提供建议或直接帮助来表达支持
鼓励他人参与谈话	打断他人谈话以突出自己的观点
通过提问和表达自己的兴趣使谈话继续下去	谈话是自愿的,没有必要帮助他人参与
随时响应,让他人知道自己在关注他们所说的话	根据自己的反应得出自己的看法
表明自己的不确定性,让他人自由表达观点	让他人认为自己很自信并有良好的控制力
谈话的细节和有趣的评论会加深彼此之间的联系	谈话的目标很清楚,无关的细节毫无用处

性别认同(gender identity)指的是人们对自身性别角色的意识和接受的程度。与前述自我认同和社会认同的形成不同,性别认同是在男女两极的相互参照中形成的——男女双方各自的认同构成双方可相互对照的"镜子",男女群体正是通过这一"镜子"塑造了与对方相对的性别认同。

性别角色是个体在社会化过程中所获得的与生理性别相适应的、社会和文化所期望的行为;性别认同则涉及个体对自己生理特征和社会文化特征的知觉,是对自己社会性别的确定和认可。性别角色、性别认同以及与其相适应的角色行为(role behavior),都是在社会化的过程中完成的,也是不可分割的统一体。由于男女群体的性别角色存在着很大的差异,因此造成了极为明显的、根深蒂固的性别认同差异。

① 〔美〕拉里·萨默瓦、理查德·波特:《文化模式与传播方式》,第 229—230 页。

在不同的传播情境中，性别认同是影响社会互动的重要因素，传播则是造成、支持和改变性别认同的最为重要的过程。在社会生活中，性别认同往往由一个人的传播行为表现出来，并具有左右人们行为，指导人们如何思考、感受和行动的文化力量。可以说，性别认同从未离开过传播的轨道。在社会化的过程中，人们获得了各自的性别认同，进入各自的性别角色，获得各自的角色行为，遵循各自的传播规则，这就造成了不同性别群体之间的传播困难。所以，对于跨文化传播研究而言，还应关注不同性别群体之间在传播规则方面存在的差异，尊重各自的规律，从而实现有效的传播。

近年来，传播与性别的议题逐渐成为文化与传播研究的重点关注所在。理查德·刘易斯还提醒这一领域的研究者，“可能最重要的文化差别不是民族、宗教、团体或职业差别，而是性别差异。比如，一个意大利女人的世界观很可能更接近德国女人而不是意大利男人”[①]。可以确信，对于跨文化传播学而言，性别研究是一片有待发现、进入、命名、播种的“新土地”，可以帮助人们更好地解释不同性别群体参与社会互动的方式与传播差异，更好地探讨性别如何与不同的文化个体发生联系，揭示性别与文化、政治意识形态等各个层面的联系，等等。

三、文化认同的功能

文化最为重要的责任之一，就是帮助其成员建立他们的认同。[②]

——拉里·萨默瓦

文化认同(cultural identity)来自不同文化群体对本文化以及与其他文化关系的评估和判断。在社会生活中，文化认同总是与特定的文化模式相联系，呈现出文化成员之间对于共同文化的确认程度，是个人和群体界定自我、区别他者、加强彼此的同一感以凝聚成拥有共同文化内涵的群体的标志。[③]

文化认同来自同一文化群体的人们对共同历史的知觉和理解，由多重维度构成。可以概括地说，它主要是来自文化成员保护自己的生活方式和文化特性的情感，并随着社会的发展而日趋复杂。在人类社会的早期，家庭、部落、族群是个人或群体文化认同的主要单位。随着社会的演进，超越血缘纽带的城镇、地区、国家甚或宗教、语言、社会团体、阶层、阶级等，都可以成为人类文化认同的载

① 〔英〕理查德·刘易斯：《文化的冲突与共融》，第3页。

② Larry Samovar and Richard Porter, *Communication between Cultures*, p. 84.

③ Monica Shelly, ed., *Aspects of European Cultural Diversity* (London, UK: Routledge, 1995), p. 1194.

体。在这个过程中，文化认同的功能也愈加显著起来：帮助文化成员确立自身的认同，规范文化成员的态度，并潜在地对人们的行为构成约束。

关于文化认同的重要性，人类学家厄内斯特・盖尔纳（Ernest Geller）认为："人们的确热爱自己的文化，因为他们现在可以感知到文化的氛围，他们知道自己离开了文化就不能呼吸，不能保持自己的身份的完整性。"[①] 社会批评家杰里米・里夫金（Jeremy Rifkin）也指出：文化归属感为人们提供了"一种令自己的声音被人听见、在新的多层世界里保证拥有一片安全避难所的方式"[②]。

文化认同缘起于文化的差异、流变和断裂，因此其进程、形态和内容都是复杂、多重的。在社会生活中，人们往往根据场景与情景的不同，相对自主地在多种认同之间游移。通常，对一个较小的认同单位的选择，并不妨碍人们去选择较大的认同单位，进而形成常见的**多重文化认同**。譬如，一个人在认定自己是西西里人的同时，还可以认定自己是意大利人和欧洲人。尽管多重文化认同之间很少有真正的对立，但相互冲突和摩擦却无法避免。此外，在多重文化认同中，有些是核心的认同，有些是外围的认同，那些对于形成人们的判断标准、行为模式、义务和责任更具影响力的文化系统，在界定人们文化属性的过程中往往起着更为重要的作用。

一般来说，外围的文化认同容易改变，核心文化认同则是稳固、持久的，往往与不同的族群、历史、传统和观念联系在一起，既会出现在人们的日常话语中，也呈现在社会实践、社会规范和观念体系之中。重要的是，分享相同的核心文化认同，就意味着要使用相同的文化符号、遵循共同的文化理念、秉承共有的思维模式和行为规范。这就是文化认同的主要功能。历史地看，这种功能主要凸显在现代民族向民族国家的转变中。

以欧洲为例。自20世纪80年代欧共体实施《单一欧洲法案》以来，欧洲以前所未有的速度实现着一体化的战略目标。其中，欧洲文化政策发挥了不容忽视的影响和作用，为欧洲人接受政治经济统一的现实奠定了重要的心理和文化基础。欧洲文化政策的实质，就是主张欧盟各国在共同文化的基础上实现文化融合，强调欧洲文化的同源性，进而逐步构建欧洲文化认同，使根植于欧洲集体意识之中的共同文化遗产成为欧洲一体化的坚实基础，为欧盟这一超国家形式的存在和发展提供合理性支持。

1983年，《关于欧盟的庄严宣告》（Solemn Declaration on European Union）

---

① 〔英〕厄内斯特・盖尔纳：《民族与民族主义》（韩红译），北京：中央编译出版社2002年版，第146页。

② 〔美〕杰里米・里夫金：《欧洲梦》（杨治宜译），重庆出版社2006年版，第222页。

吹响了构建欧洲文化认同的“号角”,该文强调:欧共体各国应当促进欧洲意识,参与各文化领域的联合行动,把培育共同文化遗产的意识作为塑造欧洲文化认同的重要基础。此举推动了欧共体内部在教育、技能培训、大众媒介等领域广泛的文化合作。进入20世纪90年代之后,《马斯特里赫特条约》(Treaty of Maastricht)进一步明确了致力于欧洲统一的欧洲文化政策,尤其是着力于强化欧洲人民对历史和文化的理解,维持和保护欧洲文化遗产,努力建构五个层次的欧洲文化认同:**个人、群体(族群)、国家、欧盟、泛欧**(Paneuro)。

具体地说:在个人层面,强调文化是人的基本权利,通过给予个人自由、发展机会的方式取得个人对欧盟的认同;在群体层面,强调优先发展弱势群体和弱势族群的文化及语言,同时着手对欧洲教科书重新编订,以欧洲视角取代传统的民族主义的立场与偏见,这种重构的历史作为一种“被发明的传统”,具有仪式或象征特征;在国家层面,尊重文化多样性和各个具体国家、地区和地方的特点,以此取得成员国的支持;在欧盟层面,强调欧洲拥有共同的历史,以历史作为联系的纽带,并以欧洲观念来淡化国家和民族意识;在泛欧层面,强调共同的历史与文化,积极进行文化合作并对之进行援助,以此加深“欧洲观念”。

要说明的是,纵观欧洲历史,共同的文化遗产或所谓的“欧洲文化”是客观存在的。从古希腊的民主精神、基督教的价值观念、古罗马的政治制度到人文主义、理性主义、工业文明及现代性等,欧洲各个民族在不同时期或多或少地分享了这些文化遗产。尤其是以基督教文化为核心的文化价值观更被看作欧洲文化的同义语,即使是在世俗化(secularity)倾向日益明显的现代社会,基督教文化依然是决定冷战后欧洲文化边界的重要因素。援用亨廷顿的话就是:欧洲的疆界结束于基督教的范围终结、伊斯兰教和东正教的范围开始的地方。自然而然地,基督教文化也成为欧盟接受新成员国的重要文化标准之一。

一个时期以来,大多数有影响的文化研究者都赞同一种观点:文化认同是流动的,是在历史和现实语境中不断变迁的。萨义德就有一个值得深思的说法:欧洲小说中“想象的地理和历史”有助于把附近和遥远地区之间的差异加以戏剧化而强化对自身的感觉,并成为殖民地人民用来确认自己身份和历史存在的方式。[①] 尤其是随着近现代世界体系的形成,几乎每一种文化都不同程度地吸纳着其他文化的合理成分,不同文化在珍视和认同自己文化的基础上,对其他文化的认同程度也在放大。将这一趋势引入本书的视阈中,还可以产生一个认

① 〔美〕爱德华·萨义德:《文化与帝国主义》(李琨译),北京:生活·读书·新知三联书店2003年版,前言第1页。

识：文化认同不只是文化乡愁(cultural nostalgia)，还是对文化当下的定位和未来的想象，以及在不同文化的相互观照中进行的自我反思。

根据历史经验，当社会急剧变迁和异质文化融入本土文化时，文化认同问题总会彰显出来。尤其是在全球化与现代性的转型期，各民族国家和文化之间的关系更为复杂，不同文化中的个体都被负载着不同文化意义的符号包围着，文化边界日益模糊，个体的价值系统、认知系统、行为系统不可能不发生紊乱，这就不可避免地导致文化认同危机，或是多重文化认同的现象。尤其是，中心与边缘之间、西方与非西方之间的一系列矛盾愈加错综纠结，使文化认同问题更为迫切，也异常复杂起来。这样一来，虽然文化认同正在成为各国各地区人民区别彼此的日益显著的标识之一，但就当前来看，有关文化认同的最有争议的问题是：文化认同究竟是固定不变的、普遍的、本质论的，还是在社会历史过程中被人为地建构起来的，并且是为了某些特定目的或利益而人为地建构起来的。总之，关于文化认同的诸多争论不仅导致了思想的混乱，也产生了实践的冲突，“就像是没有标志的‘旗帜’，却在指引着人们进行着各种斗争”[①]。

一些学者还指出，随着跨文化挑战激烈程度的加强，重新创造一个超越人们原有文化界限的认同的可能性也会增大。有人将这种认同称为**跨文化品格**(intercultural personhood)，它不同于人们归属的或被指定的文化认同，而是一种被重新创造、整合和采纳的认同，融入了不同文化的观念、思维和行为。但无论如何，建立新的文化认同远非顺利或容易，随时会面临被颠覆的情形。已有的经验足以说明，一旦维持或建立一种新的文化认同所带来的疏远和不适会导致过度压力，比如认同危机或文化边缘化时，人们很可能会迅速恢复原有的文化认同。

四、民族、族群与民族认同

> 同甘共苦和共同的希望——这些就是造成民族的东西。
>
> ——法国历史学家勒南(Ernest Renan)

关于民族(nation)，安东尼·史密斯(Anthony Smith)的定义最为权威：所属的领土范围是本文化人口的“故乡”(homeland)；具有相同的共同体起源神话和历史记忆；联结在一个大众的、同一标准的文化纽带之中；拥有生产活动的共同地域——在这个共同地域中，所有成员有权迁移，并拥有对资源的所有权；在

① 赵汀阳：《没有世界观的世界》，北京：中国人民大学出版社2003年版，第58页。

共同的法律和制度下，全体成员拥有统一的法权和义务。[①]

必须明确，民族与族群(ethnic group)不是同一概念。民族首先属于一定的历史范畴，是人类社会发展到一定历史阶段的产物和组合方式，反映了不同族群融合的历史趋势；民族概念也是国际上国家体系的划分基础，在民族国家的框架内，民族属于政治群体，与民族国家的历史条件有着紧密的联系。通常，民族可以包括若干不同的族群，同一族群的人也可分属于不同的民族。今天人们所说的中华民族、印度民族、犹太民族、德意志民族、法兰西民族等等的由来，莫不如此。

关于族群的概念，本书主要采用了马克斯·韦伯在《经济与社会》(*Economy and Society*)一书中提出的经典定义：由于体质类型、传统的相似，或由于殖民化和迁移中的共同记忆，从而对本群体的共同祖先抱有一种"主观信仰"(subjective belief)——这种信仰必须对于群体结构的扩展至关重要，这个群体就成为族群，至于群体内是否存在一种客观的血缘关系，倒并不重要。[②] 韦伯所说的"主观信仰"是理解族群的关键，可以解释为一种长久铭刻在族群成员内心的潜意识，既反映了族群成员对族群及族群文化的忠诚和继承，又便于族群在特定的历史情境中作出最有利的选择，也可以成为成员"日用而不知"的社会生活的惯常模式，以及影响后人的思维方式和生活态度。

民族是不同族群在同一文化环境中互动和共同发展的产物。霍布斯鲍姆就指出，民族的构成必须有三个方面的要素：其历史必须与当前的某个国家息息相关；拥有悠久的精英文化传统、独特的民族文学和官方语言；拥有在危难时刻休戚与共的民族精神。[③] 这里要强调的是，由于文化主要是以特定的民族和国家为单位的，所以民族性就成为文化基本的特色，国家则构成了不同文化的主要界限。建立在民族国家基础上的文化，不仅是民族共同的理想、愿望和要求，也反映了一个民族对世界的共同认识和共同观念。甚至可以说，民族文化就像是一个"磁场"，能够把来自不同族群的成员像"铁屑"般紧密地联系在一起，使之意识到彼此之间不可分割的文化关联和休戚与共的集体命运。

"中华民族"是现代意义上的融合不同族群及其思想、感情、习俗、心理和意志而形成的民族共同体，而不是中国文化区域内任何一个族群的扩大或代称。

---

① Anthony Smith, "National Identity and the Idea of European Unity", *International Affairs*, Vol. 68, No. 1, 1992, p. 60.

② Michael Banton, "Max Weber on 'ethnic communities'", *Nations and Nationalism*, Vol. 13, No. 1, 2007, p. 26.

③ 〔英〕埃里克·霍布斯鲍姆：《民族与民族主义》，第10页。

1922年，梁启超在《中国历史上民族之研究》中明确提出，“民族成立之唯一的要素，在民族意识之发现与确立”。梁启超之所以强调民族意识对于一个民族的重要性，是因为他借鉴了东西方的历史与现实，深切体会到民族意识是一个民族自尊、自立、自强和具有凝聚力的起点和原动力。根据他的观点，中华民族自始即是不同族群的多元结合，经由漫长历史的融汇，“成为数千年来不可分裂不可磨灭之一大民族”。1989年，在梁启超民族观的基础上，费孝通提出：“中华民族作为一个自觉的民族实体是在近百年来中国和列强的对抗中出现的，但作为一个自在的民族实体则是几千年的历史过程所形成的。中华民族的主流是许许多多分散独立的民族单位，经过接触、混杂、连接和融合，同时有分裂和消亡，形成一个你来我去，我来你去，我中有你，你中有我，而又各具个性的多元统一体。”[①] 费孝通在此所说的“民族单位”，其内涵可以等同于韦伯所说的族群。

相比其他认同形式，民族认同（national identity）是一个颇为复杂且争议最多的概念。承接前文讨论，可以初步作出一个定义：民族认同是民族成员对自身的民族身份以及与其他民族成员关系的建构、评价和判断，反映了特定民族通过与其他民族的互动而日益丰富和成熟的自身规定性，呈现了不同民族群体的界限所在。事实上，民族作为一个群体的形成过程本身，就是民族认同的表达，标明的是一种基于同一语言、规范、观念、认知等文化及政治要素基础上的“群体认同”。

在不同形式的群体认同中，民族认同最具根本性和包容性，也具有很强的生命力和稳定性。族群认同则是“在一个特定的政治经济环境之中，人们以共同的自我称号及族源历史，来强调内部的一体性与设定族群边界来排除他人，并在主观上强调某些体质、语言、宗教或文化特征”[②]。与族群认同相比，民族认同使作为个体的社会成员得到了更多的认同可能性，也为社会变迁背景下的自我调适准备了场景，能够更好地克服社会孤立状态。

在跨文化传播学的视角下，民族认同反映了民族成员拥有的共同精神家园和情感归属，不仅仅有一种抵抗外来文化挤压的心理功能，更能为民族的发展方向和生活方式提供正当性依据。这就涉及了民族认同的文化根源。一般来说，民族认同往往是以文化单元为载体的，强调的是民族成员对本民族文化的忠诚和继承，进而决定了民族在特定历史情境中的选择。譬如，萨默瓦就注意到，“每

① 费孝通主编：《中华民族多元一体格局》，北京：中央民族学院出版社1989年版，第4页。
② 王明珂：《华夏边缘》，台北：允晨出版公司1997年版，第77页。

一个中国人都在从历史中寻求他或她最强烈的认同感”,而不管他们生活在中国或世界各地,“对中国历史的骄傲把这一文化的所有成员连接到了一起”。[①] 民族文化还往往锁定在一些特定历史事件和历史人物身上,这些历史事件和人物被提炼为文化符号,既发挥认同的对象物的功能,又诠释出一个民族的品格,并为现代社会秩序提供了重要的社会—文化框架。此外,民族国家中各个族群共有的文化认同,也往往是国家统一和稳定的基础。

关于民族认同的文化根源,本尼迪克特·安德森(Benedict Anderson)有一个著名的观点,值得我们深入地了解和思考:“民族”与“民族国家”是一种“想象的共同体”(imagined communities),其认同在很大程度上源于成员彼此之间对共同体的“想象”。安德森认为,以印刷术为标志的信息传播技术奠定了民族认同的基础:印刷技术创造了统一的交往和传播的领域,分散的个体因为接受共同的信息与文化符号,从而能够分享共同的文化记忆与文化认同。安德森还强调,所谓的现代民族国家,不过是一群人通过看同一份报纸所想象出来的社群而已,“当一名读者意识到他和其他人都处在一个‘想象的共同体’当中时,他就会因经验的分享和共同的场域感而心情稳定、安适”[②]。

民族认同的文化根源与民族认同的政治根源密切相关。民族群体中包含的社会关系通常可以分为两类:一类是从共同的语言、规范和观念体系中产生的社会关系;另一类是基于“政治需要、共同利益、道德义务”而形成的社会关系。前者是一种原始的社会关系;后者则是一种超越族群意义的政治认同的构建,主要服务于国家话语体系中的政治生活,也正是在这个意义上,民族认同得以取代族群认同,成为民族国家主要的认同范畴。安德森也一再指明,在民族国家的形成过程中,民族主义者往往借助民族语言、宣传册、文学作品、教育政策、大众媒介等文化手段来加强民族意识。在民族国家成立后,民族认同更是作为一套共享的符号、神话和记忆,在领土范围内将所有公民融合为一个民族共同体。

民族认同是国家统一、独立的表现,建立一致的民族认同最终是通过国家完成的。在这个意义上,与现代民族国家一同产生的民族认同,不可避免地与国家认同的含义大致重叠——与国家认同一样,民族认同解决的问题是民族的定位、国家的定位,乃至于国家的理想。民族认同也因此具有了一种特殊的权力,为“今天政治的团结一致提供了唯一的视界和理论基础,它控制着大众的随声附和

---

① Larry Samovar and Richard Porter, *Communication between Cultures*, p. 123.

② 〔英〕本尼迪克特·安德森:《想象的共同体》(吴叡人译),上海人民出版社 2003 年版,第 5—6、51 页。

与精英们的极大热情”[①]。

不容忽视的是，人类社会的确存在民族认同与国家认同之间的矛盾冲突，但两者之间的对抗和冲突，乃至国家分裂或族群独立，都不能改变民族认同与国家认同并存的事实。对这一基本事实的理解，应当可以帮助人们推进民族认同与国家认同的良性互动，使其逐步走向和谐共存。

表 4-4　1995 年世界部分国家居民对本国的感情(百分比)[②]

国家	国家重要	想做公民(我国)	本国较好	本国是榜样
日本	91	72	52	15
澳大利亚	95	66	38	13
美国	94	71	40	15
加拿大	76	53	36	16
挪威	95	45	18	5
瑞典	90	38	12	6
爱尔兰	46	17	9	5
英国	70	43	15	10
意大利	84	28	7	4
西班牙	84	25	6	5
保加利亚	66	22	13	40

在中国近代学者中，梁启超以其著名的“**国性论**”最早阐述了民族认同与国家认同密切关联的理念。他所说的“国性”，是一国立国的根本，一种异于他国的特性，也是一种“以界他国而自立于大地”的民族认同和国家认同。国性一旦衰落，“其国人对于本国之典章文物纪纲法度，乃至历史上传来之成绩，无一不怀疑，无一不轻侮，甚则无一不厌弃；始焉少数人耳，继则弥漫于国中，及其横流所极，欲求片词只义足以维系全国人心者而渺不可得。公共信条失坠，个人对个人之行为，个人对社会之行为，一切无复标准，虽欲强立标准，而社会制裁力无所复施，驯至共同生活之基础，日薄弱以即于消灭。家族失其中心点，不复成家族；市府失其中心点，不复成市府；国家失其中心点，不复成国家；乃至社会一切有形无形之事物皆失其中心点，不复成社会。国中虽有人亿兆，实则亿兆之独夫偶集于一地域耳，问所以纲维是而团结是者无有也”[③]。

---

① 〔英〕约翰·汤林森：《全球化与文化》(郭英剑译)，南京大学出版社 2002 年版，第 148 页。

② 联合国教科文组织编：《世界文化报告 2000》(关世杰等译)，北京大学出版社 2002 年版，第 215 页。

③ 梁启超：《国性与民德》，上海远东出版社 1995 年版，第 153 页。

现代主权国家在建构国家认同的过程中，总是伴以"民族同化"的活动——适度的同化不仅是主权国家发展共同文化的基础，也是其向心力的根本源泉。不过，过于激进的民族同化活动往往会造成破坏性的后果。譬如苏联一度奉行的"语言同化"(linguistic assimilation)、加拿大推行的"盎格鲁化"(Anglo-conformity)，以及美国针对印第安人的"唯英语教育"(English-only)等，固然在一定时期内对于民族融合产生了一定作用，但其剥夺少数族群文化权利、漠视其文化身份的实质，也必然会造成极大的民族张力，引发民族认同的危机。毕竟，不同族群的文化差异是无法根本消除的，民族同化必然会受到各个族群的人口、地理位置、文化以及各自血缘、体质特征等诸多因素的影响。苏联解体之后俄罗斯面临的族群困境便是一个例证。同样值得担忧的还有一体化程度不断深化的欧洲。安东尼·史密斯即指出：欧洲有大量不同的语言群体和族群传统，这一大陆的许多地区始终存在强烈的族群情绪，所以，持续或周期性地出现民族认同复兴是非常正常的。[①]

自20世纪中后期以来，世界人口的迅速增长和重新分布趋势一直在不断地影响着各个民族的基本构成，也改变了许多国家内部的民族认同。至1999年7月，世界人口已突破60亿，此后一直以每年8000万的速度增长——一些国家的人口不断膨胀，一些国家的人口则持续出现负增长。移民也越来越成为一种全球现象，为了寻求就业、高薪和教育机会，逃避战争和迫害，世界上每一座大城市都有着数量不断增加的移民群体。目前，有1亿多人生活在自己的出生国之外。在一些工业化国家，移民人口已经占到本国人口5%的比例。

根据联合国人口司的《2002年世界移民报告》，世界移民人口从1970年以来已经增加了1倍多，约占世界人口的3%。长期以来，美国、法国、加拿大等移民国家一直面临着如何让外来人群融入主流社会的困境，努力保持国内社会的稳定，以避免文化冲突、骚乱乃至可能发生的国际性联动影响。此外，欧盟的相关调查也显示：欧洲人近年来对外来移民越来越反感，持不欢迎态度的人在2000年占欧盟国家总人数的38%，而1992年仅占15%。鉴于新移民的涌入所导致的日益升级的紧张关系，国际移民组织在2002年的一份报告中得出结论：欧洲有一种普遍的观点，即"移民压力已经达到无法容忍的程度"。报告还警告说，欧洲人认为他们的认同感正由于移民的冲击而受到严重影响。[②]

---

① Anthony Smith, *Myths and Memories of the Nation* (Boston, PN: Oxford University Press, 2000), p. 235.

② 〔美〕杰里米·里夫金：《欧洲梦》，第225页。

表 4-5　1999 年世界部分国家的国际移民统计[①]

国家	移民人口(千人)	主要来源国家/地区	移民占总人口比例(%)
美国	798	墨西哥	9.3
德国	615	波兰	9.0
日本	275	中国	1.2
英国	237	美国	3.6
加拿大	216	中国香港	17.4
法国	102	阿尔及利亚	6.3
澳大利亚	86	新西兰	21.2
瑞士	73	南斯拉夫	19.0
比利时	49	法国	8.9

以美国的移民情况为例。从 1965 年到 1990 年，共有 1600 万新移民进入美国，其中的 1200 万来自欧洲以外的地区，这些新移民的主要群体为：墨西哥人(400 万)、中南美及加勒比海人(400 万)、亚洲人(600 万)。无疑，这些移民在很大程度上改变了美国的民族构成——2002 年，纽约人口的 36%是移民。据 1999 年美国人口普查局对未来 50 年美国人口的增长和种族结构趋势的预测，到 20 世纪中叶，目前属于“白人”(whites)范畴的美国人将成为美国人口的少数，而“少数族群”(minorities)的美国人则将成为美国民族中的多数。显然，这将在很大程度上改变美国民族的结构乃至认同，如表 4-6 所示。

表 4-6　2050 年美国的族群构成预测(以百万为单位)[②]

	总人口	白人	非裔	拉美裔	亚裔	印第安人
数量	393.9	207.9	53.6	96.5	32.4	3.5
百分比	100%	53%	16%	23%	10%	1%

跨文化传播研究还应关注的是**跨界族群**(cross-border ethnic group)的民族认同。目前，世界上共有 3000 多个大小族群，交错分布在 200 多个国家和地区。由于分布在不同国家，同一族群的成员具有不同的国籍、分属不同的民族，纯粹的民族认同已难以实现，民族文化的边界和内涵也无法通过国家疆域进行准确的界定。面向全球社会，跨界族群应在什么样的基础上重构民族认同？新的民

① 资料来源：联合国人口司，1999 年。

② U.S. Bureau of Census, *Statistical Abstract of the United States*, 1999, Washington, D.C., 1999, p.206.

族认同的内涵与功能是什么？民族认同与国家认同的关系如何？这些影响深远的现实议题，需要各个学科的共同努力和开放的思考。

民族与民族认同研究是一个具有跨学科性质的研究领域。具有社会学性质的民族认同研究一般从民族成员对本民族语言、文化、宗教、习俗的态度出发，运用大量的问卷调查，了解民族成员的民族认同状况。具有文化人类学性质的民族认同研究一般从个案研究着手，通过神话、历史传记、实物收集等方式，并辅以民族志的研究方法，来了解和研究民族认同。由于跨文化传播研究的许多重要议题，比如文化适应、偏见、文化冲突等，都与民族认同有关，所以，借鉴其他学科的研究策略，开展有关民族认同的结构、民族认同的测定以及民族认同与文化适应的关系等问题的研究，是深入钻研这些议题的必由之路。

第五章 文化心理与认知体系

文化与心理密不可分。文化塑造了人类生活最基本的层面，人们许多重要的心理过程就是由文化塑造的。作为心理学概念的文化，既是人类心理建构的中心角色，也是个体具有某种共性的一种“集体心理程序”(collective programming of the mind)，决定了个体的感知、思维与态度，继而决定了人们的认知结构和行为模式。当然，在文化生成、发展的过程中，也不乏心理因素的影响。这方面主要存在三种理论立场：**进化观**、**心理需要论**和**人际交往论**。

其中，进化观是从人类进化的角度审视文化，认为相互支持、相互帮助有利于人类的生存与繁殖，所以，人类倾向于形成促进社会团结的共同信念、行为和准则，从而使促进人类生存、繁殖、抚养后代的合作行为获得了适应性优势，逐步奠定了文化的基调；心理需要论强调，人的心理活动特别是心理需要与文化生成之间具有密切关联，由于文化能够通过提供一系列使人获得积极评价的规范和观念来调节人类的忧郁、焦虑等情绪，从而保证了文化的规范与观念体系的产生和延续；人际交往论认为，文化及定义文化的规则是人际交往的“副产品”，相互接近的个人能够在一系列的行为和信仰上相互影响，进而导致不同信仰群体和行为群体的出现。

文化心理是文化模式的核心，认知则是构成文化心理的核心内容。不同文化有着不同的认知体系，最突出的表现就是根据自己的心理结构或经验去解释、理解客观世界中的各种事物。无论是初级的感知，还是较高级的思维、态度等认知活动，都是建立在一定心理结构和经验基础上的。不同文化群体及其成员也必然受到文化环境、生活方式、生活经验的制约，从而表现出各不相同的认知特点，展现着不同的感知、思维和态度，也呈现出迥然有别的行为模式。

20世纪中后期以来，认知领域的研究由于认知心理学的发展而日益受到人们的重视。研究不同文化、民族的认知差异，逐步成为民族心理学、文化心理学研究的重要内容，同时为跨文化传播研究预示了一个重要的问题领域。这里有必要提示的是，在顾及文化差异的基础上，不能忽略人类行为的“集体心理程序”，即人类认知的共性以及不同文化人群的潜在的、相似的心理过程。揭开人类文化的神秘面纱，是跨文化传播学必须付出努力的一个方向。

第一节　认知的基础：感知与思维方式

认知主要指的是人们赖以获取知识和解决问题的操作和能力，有时也是各种形式的知识的总称，主要包括感知、记忆、表象、思维等认识活动，与情感、动机、意志等心理活动相对应，是人对客观事件及其关系进行信息处理从而认识世界的过程。认知也是人们对环境、他人及自身行为的看法、信念、知识和态度的总和。正是依靠认知，人类才得以有选择地接受周围世界的信息，对客观世界的刺激作出反应。

在跨文化传播学的视阈下，感知和思维方式构成了认知的基础。感知是人类认识外部环境乃至客观世界的最为基本的认知形式，思维方式则反映了特定文化在长期历史发展中形成的较为固定的元认知模式。不可避免地，不同的文化体系决定了不同的感知和思维方式，制约和决定了不同文化在认知、观念等各个层面的差异。

一、影响感知的主要因素

> 我们周围的世界是由心灵创造的。即使我们一同站在同一片草地上，你我看到的景色也绝不会相同。
>
> ——英国作家乔治·吉辛(George Gissing)

在一般意义上，感知是指人通过感觉器官对外部信息进行选择、组织和解释的过程，是人类认识外部环境乃至客观世界的最为基本的认知形式。在跨文化研究的视阈中，感知还是人们建立世界观的首要机制，世界观也为人们的感知提供了一定的基础。①

感知是**感觉**与**知觉**的总称。感觉反映了事物的个别属性，比如形状、颜色、大小、气味、轻重，等等，这些信息保持了机体与环境的信息平衡。人类认识世界就是从感觉开始的，人类生活的世界也是一个充满感觉的世界。据统计，人的眼睛能够分辨大约 750 万种可区别的颜色，人的耳朵能够对 34 万种可鉴别的声音作出反应。知觉是人脑对各种感觉信息进行组织和解释的过程，反映的是事物的整体及其联系与关系。知觉作为一种过程、活动，包含了相互联系的几种作用：**觉察**(detection)，即察觉到事物的存在；**分辨**(discrimi-

---

① Larry Samovar and Richard Porter, *Communication between Cultures*, pp. 79, 85.

nation),即把一种事物或其属性与其他事物或其属性相区别;**确认**(identification),即利用已有的知识经验和当前信息,确定知觉的对象,将其纳入一定的范畴。将感觉和知觉结合起来看,感知也是一种人们把外部世界的物理属性转化为有意义的内在经验的过程。

人际交往中的感知取决于人们的感官,通过倾听、观看、触摸等等与他人互动的行为,人们可以接收到各种信息,以及由信息形成的相互印象,还可以使用感官对信息不断进行整理与选择。这也表明,交往中的感知是双向的共享信息的传播过程。正如乔治·米德所说,人类心灵符号的互动是人与人发展关系的原始动力,互动提供了我们对他人的感知,也提供了他人对我们的感知。人际传播学者萨拉·特伦霍姆(Sarah Trenholm)等还将人际交往中的感知划分为四个步骤,认为这四个步骤之间的联系构成了人们获知信息的主要过程:**确定处境**,即传播中的人要确定自己的处境,以消除心理障碍;**品评他人**,即明白与自己交往的人是谁,这个人有些什么样的特征或特点;**判断关系**,即确定在自我与他人之间,存在着何种关系;**解释行为**,即找出双方互动行为的原因。[①]

感知的世界同真实的世界不是完全一致的,感知完全一致的人也是不存在的。这是因为,感知不是一个独立的心理过程,而是与注意力、思维、语言、学习、记忆、情感等相互作用、相互影响。每一个传播者和接收者都具有独特的经验,人们也总是倾向于运用已有的经验和需要进行感知。更为重要的是,人在用感觉器官接收信息时,并非对环境中的一切刺激都悉数接受,而是带有相当的选择性。以生理为基础的感觉尚且如此,纯属心理作用的知觉经验对知觉刺激的选择就可想而知了。

概括来看,影响感知的主要有以下几种因素:

生理　人们的生理特征和身体状态都会影响感知。比如,同样是面对一个外部世界的图像,近视、远视或色盲的人会有不同的感觉。再比如,黄种人与白人的眼睛与肤色一样,有着明显的区别:相比之下,黄种人的视野略广于白人,黄种人的色盲比白人少——有学者作出统计,黄种人男性患色盲者占4%—5%,而白人则高达8%—9%。[②]

环境　环境对感知的影响包括两个方面。首先,人们所处的自然环境条件

---

① Sarah Trenholm and Arthur Jensen, *Interpersonal Communication* (Belmont, CA: Wadsworth, 1996), pp. 159—170.

② 关世杰:《跨文化交流学》,第84页。

影响着人们的感知。比如,北极地区的人对雪的感知,一定会与赤道地区的居民有着很大差异;赤道地区的人对雨和阳光的看法,也会与极地地区的人有很大的区别;就沙漠和雨林地区的人们相比,对水、绿色和沙漠的感知也会全然不同。其次,人的感知很容易与自身所处的特定时期、特定文化背景和特定的情感联系起来——这里的环境因素也可称"境遇"(situation),指的是人处身其间的整体传播环境。在不同的境遇中,人对外部世界的感知是不同的。适宜的环境能使人心情舒畅、精神振奋;困苦的环境往往使人心情沮丧、精神抑郁。马克思就说过:"五官感觉的形成是以往全部世界历史的产物";"忧心忡忡的穷人甚至对最美的景色都没有什么感觉。"①

语言 人的大多数感知是通过语言而得以学习、储存和记忆的,这也是人区别于其他动物最为重要的方面之一。语言不仅仅是一种传播工具,还指引着人们感知的道路,人们在特定文化背景下形成的观念与行为模式,先验地受制于他们所使用的语言。

20世纪20年代,语言学家爱德华·萨丕尔首先提出,语言的作用不仅是传递信息,而且在实际生活中塑造了人对客观现实的感知,即语言结构能决定使用者的思维方式,也决定了观察世界的不同方法。通过研究北美霍比人(Hopi)的语言,萨丕尔的学生沃尔夫(Benjamin Whorf)还得出了一个影响深远的结论:霍比人的文化和环境塑造了霍比人语言的形式;反过来,霍比人又为霍比语言所塑造,并逐渐形成了霍比人对客观实在的感知。

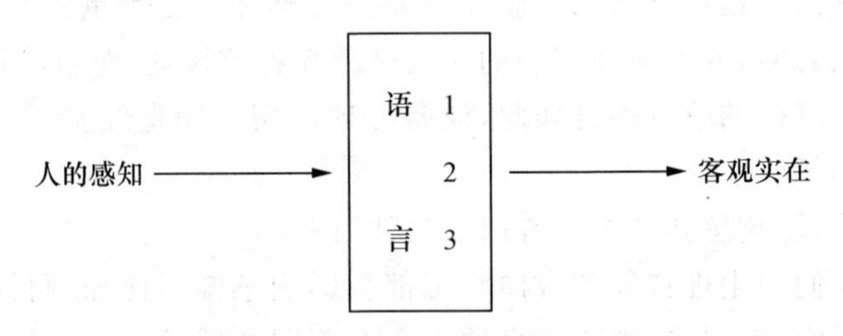

图 5-1 萨丕尔-沃尔夫假说②

萨丕尔和沃尔夫的这一研究被后人概括为"萨丕尔-沃尔夫假说"(Sapir-Whorf Hypothesis),认为它奠定了"语言相对论"(linguistic relativity)的基础,为解析语言符号及其传播提供了重要启发,也为理解人类文化展现了独特的视角。这一"假说"的基本观点是:语言在不知不觉中决定着人们对世界的感知方

① 马克思:《马克思1844年经济学哲学手稿》,北京:人民出版社1985年版,第83页。

② 图中1表示词汇量,2表示词汇分类,3表示句法。

式,同时语言的局限也成为人们认识世界的局限。进一步说,语言的面貌决定着世界的面貌,语言就像是一块带有颜色的不甚平整的透明镜片,镜片中的一些成分如词汇量、词汇分类、句法等,会使客观实在的形象发生扭曲,颜色也会发生变化。

20 世纪中期的语言学研究还注意到,世界上的不同语言使用的基本颜色术语在数量上有着很大差异,由此可能影响了使用不同语言的人们对于颜色乃至外部世界的感知。譬如,英语中的基本颜色术语有 11 个(黑、白、红、黄、绿、蓝、褐、紫、粉红、橙、灰),巴布亚新几内亚的达尼人(Dani)的语言中只有两个基本颜色术语:黑、白。这似乎也印证了沃尔夫所说的,语言使用者是"沿着本族语言所规定的路线对大自然进行剖析"的。[①]

文化　相比生理、环境、语言等因素,隐藏在文化深层结构中的文化诸要素对感知的过程和结果具有本质性的影响,限制并规定了人们感知世界和形成观念的过程,尤其是影响着人们对外部感觉材料的判断和选择,即如何为感受到的刺激赋予意义。

20 世纪 50 年代,美国心理学家做过一项实验:安排一组来自墨西哥农村的孩子,以及一组来自美国主导文化的孩子,让这些孩子在极短的时间内看一张立体图片——一只眼看到的是棒球赛的图片;另一只眼看到的是斗牛的场面。从测试结果来看,这些孩子大部分根据自身文化来报告各自看到的画面:墨西哥孩子看到的是斗牛,而美国孩子看到的是棒球赛。很明显,这些孩子是根据自己的文化背景作出选择的,他们倾向于依据自己熟悉的事物作出选择。

> **一个案例:**20 世纪 70 年代,世界很多地区的人们常常把避孕套与卖淫行为联系在一起,尤其是在拉美国家。其结果就是:为了控制生育而推广避孕套的措施,在某些文化群体中很难落实。

萨默瓦等学者概括了对感知产生直接影响的五种文化因素,包括**信仰**、**价值观**、**态度系统**(attitude systems)、**世界观**和**社会组织**(social organization)。[②] 根据这一研究,感知算得上是文化的结构特征,处于不同文化中的人们都以自己特殊的方式去感知世界——即使是同一种声音,同一种色彩,同一种气味,不同文化中的人们也会产生不同的感知。常见的是,在一种文化中可能是美味佳肴的食物,在另一种文化中可能成为禁忌,甚至对嗅觉和味觉的感知产生影响。比如,欧美人多把奶酪视为美食,但奶酪的气味却让多数中国人难以接受;同样,欧

① 〔美〕理查德·格里格等:《心理学与生活》(王垒等译),北京:人民邮电出版社 2003 年版,第 238 页。
② Larry Samovar and Richard Porter, *Intercultural Communication*, pp. 14—16.

美人也难以接受中国的酱豆腐、臭豆腐等食物的味道。

二、思维方式的文化影响与中西差异

> 东西文化最根本不同的表现在思维方式方面，这是其他一切不同点的基础和来源。
>
> ——季羡林

思维(thinking)是认知的高级阶段，借助语言、表象或动作而实现，是人们以已有知识为中介，对各种感知的信息进行深层次加工，并对客观事物作出概括的过程。通过思维，人们才能揭示事物之间的联系，形成并利用概念进行判断、推理，解决面临的各种问题。人们常说的思维方式(mode of thinking)，则是指思维的习惯或思维的程序，是以概念、判断、推理等形式反映客观世界的过程，它深刻地影响着认知，也是指引人们行为的主导性文化要素。

关于感知与思维的关系，爱德华·斯图尔特指出，分析人类思想的传统方法是从三个方面展开的：感觉、知觉和思维。其中，感觉和知觉位于表层，和对外部世界的理解相关；思维则显示着深度，"从本质上讲，思维是在感觉驱动的表层结构下与事实无法企及的层面之间的一种控制变通性并找寻意义的智力活动"。总之，感觉、知觉与思维构成了人类思想的链条，"当感觉—知觉—思维的过程形成一条不间断的链条时，我们可以清楚地区别处在表层的感觉和发生在大脑最深层的思想活动"。①

20世纪40年代，美国心理学家卡尔·普里布拉姆(Karl Pribram)概括了西方文化中四种主要的思维方式。②

- **唯名论式推理**(nominalistic reasoning)，也称归纳推理法。它是由特殊到一般的推理方式，是英国人习惯的思维方式：从具体事实出发进行归纳概括，从中得出观念性或结论性的东西。"英美法系"就是这种思维方式的一个突出例子。

- **一般推理**(universalistic reasoning)，也称演绎推理，是由一般到特殊的推理方式。法国、地中海国家和拉丁语系的大多数国家的人民，包括大多数拉丁美洲城市居民都具有这种思维倾向，他们满足于在信仰的概念与客观世界之间建立联系。从法律体系上看，"大陆法系"就是这种思维方式的一个典型

① 〔美〕爱德华·斯图尔特等：《美国文化模式》，第23—28页。

② Karl Pribram, *Conflicting Patterns of Thought* (Washington, WA: Public Affairs, 1949). 转引自关世杰：《跨文化交流学》，第95—96页。

例子。

- **直觉推理**(intuitional reasoning),重视直觉,强调整体与部分之间的有机联系。这种思维方式在德国和讲斯拉夫语的中欧盛行。
- **辩证推理**(dialectical reasoning),也称辩证逻辑方法,是由黑格尔创立、马克思发展的逻辑方法,要求分析和综合相结合,归纳与演绎相结合,逻辑的方法和历史的方法相结合。

思维方式的文化影响

思维方式的形成,首先受生理基础特别是脑结构的制约和影响。20世纪70年代,加拿大学者发现,惯用右手的女性的胼胝体的峡部比惯用右手的男性的同一部位大20%。胼胝体是左右大脑沟通的主要桥梁,女性胼胝体峡部比男性的大,无疑能使其在语言及视觉信息的处理和左右脑的相互沟通方面比男性更占优势。

相比生理基础,对思维方式更为重要的影响来自历史传统、哲学思想、语言文字等文化要素。

第一,历史传统对思维方式的产生和延续具有重要的影响。譬如,在古希腊时期,知识精英崇尚智慧、思辨和真理,认为求知是所有人的本性,努力寻求有关世界整体及万事万物的知识,逐步形成了探索天文、气象、物理和数学等自然奥秘的科学理性传统。其中,以三段论学说为基本内容的亚里士多德的逻辑思维就是以"求知"为目的,所要回答的是"世界和万事万物究竟是什么?""它的原因和道理是怎样的?"等问题。重要的是,这些问题的结论必须借助严格有效和普遍适用的认知方法,由客观根据得出。在随后的西方历史中,笛卡儿、康德、罗素、霍金等不断延续着亚里士多德逻辑思维的传统,对其合理成分不断发展,进而应用于诸多社会领域。再譬如,尽管美国人与英国人在文化上很接近,但美国人更强调以经验事实为依据的归纳法和实用主义,这种思维方式也与美国自身的历史传统有关。美国是一个移民国家,早期移民多是为了摆脱旧大陆各种思想上的束缚,到新大陆来寻求自由的。这片广袤新大陆上严酷的生存现实,让人们面临着许多意想不到的问题,逐步形成了**实用主义**(pragmatism)的思维方式并延续至今。

第二,由于哲学思想中包含着大量的认识论和方法论内容,所以哲学与思维方式有紧密的联系。在一定程度上,思维方式的实质,就是从认识论和方法论的角度对文化和其他实践活动的一种抽象。在古希腊哲学思想中,亚里士多德所说的"哲理的探索起源于对自然万物的惊异"影响甚远,与古希腊哲学的总体特征和主要内容相适应,形成了古希腊人"为了知而追求知识,并不以某种实用为目的”的哲学思想，进而促生了以寻求理性解释而非以实际经验为依托的逻辑思维方式。

在西方近代史中，正是在培根和笛卡儿等哲学思想的影响下，形成了两种对西方文化影响深远的思维方式：**归纳推理**和**演绎推理**。其中，作为经验主义的代表人物，培根在哲学上概括了自然科学的成果，提出了认识始于经验的基本原则，进而创立了归纳的科学方法论，为实验科学的发展开辟了道路。培根认为，归纳法是认识自然真理的真正道路，是探索自然奥秘和避免各种假象的唯一科学方法。与培根不同的是，理性主义的代表笛卡儿要求把一切“放在理性尺度上校正”，用理性作为改造一切、判断一切的准绳。笛卡儿的认识论和方法论主要由理性直觉和演绎法两个阶段构成，他肯定演绎推理具有必然性，但演绎推理的结论是否确实可靠，取决于演绎推理得以进行的前提是否正确——获得这种正确观念的唯一途径就是理性直觉，不证自明的真理只能来自理性自身。

第三，任何思维活动的进行都离不开语言，语言是人类思维的工具。人类思维的过程就是对语言进行操作的过程：一方面，人们通过词汇与句子按一定的模式进行思维，语法结构就是人类思维逻辑规则的表现，规定了思维方式的差异；另一方面，语言又是思维的实现，语言本身就是思维过程的一部分，人们既不能在语言之外进行思维，也不能在思维之外运用语言。

思维与语言是相关和一致的，语言影响了思维的过程和结果，语言的局限也决定了思维方式的局限。18 世纪的德国哲学家赫尔德（Johann Herder）就认为，语言和思维相互依存，民族的思维方式只能通过其各自的语言才能被正确地理解，思维方式的差异是由不同民族各自的语言表达方式决定的。在将汉字及汉字语法与欧洲字母文字进行比较后，当代许多学者发现：虽然中西文字在初创时期均有同根“象形”的共性，但在文字演变的过程中，西方文字渐渐抛弃了“象”而成为具有一维线性结构特征的拼音文字，而汉字由于保留着“象”的特征而成为二维的形声义融为一体的文字。所以，汉字与汉语语法对世界的反映体现出直观的特点，这种语言特点比较适合形象思维。相比之下，欧洲的字母文字不倾向于直观地反映事物，更为适合抽象的、逻辑的思维方式。总之，中西文字的差异与中西思维方式的差异具有显著的一致性。

中西方的差异

思维方式与文化的联系，既表现为文化的整体特征对思维方式的制约，也表现为思维方式对文化的影响。文化对思维方式的制约，决定了由特定历史阶段的特定文化孕育出的不同思维传统，既有共同性的一面，又有特殊性的一面；思维方式对文化的影响，则决定了不同文化在文化心理乃至观念系统等方面的深层的结构性差异。基于这一理解，一些学者还把西方文化概括为：以逻辑思维为基本认识工具，以探求现象的因果关系和规律为目的的科学精神和文化。

概括相关研究，中国与西方传统中的思维方式主要有以下几方面的差异。

第一，中国人偏好形象思维，西方人偏好抽象思维。**形象思维**（imaginal thinking）是对记忆表象（大致等同于"想象"）进行分析综合、加工改造，从而形成新的表象的心理过程。在这种思维方式的支配下，中国人常用比喻来表达情感，比如把县长称为"县太爷"、岳父称为"泰山"、军民关系比作"鱼水情"。**抽象思维**（abstract thinking）是运用概念进行判断、推理的思维活动，以分析、综合、抽象、概括、比较、分类、系统化、具体化作为思维的过程。由于这种思维需要遵循逻辑规律，所以又称逻辑思维（logical thinking）。

事实上，形象思维和抽象思维是密切联系、互相渗透的，人在解决问题的过程中经常要运用各种思维。由于职业的需要，人们在进行思维活动时也会有所偏重，如文学家偏重形象思维、数学家偏重抽象思维等。形象思维有其长处，现代思维科学和教育科学的一个重要结论是：任何知识及其教学利用形象思维予以说明，就容易被人们理解、学习和掌握。但如果抽象思维不足，人们就容易停留在经验阶段，对问题缺乏系统和理论的阐述。利玛窦甚至不客气地评论说：中国人没有逻辑规则的概念，不仅使近代科学难以产生，就是道德哲学也"只是他们在理性之光的指引下所达到的一系列混乱的格言和推论"[①]。

第二，中国人偏好综合思维，西方人偏好分析思维。**综合思维**（synthesis thinking）强调了对自然界、人类社会的整体性和统一性的认识，是一种重视普遍联系的"整体观"。**分析思维**（analysis thinking）是指在思想上将一个完整的对象分解为各个组成成分，或者将它的各种属性、方面、联系等区分开来。中医根据道家的五行学说——金、木、水、火、土，以人体组织为宇宙雏形，用以说明五脏之间相互依存和制约的关系，就是典型的综合思维的表现，与偏向分析思维的西医截然不同。进一步说，由于中国人偏好综合，导致了思维上整体（holistic）优先；而西方人偏好分析，导致了思维上部分（partial）优先的思维操作的特点。

在中国春秋战国时代，整体观已完整地呈现在儒家和道家思想中，经过两汉的宇宙论、魏晋玄学、佛教的本体论，直至宋明理学的融贯、发展，整体观成为中国传统思维方式的主要特点。《易经》所云"见天下之动而观其会通"，即是这种整体观的显现。黑格尔在评述《易经》时，还意味深长地指出："在中国人的思维

---

① 〔意〕利玛窦、金尼阁：《利玛窦中国札记》（何高济等译），桂林：广西师范大学出版社 2001 年版，第 23 页。

中，具有最深邃、最普遍的东西与极其外在的、完全偶然的东西的对比，最外在的、最偶然的东西往往能与最内在的东西结合。”①

> 针对中西方在思维方式上的差异，莱布尼茨的评述在西方社会影响甚远：“在日常生活以及经验地对待自然的技能方面，我们是不分伯仲的。我们双方各自都具备通过相互交流使对方受益的技能；在思考的缜密和理性的思辨方面，显然我们要略胜一筹，因为不论是逻辑学、形而上学还是对非物质事物的认识，即在那些有充足理由视之为属于我们自己的科学方面，我们通过知性从质料中抽象出来的思维方式，即数学方面，显然比他们出色得多。同时，我们的确应当承认，中国人的天文学可以和我们的相媲美。”②

有必要说明的是，分析思维与综合思维既是相互对立的，又是统一的。如果人们不能在思想上将一个客体加以分解，就无法把握其本质，而只能停留在事物的表面；同样，如果人们不能将客体的各个部分结合起来，就无法在整体上把握一个事物，而只能产生片面的认识。因而，分析和综合在思维活动中是互相联系发挥作用的。

第三，中国人注重“统一”，西方人注重“对立”。在比较东西方思维方式的差异时，费尔巴哈(Ludwig Feuerbach)有一个著名观点：东方人见到了统一，忽视了区别；西方人见到了区别，而遗忘了统一。也就是说，中国文化强调的是对立面的和谐与相互渗透，即对立中的统一；相比之下，西方文化比较强调对立面的斗争与转化，即统一中的对立。

总体而言，中国人的确是习惯于把事物分为对立的两个方面，但这两个对立面被看成是一个不可分割的整体，相互制约、相互依存。在此基础上，中国人运用综合思维所产生的结果，即整体性认识去认识客观事物，去认识自然和改造自然。中国传统社会中对人和自然关系的认识就是以“天人合一”为出发点，认为天与地、阴与阳、精神与物质是不可分割的统一体，强调人与人的和谐，人与自然的和谐，比如庄子所说的“天地与我并生，万物与我为一”，以及宋明理学家声称的“人人有一太极，物物有一太极”。一些研究认为，这种立足于统一视角看待事物的思维方式凸显在价值观方面，就是强调维护整体利益的集体主义，与西方国家强调个人、“将个体、个人作为社会的逻辑元点”的观念大相径庭。

应当注意，中国与西方传统在思维方式上存在的差异是相对的，不是绝对的，只是在不同时期表现出的强弱程度不同。在春秋战国时期，墨子的《墨经》就自觉运用了形式逻辑，这一时代的西方论著也在多用比喻和历史典故。针对思

① 〔德〕黑格尔：《哲学讲演录》第1卷(贺麟等译)，北京：生活·读书·新知三联书店1956年版，第122页。

② 〔德〕夏瑞春编：《德国思想家论中国》(陈爱政等译)，南京：江苏人民出版社1997年版，第4页。

维方式的文化差异，我们还有必要确立一个基本认识：任何一个文化群体的思维方式都是发展变化的，思维方式的融合与发展是人类社会进步的表现，必然能够帮助不同文化中的人们理性地、客观地剖析和校正民族传统，实现对传统思维方式的超越。

第二节　态度的主要类型与影响

态度是认知体系和文化心理的重要组成部分。从20世纪30年代起，态度逐步成为社会心理学研究中引人注目的概念。此后，针对态度的获得与作用的研究成果，使人们找到了研究社会心理现象的主要线索，不再用神秘的本能去解释人际的心理影响。陆续出现的各种态度测量方法研究，也为社会心理学的发展作出了重大贡献，为利用经验事实对复杂的社会心理现象进行实验的、数学化的研究提供了可能性。

作为态度的两种重要类型，定势和偏见都是人们基于社会和文化经验对特定对象的认知、情感和行为倾向。在跨文化交往中，定势和偏见的影响是多方面的，常常导致歪曲和防范性的行为，不可避免地会影响传播的效果，甚至可能阻止传播的发生。所以，跨文化传播研究的重要目标之一，就是最大可能地消解人们对异文化所抱有的定势与偏见。

一、态度的定义与功能

> 当人们抱友好态度或憎恨态度的时候，抱气愤态度或温和态度的时候，他们对事物的看法不同，不是完全不同，就是有程度之差。
>
> ——亚里士多德

1935年，心理学家奥尔波特(Gordon Allport)给出了关于态度(attitude)的一个经典定义：一种心理的、神经的准备状态，由经验予以体制化，并对个人心理的所有反应过程产生指示性的或动力性的影响。在此基础上，后来的心理学研究陆续提出了很多定义，包括："既定的"倾向或反对特定事物的方式；既成的神智状态，通过对经验的组织，在个人对所有与其相关的对象和情景的反应中发挥一种直接和有力的影响；以一致方式对特定对象所持的一种持续的习得性倾向；由对某一社会对象的正面或反面的评价、情绪的感觉、支持或反对的行为倾向构成的一种持久系统，等等。

作为影响认知的主要因素，态度一旦形成，人们就会用已有的观念体系来对外界事物作出回应。在这个意义上，态度是人和群体完成目标行为的储备过程。

马克斯·韦伯就有一种说法,人都是"文化动物",都具有采取某种态度对待世界并赋予世界意义的能力和意愿。

态度由**认知**(cognitive)、**情感**(affective)和**意动**(conative)三部分组成。其中,认知部分是指个体对态度对象的带有评价意义的观念和信念。有些态度可能是基于正确的观念和信念,相应的态度也就往往是积极的;有些态度则可能基于错误的观念和信念,这些态度因而也往往是消极的。情感部分是指人对某些人或物的评价、爱好和情绪反应。在日常交往中,情感成分往往比认知成分更重要。意动部分是指态度中的行为意向成分,反映了个体行为的准备或行动的预备倾向。意动成分受认知和情感成分影响,比如,一个有族群中心主义或群体中心主义倾向的人往往会歧视其他族群或群体的成员,或具有回避外群体成员的意向。

社会心理学的研究焦点之一,就在于研究人们的认知、情感和行为是如何形成态度的。研究者发现,尽管所有的态度都具有认知、情感和行为成分,但某种确定的态度可能更多是基于某一种经验。这样一来,态度也可以划分为三种类型。第一,**以认知为基础的态度**(cognitively based attitude)。这是主要根据人们对于态度对象的性质所持的信念而形成的态度,目的往往是为了区分某一事物的优点和缺点。第二,**以情感为基础的态度**(affectively based attitude)。这是根据人们的感觉和价值观而形成的态度,其功能并不在于精确地描述世界,而是表达和确认基本的价值体系。比如,不同文化群体对堕胎、死刑和婚前性行为等问题的态度,就往往是根据价值观产生而不是根据对事实的冷静考察。第三,**以行为为基础的态度**(behaviorally based attitude)。这是通过观察态度对象的行为或行为的预备倾向而形成的态度。

重要的是,态度一旦形成,就会以两种形式存在:**外显态度**(explicit attitude),即人们容易意识到并易于报告的态度;**内隐态度**(implicit attitude),即自然而然的、不受控制的,并且往往是无意识的态度。[①]

根据丹尼尔·卡茨(Daniel Katz)关于态度的功能主义理论,态度决定于它为人们提供的功能:人们之所以持有某种态度,是因为这种态度可能帮助自己实现基本的目标。在他看来,态度主要具有四个方面的心理功能。**工具性功能**(utilitarian function),即持有某种态度是因为可以得到某种利益,人们也总是会对能够帮助或回报自己的事物产生积极态度。**知识功能**(knowledge function),即

---

① 〔美〕埃利奥特·阿伦森等:《社会心理学》(侯玉波等译),北京:中国轻工业出版社2005年版,第173页。

人们具有某种态度，是因为其能满足人们对知识的欲望，或是能够帮助人们理解世界的结构与意义。**价值观表达功能**（value-expressive function），即用态度来表示基本价值观，同时进一步确定自我形象。**自我防卫功能**（ego-defensive function），即个体通过态度保护自我、减少焦虑并使情绪冲动转移方向。譬如，社会地位卑下的人在与他人交往时，往往会持一种“居高临下”的态度。

表 5-1　态度的功能以及形成、激发和改变的决定因素①

功能	起因和动力	激发条件	改变条件
工具性功能	满足态度客体的需要；最大限度地扩大外部奖励；减少惩罚	需要的激活；突出与满足需要相关的隐含线索	需要被剥夺；新需要及新层次的欲望产生；奖励和惩罚转变；强调满足需要的新方法和较好途径
自我防卫功能	对内部冲突和外部危险的防护	施加威胁；诉诸憎恨和被抑制的冲突；挫折感增加；采用独断的暗示	消除威胁；发泄（情绪）；增进对自我的认识
价值观表达功能	保持自我个性；提升受欢迎的自我形象；自我表达和自我决策	采用与价值观相关的隐含线索；追求自我形象再确立的个体愿望；威胁自我概念的模棱两可性	在一定程度上对自我的不满意；对自我更加适当的新态度；对各种环境因素的妥协破坏了旧的价值观
知识功能	对理解的需要；对有意义的认知组织方法的需要；对一致性和清晰性的需要	重建与旧问题相关的及旧问题本身的隐含线索	由于新信息出现和环境变化产生的模糊性；关于问题的更多有意义的信息

虽然态度与世界观、价值观等不是同一概念，但它们之间始终有着紧密的联系，态度的形成不可避免地受到这些观念的影响。

态度也会受到其他因素的影响。第一，**环境**。生活在任何社会、文化环境中的人都可能与生活在同一环境中的父母、朋友等形成相似的态度，如俗语所说：“近朱者赤，近墨者黑”。第二，**家庭**。父母的影响和家庭的熏陶对态度的形成起着决定性作用，父母与子女之间的交流往往对子女一生的态度产生重要的影响。第三，**群体**。群体态度是由成员间的相互影响造成的，群体内也容易产生相似的态度。在群体交往中，每个成员都努力使自己的态度最大程度地符合或追随群

① 〔美〕沃纳·赛佛林、小詹姆斯·坦卡德：《传播理论》，第 193 页。

体的看法和判断，在一个从无序到有序的过程中群体的共同态度会自然地形成。这一点也契合了弗洛伊德的观点：每一个个人都是许许多多群体的组成部分，并因此而分享了众多的群体心理——种族心理，阶级、阶层心理，宗教派别心理和民族心理等——的一部分。①

近年来，一些研究把态度与族群认同研究联系在一起，将族群认同分为积极(positive)和消极(negative)两种：**积极的族群认同**是指族群成员以积极、自豪的态度看待本群体的语言、文化、宗教、习俗等，能够使族群成员具有强烈的内聚力，主动地维护本群体利益，但同时会对其他族群表现出一定的排斥和抗拒；**消极的族群认同**是指族群成员以悲观、颓伤的态度看待本群体，对本族群的语言、文化、宗教、习俗等怀有自卑情绪，以自己身为该族群的一员而感到耻辱，甚至不愿在其他成员面前暴露自己的族群身份。

根据美国学者菲尼(Jean Phinnery)提出的**族群认同发展理论**(Ethnic Identity Development Theory)，为克服消极的族群认同，族群成员需要经历三个阶段的过程，才会最终获得积极的族群认同。在第一阶段，对本族群的问题很少关注，也缺乏兴趣，往往是按照主导文化的价值观和态度看待自己的族群，心理调适能力较差，自尊水平也较低。在第二阶段，族群意识逐渐增强，开始积极关注本族群的发展，并停止对主导文化的一味追求和认同。这一过程不仅是一个认知过程，而且是一个反省性的元认知过程。在第三阶段，把自己对本文化的积极态度内化和整合进入自己的认知结构，产生族群自豪感和族群归属感，进而实现积极的族群认同。②

二、定势的类型与特点

> 定势是“我们头脑中的画面”(pictures in our heads)。
>
> ——新闻理论家沃尔特·李普曼(Walter Lippmann)

定势(stereotype)来自印刷专业术语，专指排版印刷用的凸模字版，也有“僵化、固定的看法”的含义。定势还可译为“固定成见”“定型观念”“刻板印象”等。作为一种复杂的社会和心理现象，定势是识别和简单地对外界事物分类的感知过程的产物，可视为一种相对简化的、忽略事物细节差别的态度。

在跨文化研究的视野中，定势主要被看作是人们对其他文化群体特征的期

① 〔奥〕西格蒙德·弗洛伊德：《论文明》，第221页。

② Jean Phinnery, “Stages of Ethnic Identity Development in Minority Group Adolescents”, *Journal of Early Adolescence*, Vol. 9, 1989, p. 39.

望、信念或过度概括(overgeneralization),这种态度建立在群体同质性(group homogeneity)原则的基础之上,具有夸大群体差异而忽略个体差异的特点。[1]比如,一些英国人对美国人的普遍看法是:喜欢管闲事、激进且有着过度的爱国热情;一些美国人给英国人贴上的标签是:冷漠、不动感情、疏离。当然,定势中并不缺乏准确和重要的事实。在许多心理学家眼中,定势还是一个必然使差异有序化的认知范畴——个体为了保持其与周围众多群体的联系,发展乃至运用定势是一个正常的心理过程,能够使人们了解和得到有利于日常多元文化互动的信息。

1922年,美国学者李普曼在《公共舆论》(*Public Opinion*)一书中首先把"定势"引入社会科学的研究领域。在他看来,定势好比是"我们头脑中的画面",代表的是一种过分简化的意见、具有影响力的态度和不加鉴别的判断。人所处的环境,无论是自然环境还是社会环境,都太复杂了,不允许个体对世界上的所有人、所有的事物去逐一亲身体验和认识。所以,人们发展了一种简化的认知方法,把具有相同特征的一群人(比如,老人、妇女、穷人或任何民族、种族)塑造成一定的形象,此后,凡是面对属于这个群体的成员,就将之纳入这种预先规定的形象之中。这就是定势。李普曼还指出,在嘈杂混乱的现实世界中,人们倾向于领会自身文化已作出解释的东西,倾向于接受自身文化中已形成定势的东西。换言之,定势可以帮助人们加速信息加工过程,从而概括地认识社会现象。

定势主要分为**社会定势**(social stereotype)和**文化定势**(cultural stereotype)两种类型。其中,社会定势可分为**思维定势**和**行为定势**。前者指人们头脑中稳定的、难以改变的对其他有关事物和情境的认识,常常是一种"天真的图景";后者指受本文化制约的行为模式和行为策略。文化定势也可分为**自定势**和**他定势**两种,分别反映了对本文化、本群体以及其他文化、其他群体的固有认识和形象概括。在不同文化的交往中,当人们把两种文化、两个群体看成截然不同的、完全对立的文化群体时,就会产生文化定势。其后果在于:不仅把整个群体的文化特征应用到该群体的每个成员身上,而且把该群体的长处和短处都加以夸大。

决定定势影响大小的因素主要是信息量。人们关于某人的信息量越少,就越可能按照定势对他的行为作出反应,定势发挥的影响就越大。比起同文化传播来,跨文化传播中的传播者所知对方的信息量更少,因而定势在认知过程中的

① Stella Ting-Toomey, *Communicating across Cultures*, p. 161.

影响要大于同文化传播中的情形,乃至任何一本有关跨文化传播的学术著作都不免充满了定势,这也是特别需要警醒的。譬如,很多关于时间的分析认为,中国人不像美国人那样守时,倘按这一定势推断,结论就是每个中国人都不守时。相似的定势还有:以形象思维为取向的东方文化和以演绎思维为取向的西方文化;高语境文化和低语境文化的分布;集体主义的中国文化和个人主义的美国文化,等等。

定势不断地对跨文化实践产生影响,也不断地受到实践的影响和制约。那么,人们该如何面对定势呢?跨文化传播学者布拉德福德·霍尔(Bradford Hall)指出,"任何想要消除定势的想法都会使人迷失方向",重要的是认识定势的本质,有效地对它进行梳理,而不是简单地清除它。也就是说,要努力使定势更准确化、具体化,而且承认个体差别的存在——在定势与实际吻合的情况下,定势会成为社会分类(societying),一种科学和准确的分类,这也是定势的积极作用所在。总之,定势的存在本身并不一定是坏事,而对定势的"片面使用"才是最应避免的,特别是由定势产生的行为可能造成"期待效应",进而影响、诱导和强化某些行为,这往往构成了不同文化的冲突之源。

根据布拉德福德·霍尔的概括,定势主要有五个方面的特点。[①]

第一,**指向性**(direction)。这一特点主要是指该定势是持肯定态度还是否定态度。有些定势,比如"某些人懒惰、粗俗、愚笨"的说法,很明显是持否定态度;像"这些人勤劳、有礼貌、聪明"的观点,显然是持肯定态度。此外,一些听起来是肯定的观点,往往也可能变成否定的定势。譬如,"中国人总是很有礼貌"的定势会产生中国人不能担当领导角色的结论;"黑人擅长运动"的定势会让人们忽视他们的智慧;"日本人擅长数学"的定势则会给不擅长数学的日本人带来麻烦。

第二,**强度**(intensity)。这一特点针对的是定势的强弱程度。基于不同的经历,尤其是民族主义的动机或封闭自守的文化心态,有些定势是根深蒂固的。如霍尔所说:也许我们很小就学会了对他人的定势,并有若干个经历来证明自己的看法是正确的,这就使得我们在很多时候注意不到它们是定势,即使有些定势是站不住脚的。

第三,**具体性**(specificity)。这是指针对比较具体的定势更容易找到解决的办法,因为我们更容易找到偏离这一看法的例外,也能以非常明确的概念进行思考。而像"某群体的人很粗鲁"这样空泛的看法就难以处理。

---

① 〔美〕布拉德福德·霍尔:《跨越文化障碍》,第169—170页。

第四，**一致性**(consensus)。这一特点指的是定势被接受和认知的程度。定势的一致性来自社会化过程。这一特点使定势一旦形成就难以改变，并会成为其他定势的依据。

第五，**准确性**(accuracy)。这一特点指的是定势描述他群体时具有的准确度。从统计学的角度来看，某些定势往往是相对准确的。比如，人们会发现某一群体有确定的受正规教育的水平，或有确切的人均收入水平。因此人们可以说某某群体穷，某某群体富。但许多定势即使是从一般的统计学角度来看，也是不准确的。

还应注意的是定势的**可变性**(changeability)特点：定势会因新的信息、新的发展而改变。个人的需要、动机、利益改变时，它也会跟着发生一定程度的改变。

在人类历史上，每当发生重大事件特别是战争之后，人们的定势总是会有明显的改变。譬如，在1940年，美国人对日本人的定势是“聪明的、勤劳的和进步的”；“珍珠港事件”之后，美国人认为日本人是最恶毒、最可恨的“东方人”；20世纪50年代后期，日本人的节俭、进取心和智慧重新受到了美国人的高度评价，被看成是“谦恭有礼、善良、自尊”的民族。[①] 研究者还曾对当代韩国人进行过类似的问卷调查，发现韩国人把日本人与“统治”“战争”“军国主义”联想在一起——由于日本的强大及其地理位置，韩国重视日本但并不把它看作朋友和联盟，而是保持着一种距离。[②]

1933年，丹尼尔·卡茨等人以普林斯顿大学的100名来自不同族群的大学生为测试对象，要求他们在84个形容词当中，挑选出最适合于美国黑人、德国人、犹太人、意大利人、英国人、爱尔兰人、美国白人、日本人、中国人和土耳其人的词汇。测试结果表明，这些人的选择极为一致：79％的人认为犹太人“精明”，79％的人认为德国人有科学头脑。测试对象对有色人种有明显的歧视观念：84％的人认为黑人“迷信”，75％的人认为黑人“懒惰”。

其他学者在1951年、1969年重复了这一测验，测试对象仍是普林斯顿大学的学生。在1951年的测试中，被试者仍然选择了与1933年大致相同的形容词来描绘10个对应人群，只是被试者间彼此选择的一致性较前一次低；在1969年的测试中，一些新的形容词开始出现。一系列数据表明，上述带有“定势”特点的认知在1933—1951年的18年中变化并不明显，直到1969年之后才出现变化。

---

① 〔美〕哈罗德·伊萨克斯：《美国的中国形象》(于殿利等译)，北京：时事出版社1999年版，第143页。

② 〔德〕格哈特·马勒茨克：《跨文化交流》(潘亚玲译)，北京大学出版社2001年版，第116页。

表 5-2 普林斯顿大学定势调查的部分数据①

文化群体	1933 年	1951 年	1969 年
美国人	勤奋 48.5%	追求物质享受 37%	追求物质享受 67%
	聪明 47.5%	聪明 32%	野心勃勃 42%
	追求物质享受 33.3%	勤奋 30%	追求享乐 28%
	野心勃勃 33.3%	追求享乐 27%	勤奋 23%
	有进取心 27.3%	个人主义 26%	聪明 20%
黑人	迷信 84%	迷信 41%	擅长音乐 27%
	懒惰 75%	擅长音乐 33%	无忧无虑 27%
	无忧无虑 38%	懒惰 31%	懒惰 26%
	无知 38%	无知 24%	追求享乐 26%
	擅长音乐 26%	追求享乐 17%	炫耀卖弄 25%

三、偏见的类型与影响

没有谁能判断出不同世界观的有效性，除非是从一个具体的世界观或自身的世界观出发选用一个视角。由于是选用一个视角，因而也就会带有偏见。②

——尤尔根·哈贝马斯

英文中的偏见"prejudice"来源于拉丁文的"Pracjudicium"，意思是"以事先所作出的决定或先前的经验为基础的判断"。在心理学意义上，偏见主要表现为对特定目标群体的偏离事实的、不成熟的判断或评价，也是人们固有的否定性和排斥性的态度，往往是僵化、难以逆转的，会影响到人们各个方面的心理活动和行为。

偏见可能是针对作为一个整体存在的群体，也可能针对某一群体的个体。偏见常常表现为：根据自身群体的标准评价其他群体，认为其他群体是低下的；对不同群体成员持有敌意，因为对方的存在威胁着本群体的利益；对不同群体持有反感，但通常自己不承认有偏见；在某些情况下对其他群体的行为持有积极态度，但与其保持一定距离；对不同群体的个人有反感，因为他所做的事情是自己所不喜欢的；与不同群体的人相处时产生"不自在"的感觉，因此不愿与之接触。这里重要的是，一旦人们对特定群体抱有偏见态度，就会形成选择性的记忆，并去寻找支持自己偏见的证据，使偏见本身得到巩固，进一步地，就可能导致不公

① Stephanie Madon, "Ethnic and National Stereotypes", *Personality and Social Psychology Bulletin*, Vol. 7, 2000, p. 999—1000.

② 〔德〕尤尔根·哈贝马斯：《后民族结构》(曹卫东译)，上海人民出版社 2002 年版，第 198 页。

平的、负面的或伤害性的歧视(discrimination)行为。

根据布拉德福德·霍尔的概括，可以把偏见划分为如下五种类型。①

第一，**公然型**(blatant)。公开表现出对他群体的厌恶和歧视，认定其他群体天生龌龊、懒惰、落后，有时还会对受歧视的群体成员采取暴力手段。美国历史上的“三K党”(Ku Klux Klan)就是一个以这种偏见为共识的暴力组织。

第二，**自负型**(conceited)。认为其他群体不如自己的群体，往往把他群体平庸化，取笑其他群体的价值观和处事方式，认为其他群体的成员缺少专业技能或社会能力。通常，持有这类偏见的个体往往具有一种权威人格(authoritarian personality)②，往往比较固执、保守、偏激，并对更高的权威言听计从。

第三，**象征型**(symbolic)。持有这种偏见的人往往会否认自己有偏见，但会担心权力关系现状受到外群体的干扰。因此，只有具有权力、地位的人才会有这种偏见。象征型偏见也见之于以维护较大社区中主流群体的某些特权为目的的机构传统中——人们对这些特权习以为常，所以很难发现它们的存在。

第四，**门面主义型**(Tokenism)。这样的人知道自己内心对其他群体怀有消极情感，可又不愿意承认这一事实，常常会做点表面文章来做做样子。从本质上讲，门面主义就是送人礼物。施人物品往往被视为没有偏见的证据，但却让受施者免于参加更有意义的平等活动。

第五，**若即若离型**(arm's length)。这种偏见指的是个人可以与某位外群体成员友好交往，但周围有本群体的成员时，便会冷落外群体成员，或是漠视与外群体成员可能建立的友谊。这种偏见往往是很难察觉的，因为在某些情形下，持这种偏见的人可能对外群体成员表现出宽容和随和的态度。

偏见产生的原因多种多样，大致包括**生理**、**社会化**、**社会利益**和**经济利益**几个方面。

基于认知的生理原因，当人们面对陌生环境时，神经系统中会出现报警信号，触发神经上的焦虑感，导致一种压力，迫使人们采取相应的行动。这种“被迫处理不明情况的压力”也是偏见的一种成因，毕竟，与定势一样，偏见能够简化认知过程，使环境简单化，并及时采取相应措施。

偏见形成的社会化原因主要有两个方面：传统和传媒的影响。传统的影响意味着，偏见大多不是在交往中形成的，而是从已有的偏见中继承过来的，源于人们对秩序和安全感的需要，也由于人们对可能阻碍日常生活的一切影响采取

---

① 〔美〕布拉德福德·霍尔：《跨越文化障碍》，第177—178页。

② Fred Jandt, *Intercultural Communication*, p. 75.

谨慎小心和怀疑的习惯性态度。菲利普·珀尔马特(Philip Perlmutter)就指出,"在很多情况下,少数民族对多数人群体的偏见是可以理解的,因为正是他们羞辱、排斥、限制、征服、剥削和屠杀少数民族,使少数民族的愤怒代代相传"[①]。重要的是,一旦偏见为群体所接受,就会对个体产生巨大的影响和压力。譬如,在一个认为黑人懒惰、粗鲁的群体中,没有谁能轻易违背群体意愿去主动与黑人交往,否则就会被孤立在群体之外。关于传媒的影响,比较典型的就是近年来美国电影中的穆斯林形象,其中大多被抽离了穆斯林世界的丰富性和多样性,而被刻画成"圣战和仇恨、狂热和暴力、极端和迫害女性"[②]。在这些形象的影响下,生活在美国的约800万穆斯林一度被不公正地贴上了"生化武器的制造者""人体炸弹""破坏美国安全"的标签。

形成偏见的社会利益有三个方面的含义:第一,持有偏见就可以从存有同一偏见的人群那里得到支持;第二,一个群体保护自身认同和社会地位的愿望愈强烈,就愈会把其他群体视为需要躲避和排斥的威胁;第三,偏见可以产生某种优越感,也可以把问题归咎于他人,即"我们所有的麻烦都是那些人带来的"。第二次世界大战期间,德国纳粹就利用这种偏见对犹太人进行了残酷迫害。关于这一点,社会心理学的**替罪羊理论**(scapegoating)也颇具说服力:在时局紧张、资源不足的时候,人们有指责和攻击相对弱势的外群体成员的倾向。

> 20世纪初,针对华人在澳洲被白人群体排斥的境遇,英国《泰晤士报》驻北京记者莫理循(George Morrison)作出了这样的评论:"一个中国人的工作能力胜过一个英国人会让他丢掉饭碗——没有人能否认这一点。如想在与中国人的竞争中获胜,我们的同胞就必须学会变成劳动的机械动物;像中国人一样不能照顾妻小,一周七天日日辛勤劳作,毫无舒适娱乐可言;对政府的开支不能贡献分文;吃难以下咽的食物维生,十几个人同挤一室。"[③]

经济利益是指,在竞争激烈的环境中,偏见也会愈加强烈。一个典型的例子是:在19世纪,当中国移民为美国修建跨越大陆的铁路时,美国社会的工作机会很多,中国人被视为勤劳和守法的群体而受到尊重。铁路修完之后,工作机会减少,白人开始从服务行业、制造业和农业中挤走中国人。在不断增强的敌意和暴徒的暴力行为中,中国人也变成了"危险的""罪恶的""行动诡秘的""低劣和娘娘腔的""不老实和邪恶的""肮脏和令人讨厌的"人群。[④] 这一现象也印证了**现实冲突理论**(Realistic Conflict Theory)的主张:资源的有限性不断导致了群体之间的冲突,并造成偏见

① 〔美〕菲利普·珀尔马特:《少数民族群体的偏见》,载《国外社会科学》2002年第4期,第96页。
② John Esposito, *The Islamic Threat* (New York, NY: Oxford University Press, 1992), p.5.
③ 〔英〕乔治·莫理循:《中国风情》(张皓译),北京:国际文化出版公司1998年版,第218页。
④ 〔美〕哈罗德·伊萨克斯:《美国的中国形象》,第150页。

和歧视的增加。

由于偏见产生的基础类似定势，偏见和定势都具有执着的情感内涵，因此较强的定势往往容易发展为偏见。不过，如同定势一样，偏见并不是主观意见或个人癖好，而是从其所属的文化中发展而来，是被社会、历史和文化决定的态度。此外，定势中有符合事实的部分，也有不符合事实的部分，不符合事实的定势就是偏见。偏见还有一个令人迷惑之处，就是除少数人坚持公然表达偏见外，大部分人承认偏见是错误的、有害的。

美国学者在20世纪90年代的一次调查发现：46%的讲西班牙语的美国人、42%的非裔美国人、27%的美国白人认为，亚洲人“做买卖不择手段和诡计多端”；43%的讲西班牙语的美国人、43%的非裔美国人、12%的美国非犹太白人认为，“当必须在人与金钱之间进行选择时，犹太人会选择金钱”。[①]

应当看到，偏见折射了社会生活中一个普遍存在的现象：人们花费在证明自己观念上的时间，远比试图真正了解对方的时间多。只要略为观察，我们就会发现一个事实：生活中的每一个人都不免被各种各样的偏见所包围。譬如，莎士比亚就在《威尼斯商人》中刻画了犹太商人恣意骄横、唯利是图的形象，不仅反映了当时英国社会对犹太人的偏见，还在很大程度上强化和传播了这一偏见；钱钟书的《围城》中也有这样的描述：“在伦敦，男人穿皮外套而没有私人汽车，假使不像放印子钱的犹太人或打拳的黑人，人家就疑心是马戏班的演员，再不然就是开窑子的乌龟。”[②]

四、归因理论的解释

我们都像天真的科学家一样，理性地、富有逻辑地检验着我们针对他人行为的假设。

——心理学家弗里茨·海德(Fritz Heider)

归因(attribution)是奥地利心理学家弗里茨·海德在1958年提出的概念。海德认为，在人与人的交往中，人们往往会推断对方举止的原因、动机或意图，尝试拼凑各种信息去寻求对自己或他人行为的因果解释，这就是归因。

海德对归因理论的贡献，在于提出了归因的两种方式：**内部归因**(internal attribution)，认为人的行为与己有关，如与人格、态度或个性有关，这是人们偏好的推论方式；**外部归因**(external attribution)，认为人的行为与其所处的情境

① 〔美〕菲利普·珀尔马特：《少数民族群体的偏见》，载《国外社会科学》2002年第4期，第96页。
② 钱钟书：《围城》，北京：人民文学出版社1992年版，第41—42页。

有关,同时假设大多数人在同样的情境下会作出同样的反应。1974 年,唐纳德·泰勒(Donald Taylor)首次使用了海德的归因概念去研究族群关系,在印度南部对当地的印度教徒进行了归因实验。结果表明:印度教徒对自己的积极行为更多地予以内部归因,对其消极行为则给予更多的外部归因;与之相反的是,印度教徒对穆斯林的积极行为给予了更多的外部归因,对他们的消极行为则给予较多的内部归因。[①]

在海德研究的基础上,1973 年,凯利(Harold Kelley)展开了归因的**共变性**(covariation)研究,认为人们在归因的过程中,会注意并思考各种信息或资料;由于他人的行为是多变的,归因也会随着不同的时间、地点、角色及目标而改变,所以,通过他人行为的共变性,就能够判断他人行为的起因。1984 年,休斯通(Miles Hewstone)等把群体影响纳入归因的过程,提出了**社会归因**(social attributions)的概念,揭示了归因的社会本质,即群体成员如何解释该群体成员和其他群体成员的行为。[②]

概括相关研究,社会归因主要涉及三个方面的命题。第一,归因的起源是社会的,是随着个人理解和认知能力的提高而逐渐发展起来的。譬如,心理学的实验研究发现,儿童在 5 岁时,还无法指出某些现象发生的原因,9 岁时开始可以说出哪些原因会导致某一结果,13 岁时就有了分析各种可能性的能力。第二,归因的参照物和目标是社会的。第三,归因是各社会群体成员所共有的认知方式,一个群体的成员进行社会归因强化了其社会性。因此,社会归因也往往带有定势、偏见以及民族中心主义的特点。

运用归因理论分析跨文化交往中的定势与偏见的形成,主要应当关注那些影响归因参照标准的文化因素。这是因为,归因是人们对他人或自己行为的感知和因果关系的解释,文化提供了人们解释行为的参照标准。此外,在跨文化传播中,人们对内群体的行为比外群体更为熟悉,因而,对本群体成员的行为更容易和更多地归因于外因,对外群体成员的行为更容易和更多地归因于内因,往往会倾向于认为:外群体的行为是由他们的本性和种族、民族的特点决定的,而不是环境变化的反映。例如,多数美国白人会把黑人的行为归结为个人的素质,而把白人的行为归结为环境因素。一些研究还指出,个人主义文化更偏好内部归因,而集体主义文化更偏好外部归因;也就是说,集体主义文化中的人们更易于

---

① Donald Taylor and Vaishna Jaggi, "Ethnocentrism and Causal Attribution in A South Indian Context", *Journal of Cross-cultural Psychology*, Vol. 5, No. 2, 1974, pp. 162—171.

② Henri Tajfel. ed., *The Social Dimension* (Cambridge, UK: Cambridge University Press, 1984), pp. 379—380.

超越个人解释,并会着重考虑环境因素对他人行为的影响。比如,中国学生会将自己的成功归结于他人,如老师和父母或学校的教学质量,而美国或西方国家的学生则被鼓励将成功归因于自己的天才或勤奋。

> 2001年4月6日,美国辛辛那提市的警察追踪黑人托马斯进了一条小巷,警察命令托马斯举起手来,但托马斯还来不及作出任何反应就被开枪打死。他没有携带任何武器。托马斯是过去6年中被辛辛那提市警察打死的第15个美国黑人,而在这6年中,辛辛那提没有一个白人以如此方式失去生命。

运用归因理论,可以更好地理解通过传播媒介形成定势或偏见的过程。传媒对个人以及群体认知的影响,是其他任何东西都无法比拟的,尤其是由各种传播媒介提供的各类归因参照,往往成为定势和偏见产生的重要基础。20世纪40年代,美国学者统计发现,在185篇短篇小说中,90%享有良好声誉的人物都是盎格鲁-撒克逊人,仆人、小偷、骗子、赌徒等角色则与盎格鲁-撒克逊人无缘。这些小说还很容易让读者得出结论:黑人懒惰,犹太人狡诈,爱尔兰人迷信,意大利人可耻。20世纪80年代的类似统计还发现,在美国和加拿大图书市场中,华人担任角色的小说占全部小说的1.5%—2%。在华人担任角色的每100本小说中,扮演坏人角色的就占75%。在这些小说中,华人不是走私贩毒,就是苦工流氓,向西方国家传染贫穷,散布灾祸。[①]

鉴于定势和偏见形成原因的复杂性,定势与偏见的消除是难以做到的。要减少其消极影响,至少应当具备几个条件:在交往情景中建立平等的地位、建立共同的目标、相互依赖和合作而不是相互竞争;在尊重彼此的法律和习俗的基础上相互交往;建立亲密关系,而不仅是表面上的接触;产生令人愉快而益于双方的成果;共同参与重要活动;创造有利的社会气氛,等等。在这些条件中,建立平等的地位及共同目标是最为重要的,阿尔波特即指出,“弱势群体与强势群体若能以平等的地位为共同的目标而努力,则此种接触能够减少偏见,并且如果这种接触能够制度化地受到认可与支持,或是使两个团体的成员发掘共同的兴趣与特性,则效果会大为增强”[②]。第二次世界大战结束后,美国学者调查了美军中白人战士对黑人战士的态度,结果就发现:与黑人共同战斗过的白人对黑人的偏见要少很多。

如前所述,定势和偏见的产生在很大程度上是由于不同文化群体之间的利益冲突引起的。在不同文化群体之间设立共同目标,就可能建立一种相互依赖的关系,从而有可能从根本上减少这些态度的消极影响。关于这一点,谢里夫的一项实验颇具启发意义:让两组孩子在矛盾和竞争中产生不信任和敌对情绪,然

① 关世杰:《跨文化交流学》,第183页。

② 〔美〕埃利奥特·阿伦森等:《社会心理学》,第391页。

后把他们置于平等和无竞争的场景中来观察,结果发现:两组孩子之间的不信任和敌对情绪并没有减少,反而出现了增加的迹象;直到把他们置于一个为了完成共同目标而不得不相互合作的场景中,且经过两组孩子的努力最终完成了目标,他们之间的不信任和敌对情绪才基本消除。

定势与偏见都是普遍存在的社会和文化心理现象。从认识论的角度来看,任何认为能够清除它们,因而摆脱一切先入之见的想法都是天真而错误的,重要的是对之采取批评和鉴别的立场。同时还应看到,对人类社会和文化的客观理解是一个渐进的过程,正如科学哲学家波普尔(Karl Popper)的主张:作为认识的出发点,偏见有错误的成分,也有某些合理、正确的成分;偏见在认识中所起的作用有消极的一面,同时有积极的一面。重要的是,要让理论、偏见或预期在实践中通过观察不断得以修正、完善。"要做到客观性,我们不能依赖于空虚的心灵。客观性依赖于批评,依赖于对实验的批评性检查,尤其是我们必须承认,我们的感官本身就体现了某种意义上的偏见。"①

第三节　民族性格:文化群体的"平均人格"

关于一个民族的性格、良心与罪孽的终极真相,始终是一个秘密。

——历史学家布克哈特(Jakob Burckhardt)

英语中的人格(personality)源于古希腊语"persona",原意是指希腊戏剧中演员戴的面具,其随人物角色的不同而变换,体现了角色的特点和性格,同时意味着:每个人都有某些因种种原因而不愿披露的隐私。现代心理学沿用了"面具"的含义,转意为"人格",其含义是:构成个体的思想、情感和行为的独特模式,包含了个体区别于他人的稳定、独特的心理品质,其内涵涉及气质(temperament)、性格(character)、自我认知(self-cognition)、自我调控(self-regulation)等。

民族性格(national character)是一种文化的大多数成员身上都会出现的性格结构的核心。作为激发民族群体共同行为和共有观念的重要驱动力,民族性格就像是强有力的磁石,以固有的磁力方向把民族成员的性格塑造成一定的"型",每一个民族成员的气质、性格等人格特质都会受到这个"型"的影响。借用人格的概念,民族性格可算是特定民族群体中多数人具备的相对稳定的人格特点的总和,或者说,是特定民族群体的"平均人格"——在许多心理学家那里,人

① 〔英〕卡尔·波普尔:《猜想与反驳》(傅季重译),上海译文出版社 1986 年版,第 171 页。

格与"性格"(character)往往是混同使用的。

不同民族以各自不同的性格区别于其他的民族。林语堂曾这样概括中国人的性格：圆熟、忍耐、无可无不可、老滑俏皮、和平、知足、幽默、保守性。日本学者源了圆对日本人的概括则是："诚实、勤劳、温顺，对人富同情心，对国家充满忠诚，但同时缺乏全局观念，对人的同情往往不扩大到其他民族。缺乏个人的独立精神，有时也表现得缺乏应有的主见和随波逐流。"[①] 学界对民族性格的概括还有很多。譬如，美国人永远是乐观主义者，不怕挑战和竞争；英国人老谋深算，能在逆境中迸发出内在的力量；澳大利亚人的核心观念是"做事公正"(fairgo)，同情弱者；德国人喜欢有意义地使用时间，努力做有责任感、守规矩的公民；法国人沉浸于法兰西的历史，坚称国际讲台上要有法国人清楚和响亮的声音；意大利人善于雄辩，始终精力充沛，喜欢与人共享假日、希望、抱负、失望和喜好；西班牙人坚守人人平等的观念，温柔地对待乞丐，尊敬穷人和不幸者，把个人尊严排在首位，而认为时间、金钱都是次要的。

关于不同民族性格的特点和差异，世界各地流行的各种幽默有很多。譬如，欧洲流行的一个小幽默是："在天堂里，应该是英国人当警察，法国人做厨师，德国人当机械师，意大利人做情侣，瑞士人做总管。在地狱里呢？德国人当警察，英国人做大厨，法国人做机械师，意大利人做总管。"值得注意的是，文化定势的重要来源之一，就是流行的有关民族性格的诸多幽默。即使是在学术研究中，这些优缺点也会被用来作为支持有关群体的某一个体成员的文化特征。此外，从不同文化对于幽默的认识和理解上，也能看出民族性格的很多方面；或者说，可以折射出不同文化群体的"他定势"。爱德华·霍尔甚至有一个观点："如果能理解一个民族的幽默，真正把握了它，那么就可以说你对该民族的其他一切差不多都把握了。"[②]

> **幽默一则**：一个国际机构组织了一场关于大象的征文比赛，各国参赛者的文章题目如下：
>
> 英国人——在英属东非猎象；
>
> 法国人——法属赤道非洲象的爱情生活；
>
> 德国人——公元1200—1950年间印度象的起源与发展(共600页)；
>
> 美国人——怎样培育出更大更好的象；
>
> 俄国人——如何把大象送上月球；
>
> 瑞典人——象与福利国家；
>
> 西班牙人——斗象的技巧；
>
> 印度人——铁路时代之前象是一种运输工具；
>
> 芬兰人——大象是如何看待芬兰的。

民族性格的成因是复杂的，不仅与地理环境、历史遭遇、宗教等有关，也是语言、习俗、价值观等多种因素的积淀。民族越古老，民族性格就越深沉、越含蓄。

---

① 转引自尚会鹏：《中国人与日本人》，北京大学出版社1998年版，第263页。

② 〔美〕爱德华·霍尔：《无声的语言》，第54页。

所以，虽然人们能轻松地对许多民族性格作出概括，但任何一个民族的性格都是复杂多样的，不可能作出简单概括。以此而论，本尼迪克特的《菊与刀》当属分析民族性格的经典论著。在这本书中，本尼迪克特以“菊”和“刀”来象征日本复杂的民族性格，全面展示了日本民族性格的双重性：爱美而又黩武、尚礼而又好斗、喜新而又顽固、服从而又不驯，等等。

关于地理环境对居民性格的影响，明代王士性的《广志绎》有着颇为精到的描述：泽国之民，舟楫为居，百货所聚，闾阎易于富贵，俗尚奢侈，缙绅气势大而众庶小；山谷之民，石气所钟，猛烈鸷愎，轻犯刑法，喜习俭素，然豪民颇负气，聚党羽而傲缙绅；海滨之民，餐风宿水，百死一生，以有海利为生不甚穷，以不通商贩不甚富，闾阎与缙绅相安，官民得贵贱之中，俗尚居奢俭之半。

单就地理环境对民族性格的影响来看，在古希腊时期，医学家希波克拉底认为，人的身体和性格大部分随着自然环境的不同而有所不同，不同地区居民的性格特征也在很大程度上是由自然环境造成的：“在多山多石的高山区，气候季节的变化很大，这里的居民易于有巨大的身躯，生来勇敢和坚忍……在起伏多风而雨量充分的高原区的居民，一定是身材粗大且彼此都很类似，在性格上有些懦弱而驯良……你会发现人的身体和性格大部分都随着自然环境的不同而有所不同。”[①] 法国启蒙运动时期的思想家孟德斯鸠也强调地理环境尤其是气候对民族性格的影响：“气候的王国才是一切王国的第一位……异常炎热的气候有损于人的力量和勇气，居住在炎热天气下的民族秉性怯懦……而寒冷的气候则赋予人们的精神和肉体以某种力量，这种力量和勇气使他们能够从事持续的、艰难的、伟大的和勇敢的行动，使他们保持住自由的状态。”[②]

根据地理环境和历史境遇的差异，一些研究还把日本和中国的民族性格归纳为“岛国心态”和“大国心态”。其中，日本人的“岛国心态”包括：善变、富于进取心；对外界有强烈的好奇心，反应灵敏，模仿性强，善于学习、吸收外来的东西；善于从微观、战术上考虑问题，精于计算，认真，一丝不苟；有强烈的危机感等。与“岛国”环境相适应，日本人的性格中也具有这样的倾向：喜怒无常、性急毛躁、排外、缺乏持久性和耐力等。中国人的“大国心态”包括：恢宏大度，有顽强的忍耐力；达观，没有人种偏见；有深沉的历史感，善于从宏观的、战略的角度考虑问题等。当然，与“大国”环境相适应，中国人的性格中也有这样的倾向：阴郁，难以捉摸；保守，对外界缺乏好奇心；缺乏精确、细致的精神。

就像个人性格的形成有遗传因素也有后天因素一样，一个民族的行为方式

① 转引自〔英〕阿诺德·汤因比：《历史研究》上册，第 69 页。

② 〔法〕查尔斯·孟德斯鸠：《论法的精神》下册，第 227 页。

既有相对稳定的一面,也有因时代而变化的一面。一些表面上属于民族性格的内容,实际上是由体制、制度和时代环境造成的,一旦这些因素发生了大的变化,这种特点也会随之改变。所以,在考察民族性格时,必须把与"深层结构"相关的、相对稳定的内容与那些容易变化的内容加以区别。

> 在新文化运动时期,陈独秀从三个方面比较了"东洋民族"与"西洋民族"的民族性格:东洋民族以安息为本位,所以"雍容文雅",西洋民族以战争为本位,所以"好战健斗";东洋民族以家族为本位,所以注重整体,强调忠孝,西洋民族以个人为本位,所以强调个性,追求自由;东洋民族以感情、虚文为本位,所以强调亲情和个人关系,往往以情代法,西洋民族以法治、实力为本位,所以无论政治、家庭以至贸易,皆以法律为重。[②]

明清之际,一些西方传教士曾这样概括中国人的民族性格:民风柔顺,为人耐心、严肃,缺乏欧洲人那种与生俱来的动人生气,与许多欧洲人的激烈、活泼热情与好奇相距甚远;爱好和平,很满足自己已有的东西,没有征服邻近国家的野心,这一点也与欧洲人大不相同。[①] 鸦片战争之后,一些西方观察家在日益增长的优越感的支配下,这样概括了中国人的民族性格:中国人保守,僵化,缺乏多样性,知足常乐,逆来顺受,习惯于压制和约束自己的真情实感,性格中缺少反抗压迫的一面,"信奉一切权力来自上天"[③]。当然,中国相对于西方的优长,并没有被西方人完全忽视:"中国人看问题的方法较西方人的方法更全面,中国人有着更宽阔的心胸,他们镇静而达观的忍耐力往往使那些热切而鲁莽的西方人感到无地自容。"[④] 第一次世界大战之后,以罗素为代表的西方思想家继续热情地关注中国人的民族性格,认为中国人的悠闲而不是西方人的效率才是人类真正的福音,至少是比欧美人颐指气使的狂妄自信更少负面效应,"中国人摸索出来的生活方式已沿袭几千年,若能够被全世界采纳,地球上肯定会比现在更为欢乐祥和"[⑤]。

民族性格的缺点和优点就像一枚钱币的两面,是紧密地联系在一起的,彼此不可分割。譬如,北美殖民地的居民由土著印第安人、欧洲白人移民及非洲黑人三部分组成,其中,欧洲移民是主要成分。当欧洲移民到达北美大陆时,等待他们的并不是想象中的"伊甸园",而是陌生的环境和艰辛的劳作。在新的环境中,

---

① 〔法〕杜赫德编:《耶稣会士中国书简集》第1册(郑德弟等译),郑州:大象出版社2001年版,第23、348页。

② 陈独秀:《独秀文存》,合肥:安徽人民出版社1987年版,第27—30页。

③ 〔美〕何天爵:《真正的中国佬》(鞠方安译),北京:光明日报出版社1998年版,第5、22、204页。

④ 〔美〕罗斯:《变化中的中国人》(公茂虹等译),北京:时事出版社1998年版,第68页。

⑤ 〔英〕伯特兰·罗素:《中国问题》,第7页。

欧洲移民逐步形成了自强不息、务实进取的人格特质,他们强调个人努力与互助精神,逐步变得成功与富裕,并宣称自己是"上帝的选民"。进一步地,他们在政治制度上追求主权在民和资产阶级民主政体,藐视封建法统,从而使多元并存、共存共荣的文化成为北美独具的特色,使美国成为世界不同文化的"大熔炉"。然而,这些移民在北美拓殖、反抗强权压迫的同时,也开始把土著印度安人和非洲黑人视为"上帝的弃民",对其进行肆意压迫和剥削,从而把白人的种族优越感深深地植入美国民族性格的内涵之中,亦使其成为孕育"美国例外论"(American Exceptionism)的文化心态。

有鉴于此,在作出有关民族性格的判断时要十分谨慎,对自身民族抱有自豪感是可以的,但夸大本民族的某些优点和他民族的某些缺点,认为自己的民族先天优于其他民族则是非理性甚至是危险的。19 世纪的历史学家布克哈特还有一个值得深思的观点:

> 指出在不同民族之间许多明显的和幽暗的差异或许是可能的,但是,在人类领悟力中,并没有整体平衡的心态。关于一个民族的性格、良心与罪孽的终极真相,始终是一个秘密。如此看来,一个民族的缺点就有其另一面,在那里它们表现为特性,甚至是优点。有些人以对别的整个民族进行指责为乐。就让他们这样做好了。欧洲人可能互相指责,而不会对彼此作出恰当判断。一个伟大的民族,以它的文明、它的成就、它的财富与现代世界生活交织在一起的民族,它可能做到既无视它的辩护者也无视它的批评者。无论能否得到理论家的认可,它将继续存在下去。[①]

第四节　文化心理研究的"路线图"

跨文化心理学(cross-cultural psychology)和文化心理学(cultural psychology)是西方主流心理学的文化转向之产物,都重视文化在心理和行为的发展与表现中的作用,并要求把文化纳入心理学的研究范畴。

就两者的关系而言,跨文化心理学是文化心理学的基础,文化心理学是对跨文化心理学的进一步发展。此外,这两门学科与跨文化传播学的学科界限并不分明,许多核心议题在极大程度上是交叉、重合的。近一个时期以来,这些学科通过在发展过程中的相互接纳、吸收,已呈现出了整合之势,这无疑将提供更有

① 〔美〕克利福德·格尔茨:《文化的解释》,第 386 页。

价值的有关文化、心理与传播的知识。

一、跨文化心理学的主要贡献

跨文化传播学与跨文化心理学的界限并不分明，许多心理过程(比如感知)显然就是传播过程的一部分。[①]

——威廉·古迪孔斯特

20世纪初期以来，通过与文化人类学的相互渗透和结合，心理学逐步引进了文化、制度、角色等概念，认识到不同生活条件下的人们在知觉能力和其他心理特征方面的差异，开始借鉴具有人类学特点的跨文化比较方法；同时逐步接受了一个事实：心理学的任何定义都必须纳入世界各地的多样化行为，心理学应该研究世界各地的人的行为，而不是仅仅研究发达国家中人的行为。

20世纪60年代，瑞士心理学家皮亚杰(Jean Piaget)的研究凸显了在心理学领域开展跨文化研究的价值。他提出的**认知发展理论**(Cognitive-development Theory)假定：儿童的思维不同于成人，思维的发展经过了感知运动阶段、前运算阶段、具体运算阶段和形式运算阶段。皮亚杰的疑问是：这些阶段的次序是否是不变的？如果在所有的文化条件下儿童思维的发展都不变地经过这几个阶段，则生物因素在其中起着决定作用；如果依文化条件而不同，则生物因素的作用就几乎可以不予考虑了，而应该考虑社会文化因素的影响。基于此，皮亚杰呼吁对认知发展理论展开深入的跨文化研究。

20世纪70年代，国际跨文化心理学学会(International Association for Cross-cultural Psychology)成立，标志着跨文化心理学作为一个交叉学科的正式诞生。跨文化心理学的诞生，开辟了心理学研究的新领域，也为理解人类的行为提供了新的视野，使得心理学家可以从文化视角来研究人类行为。这是因为，虽然跨文化心理学保持着传统实验心理学的研究范式，但它有自己特定的研究目的——在不同文化背景下对既有的心理学理论进行检验，从而革命性地超越了心理科学研究对白人主导文化的依赖。不仅如此，通过研究不同地区、不同民族的人的心理结构与心理能力的共性差异，跨文化心理学也极大地拓宽了心理学理论的适用范围。

概括看来，跨文化心理学的主要特点与理论贡献体现在以下三个方面。

第一，关于文化的基本观点。跨文化心理学用进化论的观点看待文化，注重文化的共性和文化发展的基本规律，假定文化差异只是文化进化在不同阶段的

① William Gudykunst, ed., *Cross-cultural and Intercultural Communication*, p. 1.

表现,努力证明各种心理过程的跨文化的普遍性;同时,强调文化是影响人的变量,假定文化具有客观性质,心理和行为受文化的影响,努力证明一些基本或普遍的心理过程在不同文化中的多变性。[①] 跨文化心理学者也相信,“在一定数量个体中的研究结果就代表一个逻辑层次,它将适用于一切个体,并因而适用于人性”[②]。

> 本着对西方主流心理学的整体规律和原则的跨文化、超历史的信心,心理学家约翰·威廉斯(John Williams)曾断言:现代心理学适用于世界各个角落,打个比方,印度的心理学家也能够发现西方学者所发现的大多数心理学原理。[③]

第二,关于文化与心理的关系。跨文化心理学把文化与心理的关系看作是影响与被影响的关系,强调对文化的控制、利用。所以,心理学研究应通过对文化等因素的分析来描述和理解行为,考察文化对心理或行为有什么影响以及如何影响心理或行为,以达到用文化来解释心理或行为之目的。与之相比,西方主流心理学是在追求自然科学理想的目标指引下,力图发现不受文化历史因素影响的、一般的、抽象的和具有普适性价值的心理与行为规律,并将之推广到任何时代、任何文化条件下的任何个人。

第三,关于方法论和研究策略。跨文化心理学采用了科学主义的基本观点,把文化看作是自变量或准自变量,把人的心理和行为看作是因变量,力图确证二者之间的因果关系。同时认为,科学研究的目的就是探究现象背后的本质、基础和规律,最终的结果是产生一种“放之四海而皆准”的理论。跨文化心理学所要做的,就是检验任何一种“准理论”的跨文化适用性。所以,跨文化心理学首先要追问的是:文化和心理是什么?文化和心理是怎样产生的?文化和心理存在与发展的原因是什么?

值得注意的是,20世纪80年代以来,跨文化心理学开始受到越来越多的批评。其中一些批评指出:跨文化心理学的学术旨趣在于,把西方主流文化中产生的心理学成果运用到其他文化中,用不同的文化背景来验证西方心理学的理论,而极少关注不同文化条件下的心理与行为的特殊性,表现出根深蒂固的“欧美中心主义”的倾向。一些批评还认为,跨文化心理学仍然是以自然科学作为科学观和方法论的模型,虽然它承认文化差异与行为的联系,但假定不同文化条件下的人具有共同的深层心理机制。这样一来,虽然跨文化心理学从文化与行为相互

① Kenneth Gergen and Mary Gergen, “Toward A Cultural Constructionist Psychology”, *Theory and Psychology*, Vol. 7, 1997, p. 31.

② 〔美〕安东尼·马尔塞拉等主编:《跨文化心理学》,第19页。

③ Kenneth Gergen and Mary Gergen, “Toward A Cultural Constructionist Psychology”, p. 31.

联系的观点出发，却会得出深层心理机制不受文化影响的相反结论来。

面临困境的跨文化心理学者开始反思这一学科的缺陷和弊端，逐步认识到：为了理解不同的文化中的行为，必须认真面对人类行为的多样性，以及个体行为与其文化背景之间的联系。这就促成了跨文化心理研究的一个重要转向：加强与文化心理学和本土心理学的联系，不仅重视宏观研究，也重视微观研究以及对本土文化的研究，从外在于文化和内在于文化两个角度出发，共同探究行为与其特定文化背景之间的联系，从而使这门学问对心理与文化的解释更具说服力。

二、文化心理学的研究思路

> 文化心理学的主要目标在于，揭示决定心理过程的内在固有意义，研究这些意义的跨文化族群分布，确定其社会习得方式。①
>
> ——文化心理学家理查德·施威德(Richard Shweder)

文化心理学是当代心理学在文化转向过程中出现的一种研究形态。

19 世纪 50 年代，德国心理学家威廉·冯特(Wilhelm Wundt)指明了心理学的两大领域：实验心理学(experimental psychology)和民族心理学(folk psychology)，后者即是现代意义上的文化心理学的基础。冯特认为，人的心理的形成既有自然因素又有社会因素的原因，民族心理则是社会因素的结果，是人的高级心理过程的体现。他还指出，对民族群体的心理研究应通过神话、习俗和语言的视角进行，因为这些因素与民族心理密切相关，其中，语汇和语法本身就能揭示该民族的心理气质。

文化心理学在当代的发展成熟，以詹姆斯·斯迪格勒(James Stigler)等人在 1990 年出版的《文化心理学》(*Cultural Psychology*)为标志。根据该书的解释：文化心理学的基本思想在于，人类的心理活动过程根植并依赖于符号系统和社会组织系统。具体地说，人一方面依据自己的心理来改造世界，赋予世界新的图景；一方面又运用心理来认识和体验世界，获得有关世界的知识和心灵把握。在这个过程中，世界成为文化的组成部分，人的心理也在不断接受刺激的过程中形成、发展和深化，成为文化世界的重要组成部分。

关于文化心理学的学科任务，理查德·施威德提供了另一种解释：文化心理学关心的是人对其意向世界(intentional world)和意向生活的解释。人们所处的文化环境就是一种意向世界，人们需要不断地从这个世界中探寻意义与资源。

---

① Richard Shweder, "Cultural Psychology: Who Needs It?" *Annual Review of Psychology*, Vol. 44, 1993, p. 507.

没有一个文化环境的存在和人们对它的认同，能独立于人们捕捉与使用意义和资源的方式之外。进一步说，人们捕捉和使用意义和资源的过程会影响和改变每个人的心理，这种改变又反过来影响意义的捕捉与使用，二者是一个相互建构的过程。总之，文化心理学探究的是“隐含在意义和资源中的心理，这些意义和资源既是心理的产物，也是心理的构成”[①]。

作为心理学研究的一个重要视角，文化心理学蕴涵着对心理学的研究对象、研究方法、研究目标及学科性质的独特理解。尤其是由于认识到人类心理与文化语境互相界定、创造生成的过程，文化心理学将个体心理与广泛的社会文化背景联系起来，深化了心理学对心理本质的认识，促成了心理学研究从“心理”视角向“社会”“文化”视角的转变，从纯粹的自然科学研究模式向自然科学与社会科学研究模式共存的方向发展，从单纯抽象的理论研究向重视实践的应用研究转变。

文化心理学的核心观念在于：文化与心理的关系是相互建构、互为因果的关系，即文化对于生活在其中的人们的心理与行为有着重要的影响，生活在不同文化规范下的人所具有的心理与行为特征，都根植于当地的文化传统之中。在这一观念的影响下，文化心理学的研究思路主要有以下四种。

• **价值途径**(value approaches)。认为文化决定着特定人群的价值观。

• **自我途径**(self approaches)。认为文化与文化群体的认同结构有着紧密的关联。

• **语境途径**(context approaches)。将生态学的观点引入到文化比较之中，认为文化作为一种生态环境，决定了人群的认知机制。

• **理论途径**(theory approaches)。认为在社会化过程中，自身文化构成了特定人群的认识论，对这种认识论的探讨能使人们从更深的层次上理解文化差异。

与这些研究思路相适应，文化心理学的研究方法包括：实地研究、价值调查法(value survey methods)、文化启动研究(cultural priming study)，等等。

文化心理学的兴起符合了心理学的发展要求，特别是形成了对跨文化心理学的挑战，主要表现在两个方面。第一，与跨文化心理学将文化作为心理过程发生的场地或背景不同，文化心理学将文化视为心理过程的先在的、决定性的因素。譬如，语言作为一种文化成分，常常决定个体的思想与行为，个体在接受一种语言的同时，也接受了相应的行为和文化模式。进一步说，不同的文化模式不

① Richard Shweder, *Cultural Psychology* (New York, NY: Cambridge University Press, 1990), p. 43.

仅构造了不同的思想，也构造了不同文化中人们的感知。第二，与跨文化心理学把文化作为寻找具有普遍意义的心理规律所要排除、克服的“干扰因素”不同，文化心理学认为，人的心理结构与变化不可能独立于文化的背景，心理与文化相互映射、相互渗透，心理学研究永远不可能将研究对象与文化情境相剥离。

当然，跨文化心理学与文化心理学之间并不完全是非此即彼的关系。李炳全清楚地指明了这一点：“如果你想描述和理解，那么，文化心理学的方法是十分有用的；如果你想预测和说明，那么最好尝试跨文化心理学的方法。”不过，由于跨文化心理学研究的文化与被研究的文化有极大的文化距离，可靠的、完整的跨文化研究首先应该由文化心理学研究来充实。[①]

一个时期以来，文化心理学也在不断招致诸多的批评。其中，文化建构主义心理学(Cultural Constructionist Psychology)的开拓者肯尼思·格根(Kenneth Gergen)的观点较有影响力。在他看来，经验主义方法论仍渗透在文化心理学研究中，通过范畴、变量、语言规范化、数据等术语发挥着作用，而道德、政治、思想意识被排除在文化心理学研究领域之外，这反映了经验主义方法论的价值中立预设。总之，文化心理学仍然是西方经验主义的产物，它缺乏向主流心理学的主要理论发起挑战的能力。[②] 有必要说明的是，正在兴起的文化建构主义心理学的研究旨趣就在于将解释人类行为的焦点从内部心理结构转向外部的互动过程，也就是把心理研究拓展到作为个体的人与社会以及人与文化的关系领域中。对于当前的心理学研究和其他社会科学研究来说，这一努力无疑预示着积极的、光明的前景，必将成为文化与心理研究领域的一股重要力量。

近年来，心理学逐渐摆脱了“欧美中心主义”的研究模式，朝着“非殖民化的”心理学方向发展，这在很大程度上得益于文化心理学的学术贡献。不能忽视的是，当代社会生活方式的演变和时代精神的变迁，也是这次变革发生的主要原因。尤其是，现代科学技术特别是信息技术给人类生活带来前所未有的巨变，提供了不同文化、不同种族、不同阶层的人在极短时间内相互交流和沟通的机会。其结果就是，人们越来越多地感受到不同文化中的人们在观念、认知和情感等方面的巨大差异，从而导致对人的理性和绝对真理的怀疑。

① 李炳全：《文化心理学》，上海教育出版社 2007 年版，第 266 页。

② Kenneth Gergen and Mary Gergen, “Toward A Cultural Constructionist Psychology”, p. 32.

第六章　技术发展与全球交往

技术是人类文化发展和社会变迁的基本和关键的推动力。

由于以传播技术变革为基本推动力的全球化已经渗透到人类生活的各个领域，今天的世界正面临着人类历史上最为复杂的社会变迁过程，并使现代社会明显体现出经济支配一切、资本支配一切的特征。尤为突出的是，技术发展不仅影响了全球范围内信息流动的方向、数量和结构乃至各个文化的影响力，也改变着每一个个体的信息接收环境，重塑着人们的生活方式和观念体系，培育和塑造着新的社会交往和社会关系。

立足于传播技术的视角去考察全球社会中的社会关系，援用丹尼尔·贝尔的话说，就是去面对一种将世界各地的人们连接在一起的"共生关系"(symbiotic relationship)。[①] 正如本书概论所述，自人类早期历史以来，跨文化传播一直面临着跨越时空、国界和文化差异的要求，也在不断推动和适应着传播技术的突破与发展。近一个世纪以来，在电子技术、卫星电视、网络传播等技术变革的推动下，跨文化传播在媒介选择、行为主体、传播模式和内容以及影响力方面都发生了不小的变化。特别是网络传播在提供全新的生存和交往方式的同时，还为不同文化中的人们提供了一个理想的交往和沟通的平台——"虚拟社区"。网络传播拓宽了现实的社会交往领域，彻底改变了基于血缘、地缘、业缘关系的传统的人际交往方式，突破了狭隘的人际交往范围，实现了最大范围的全球交往，也为现代社会的时空重组以及开拓新的社会交往形式奠定了现实基础。

在21世纪这个以经济全球化为主要特征、科学与技术发展日新月异的时代，各个国家、地区的技术条件和经济基础有很多不同，利弊得失也不相同。伴随着西方文化单向性的全球渗透，后发展国家的人们被迫接受大量外来文化信息，形成了信息资源全球流通的不平衡的事实，乃至某种程度上的文化"同质化"趋势。这同时意味着，任何一个民族、文化都不可能在封闭的环境中生存与发展——技术发展提供了接触其他民族、文化的可能性，这无疑是必须把握的机

① 〔美〕丹尼尔·贝尔：《后工业社会的来临》，第348页。

会,否则就会有从许多“潜在利益”中被排除的风险。与此同时,跨文化传播学也需要纳入和面对许多新的议题,譬如境外媒体对不同文化的价值观和文化认同的影响等,要求研究者从政治、经济、社会以及语境的多样性等视角展开研究。①

第一节　技术、文化与跨文化传播

技术的发展始终在为不同文化之间的交往扫除着“物理障碍”。1803 年,当美国人造出第一艘蒸汽船的时候,拿破仑就预言:这项发明能够改变世界的面貌。

技术的不断发展,使世界日益处于技术的同步影响之下,由技术把握的理性逻辑和物质秩序,已经深度影响着人类社会的存在、运行和变迁。“每一个人的需要的满足都依赖于整个世界”②的事实,使得人们再也无法将自己局限于本文化、本民族的狭小圈子,同时不可避免地改变着人类文化的传播环境,以及不同文化之间的依存程度,这必然会对跨文化传播学的理论思考产生重大的影响。

一、技术的社会影响与文化本质

> 技术从未独立于它所赖以发展的文化。今天,它构成了其中不可分割的一个部分。
>
> ——传播学者赫伯特·席勒(Herbert Schiller)

文化不仅是技术产生的源泉,同时是技术活动的过程及结果。作为社会文化积累的重要结果之一,技术在塑造人类社会文化的同时,也始终是人类社会文化的重要内容。

关于技术的社会影响和文化本质,马克思的分析较为深刻。他通过技术史中的事实,证明了18 世纪的任何发明很少是属于某一个人的,从而表明是社会群体共同造就了某种技术的出现。马克思还十分重视社会交往对技术发展的巨大影响,他在《德意志意识形态》中分析说:“某一个地域创造出来的生产力,特别是发明,在往后的发展中是否会失传,取决于交往扩展的情况。当交往只限于毗邻地区的时候,每一种发明在每一个地域都必须单另进行;一些纯粹偶然的事件,例如蛮族的入侵,甚至是通常的战争,都足以使一个具有发达生产力和有高度需求的国家处于一切都必须从头开始的境地。”为印证这一观点,马克思还引用了腓尼基

---

① William Gudykunst, ed., *Cross-cultural and Intercultural Communication*, p.269.

② 《马克思恩格斯选集》第 1 卷,北京:人民出版社 1995 年版,第 287 页。

人的例子:由于被亚历山大征服以及继之而来的衰落,腓尼基人的大部分发明都失传了。总之,"只有在交往成为世界交往并且以大工业为基础的时候,只有当一切民族都卷入竞争斗争的时候,保持已创造出来的生产力才有了保障"[①]。

回顾历史,人类文化以及社会交往与社会关系的变迁,都与技术进步须臾不可分离,甚至于每一种文明都是以一种占主导地位的技术的引入为开端。从中国古代四大发明中的造纸术和印刷术来看,欧洲一直承认印刷术的传播是文艺复兴、宗教改革运动和资本主义兴起的必要先驱,认为印刷术"导致了思想的广泛传播,思想的广泛传播又推动了哲学与科技的变革。这些变革最终推翻了教士和贵族的统治,从而产生了崭新的政治、经济、社会、文化和宗教制度"[②],使人类从此步入近代社会。现代意义上的技术进入人类历史,是以 18 世纪末开始的工业革命为起点,从此技术成为现代西方文明的主导力量,技术成为控制自然乃至人类社会的工具。

表 6-1　人类历史上的主导技术[③]

领域	原始经济时代	农业经济时代	工业经济时代	知识经济时代
历史时间	人类诞生至公元前 4000 年	公元前 4000 年至公元 1763 年	公元 1763—1970 年	公元 1970—2100 年
知识经济技术	结绳等	印刷、出版	职业科研与发明	计算机、网络
材料技术	天然和陶瓷材料	天然和金属材料	钢铁和复合材料	高性能、可循环材料
能源技术	取火(热能)	生物能、机械能	矿物能、电能	核能、氢能、生物能
通信技术	号角	人工传递、邮递	电讯、电视	数字化信息技术
核心技术	食物采集技术	农业生产技术	工业大生产技术	知识信息生产应用
主导产业	自然食物获取	农牧业	工业	知识产业

荀子有句名言,"假舆马者,非利足也,而致千里;假舟楫者,非能水也,而绝江河",所以说,"君子性非异也,善假于物也",由此道出了人类生活对技术的依赖。通过历史学家麦克高希(William McGaaghey)的描述,也可以更好地理解技术在人类文化中扮演的角色:

> 通过把一种图像和信息传播到更广泛的人群中,这些技术创造出它们自身的经验类型,并以某种方式把它们加以润饰。没有了它们的通讯联络

① 《马克思恩格斯选集》第 1 卷,北京:人民出版社 1995 年版,第 107—108 页。

② 〔美〕赫伯特·阿特休尔:《权力的媒介》(黄煜等译),北京:华夏出版社 1989 年版,第 4 页。

③ 中国现代化战略研究课题组、中国科学院中国现代化研究中心编:《中国现代化报告 2005:经济现代化研究》,北京大学出版社 2005 年版,第 59 页。

的服务，某些制度是不能够运行的。政府的官僚机构运用了书写技术。字母的发明把书面语言交到了商人和其他人的手里，引导着一种活跃的生活。……印刷使文字靠近了大众，它培育了一种更加精确的思维方式，这对于现代的学术和科学研究是至关重要的。……随着计算机的出现，文化再次面临转变。被联系起来和互相产生影响的个人经验可能会带来一系列新的公共价值观。[①]

20世纪30年代，社会学家威廉·奥格本（William Ogburn）在堪称经典的《发明和发现的影响》（*The Influence of Invention and Discovery*）一书中概括了技术发明的三大社会影响：**散布性**（dispersion）、**连续性**（succession）和**集中性**（convergence）。其中，散布性表明了技术发明的多重影响。集中性强调的是，不同发明的影响会汇集在一起发生更大的作用。连续性则指明了技术发明所派生的链条式的社会影响："就像是一块石子投入水中激起的层层涟漪……听装罐头的发明被认为影响了妇女投票运动。它首先被罐头生产商所使用，然后减少了妇女在家中准备膳食的时间；因此这就给了妇女们更多时间参加更多的社交活动，这其中也包括参加争取妇女权利和投票的活动。反过来，妇女参加投票又产生了一系列的派生效果。"[②]

人类一直致力于改进对于周围信息的接受能力，同时在设法提高自身传播信息的能力、速度和便利性，这就使技术特别是传播技术成为文化模式的决定性因素。在这一点上，麦克卢汉（Marshall McLuhan）还有一个著名的观点：任何一种技术，只要它是人类身体、存在、思想的任何延伸，它就是"媒介"。"媒介"的延伸影响了人们之间的关系，形成了新的文化经验，最终必然会对历史和文化产生重大影响。从蔡伦造纸到古登堡的印刷机，从莫尔斯电码（Morse Code）到微软视窗，技术不断地联结和扩散各类信息，技术构成的信息网络已经成为当代社会和人类的"神经系统"，必然对人类的社会关系和社会交往产生持续的影响。

不同文化的思维方式、生活方式、宗教乃至对技术的态度等，也在很大程度上制约着本文化的技术发展。这是因为，技术的发展始终根植于特定的社会文化环境，不同群体的利益、对文化的选择、价值取向等都决定着技术的轨迹和状况。其中，文化通过对技术进行认识和反映，在观念、认知及行为方式上衍生出来一种适宜的运行机制，从而对技术的发展方向和目标进行调控。总之，技术不能脱离文化单独地发展。

---

① 〔美〕威廉·麦克高希：《世界文明史》（董建中等译），北京：新华出版社2003年版，第8页。

② 〔美〕史蒂文·瓦戈：《社会变迁》，第223页。

透视人类技术发展的历史，甚至可以得出一个结论：文化是技术发展的“遗传基因”——技术在不同文化中的地位、作用以及期待等，决定了技术乃至文化本身的命运。从一般的意义上说，有好奇心的文化、有工匠传统的文化，以及有实干精神和精益求精态度的文化，对技术的发展往往有强烈的需要。相比人文传统深远的文化而言，以科学理性见长的文化对技术发展的需要也往往比较强烈。这方面较为普遍的观点是：中国传统中“天人合一”的观点，尤其是视技术为“奇技淫巧”的技术观长期阻碍着技术发明和创新，这也是造成中国近代以来落后于西方的主要原因。李约瑟甚至认为，中国儒家思想对科技发展的影响基本上是消极和负面的，因为“在整个中国历史上，儒家反对对自然进行科学的探索，并反对对技术做科学的解释和推广”①。一些研究还指出，印度佛教中追求内在性的精神省悟固然促进了印度医学的发展，但它轻视经验，反对理性，重视玄学思辨，则更多地影响了技术的发展。

> 英国作家玛丽·雪莱(Mary Shelley)1818年出版的科幻小说《弗兰肯斯坦》(*Frankenstein*)一直以人造技术将毁灭人类的寓意影响着一代又一代的英国人。当转基因食物出现之后，英国人随即联想到，这种技术可能会像弗兰肯斯坦创造的怪物那样威胁人类的生存，因此将转基因食物称为“弗兰肯斯坦食物”，对其采取了十分激烈的抵制态度。一些研究认为，这一现象表明：文学作品也在影响着人类对技术的态度。

西方国家的情况有所不同。古希腊时期确立的科学理性精神，以及西方基督教在宗教改革后的新教思想，为西方社会不同时期的科学和技术发展提供了持续的动力。尤其是近代科学革命与工业化运动，促进了科学知识与技术在世界范围内的传播，缩小了人类在地理上和观念上的距离，扩展了人类交流与合作的范围。进入20世纪之后，在西方国家不断诞生的微电子技术、计算机技术、航天技术、生物技术、新材料技术等，更是促成了一轮又一轮的技术革命热潮，推动了全球知识经济时代的来临，并最终改变着人类生活、政治、民族国家以及全球文化的面貌。

日本学者森谷正规有一个观点：不同国家的文化明显地反映在它们所制造的产品中，即“每一个国家的技术和制成品，都是该国文化的产物”。在他看来，日本文化就是现代日本技术发展的基础，制造的产品也反映出日本文化的特点。比如，日本地域狭小、资源匮乏的环境造就了精密加工技术的发展，使日本的技术产品表现出结构紧凑、重视细节、手艺精巧的特色。另外，日本之所以善于通过技术引进的方式来发展自己的技术，也与其文化特质有关。在历史上，日本一直从中国和西方“各种文化的产物中选择、学习和吸收它认为需要的东西，以适

① 〔英〕李约瑟：《中国科学技术史》第2卷(何兆武等译)，北京：科学出版社1990年版，第395页。

合自己的目的，产生了吸收和同化的非凡才能”[1]。在这个意义上，日本文化属于学习文化，有一种自卑和谦虚混合的东西存在于民族精神之中，这种素质有利于学习其他国家文化的优点。森谷正规还指出，日本人的“尚武”传统在工程师和技术人员中形成了一种“生产现场主义”，成为日本能以惊人的低成本生产优质工业品的重要文化条件。

从20世纪早期开始，技术的持续、高速发展开始不断激起人们的一系列担忧：技术发展究竟给人类社会带来了什么影响？在技术的影响下，人类文化的命运究竟如何？人们也在普遍关注一种趋势：一个社会的技术化程度越高，对技术的依赖性就越强，因而也会变得更加脆弱，更经不起技术变化所造成的影响，从而造成精神和物质、科技与人性的失衡。

在众多的反思中，美国哲学家路易斯·芒福德（Lewis Mumford）和法国哲学家雅克·埃吕尔（Jacques Ellul）的观点颇具代表性。芒福德认为，机器生产意味着“野蛮的新纪元”，它给人带来了非人性的劳动和异化的生存状态。不过，技术所产生的罪恶，归根到底还是人的罪恶。我们对技术不能一味地进行批判，因为要批判的正是人本身。只有通过调整人本身、调整人的社会和文化才能消除技术产生的罪恶，因为“机器本身没有任何要求，不做任何承诺。是人类的精神在要求和承诺”[2]。埃吕尔则认为，技术已经变得无比强大和囊括一切，人从生活在自然环境中变成生活在技术环境中，甚至于像政治和经济这样的现象都是“属于它”而不是“被它影响”。他还认为，技术是一种自主的力量，已经渗透到人类思维和日常生活的各个方面，以至于人类已经失去了对自己命运的控制能力；甚至对技术的选择都不是人作出的，而是由技术本身作出的，技术的发展也是自动进行的，所有事物都要适应自主的技术的要求。总之，技术环境迫使人们把一切问题都考虑为技术问题，使人被技术所包围，所有的经济、政治与精神文化活动都要服从于技术的需要，即“社会中的一切都成为技术的奴仆”，甚至“资本主义系统已被技术系统所取代了”。[3]

当前，各种新兴传播技术的迅速发展，也向人们提出了各种问题，涉及工作的性质、娱乐的性质、时间和空间的概念，也涉及与文字、阅读、谈话等日常生活方式的关系，等等。这些问题直接影响到全球社会中不同文化的变迁和命运，亟

---

① 〔日〕森谷正规：《日本的技术》（徐鸣等译），上海翻译出版公司1985年版，第49、26页。

② Lewis Mumford, *Technics and Civilization* (New York, NY: Harcourt, Brace and Company, 1934), p. 6.

③ Jacques Ellul, *The Technological System* (New York, NY: Continuum, 1980), p. 12.

待广泛而深入的关注和思考。不过，面对这些议题，我们还有必要再次审视技术史家克兰兹伯格(Melvin Kranzberg)提出的**“克兰兹伯格第一定律”**——“技术既无好坏，亦非中立”。技术确实是一种力量，但“技术在有意识的社会行动领域里的实际发展，以及人类释放出来的技术力量与人类本身互动的复杂矩阵都是有待探索的问题，而非必然命运”①。

二、信息技术与跨文化传播：基于“数字鸿沟”

> 信息被当作当代生活的钥匙呈现在人们面前，而社会亦被信息富裕者和信息贫困者所瓜分。②
>
> ——传播学者马克·波斯特(Mark Poster)

基于技术的社会文化本质，技术总会在相应的社会系统内发生作用，并因此受到社会交往和社会关系的制约。技术的变革和引入，也会不可避免地导致文化观念和认知系统发生变化。汤因比准确描述了这一过程：“如果人们放弃自己的传统技术而用外来技术取代的话，那么，生活表层在技术方面变化的作用，将不会仅仅局限于这一表面，它会逐渐达到更深的程度，甚至使全部传统文化的地基都被动摇。”③

20世纪迅速发展的信息技术正在以前所未有的速度、广度和深度把全球社会变得更加密不可分。一方面是人类的信息复制、保存和传输的能力空前增强；另一方面，各种文化都有机会脱离原有的狭小的生存环境，都有可能积极地与其他文化交汇、融合，进而加速全球社会中文化多元化的进程。正如丹尼尔·贝尔观察到的，当代大众传播媒介与交通运输革命一起消除了社会的隔离状态，开阔了人们的视野，改变了人们认知世界的方式，增强了相互间的影响和联系，改变了过去狭隘的世界形象，形成了今天人们理解世界的方式——“造成对变化和新奇的渴望，促进了对轰动的追求，导致了文化的融合”④。

回顾人类技术发展的历史，一方面是人类传播的范围无限制地扩大，传播的内容也日益多元化；另一方面，伴随着全球化的进程，文化与国家间信息交流的内容和层次都在不断深化和发展，使跨文化传播呈现出前所未有的异常活跃的

① 〔美〕曼纽尔·卡斯特：《网络社会的崛起》(夏铸九等译)，北京：社会科学文献出版社2001年版，第90页。

② 〔美〕马克·波斯特：《信息方式》(范静哗译)，北京：商务印书馆2000年版，导论第15页。

③ 〔英〕阿诺德·汤因比：《文明经受着考验》(沈辉等译)，杭州：浙江人民出版社1988年版，第264页。

④ 〔美〕丹尼尔·贝尔：《资本主义文化矛盾》(赵一凡等译)，北京：生活·读书·新知三联书店1989年版，第136、137页。

态势。其中，现代交通与传播技术在19、20世纪的迅速发展，堪称人类历史上最大的文化裂变，不仅使人类社会的关系网络在全球范围内迅速扩展，同时对于文化传播和知识普及乃至全球社会变迁的作用，也是难以估量的。

表6-2　1500—1960年人类交通运输速度的变化①

1500—1840年	1850—1930年	1950年	1960年
马车/帆船 16公里/小时	汽船/火车 56—104公里/小时	螺旋桨飞机 480—640公里/小时	喷气式飞机 800—1120公里/小时

技术的发展彻底改变了跨文化传播的实践，跨文化传播的客观需要也不断催促着传播技术的更新，其结果就是：跨文化传播的内容越来越多样，渗透力越来越强，扩散面越来越广。当前，跨国卫星电视、视频电话、交互式电视、视频游戏、虚拟现实、移动通信等层出不穷的新型传播媒体，成为当代传播技术的主要标志和人类交流信息、知识、情感的语境，把人们的社会关系和人与自然的主客体关系反映、建立在数字的生产、储存、流动和控制之上，为跨文化传播增添了深刻的技术内涵。

与之相应，文化与传播研究的各个领域都面临着范式转换（paradigm shift），基本概念、理论模式等都需要进行新的阐述，特别是要考虑建立新的命题、理论等来解释新技术环境中的文化与传播实践。姜飞即指出，跨文化传播研究不能过于关注文化这一焦点，而将传播只看作文化生态的工具性作用，忽略了传播技术更新所带来的革命性变迁，因为“在人类标志性的文化变迁历程中，大众传播媒介的技术升级和理念变迁的基础性作用和调节性作用功不可没”②。

随着信息技术发展势头的延续，不同文化之间更为猛烈的碰撞、融合以及分裂都将是不争的事实。尤其是对于处于世界体系边缘的文化来说，是否能适应这种变迁，是否能够避免被淘汰的命运，更为让人担忧。根据来自人类历史的经验，不同民族或社会相遇时，总是在技术领域处于更先进位置的一方对另一方产生更大的影响。由于对技术的重视不足，中国在历史上是有深刻教训的。针对中国传统社会对于技术的态度，古德诺的评价值得深思：

> 他们有着许多重要的发现和天才的发明，但他们没有意识到这些东西的重大意义。他们发明了指南针，但他们把它用于制作风水罗盘，以选择一

① 〔英〕罗宾·科恩、保罗·肯尼迪：《全球社会学》，第36页。
② 姜飞：《从学术前沿回到学理基础》，载《新闻与传播研究》2007年第3期，第35页。

块风水宝地做墓穴，或者用它来在无人迹的平原上寻找道路，过去指南针有时也用于马车。中国人还发明了火药，但他们只把它用来制造烟花爆竹。虽然他们是伟大的航海家，但他们却没有想到指南针也能用于航海。他们发现了火药的爆炸力，但却没有把它用于发射炮弹，或用于爆破阻塞河道的礁石，或用于开矿。[①]

信息技术不仅是衡量社会贫富的工具，也是决定社会变化能力的主要因素。人类掌握信息技术的实力的差异，也会不可避免地导致不同群体、民族和文化的机遇差别。这就涉及了"数字鸿沟"(Digital Divide)的概念，指的是由于地域、教育、经济和种族差异，不同群体在掌握和运用电脑、网络等数字化技术及分享信息资源方面存在的差异，其实质就是一种因信息落差而引起的知识分隔和贫富分化，亦可称为"信息富有者和信息贫困者之间的鸿沟"。

"数字鸿沟"这一概念来自美国明尼苏达大学的蒂奇纳(Philip Tichenor)等人在20世纪70年代进行的**"知识沟"**(knowledge gap)研究。当时，"知识沟"主要是指社会群体之间在公共事务和科学新闻等方面存在的知识差异："随着大众传媒向社会传播的信息日益增多，社会经济地位高的人将比社会经济地位低的人以更快的速度获取信息，因此，这两类人之间的'知识沟'将呈扩大而非缩小之势。"[②]随着社会和技术条件的变迁，"知识沟"的内涵也愈加丰富：从网络技术上来讲，"知识沟"是地域、教育水平和种族不同的群体在接入和使用网络技术上存在的差距；从经济方面来讲，是由于经济水平的差异而导致的对信息接触和应用的差距；从知识方面来讲，是不同群体在获取和利用知识的能力上存在的差距；从社会制度方面来讲，它是传统的社会分化现象在新时代的延续，即信息分化现象。

"数字鸿沟"的本质就是"知识沟"。概括相关研究，"知识沟"之所以存在或扩大，主要有五个方面的原因。第一，**传播技能**。受教育程度高的人具有较大的阅读量和较强的理解能力，这有助于他们对公共事务或科学知识的获取。第二，**信息储备**。当某一话题在大众媒介出现时，相对见多识广的人注意这一话题的可能性更大，也更容易理解有关内容。第三，**相关的社会交往**。受教育程度高的人日常的行动圈子也较大，会参加更多的社会团体，人际交往更多，由此增加了与他人讨论公共事务的机会。第四，**对信息的选择性接触、接受和记忆**。在信息的接触、接受与记忆方面，人们明显受到受教育程度的影响，也往往以符合既有信仰与价值观的方式解释、记忆信息。第五，**发布信息的媒介系统的性质**。由于

---

① 〔美〕弗兰克·古德诺：《解析中国》，第41页。

② 张国良主编：《20世纪传播学经典文本》，第563页。

受教育程度和社会地位的影响，人们对发布信息的媒介的选择也大不相同。譬如，进入20世纪90年代后，社会地位较高者选择网络媒介较多，网络媒介自然也会极力迎合这一群体的兴趣。

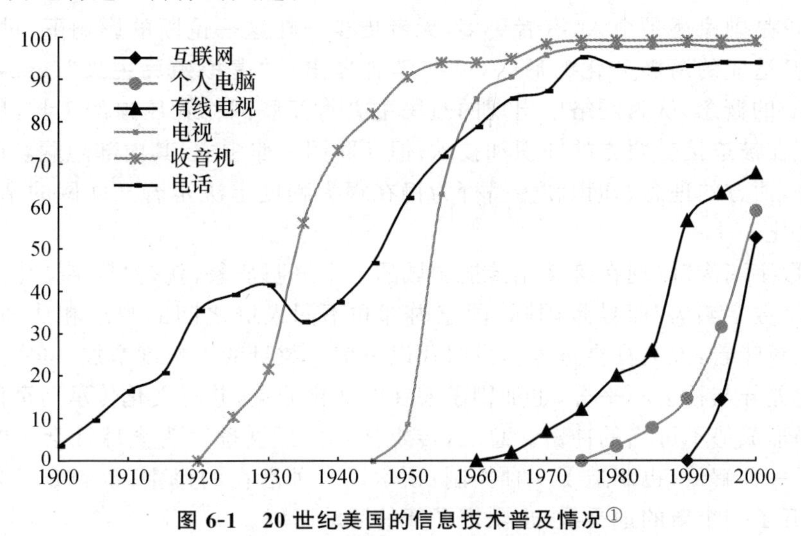

图 6-1　20世纪美国的信息技术普及情况①

"数字鸿沟"主要存在于发达国家与发展中国家之间。近年来，"数字鸿沟"已经逐渐超越技术的范畴，渗透到社会、经济、文化、外交等各个领域，成为冷战后新的"隔离"现象。显而易见的是，这种"隔离"，不论是从人类和平的立场，还是从利益共存的角度来讲，都是令人难以接受的现实。正如传播学者马克·利维(Mark Levy)在1996年指出的，传播与技术正日益冷酷无情地把世界隔离成两个营垒，"一座营垒由那些受到良好教育而且极具经济实力的信息贵族把持踞守，他们是计算机系统的经管者，控制着传播工具与条件；另一座营垒则属于传播圈的'下层阶级'，这里的成员文化水平有限，他们在巨大的传播机器的摆布下过着物质与精神双重贫困的生活。而同一个传播机器，却向对方的营垒奉上了权力与财富"②。近年来，"数字鸿沟"现象引起了更多学者的关注，反映了知识界对大众媒介普及时代信息流通的均衡性，以及公众在获取知识方面的平等性的普遍质疑。

早在1965年，艾伯特·梅米(Albert Memmi)就在《殖民者与被殖民者》

---

① 转引自门洪华：《霸权之翼》，北京大学出版社2005年版，导言第6页。

② 〔美〕马克·利维：《新闻与传播：走向网络空间的时代》，载《新闻与传播研究》1997年第1期，第12页。

(*The Colonizer and the Colonized*)一书中指出,殖民主义的功能就是隐藏技术技能以征服和剥削被殖民者。当前,虽然传播技术的发展大大提高了人们的沟通能力,但新技术不会改变信息分配贫富不均的状况,反而使其有两极分化的趋向:无论是国家还是个人,有者更多,无者更少。在这一论断的影响下,对于"数字鸿沟"造成的两极分化的后果,一些学者提出了"**虚拟殖民主义**"(cybercolonialism)的概念,认为网络中出现的殖民主义将互联网作为压迫的工具,后发展国家正在被迫接受西方的知识和技术,但互联网并非中立,其内部隐藏着设计者的偏好,西方的理念、知识和传播行为仍在很大程度上决定着互联网的结构、体系和文化。

"数字鸿沟"体现在跨文化传播领域的一个鲜明征象,就是"数字文化鸿沟",即由于"数字鸿沟"而导致国际、国家内部和不同人群之间的观念和认知差别。其存在意味着:人类社会进入信息时代以来信息数量的大幅度增加,事实上加深了文化差异与社会不平等,也加剧了潜在的文化冲突,并对文化传承乃至世界文化格局形成势不可当的冲击。总之,传媒技术的发展确乎为全球社会中的人们带来了一种解放,也制造了一种控制;预示了一种潜在的民主,也剥夺了某些自由;展开了一个新的地平线,也限定了新的活动区域。

第二节　跨国卫星电视与网络传播

20世纪出现的电视技术,彻底改变了人类的时空观念和认知结构。特别是跨国卫星电视的兴起和发展,增进了不同民族间的信息交流,也加剧了不同文化间的碰撞和冲突,对世界各国的经济、文化、社会生活乃至国际关系产生了深远影响。作为一种新的传媒技术乃至社会力量,跨国卫星电视正在超越或取代其他传媒,极大地拓展着跨文化传播的深度和广度。

作为人类到目前为止最为快捷、便利的传播手段,网络传播提供了从未有过的信息共享,构建了实现个人表达自由和言论自由的"社会平台",也是各个文化之间对话与交融的"公共领域",推动着人类生存方式的革命与民族文化的变迁,使知识和观念的全球性辐射与融合成为现实。尤其是,网络为人的社会化提供了一个全球性的场所,将个体的社会化过程置于一个全球文化交融的背景之中,对于互动者跨越本民族文化的壁垒,学习先进的社会文化,具有积极的、革命性的意义。

一、跨国卫星电视的文化影响

工具不仅延长了人类的手臂，而且也延长了人类的思维。[①]

——传播学者斯蒂文·李特约翰

跨国卫星电视是跨越国界、以其他国家观众为主要对象的卫星电视传播。在技术上，卫星电视是由设置在赤道上空的地球同步卫星，先接收地面电视台通过卫星地面站发射的电视信号，然后再把它转发到地球上指定的区域，由地面设备接收供电视机收看。卫星电视的主要技术优势在于：覆盖面积大、转发电视节目套数多、图像及声音质量好，等等。

1962 年，麦克卢汉首次提出“地球村”的概念时，电视就是他所说的“地球村”得以成为现实的主要技术力量。1962 年 7 月，美国国家航空航天局与美国电报电话公司合作发射了“电星一号”通信卫星，将北美与欧洲大陆联结起来，在人类历史上首次实现了电视节目的跨国、跨大洲卫星传播——7 月 11 日，通过“电星一号”传播的一档有关美国、加拿大等国的 12 个城市的生活的节目时长不过 22 分钟，但在欧洲的电视观众却高达 1 亿。1969 年 7 月 20 日，美国发射的阿波罗 11 号宇宙飞船抵达月球，全球约 7 亿观众通过卫星转播收看了从月球上发回的电视图像，在未来学家约翰·奈斯比特(John Naisbitt)看来，此次电视转播正是“地球村”落成的典礼，也是信息时代到来的重要仪式。

就全球范围来看，卫星电视的发展可以分为四个阶段。

第一，世界各国为解决国内远距离视听难的问题，通过卫星传递信号，使偏远地区能收看电视节目。1984 年，日本最先进行了这种形式的电视播放；1986 年，中国第一家靠卫星传输的电视台——中国教育电视台正式问世；1991 年，中央电视台开始通过亚洲一号卫星进行全天转播。

第二，通过卫星的现场直播，使世界范围的观众能够同时看到全球各地发生的事件，从而实现了跨国卫星直播。1980 年，美国亚特兰大特纳广播公司创立的有线电视新闻网(CNN)通过卫星向邻近国家的电缆电视系统播送新闻，标志着跨国卫星电视的正式诞生。

第三，跨国卫星频道诞生。1991 年，英国 BBC 广播电视公司开始了面向世界的跨国卫星电视的播放；1991 年，中国香港卫视台利用亚洲一号卫星开始了亚洲范围的卫星电视播放；1992 年，欧洲各国之间实现了电视自由传播；1995

---

① 〔美〕斯蒂芬·李特约翰：《传播理论》(陈德民等译)，北京：中国社会科学出版社 1999 年版，第 577 页。

年，日本NHK国际电视频道开始了对欧洲和北美地区的播放。

第四，采用数字技术的跨国多频道卫星电视迅速发展。数字压缩技术在电视传输技术方面的运用，使卫星电视同时播放上百套节目成为可能，播放内容更加呈现出跨越国界的特点。

近年来，以日本、英国、美国为代表，世界各国纷纷利用数字技术通过卫星传播电视节目，卫星电视也日益成为专门提供信息和娱乐节目的媒体，节目数量得以迅速增加，跨国卫星电视公司不断涌现和发展壮大，跨国卫星电视节目也在全球范围内日益受到关注和重视。卫星电波强大的穿透力，加上跨国卫星电视内容的广泛性和形式的多样性，不仅使跨文化传播的即时性成为可能，同时扩展了跨文化传播的深度和广度。

1998年，澳大利亚学者沃兰(Duane Varan)总结了跨国电视节目文化影响的四种进程：一是**文化摩擦**(cultural abrasion)，即特定文化语境与境外电视之间的价值观摩擦；二是**文化萎缩**(cultural deflation)，即本地文化中某些不稳固的层面易于受到外来文化的影响；三是**文化沉积**(cultural deposition)，即国外文化的信仰、实践和人工制品构成了一幅新的文化图景，具备了为本地文化提供文化接种(cultural fertilization)的条件；四是**文化突变**(cultural saltation)，即本地传播系统中的社会实践已适应了境外电视的威胁。① 近年来陆续呈现的类似研究继续提示人们，跨文化传播研究必须深入关注跨文化过程中的媒介角色。

由于跨国卫星电视将美国电视信号大范围散布到加勒比国家，加勒比无线电视网和出版协会的一项声明表露了深沉的忧虑：当人们纯真地坐在电视机前时，成千上万的加勒比家庭的起居室里静静发生的情况却使我们感到震惊。它是一个否定文化的过程，虽无痛苦，但却很彻底，很持久。

显而易见的是，跨国卫星电视在很大程度上加剧了世界范围内的文化传播秩序的失衡局面，尤其是构成了对一些发展中国家民族文化的极大威胁。由于跨国卫星电视节目的传送受到所在国经济实力、科技水平的制约，电视节目的内容和影响力也受到所在国的政治实力、文化实力和传播动机等因素的制约，世界上卫星电视发达的国家主要是拥有庞大经济和政治实力的国家和地区，而大量发展中国家在跨国卫星电视的竞争中完全处于劣势和被动接收的地位。鉴于跨国卫星电视和对象地区之间的摩擦往往演变为外来文化同本地文化之间的较量，一些国家采取了专门的行政措施，限制对跨国卫星电视的接收。新加坡政府就一直强调：我们必须制止不受欢迎的电视节目进入新加坡，任何含有性、

① Duane Varan, "The Cultural Erosion Metaphor and the Transcultural Impact of Media Systems", *Journal of Communication*, Vol. 48, No. 2, 1998, pp. 58—85.

色情或暴力等内容的节目都有害于我们的和睦和安定。

目前,世界上开办跨国卫星电视的国家和地区在20个以上,各类跨国卫星电视台超过50座,在世界各个地区传播的跨国卫星电视节目有数百套,跨国卫星电视覆盖的人口数量已超过世界总人口的2/3,这也使卫星电视的“越境”成为日益严重的国际问题。不过,发达国家总是强调“信息自由流动”的原则,认为各国都不应设置障碍、限制信息的自由流动;发展中国家则强调主权原则,认为跨越国界的电视广播应该征得对象国的同意,并且要有一定的约束和规范。尽管各国政府在原则上都已同意为限制卫星的接收范围而制订一项新的国际规章,但由于各国的利益纷争,在一些具体条款上难以达成一致。

迄今为止,还没有一种技术屏障能阻挡或控制到处渗透的电波。为此,许多国家的传播学者深为担忧:高度发展的传播技术已经成为一把锋利的“双刃剑”,“既促进了我们民族的统一,同时又成为高速公路,为另一个民族的文化快车驶入我们的家园创造了便利条件”①。

二、网络传播与虚拟社区中的交往

> 网络行为的扩展已经完全改变了我们的计算机概念,并且以各种难以预料的方式正在改变社会交往的世界。②
>
> ——技术哲学家安德鲁·芬伯格(Andrew Feenberg)

网络媒体是迄今为止最具发展潜力的媒体,也是传统媒体的集大成者。在网络媒体中不仅有纸质媒体的文字、图片,也有广播、电视媒体的声音、图像,更具有这些传统媒体所缺乏的交互性和虚拟性特点。进入21世纪以来,作为人类创造的全球信息中介系统,网络传播在全球迅速发展,产生着巨大的能量和影响力,亦对跨文化传播的形式和内容发起了巨大的挑战。

网络传播已经构成了人类生活的主题。作为人类传播秩序的扩展,网络传播为言论自由提供了一种制度性的技术可能性,同时建构了一种交互式、开放式的交往空间。在这个空间里,不同的群体文化都获得了空前的表达自我、交往互动的权利,人们也在很大程度上抛开了现实生活中诸多规范的约束,进行着与现实身份不相符合的社会活动。与此同时,人类进行跨文化传播活动的能力和空

---

① 〔加拿大〕玛丽·葳庞德:《传媒的历史与分析》(郭镇之译),北京广播学院出版社2003年版,第140页。

② 〔美〕安德鲁·芬伯格:《可选择的现代性》(陆俊等译),北京:中国社会科学出版社2003年版,第3—4页。

间得到了前所未有的拓展。尤其是在网络传播构建的虚拟社区中,任何一个人都可以和身处其他国家、其他地区网络之中的任何一个人联系交往,网络交往因此而具有了全球性和普遍性,为人类不同国别、民族、地域的文化交往以及全球知识、文化的共享开辟了广阔的前景,也为人类的行为、思维乃至社会结构注入了新的内容和形式。

近年来,网络传播研究吸引了许多学科的关注,涉及网络语言、媒介特性、受众分析、网络教育、网络人际传播、传播控制与社会责任等大量议题,跨文化传播学的整体学术框架也面临着在网络传播语境中发展的挑战。譬如,网络语言就是跨文化传播研究不能忽视的一个议题。这是因为,网络技术的介入极大地改变了传统的语言逻辑,在网络传播的语境中,大量的符号被引用、转借和移用,极大地增强了网络语言的综合表现力。尤为突出的是,网络传播的虚拟语境使得网络语言的共享性增加,一种不同文化能够共享的全新意义模式正在广阔的网络空间中被创造出来。

虚拟社区中的交往

社区(community)的概念是德国社会学家滕尼斯(Ferdinand Tonnies)在1887年提出的,用以描述由聚居在一定地域中的社会群体、社会组织所形成的相互关联的人类社会生活共同体。一定数量的人口,以及一定的社会关系、地域、生活服务设施、特有的文化、社区组织、社区居民对本社区的认同感等,是构成社区的若干基本要素。

网络传播所营造的网络空间,为人类社会创造了一个不受任何个人或组织控制的虚拟共同体——虚拟社区(virtual community)。在本书的视阈下,虚拟社区是一种基于计算机技术、互联网技术、虚拟实在技术等建立的网络化、虚拟化的多维信息空间,更是一个新型的人与人、人与群体、群体与群体之间交流、交换和共享信息的"公共领域",反映了网络交往呈现的"类社区"现象。有必要说明的是,虚拟社区具有现实社区的许多主要特点。虚拟社区的基本构成要素也是一定数量的人口,人与人的关系是虚拟社区与人相互联系的基础,联系的纽带是人们共同的需要。在虚拟社区的发展过程中,逐步形成了特有的社区文化,以及成员之间的社会认同。此外,在社区成员以虚拟身份在网络中创立的"公共领域"中,也存在着特定的规范和观念,使全世界各种肤色、各个民族、各种信仰的人们得以共处。人们可以聚集进行"面对面"的交流,可以像在现实中一样谈情说爱,甚至可以"结婚""生子",可以进行商品的交换,开展贸易,也可以工作和游戏。

李普曼对传播学的贡献之一,就是他提出的"**两个环境**"理论:人类生活在两个环境里，一个是现实环境(real environment)，一个是虚拟环境(Pseudo-environment)，前者是独立于人的意识体验之外的客观世界，后者则是人类意识体验到的主观世界。按照李普曼的观点，人类要想得到现实环境中的现实图景不过是枉费心机，现实环境如此庞杂和多变，根本不可能被直接获知。决定人们的思想、感情和行动的因素，倒是人们面对的虚拟环境和人们内心对世界的认识。当然，李普曼所说的虚拟环境并不等同于虚拟社区，但这一论断的启示在于：在通过网络传播构造的虚拟社区之中，人们的行为不仅有着自身的真实，还有真实的结果，是由一种"虚拟的"环境创造出的"现实的"主观世界。

虚拟社区是一种社会存在方式，通过网络空间的聚合而成为相对完整的社会系统。在这个虚拟的社会系统中，由社区成员持续互动形成的关系网络，提供了社会化、相互支持、信息交流、团体归属感及社会认同等功能。虚拟社区还是一个即时性的交互世界，这里通常没有现实世界中的组织、结构，没有现实世界中的等级、科层，没有日常生活中常见的行使权力的官僚机构与官僚，没有现实世界中的权威与权力，以至于呈现出这样一种特征：**"去权威性"**，即传统意义上的权威不再存在，所有社区成员均在平等交流中获得自身存在的根据。在这个意义上，虚拟社区固然是现实社会中的社会关系与社会交往的延伸，但绝不是现实社会的"翻版"。

运用迈克尔·海姆(Michael Heim)的观点，人们在网络空间中的活动方式具有这样几个特征：**模拟**(simulation)、**身临其境**(immersion)、**远程展示**(telepresence)、**身体完全沉浸**(full body immersion)、**互动**(interaction)、**人造性**(artificiality)和**网络交往**(networked communication)。与这些特征相关的，还有网络传播的**匿名性**和**开放性**特征。凭借这些特征，虚拟社区中存在着无数的不确定因素与无限的可能性，亦提供了比以往任何交往方式都要广阔得多的对话界面。在无数虚拟社区中，人们通过新的传播手段寻找和强化着自己的认同，"想象的共同体"找到了新的形式。与此同时，跨文化传播不仅仅打破了传统的文化和民族国家的界限，也不断开辟着新的认同空间。

关于虚拟社区中的社会交往，陈卫星有着比较深入的分析：

> 网络传播为个体的社会化提供了更大范围的群体环境，有利于个体广泛参与社会交往，掌握全新的学习手段，学会非线性的思维方式。而那些由爱好者组成的虚拟社区则成为新人类的演练场和聚居地，他们有自己的语言、思维方式、神话、图腾和仪式。互联网的社会扩散通过虚拟社区的无穷繁殖形成现代社会新的传播情境，社会精神群像浮出水面，社会话语权力的

牌局开始重新洗牌。[①]

选择的自由必然伴随选择的焦虑，也不可避免地会对进行网络传播的个体的理性尺度提出挑战。不容忽视的是，沉浸在虚拟社区中的交往，会使人与人之间的现实关系疏远，甚至使人产生非社会化的倾向，导致人的交往能力的下降。这是因为，在虚拟社区中，人们可以随心所欲地扮演任何角色而不必顾及现实生活中的规范和约束，这就不可避免地增加了人与外部世界以及与他人隔离的危险，甚至使人的自我意识被"虚拟化"，导致人际关系的疏远，个人也可能变得紧张、孤僻、冷漠，进而使现实的道德关系呈现出无序化和不确定性。这就印证了心理学家弗洛姆(Erich Fromm)对技术发展的深刻担忧："我们日益陷入一种孤立的状态之中，对世界在情感上作出反应的能力越来越弱……我们不再是技术的主人，而成了技术的奴隶。"[②]

尤为突出的是，由于进入网络空间的个体无须承担任何社会责任和社会义务，对现实世界抱有某种疏远感、淡漠感甚至不信任感，因此会不可避免地产生许多社会问题，如网络安全及计算机犯罪、假新闻假信息传播、色情泛滥、侵犯个人隐私、信息诈骗和智能犯罪，等等，也因此使技术赋予的自由迅速地蜕变为任性妄为。正如美国法学家理查德·波斯纳(Richard Posner)指出的，网络空间的"言论自由"会产生四个方面的焦虑：色情文化的匿名传播和扩散；没有质量控制所导致的信息误导，甚至由于"劣币驱逐良币"的**格雷欣法则**(Gresham Law)的作用淹没真实信息；网络与受众之间无须中介的直接接近，扩大了不负责任的言论所导致的潜在损害；各种极端主义者的网络盘踞，带来各种反社会的行为。[③] 从这个意义上来说，认真审视网络传播中潜伏着的危机，对虚拟社区中的交往规则进行重建，无疑是不同学科领域共同面临的一项重大课题。

关于媒介对人的影响，麦克卢汉曾指出，"因为一切媒介都是人的延伸，它们对人及其环境都产生了深刻而持久的影响。这样的延伸是器官、感官或曰功能的强化与放大。无论什么时候发生这样的延伸，中枢神经系统似乎都要在受到影响的区域实行自我保护的麻醉机制，把它隔绝起来，使它麻醉，使它不知道正在发生的东西。我把这种独特的自我催眠形式叫作**自恋式麻木**(narcisusnarcosis)。凭借这种综合征，人把新技术的心理和社会影响维持在无意识的水平，就

① 陈卫星：《传播的观念》，北京：人民出版社2004年版，第254页。

② 〔美〕埃里克·弗洛姆：《占有还是生存》(关山译)，北京：生活·读书·新知三联书店1988年版，第161—162页。

③ 〔美〕理查德·波斯纳：《法律理论的前沿》(武欣等译)，中国政法大学出版社2003年版，第97页。

像鱼对水的存在浑然不觉一样。结果，就在新媒介诱发的新环境无所不在，并且使我们的感知平衡发生变化时，这个新环境也变得看不见了"[①]。无论如何，人类必须关注网络传播引起的革命性转换，预测和控制各种变化，从而减少技术灾难以及技术对人文环境污染的可能性，在虚拟社区中夺回对人类命运的控制权。

交往的原则

面对网络传播带来的挑战，跨文化传播研究需要关注的是：虚拟社区是否会在一定意义上改变文化之间的差异？当不同文化在虚拟社区中有更多直接交往的机会时，文化差异会缩小吗？虽然虚拟社区为不同文化提供了更多彼此参照、融合的机会，使得不同形态的文化得以更加广泛地碰撞与融合，但与此同时，交织在其中的不同观念、思维和认知方面的内在冲突，却并没有因此而得到缓和，加之西方文化传播的霸权性、颠覆性和不平等性，以及网络传播导致的价值失落和终极关怀的匮乏，使网络空间始终潜伏着内在的危机。

反省与选择是人类社会特有的本性。网络空间只是人存在的维度之一：现代社会中的人不仅生活在虚拟社区中，同时生活在现实社会中。这就需要我们去直面网络空间与现实社会两个维度之间的转换，对人类在虚拟社区的社会行为和交往活动作出反省与选择，从而对网络传播的负面效应进行有效的防范和遏制。

总体而言，虚拟社区中的交往需要遵循如下三项基本原则。

道德原则　在虚拟社区中，交往超越了物理空间的限制，人们会面对不同地域、不同民族、不同语言和不同文化背景的人，传统的道德规范显然无法与之适应。由此而言，虚拟社区的道德原则应有丰富的、具体的内容，甚至超越了人们在现实生活中所遵循的道德规范的范畴，具备鲜明的普世性特点。需要强调的是，道德原则的确立必须与网络法规和技术支撑互为依托，使主体更自由、秩序更完美，从而逐步形成网络空间中的道德规范体系。在这方面，美国政府 1996 年 2 月就颁布了《通信道德条例》。无论如何，不同文化传统、习俗、价值观和生活方式通过网络平台的交汇、碰撞、竞争和冲突，为个体道德社会化提供了一个广阔的舞台，为不同文化传统中道德体系的延续与完善注入了新的生机，这或许更有助于建立一种尊重文化多样性、抗拒文化"同质化"、保护多元价值体系的更为健全的跨文化道德体系。

平等原则　网络空间给人类长期追求的平等理想提供了一种可能：交往中

---

① 〔加拿大〕弗兰克·秦格龙编：《麦克卢汉精粹》(何道宽译)，南京大学出版社 2000 年版，第 360—361 页。

的每一个人都可以自由地发表自己的观点，但不能强迫任何人接受；每个人都可以自由地与人交流和沟通，但不能强迫别人与自己保持交往。事实上，虚拟社区中的交往和互动只能基于平等的原则，而这种平等是建立在关注、尊重个体的基础之上的。重要的是，网络交往中个人自由的重要性永远不能超越整体利益，应当通过舆论、信仰、宗教、礼仪、社会评价等调控手段，贯彻公正、平等的网络理念并兼容他人的行为方式，从而超越理解障碍，实现信息交流的双向互惠。

安全原则 在网络空间中，不同种族、性别和文化之间的冲突依旧存在，并不会因虚拟社区的建立而消失。譬如，在网络传播的过程中，信息发送者的思维方式与观念必然会与接收者的思维方式与观念产生差异甚至冲突，特别是在BBS、聊天室、博客等以人际传播为主的网络空间里，不同国家和文化的网民之间必然存在着文化差异。在这个意义上，如何在全球性的虚拟社区中建立符合人类文化发展趋势、具有人文关怀的网络安全规则，解决不同文化、民族、宗教、国家之间可能存在的各种对立与冲突，是全人类共同面临的课题。针对网络传播带来的种种问题，也必须从人类共同利益的高度来确立网络安全防范意识，让每个国家和每个公民都自觉地筑起具有自身文化特色的防线，抵御网络传播中有害信息的侵蚀，保存世界文化的多样化资源，维护人类文化的生态平衡。

第三节　文化的“全球化”与“同质化”

由技术推动的人类社会物质与精神生活的交往全球化，使各个文化不断突破原有的地域限制，在全球范围内的互动与交流中前行。不同文化中固有的各种社会关系也在发生剧烈的拓展，把制约和影响人们日常生活的各种关系从本土扩展到全世界。这一趋势必将加剧不同文化的碰撞和冲突，使各个文化都面临着同一个迫切的问题：如何在文化的“全球化”与“同质化”潮流中找到自己的道路？

在文化的“全球化”和“同质化”命题上，日本学者山内昌之的观点值得思考：人们往往会“坚信自己生长的社会所具有的文明最具广泛性，在这一文明背景下所形成的世界观最普遍自然。但接触其他文明所引发的思考，往往使人们的这种确信发生动摇”。这种动摇是非常重要的，因为人们心中都蕴藏着“同质化”和“多样化”的两种倾向，而“要把对立和纷争控制在最小限度，必须从绝对自我的世界中发现摆脱的道路”①。

一、全球化的文化影响

> 无数的证据说明，如果它的人民继续以20世纪以前的方式生活的话，一个国家就不可能进入20世纪。②
>
> ——社会学家亚历克斯·英克尔斯(Alex Inkeles)

在不同的视角下，全球化有着不同的含义。作为一个漫长历史过程的全球化，意味着人类从不同地域、民族和国家之间彼此分隔的闭关自守状态走向全球性社会的变迁，源头可以追溯到15世纪美洲新大陆的发现；作为一种客观趋势和经验事实的全球化，则意味着世界上各种社会、文化、机构以及个人之间的复杂关系快速发展的一种过程，涉及时间与空间的压缩，也关系到人类各种社会关系的扩展，即把制约人们日常生活的各种关系从本土范围扩展到全世界。

近一个多世纪以来的全球化过程，主要是经济意义上的全球化，即人、产品和经济运行与管理机制的全球化。虽然这种全球化并不一定必然带来文化的“全球化”，但经济全球化必然导致文化的聚合化，进而导致某种程度上的文化全球化已是无可争辩、势不可当的大趋势。尤其是自20世纪50年代以来，随着技术的发展以及经济利益的驱动，不同文化之间的接触日益频繁，规模日趋扩大。进入当代场景后，不同文化之间已可以不受自然地理和时间的限制进行无时不在、无处不在的交往活动。在这个过程中，不同的本土文化逐步脱离了原有的语境，作为一种“浮动的符号”进入到其他文化的语境之中，继而融入巨大的全球文化网络之中。

正如美国学者弗朗西斯·福山(Francis Fukuyama)在2000年的描述：当今的全球化是由技术特别是通信技术推动的，这种技术使国界除了无法阻挡金融资本的流动之外，也无力阻挡思想、文化和图像的渗透。虽然金融全球化可能仅仅影响到为数有限的国家里的少数精英，但是思想和信息的全球化却触及了世界上最偏远地方的村庄和靠狩猎采集为生的部落。

全球化与一系列的文化影响相连，这些文化影响大致可以归结为三个命题：**“同质化”**(homogenization)、**“分极化”**(polarization)和**“混杂化”**(hybridization)。

其中，“同质化”命题关注的是全球文化正在依据西方和美国文化的模式经

① 〔日〕山内昌之：《“文明的对话”与21世纪的地球社会》，载《世界经济与政治》2001年第1期，第46页。

② 转引自尹保云：《什么是现代化》，第118页。

历着一种标准化的过程。与之相较,"分极化"命题提供了一种关于全球文化发展的更为可信的图景。毕竟,全球社会中不断增强的相互关联与相互依赖并不必然地意味着文化的一致性,相比经济组织和技术而言,文化更难于标准化。"混杂化"命题关注的是当下的一种趋势:不同文化之间互相借用、合并彼此的要素,从而创造出混杂的、融合的各种文化模式。为这种论断提供支撑的,主要是对流行音乐和宗教生活的研究。[①]

无论是"同质化""分极化"还是"混杂化",都呈现出一种无可辩驳的文化"全球化"趋势,与经济全球化一样,是作为整体的全球化进程的组成部分。毕竟,当今经济全球化的事实,已经使人类的社会生活跳出了原有的地域和空间限制,人类的生存环境发生了很大的变化,任何一种文化和个人都概莫能外:一方面,地域失去了往日的特色,而随着社会视界的无限扩展,作为文化主体的个人对一些特定人物和固定社会关系的依赖也越来越少;另一方面,由于受到传媒技术的推动,时空得以压缩,世界各地的许多居民都站在了同一个舞台上,第一次真正地生活在一起,即使互相之间并不认识,在这个范围内也能进行有意义的互动。[②]

在这个意义上,可以为**文化全球化**(cultural globalization)的趋势作出一个整体性的概括:全球社会中的不同文化不断突破文化地域和文化模式的局限性而走向世界,逐步将本文化的诸多要素转变为人类文化共享的资源,预示了一种相互依赖、相互沟通的世界文化多极化、多样化格局。社会学家罗宾·科恩(Robin Cohen)全面描述了这一趋势,同时还特别指出,文化全球化意味着所有的人都要面临"来自其他社会的知识和文化的冲击",其主要后果是:

• 将从某一社会环境中提炼出来的文化意义输入到其他社会的可能性越来越大;

• 人们比以前任何时候都有办法迅速接触到大量不同来源的各种文化意义;

• 人们能够获得大量其他生活方式的景象,尤其是通过电视和电影传送的图像更是栩栩如生;

• 了解其他民族文化的可能性将日益增加,否则将有从许多潜在利益中被排除的风险;

---

① Robert Holton, "Globalization's Cultural Consequence", *Annals of the American Academy of Political and Social Science*, Vol. 570, Jul., 2000, p. 140.

② 〔英〕罗宾·科恩、保罗·肯尼迪:《全球社会学》,第 39—40 页。

• 快捷的信息传播技术能够影响所有生活于其中的人，并且把他们结合成单一的整体，使之生活在一个多元文化的世界里；

• 在文化和知识交流领域，西方特别是美国占有绝对的优势。[①]

进入跨文化传播学的视阈中，文化全球化的历史进程和当代特征，呈现了人类跨文化传播活动向更高、更深层次发展的基本趋势，意味着不同文化之间越来越密切的文化联系，越来越频繁的跨文化交往，越来越深入的相互吸取、相互补充。立足于全球社会的共同利益，文化全球化还可以理解为一种跨文化的传播机制，意味着各种文化都要通过平等交流来共同维护那些攸关人类社会生存发展的基本文化价值，其基本趋势是：多种文化通过冲突与对话逐步形成新的全球文化格局，不同文化在全球层面逐步实现着大规模的交流与互动，相互吸收、共同发展。

二、文化的“同质化”？

> 语言和文化特点的复兴即将来临，简而言之，瑞典人会更瑞典化，中国人会更中国化，而法国人也会更法国化。[②]
>
> ——未来学家约翰·奈斯比特

文化“同质化”这一命题所指的，不仅是以美国为主的西方文化扩散到其他文化之中而使全球文化呈现的一种“趋同”和标准化趋势，还意味着一系列广泛、深刻的文化和社会后果，关联到不同文化传统的传承与发展，以及各个社会的稳定乃至社会结构的演变。

文化“同质化”是技术发展和全球市场机制的后果之一，只不过是以本土与西方文化或是与美国文化的关系体现出来的。事实上，自进入工业时代以来，技术和经济实力的强弱就一直在加剧着西方文化和非西方文化之间的不平等关系。正如哈贝马斯所说，“在这个充满暴力和危机的世界社会中，正是生活机遇分配的极端不公平、权力和财富占有的南北鸿沟和东西差距，使文明和文化冲突绵延不绝，使其愈加容易在政治上被利用”[③]。一个时期以来的突出表现，就是以美国为代表的西方国家控制着文化输出的主动权，使后发展国家的文化传统面临着巨大的威胁，不可避免地出现了弱势文化的特质逐渐与强势文化趋同的

---

① 〔英〕罗宾·科恩、保罗·肯尼迪：《全球社会学》，第 40 页。

② 〔美〕约翰·奈斯比特：《大趋势》（梅艳译），北京：中国社会科学出版社 1984 年版，第 75 页。

③ 〔德〕尤尔根·哈贝马斯等：《作为未来的过去》（章国锋译），杭州：浙江人民出版社 2001 年版，第 18 页。

现象。有些国家甚至逐步放弃了本民族的文化传统，使民族文化的内核发生了根本性的置换。所以，不断有批评家指出，西方尤其是美国的文化工业是以商品逻辑建立了世界文化的标准并使其"同质化"。

1998年，联合国教科文组织的《世界文化报告》描述了全球范围的文化"同质化"趋势：文化的产业化加剧了交流的不平等，弱小国家和社会群体对自己文化的不安全感增大，文化多样性受到前所未有的威胁；全球一体化的市场不可能期望会对弱势经济和强势经济产生对等的收益，强势的经济集团和文化产业集团造成并维持着各国之间不平等的发展；文化传播方面加剧的不平等，使弱小国家和社会群体对自己文化的不安全感增大，保证本国本民族文化安全的问题成为中心任务，人们不断地表达对文化的价值观和文化认同丧失的关心。总之，"那些能表明当地或国家特征和连接当地或国家的文化价值观，似乎处在被全球市场的冷酷力量打垮的危险之中"[①]。

在许多研究中，文化"同质化"甚至是"文化全球化"的代称。这是因为，随着全球化的快速发展，各种文化力量相互激荡、融汇和碰撞，后发展国家与发达国家之间的文化交往仍是不平等的。在形形色色关于"同质化"乃至文化全球化讨论的背后，还弥漫着一种更深层的疑惧，与美国当代文化不断扩展的权力和影响直接相关：借助于经济、科技优势和市场运作的强大功能系统，特别是20世纪90年代以来全球信息技术革命和世界格局的调整，美国大众文化(mass culture)正在变得比以往任何时候都更有影响力，构成了对其他民族国家文化安全的重大威胁，因为"它造成了经济上的依赖、社会意义上的归顺和文化上的替代"[②]。

> 早在1901年，英国人威廉·斯特德(William Stead)就在《世界的美国化》(*The Americanization of the World*)一书中表达了欧洲对世界"美国化"的恐惧，以及对文化"一致性"的忧虑，这一现象具体表现为：知识分子和艺术家标准的下降，民族语言和传统的衰落，独特的国家认同在美国文化压力下的消失。[③]

一个时期以来，包括美国学者在内的许多西方学者并不讳言，美国文化的急剧扩张和对世界文化市场的恣意占领，不仅是一种经济行为，也是一种意识形态战略，即借此把美国的意识形态和文化观念推向全球，最终达成全球文化的"同质化"，让生活在不同文化中的人们用同样的方式去看、去听、去思考，将他们的意愿、思想、情绪、欲望统统纳入同样的模式，其代价和后果就是：逐步丧

① 联合国教科文组织编：《世界文化报告1998》(关世杰等译)，北京大学出版社2000年版，第120页。

② 〔英〕大卫·麦克奎恩：《理解电视》(苗棣等译)，北京：华夏出版社2003年版，第232页。

③ Richard Pells, "Who's Afraid of Steven Spielberg?" *Diplomatic History*, Vol. 24, No. 3, Summer 2000, p. 495.

失甚至是牺牲世界文化的丰富性和差异性。美国传播学者赫伯特·席勒(Herbert Schiller)就激烈地指出:美国的媒介管理者创造、筛选、精炼、主宰着我们的形象与资讯的流通,从而决定我们的信仰、态度——最后,还有我们的行为举止。

近年来,学界也不乏否定或质疑文化"同质化"的观点。其中,阿尔文·托夫勒(Alvin Toffler)的观点尤有代表性:全球化不等于同一化,人们看到的不是麦克卢汉预言的单个的地球村落,而是大量不同的地球村,"它们都被纳入新的传播系统,同时又努力保持或加强各自的文化、种族、国家或政治个性"[①]。总之,在全球化造就的各具特色的"村落"之间,人们仍然要努力互相理解彼此的文化,毕竟,一种文化有一种游戏规则。

在"同质化"的命题上,还应当慎重考虑全球化研究的权威人物戴维·赫尔德(David Held)的主张:考察文化全球化的影响是一个非常复杂和极其困难的事情,对于任何结论都应小心谨慎。不可否认,文化全球化正在改变各个文化得以生产以及再生产的环境和手段,但"文化全球化对民族文化的性质和功效产生的具体影响——对民族文化的要旨、价值和内容的影响——至今很难得到解释"[②]。

从人类跨文化传播的历史线索来看,不同文化接触后,必然会处于连续的、程度不一的变化状态之中,但这与"同质化"是有差别的,不能混为一谈。譬如,当代阿拉伯文化就不仅仅是本土文化的总和,而是在不同程度上受到了来自古希腊与罗马的文化、中世纪以及现代欧洲文化乃至当代美国文化的影响。但谁也不能说,阿拉伯世界就此失去了一套有特色的文化体系。同样,尽管全球化时代存在着文化"同质化"的现象,但并不意味着我们已经或即将拥有一个统一的、同质的"全球文化"。毕竟,许多文化体系的深层结构原本就是难以撼动的。

结合前文的讨论,文化从来就是各种力量交互作用的结果,有着自身发生发展的需要、规律和节奏。在文化的生存与发展的漫长过程中,每一代人都会为他们生活的时代增添一些新的内容,包括他们从那一时代的社会所吸收和创造的东西,也包括他们接触到的外来文化的影响,但这些内容并不足以改变文化的深层结构。约瑟夫·奈就注意到,虽然日本是第一个在19世纪中叶就引入全球化的亚洲国家,但日本没有丧失自己独特的文化,倒是全球化使日本文化的独特性愈加鲜明而突出了。有基于此,奈还着重指出:尽管市场经济和全球化正在使中

① 〔美〕阿尔温·托夫勒:《权力的转移》(周敦仁等译),成都:四川人民出版社1991年版,第318—319页。

② 〔英〕戴维·赫尔德等:《全球大变革》(杨雪冬等译),北京:社会科学文献出版社2001年版,第458页。

国发生变化，但50年以后，在中国深深扎根的独特文化依然会存在。

> 20世纪后期，不断有学者预言：由于1994年北美自由贸易协定的签订和全球化的演进，墨西哥文化会消失，但当前的事实证明：墨西哥3000年的文化遗产正在逐渐引起全球的兴趣并焕发着巨大的生命力。这一事例在一定程度上表明：不同的文化群体有着不同的生存环境、历史记忆、观念体系等，这决定了不同文化难以磨灭的独特性和差异性。由此而言，全球整齐划一的文化必然是难以实现的。

与之相似的一种观点是：全球性的文化将会出现，但它只能是一种“浮在表面的文化”，本土文化将在深层次继续支配人们的生活。安东尼·史密斯就认为，即使存在一种全球性文化，也只能是“一种不与特定时间或空间相联系、没有民族根源与民族裔的文化”，这种“肤浅”的文化不可能取代民族文化，因为“它没有触动绝大多数民族成员的心弦，这些成员是按阶级、性别、地域、宗教和文化划分成的习惯性共同体”。[①] 亨廷顿也认为，全球化不但不会带来文化“同质化”，相反还会推动本土文化的复兴。亨廷顿的解释是：

> 在变化的早期阶段，西方化促进了现代化。在后期阶段，现代化以两种方式促进了非西方化和本土文化的复兴。在社会层面上，现代化提高了社会的总体经济、军事和政治实力，鼓励这个社会的人民具有对自己文化的信心，从而成为文化的伸张者。在个人层面上，当传统纽带和社会关系断裂时，现代化便造成了异化感和反常感，并导致了需要从宗教中寻求答案的认同危机。[②]

毕竟，与全球文化“同质化”同时显现的一种现象是：“现今世界在意识形态、民族、宗教和国内生活方面不仅更加多元化，而且更加分散了”。两种不同的趋势似乎同时在演进：“一种是沿着美国路线的文化‘同质化’；另一种是‘部落主义’的复活。”这即是一些学者提出的“混杂化”趋势：与“同质化”和“异质化”同时存在的一种过程，有时高涨，有时衰落，有时加速，有时减速，而全球化带来的不过是“混杂文化的混杂化”。罗兰·罗伯森(Roland Robertson)的研究关注了这种“混杂化”现象，在他看来，“当代全球化意味着全球复杂性和密集性，包括地方复杂性和密集性有了相当大的增强”。罗伯森还提出了一种“全球地方化”(Glocalization)的设想，指的是“所有全球范围的思想和产品都必须适应当地环境的方式”。[③] 概括说来，在这些学者看来，持有“同质化”论调的研究事实上是否认

---

① 〔英〕安东尼·史密斯：《全球化时代的民族与民族主义》(龚维斌等译)，北京：中央编译出版社2002年版，第20—25页。

② 〔美〕塞缪尔·亨廷顿：《文明的冲突与世界秩序的重建》，第67—68页。

③ 〔美〕罗兰·罗伯森：《全球化》(梁光严译)，上海人民出版社2000年版，第269页，序言第3页。

了世界上任何地方的受众都具有聪明才智、领悟能力、批评精神和想象力，同时强调：所有的国家都需要外界思想的刺激，它们可以从美国学习到许多东西——包括如何以自己的方式扩充自己的力量。

无论是反对还是欢呼全球化的到来，人们还无可否认一个事实：全球化实质上创造了不同文化并存的“增量空间”。在这个空间中，不同文化的影响力和生存空间得到了空前的扩张机遇，跨文化的交往亦在时时激发各文化内部的独创性表达，人们的本土意识也会进一步增强而不是削弱。由此而言，针对全球化和文化“同质化”的议题，研究者仍需坚持一种价值中立（value-free）的立场。尤其是，当前关于全球化的讨论已经出现了激烈的非理性倾向，出现了以国家和区域画线、以贫富和阶级画线、以政见和价值画线的倾向，其后果必然会促使严肃的学术研究走向歧路。[①] 以此而论，迈克·费瑟斯通（Mike Featherstone）对全球文化前景的预测，似乎更具远见和说服力：

> 全球化过程就这样，使得世界成了巨大的单一地方，它产生和维持世界的各种形象，以象征世界是什么，或者应该是什么。从这种观点看，全球文化不是表明同质性或共同文化，而是相反，它越来越多地表明，我们共享着一个很小的星球，每天都与他人保持着广泛的文化接触，这样，把我们带入不同世界定义之间的冲突的范围也扩大了。彼此竞争的国家文化汇合到一起，展开有全球文化影响的竞争，这是全球文化的一种可能性。[②]

① 孙英春：《文化“同质化”与后发展国家的选择》，载《浙江学刊》2006年第5期。

② 〔英〕迈克·费瑟斯通：《消费文化与后现代主义》（刘精明译），上海：译林出版社2000年版，第211—212页。

第七章　传播能力:个体与组织的选择

跨文化传播研究的大量议题是围绕着有效传播(effective communication)的核心诉求展开的。所谓有效传播,就是来自不同文化的传播双方的意义得到相对完整沟通的传播。由于传播中的“误读”不可避免,可以将有效传播理解为一种“误读最小化”(minimized misunderstanding)。在社会交往中,人们需要通过传播能力来监测并回应外部世界,实现自我的目标。人们只有采取那些符合传播能力要求的恰当行为,遵守传播各方共同的意愿,才会实现有效传播的目标。

传播能力的话题和传播本身一样经久不衰。尤其是进入跨文化交往中,传播能力是最具建设性的要素,传播所有目的的实现都离不开传播能力的完善与提高。在全球化不断深入的场景下,人们生活的流动性以及不断广泛深入的跨文化交往,都要求人们掌握适应多元文化社会和全球生活的传播技能,提高与不同文化中的人们交往和共处的能力,这不仅有益于处理不同文化的天然差异和必然互动,同时是消减不同层次文化冲突的决定性因素。

现实关切是跨文化传播学的发展动力所在。跨文化传播学的重要目标之一,就是考察那些对不同文化成员之间的人际传播最有影响力的文化因素,特别是偏重于有关人际传播的能力研究。从 20 世纪 80、90 年代开始,跨文化传播能力开始引起西方国家政府、跨国公司和高等院校的关注,它们花费了大量资金,通过“有效传播”的专业课程来培训官员、经理和学生。实践一再证明,跨文化传播学的理念与原则所构成的潜在知识储备,能够提高个体的文化素养,使不同文化中的成员增加文化学习与理解的自信力,逐步构筑不同民族之间的交往之道。与之相应,跨文化传播研究的知识原理,也在很大程度上转化为自我管理调适技术、人与人沟通的技巧、不同国家或组织间的谈判策略、跨国广告的形象设计和诉求方式,等等。

第一节　文化适应的模式与理论

对于社会生活中的个体而言,文化适应是一种对陌生文化环境的文化学习和调整过程，也是一定程度上的心理适应过程。也就是说，为了更好地适应新的社会系统的诸多特征，人们不仅需要改变身边的环境条件，调整社会交往的行为，还需要对自己的心理状态作出必要的调试。

有必要指出的是，在很多情况下，异文化中的生活会磨炼和加强个体的自我意识，这往往是在本文化中难以实现的。对异文化的适应，还会启发人的创造力，获得一种打破旧的联系和"框框"，创造新的、独特的"产物"的能力。更重要的是，文化适应可使个体更具世界意识（world-mindedness），削弱原本可能存在的定势或偏见。不过，社会生活中常常出现过度适应的现象，这是应当避免的，比如盲目接受异文化的习惯，在服饰、身体语、生活方式等方面一味地模仿当地人，等等。

一、从文化休克到文化适应

在家千日好，出外时时难。

——中国谚语

文化休克是生活中常见的现象。当人们移居不同的文化或在异国逗留时，不免会与过去的社会关系网络分隔开来，环境、健康、物质条件、日常出行等方面的麻烦也往往纷至沓来，这时就很容易出现文化休克。一些人经过一段适应过程之后，会适应新的环境和生活方式；一些人则持续地把新环境视为梦魇，排斥或回避新的生活方式。通常，人们原有的文化认同越为牢固，在异文化中产生文化休克的可能性就越大，经历的休克程度也越高。

与文化休克所关联的文化适应，是一个动态的、持续的传播过程。经由这一过程，个体或文化群体能够逐步与其他文化建立一种相对稳定的功能性关系。[①] 与之相近的概念还有**涵化**（acculturation）、**调整**（adjustment）、**整合**（integration）、**同化**（assimilation），等等。有必要强调的是，虽然多数人都在不断适应着新的文化，但也会同时保持原有文化的主要观念和生活方式。毕竟，接受一件新的餐具或一首流行歌曲，远比接受新的宗教信仰要容易得多。

文化休克与"返回本文化休克"

1954 年，人类学家奥伯格（Kalvero Oberg）首次在人类学研究中使用了文化休克（cultural shock）的概念：在日常生活中，人们总是有许多自己所熟悉的社会交往符号，它们决定了人们生活的方方面面，比如如何握手、如何交谈、如何消费、如何购物、如何拒绝邀请，等等。一旦文化语境发生改变，由于对于新的社

---

① William Gudykunst, ed., *Cross-cultural and Intercultural Communication*, p. 244.

会交往符号不熟悉，需要去面对许多新的感性刺激，人们就会在心理上产生一种深度焦虑，这就是文化休克。

奥伯格使用的“休克”(shock)一词，来自对植物休克状态的生物学研究：当植物被移植后，一开始往往会萎蔫不振，直到在新的土壤里完全扎根后，才会慢慢恢复活力。在文化与传播研究中，文化休克主要是指人们在经历不熟悉的文化、生活方式或态度时发生的困惑和不适，强调了异文化给人们带来的心理反应和冲击，主要表现为由于未满足期望而逐渐积累产生的迷失感和挫折感，通常会同时表现在生理和心理层面。

在生理层面，文化休克会表现为洁癖、饮食上过分小心谨慎、对小病小痛反应强烈，以及恶心、头痛、心跳过速、腹泻、失眠、胃痛等。在心理层面，文化休克通常表现为：由于竭力作出心理调整而产生紧张和焦虑情绪，常常认为自己吃亏上当；由于无法适应新的环境而产生孤独和沮丧的情绪，对异文化的语言学习感到厌恶；产生一种失去朋友、社会地位、职业等一切所有物的感觉；拒绝东道文化，或有一种被东道文化疏远的感觉；自我角色与自我认同产生迷茫与混乱；对文化差异的存在感到惊讶、焦虑、厌恶或愤怒，甚至导致“轻微的偏执狂”，认为当地人是故意给自己制造麻烦。

针对文化休克的诸种表现，社会学家齐格蒙特·鲍曼(Zygmout Bauman)的解释是：由于进入陌生的文化或遭遇陌生人的闯入，“我们已有的生活方式，曾经给我们安全感和使我们感到舒适的生活方式，现在被挑战了，它已经变成了一个我们被要求的，关于它要进行辩论、要求解释和证明的东西，它不是自证的，所以，它看起来不再是安全的”[①]。文化休克的不同程度，呈现了人们对异文化的不同心态。由于受到不同的社会、文化和个人心理因素的影响，在接收较多的异文化信息之后，不同的个体对异文化会产生不同的心态，常见的有四种：**“同化型”“排斥型”“边缘型”**和**“整合型”**。[②]

“同化型”就是对自己原有文化基本持一种否定态度，而对异文化持全盘接受的态度。“排斥型”与“同化型”截然相反，就是不加分析地全盘否定异文化，成为文化上的“自我中心主义”，甚至会发展成为“文化沙文主义”。“边缘型”指的是个体处于两种文化群体的边缘，摇摆于两种文化之间，无法满足两个不同文化提出的常常是相互矛盾的要求，处于一种茫然、失范、冲突的状态。印度政治家

① 〔英〕齐格蒙特·鲍曼：《通过社会学去思考》(高华等译)，北京：社会科学文献出版社 2002 年版，第 47 页。

② 关世杰：《跨文化交流学》，第 349—350 页。

尼赫鲁在其自传中比较准确地描述了这一心态："东方思想和西方思想在我身上奇怪地混合在一起……不仅在公共活动中，而且在生活中，使我精神上产生一种孤独的感觉。我在西方是一个陌生者，一个外人，我不可能是西方的人，可是在我自己的国家里，我有时也有一种流亡者的感觉。"[①]"整合型"指的是个体有能力从容面对异文化的挑战，而不失去本文化的核心或本质特征。显然，这是一种理想类型的心态，在现实生活中只有少数人能够做到。

为了避免和克服文化休克的消极影响，许多研究提出了具体的适应措施。其中，奥斯兰(Joyce Osland)提出的方法是：提前了解即将进入的文化和从事的工作；为自己找一位文化导师；在进入新环境的第一周保持每天 8 小时的睡眠，以应付激素过多分泌；避免接触可能对自己产生负面影响的人；在开展工作之前，安顿好自己和家人的生活；选择一个邻里和谐，并自觉舒适的地方居住；做好经历 6—8 个月的文化休克的准备；为自己以前的喜好找到替代物或相近活动；培养适应性和灵活性，准备接受一定程度的边缘感；不要对当地人做负面评价，尽量理解人们各种行为的原因；把注意力放在积极的事物上，尽量忽视负面的东西；充分利用新的环境能够提供的一切，尽快融入当地的文化之中。[②]

个体在异文化环境中经历了文化休克并适应了异文化生活后，在回到故乡或祖国时，也会出现一种轻微的文化休克，可称为"**返回本文化休克**"(re-entry cultural shock)。

通常，人们在异文化中居住的时间越长，返回时面临的挑战也就越大。对许多人来说，"返回本文化休克"甚至与当初进入异文化时面临的休克状态同样艰难，有时甚至比适应异文化更为困难。这是因为，在异文化中经历文化休克的过程，实质上就是旅居者(sojourner)自身改变的过程。当旅居者自身发生改变的时候，对本文化的适应能力不免会发生变化，更何况，本文化乃至故乡或祖国的环境也会发生程度不同的变化。所以，当旅居者返回自己的文化时，他会发现这里的情形与以往已经大不相同了，回到家中的兴奋很快会被不自在和隔离感所取代，继续经历一种从休克到适应的过程。

文化适应的特征

文化适应(cultural adaptation)是不同文化相互作用过程中的一种动态调整过程，涉及学习某种文化的整体行为，能够帮助个体乃至文化群体从特定文化中获取能力以及重新定位，从而在变动的环境中获得生存的能力和空间。文化

---

① 〔印〕瓦哈拉尔·尼赫鲁：《尼赫鲁自传》(张宝芳译)，北京：世界知识出版社 1956 年版，第 17 页。

② Joyce Osland, *The Adventure of Working Abroad* (San Francisco, CA: Jossey-Bass, 1995), p. 190.

适应主要有两种情形：**短期适应**（short-term adaptation）与**长期适应**（long-term adaptation）。短期适应以个体为主，针对的是短期旅居者面对陌生文化环境的适应过程；长期适应以移民和族群为主，针对的是特定文化群体在新的文化环境中长期生活所经历的适应过程。

除了文化适应，人类的适应还有**生物适应**（biological adaptation）和**心理适应**（cultural adaptation）两种类型。生物适应是指人体与周围环境保持生理、心理和行为上的体质协调，从而使有机体保持自身的稳定性和一致性。比如，在热带气候条件下，纤细的利于散热的个体较为常见，非洲的努尔人和俾格米人都是这一类型。在寒带气候条件下，常见的矮胖身材则是保存体温的生物适应的结果，典型的就是北极圈附近的因纽特人。心理适应的概念来自皮亚杰的研究。他认为，作为心理反应的适应，无论是指向外部的动作，还是内化的思维，适应的本质都在于取得机体与环境的平衡，即个体通过**调节**（accommodation）和**顺应**（acclimation）两种形式来适应环境以达到机体与环境的平衡。

文化适应因人而异、因时而异，与异文化接触的方式、个体的适应能力以及生活背景的差异都会影响文化适应的进程。概括而言，主要有五种因素决定文化适应的程度：**人际传播**（personal communication）、**在东道文化中的社会传播**（host social communication）、**与本族群的社会传播**（ethnic social communication）、**东道文化的社会环境**（host environment）和**个人倾向**（personal predisposition）。[①]

具体而言，人际传播指的是旅居者与异文化进行人际传播的能力，主要包括：进行传播所必需的能力和知识；以多种思维方式和价值观念思考信息的能力；与所在地文化在情感上的合拍；行为能力，即按新的行为模式和思想情感开展活动的能力。在东道文化中的社会传播包括两个方面：一方面是旅居者与本地人联系的密切程度；另一方面是旅居者在东道文化中介入公众传播与大众传播的程度，包括光顾饭馆、商店、娱乐场所、博物馆、电影院，以及阅报、看电视等的频繁程度。与本族群的社会传播也分为两方面：一方面是与自己同胞的人际联系；另一方面是介入本文化大众传播媒介的程度。譬如，一个到美国留学的中国学生，如果经常看中国的报纸杂志，看中文的电视节目，就会使文化适应的进程滞缓。东道文化的社会环境是指，一些文化愿意接收和容纳异文化的人，一些文化却不予容纳，而加以排斥、隔离或保持距离。至于东道文化环境是否利于文化适应，主要表现在几个方面：开放性、容纳和接收异文化的程度、

① Young Yun Kim, *Becoming Intercultural* (New York, NY: Sage, 2000), pp. 71—85.

语言政策和官方语言、非官方语言的运用以及社会隔离的程度，等等。个人倾向指的是旅居者对本文化和异文化的态度：是否有必要保持自己的文化特色？是否有必要接受异文化的特色？对这两个问题看法不同，文化适应的情况会大有不同。

对于文化群体而言，文化适应还是一种文化变迁乃至“同化”(assimilation)的过程。

> 历史学家卡尔·戴格勒(Carl Degler)对移民的“同化”过程有一个形象的比喻：一种文化的人进入另一种文化时，常常像剥洋葱一样，要剥掉一层又一层的旧习惯。不过，他也同时指出，“剥洋葱往往是剥到最后什么都不剩，不过对移民来说，这种危险并不存在，他们的大多数还保留着一些传统习惯”①。

根据**“熔炉论”**(Melting Pot)的核心观点，美国就是一个不断接受并“同化”外来文化群体的“大熔炉”，美国文化即是由移民承载的各色文化融合而成的新文化，各个移民群体的原有文化都是这种新文化的原料。作为对“熔炉论”的修正而出现的**“同化”**理论，则把同化过程看作是外来文化群体不断吸收“美国文化”的核心价值观和习俗等，并最终达到完全同化的完整过程，标明了不同移民群体向“美国文化”靠拢并以其为终点的文化变迁实质。“同化”理论还认为：移民会因其弱势地位而不得不求助于本族群，从而先依赖本族群；随着移民地位的提升、与其他族群交流的扩大和被主流社会所认可，移民会逐渐放弃原来的族群文化，独特的族群性和移民社区也会慢慢消逝，进而被结构性地吸收到主流社会中去。

关于文化适应，社会学家大卫·理斯曼(David Riesman)有一个重要提示：不应夸大人们在不同文化环境中生活的适应能力或是“可塑性”，因为民族性格等因素对文化适应的影响和制约是不容忽视的。譬如，美国早期历史上的西班牙移民在把土著印第安人消灭殆尽之后，从国外输入黑人来充当驯良的奴隶角色，虽然“奴隶身份破坏了非洲黑人的精神并摧毁了他们的文化内聚力”，但这些奴隶所具备的在艰苦的条件下也能顽强生存的民族性格，一直延续到今天的黑人族群中。②

文化适应的诸模式

奥伯格在1960年提出的**“U形模式”**(U-curve Model)，是理解文化适应的一种较为通用的模式，基本观点是：当一个人在其他文化中旅居时，必然会经历一段困难和起伏时期才能获得舒适感和平常感，文化适应因此而大致表现出四

① 〔美〕卡尔·戴格勒：《一个民族的足迹》(王尚胜等译)，沈阳：辽宁大学出版社1991年版，第327页。
② 〔美〕大卫·理斯曼等：《孤独的人群》，序言第12页。

个基本阶段:**蜜月期**(honeymoon)、**危机期**(crisis)、**恢复期**(recovery)和**适应期**(adjustment)。[①]

其中,蜜月期也可以称作欢快阶段(euphoria stage),指的是在旅途开始时常见的兴奋和愉悦。最初人们可能还会有一些忧虑,但新鲜感和兴奋感大大超过忧虑情绪。在这一阶段,个体会以一种好奇的眼光和乐观心态来看待异文化。危机期指的是,随着与异文化接触的程度加深,个体对文化差异的体验愈加深刻,会对异文化产生某种程度的敌意以及情感上的定势态度,还会加强与其他旅居者之间的联系。恢复期是指人们对周围的一切有了新的认识,能够发现周围环境的一些积极方面。在此期间,一些早期的文化适应问题得以解决,语言知识不断增加,在新环境中生存的能力也得到了提高。虽然一些问题有待于继续努力,但未实现的期望已大大减少,人们能够改变自己的期望去适应新的环境。适应期也可称同化阶段(assimilation stage),指的是人们已经逐渐适应了新环境中的生活,相应的调整基本完成,原有的焦虑感不复存在,开始在新环境中塑造和发展新的自我。在这个阶段,虽然人们在情感上仍会有所变动,但最终还是能够正常生活,就像在本文化中一样。

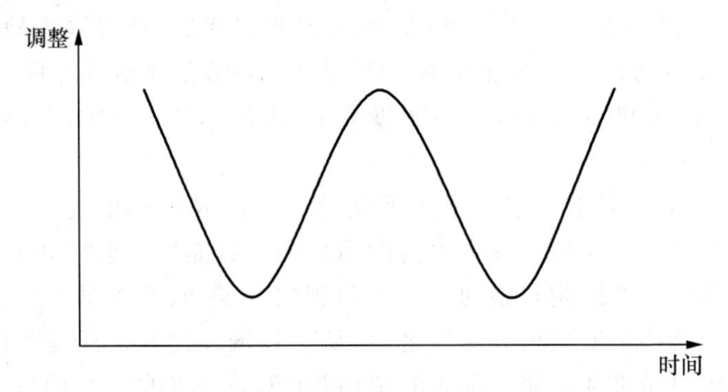

图 7-1 文化适应的"W 形模式"[②]

1963 年,约翰·古拉霍恩(John Gullahorn)等提出了描述文化适应过程的**"W 形模式"**(W-curve Model)。这一模式在"U 形模式"的基础上,添加了人们在重新回到本文化环境时,个体必然会经历的**返回本文化休克阶段**(re-entry cultural shock stage)和**再度社会化阶段**(resocialization stage)。这里要说明的是,"W 形模式"与"U 形模式"一样,都有许多值得商榷之处。毕竟,社会生活

① William Gudykunst and Young Yun Kim, *Communicating with Strangers*, p. 378.
② Ibid.

是复杂的，个体的情况也大有不同：并不是每个人在进入异文化时都会有兴奋感，在很多情形下，人们是因为政治、经济或社会压力而被迫进入异文化之中的，譬如政治避难者；同样，也并不是每一个人在返回故乡时都会面临文化休克和再度社会化的难题；此外，有些人并不会经历所有这些阶段，有些人则可能会反复经历多次。

在上述模式和相关研究的启发下，1986 年，心理学家阿德勒（Nancy Adler）概括了经历“返回本文化休克”的三种状态——**疏远**（alienation）、**重新进入**（re-entry）、**积极主动**（proactivity），帮助人们在回归本文化的问题上采取适当的态度。[①] 其中，“疏远”指的是，人们吸收了异文化中的价值观和生活方式而对本文化采取排斥态度。这些人往往把自己同他人隔离开，或是同那些与自己有类似经历的人在一起。他们对于本国文化中的人，尤其是那些没有在国外居住过的人，主要采取一种防范和审视的态度。选择“重新进入”方式的人们通常对自己在异文化中逗留的经历有一定的负面印象，因此急切地想回到本文化之中。在此种方式中，返回本文化者用最快的速度摆脱自己受到的异文化影响，甚至全面否定自己从中可能得到的益处。“积极主动”意味着主动创造有利环境，对本文化和异文化都保持积极的态度，使那些在不同文化中体验的行为方式在自己的生活和工作中发挥积极作用。

“积极主动”显然是克服“返回本文化休克”的一种理想方式，能够帮助人们在两种文化之间找到交叉点和平衡点，从容地判定两种文化各自的优劣。为了达到这种状态，阿德勒有两个建议。第一，在海外期间必须注重交流联系，既包括主动寻找和异文化成员沟通的机会，也包括保持同国内的联系。这些联系越开放越好，既有助于个体的文化适应过程，也能够让个体注意到国外和国内发生的变化。第二，要对发生在国外和国内的变化及其价值予以承认和确定。

二、文化适应的六种理论

> 一种文化的人进入另一种文化时，常常像剥洋葱一样，要剥掉一层又一层的旧习惯。[②]
>
> ——卡尔·戴格勒

自 20 世纪 50 年代以来，关于移民对主导文化的适应，以及旅居者在异文化

① Nancy Adler, *International Dimensions of Organizational Behavior* (Boston, MA: Kent, 1986), pp. 233—235.

② 〔美〕卡尔·戴格勒：《一个民族的足迹》，第 327 页。

环境中调整的议题，一直吸引着众多学者的关注。不过，直到20世纪70年代后期，具有鲜明的跨文化传播学特色的正式理论才逐渐建立并陆续得到验证，其中比较有代表性的，就是如下六种关注移民和旅居者文化适应的理论：传播涵化理论；互动涵化模式；焦虑—不确定性管理理论；同化、偏离与疏远理论；网络与涵化理论；文化图式理论。（接第一章第三节）

传播涵化理论

金英润提出的这一理论，来自她在20世纪70年代对朝鲜半岛移民在美国芝加哥地区文化适应情况的研究。这里的“涵化”，是人类学和文化与传播研究领域的一个重要概念，用以指代文化之间不同程度的趋同所引起的变迁，包括两个或两个以上不同文化体系间由于持续接触和影响而造成的一方或双方发生的文化变迁。造成涵化的接触方式多种多样，可以是战争、军事占领、殖民统治的结果，也可通过传教士活动、移民、劳务输出、旅游等方式，以及思想、技术和制度的传播而产生。

传播涵化理论运用开放系统（open-systems）的视角，把影响文化适应的诸多因素有机地联系在一起，涵盖了与文化适应命题相关联的许多学科，譬如文化人类学、社会心理学、语言学、传播学、社会学，等等。20世纪80年代以来，金英润对传播涵化理论进行了完善，特别是描述了移民必然面对的**“压力—适应—成长”**（stress-adaptation-growth）的动态过程，将这一理论的注意力放在了移民的跨文化转变上。目前，这一理论的主要努力在于：把跨文化适应的实现描述为“陌生人与接受陌生人的环境共同努力的结果”。

在金英润描述的“压力—适应—成长”的动态过程中，“压力”意味着个体在跨文化传播中必然要经历的诸多困难和“文化休克”，表明的是个体固有的能力无法适应环境需要的事实。为了面对新环境的挑战，个体必须通过努力，满足那些实现“适应”所需的条件，逐步提升自身对于外部现实的整体适应性。在经历不断的“压力”进而“适应”的过程中，个体会不断地获得一定程度的“成长”，即得到解决问题的新方法、提升满足新环境要求的能力、实现人格的完善与成熟等。如图7-2所示，“压力—适应—成长”的动态过程是一个辩证的、循环的、持续的过程，表现为一种像车轮运动一样的**“退却—前进”**（draw-back-to-leap）的过程：每一次面对“压力”都会导致“退却”（draw back），同时激发个体积蓄“适应”的能量，进而导致“前进”（leap forward）并获得某种程度上的“成长”。[1]

---

① Young Yun Kim, “Adapting to a New Culture” in William Gudykunst, ed., *Theorizing about Intercultural Communication*, pp. 383—384.

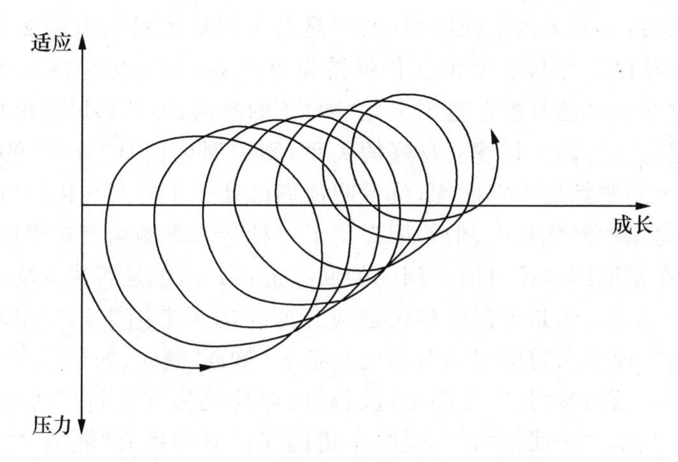

图 7-2　“压力—适应—成长”动态过程①

传播涵化理论还提出了关于文化适应的若干定理，可以作为理解跨文化适应的广义原则，其中包括：第一，涵化与去文化作用（deculturation）都是跨文化适应过程的组成部分；第二，“压力—适应—成长”的动态过程是跨文化适应的基础；第三，跨文化转型（transformations）是“压力—适应—成长”过程的功能之一；第四，在陌生人逐渐完成跨文化转变的过程中，完成“压力—适应—成长”过程的难度也在不断降低；第五，通过跨文化转型，陌生人能够收获身体上的强健和心理上的健康。

互动涵化模式

20世纪80年代，心理学家约翰·贝里（John Berry）等针对移民文化适应问题提出了**二维涵化模式**（Bidimensional Model of Acculturation）。在此基础上，社会心理学家理查德·伯希斯（Richard Bourhis）等人在1997年提出了互动涵化模式，致力于在公共政策、东道国多数成员以及移民群体对族群文化多样性的各种反应之间建立一种概念性联系。这一模式的核心观点在于：东道国与移民群体之间的关系，是国家整合政策影响下的双方涵化取向共同作用的结果之一。②

约翰·贝里提出的二维涵化模式，建立在移民群体对两个问题的回答的基础上：第一，你是否想保持原有的文化认同？第二，你是否想与东道国文化成员

① William Gudykunst and Young Yun Kim, *Communicating with Strangers*, p.381.

② Richard Bourhis, et al., “Towards an Interactive Acculturation”, *International Journal of Psychology*, Vol.32, No.6, 1997, pp.369—386.

保持良好的关系？如果两个问题都回答“是”，说明移民对东道国文化有“整合”的倾向；如果移民只想与东道国文化保持良好关系，但不想保持原有的文化认同，则说明这些移民已有被东道国文化“同化”的倾向；如果移民想保持原来的文化认同，不想与东道国文化建立良好的关系，则说明他们有“分离”的倾向；如果移民对这两个问题都持否定回答，就说明他们已处于东道国文化的边缘。

根据东道国的涵化趋向，伯希斯提出了一种与二维涵化模式相似的模式，这一模式建立在东道国居民对两个问题的回答上：第一，你是否接受移民保留他们的文化传统？第二，你是否接受移民适应你所在的东道国文化？如果对两个问题都回答“是”，说明东道国居民对移民具备了“整合”倾向；如果第一个问题回答“否”、第二个问题回答“是”，说明东道国居民对移民具有“同化”的倾向；如果第一个回答“是”、第二个回答“否”，说明东道国居民对移民有“隔离”的倾向；如果两个答案皆为“否”，则说明东道国居民具有“排斥”移民的倾向。

互动涵化模式是上述两种模式合并的结果。在跨文化传播研究中，互动涵化模式可以用来预测东道国居民与移民之间的关系是和谐的、存在问题的还是互相冲突的。当东道国的共同体成员与移民群体抱有共同的整合或同化倾向时，相互关系最为和谐。

焦虑—不确定性管理理论

1975年，查尔斯·伯杰(Charles Berger)等人提出了**不确定性削减理论**(Uncertainty Reduction Theory)，探讨了人们如何控制其所处的社会环境，以增加对自己和他人的了解，核心假设是：人们有一种在交往中减少不确定性的愿望，特别是在和陌生人相遇时，首先关注的就是减少不确定性或是增强各方行为的可预测性(predictability)。以此为基础，1988年，古迪孔斯特等提出了焦虑—不确定性管理理论。该理论聚焦于跨文化场景中人际与群体之间的有效传播，为不确定性削减理论注入了跨文化变量，因为“相比与我们的内群体交往而言，与陌生人最初的互动有更多的不确定性”，特别是在与不同文化的人们交往时，不确定性会被不可避免地放大。

经过十数年的改进和完善，焦虑—不确定性管理理论已更为成熟并得到了广泛的应用。由于在跨文化场景中，焦虑情绪和不确定性是传播失效和缺乏适应性的重要原因，所以，对焦虑和不确定性的削减和管理就显得尤为重要了。正如古迪孔斯特指出的，当陌生人进入一个新的文化时，会对当地人的态度、感觉、信仰、价值观以及行为等感到不确定。这些陌生人需要预测东道国成员的行为方式；当陌生人与东道国成员进行传播时，他们还会感到焦虑。在这里，焦虑是陌生人与东道国成员交往时产生的一种紧张情绪。不安的感觉和焦虑，源于陌生人对东道国成员的消极预期。

古迪孔斯特提出这一理论的主要贡献在于两个方面。第一，把不确定性回避、权力距离等概念与诸多变量相联系，比如对陌生人的反应、社会类型、社会过程等等。在古迪孔斯特看来，避免不确定性程度高的文化成员对陌生人态度僵硬，对陌生人的行为有一种负面期待，缺乏宽容，与陌生人交往的场合也较为正式。同样，权力距离大的文化成员在与陌生人交往的过程中，更难以处理复杂的信息，更难以表现出合作行为。第二，提出了影响有效传播的基本原因与表面原因。在古迪孔斯特看来，对于焦虑与不确定性的管理是有效传播的基本保证。

譬如，当陌生人进入异文化时，总会经历不确定性与焦虑感，这往往是基于消极预期的结果。但要适应新的文化，陌生人并不能完全舍弃焦虑与不确定性：如果不确定性与焦虑感过高或过低，就不能与当地人进行有效传播。不确定性过高，就无法准确地理解当地人的信息，也无法对当地人的行为进行准确的预测；焦虑感过高，陌生人就会以自己原有的文化作为参照来解释当地人的行为，并限制自己预测对方行为的能力。不确定性过低，陌生人会过分自信，不会质疑自己的预测是否准确；焦虑感过低，陌生人会觉得缺乏跟当地人交往的动力和兴趣，就无法有效地进行传播并适应当地文化。

同化、偏离与疏远理论

1988年，迈克尔·麦圭尔(Michael McGuire)等提出了同化、偏离与疏远理论，核心观点在于：同化与适应并非适应过程的最终结果，而是传播过程的暂时结果。原因很简单，无论是谁，无论他与某种文化的整合程度如何，总会在某种程度上偏离社会规范与准则。麦圭尔还指出：当个人(或群体)的感知在与他人的传播中得到正面强化时，就达到同化的状态……当其个体成员遵守所期望的规范时，群体就达到了同化的状态。

根据同化、偏离与疏远理论，当移民不曾偏离文化规范或处在同化状态的传播中时，比如，积极与东道国居民互动、使用东道国语言越来越流畅，东道国居民就会作出“**同化传播**”(assimilative communication)的反应，比如称赞移民的行为、乐于与移民交往等；当移民处于偏离东道国文化规范的状态时，就会感受到自己与异文化之间的紧张关系，东道国成员也会对之采取“**疏远传播**”(neglectful communication)的态度。

“疏远传播”即信息的缺失或负面信息的泛滥。关于“疏远传播”，东道国成员与移民的反应可能是相似的。东道国成员的“疏远传播”，往往会使移民疏远东道国文化，产生不同程度的社会孤立感。进一步地，移民会感觉无法实现自己的目标，被排斥在东道国文化之外。这里重要的是，当移民感到被疏远时，东道国成员对他们的态度会直接影响到移民是否继续处在疏远状态中。如果东道国成员加强了这种疏远感,比如拒绝与移民交往、使用肮脏的语言去嘲笑移民等,移民很可能会选择退出,或对东道国文化产生敌意,或拒绝使用东道国的语言。

2002年,基于文化维护(cultural maintenance)、接触与参与(contact and participation)两个维度,约翰·贝里等学者提出了和同化、偏离与疏远理论相似的针对弱势文化群体文化适应的四种模式:如果个体不想或无力维持本文化的认同,而寻求与主导文化的日常互动,就会使用同化(assimilation)的适应策略;如果个体非常重视本文化认同,并力求避免与主导文化的互动,就会使用分离(separation)的文化适应策略;如果个体力求在维护本文化的同时寻求与主导文化的互动,就会使用整合(integration)策略;如果个体不愿维持与本文化的关联,同时不想与主导文化互动,则会使用边缘化(marginalization)的适应策略。

网络与涵化理论

1999年,传播学者里普利·史密斯(Ripley Smith)提出了网络与涵化理论,将社会网络(social networks)与移民涵化命题联系起来。

针对社会网络的特质,网络与涵化理论提出了七项假设和命题:第一,移民更容易与那些清楚了解移民自身认同的人建立联系,这些人包括来自本文化的其他移民,也包括东道国的居民;第二,移民体验新的社会网络的方式,仍会受到原有文化的影响;第三,在移民的社会网络中,东道国的人越多,移民就越容易发生涵化情形;第四,随着移民逐渐融入新的社会,移民的社会网络也会逐渐发生变化;第五,移民的生活环境以及所处的社会阶层等因素,会影响他们建立跨文化传播网络的能力以及涵化的过程;第六,倘若社会网络密集,就会降低移民获得涵化所需资源的能力;第七,跨文化社会网络有两种情形,一是基于语境关系规范(context-based relationship norm)的网络,二是基于个人关系规范(person-based relationship norm)的网络,相比之下,前者不如后者密集,但会有更多放射状的联系。

文化图式理论

1999年,日本学者西田宏子(Hiroko Nishida)运用图式概念提出了针对旅居者适应新文化环境的理论——文化图式理论。西田宏子使用的**图式**(schema)概念,指的是一种心理过程,即人们将从以往经验中获得的知识整合到相关的知识体系中,用于指导在熟悉场景下的行为。在现代认知心理学的视野中,图式还被认为是一种心理结构,是指知识在大脑中的储存单位,图式的总和就是一个人的全部知识。人们在相互交流时,只有当接收的信息与大脑中储存的图式相吻合时,才能理解其内容，才能对未输入内容进行预测，进而作出合理的回答。

在西田宏子看来，旅居者之所以不能理解东道国成员的行为，是因为旅居者缺乏运用于居住国文化的图式。当旅居者不具备东道国的文化图式时，就会将注意力放在"劳神费力的数据驱动的处理过程(data-driven processing)中"。数据驱动的处理过程又会受到旅居者自身图式(self-schemas)的影响，换句话说，旅居者往往只关注自己认为重要的东西，而不是东道国成员认为重要的东西。不过，根据文化图式理论，旅居者为了适应新的文化环境，会积极地尝试重构本文化图式，或是建立针对新文化的图式。

根据文化图式理论，当人们在某种场景下与同一文化的成员互动时，或者当人们多次谈论某种信息时，文化图式就会产生并存储在他们的长期记忆里。当人们在类似的场景里发生更多的互动，或是交换的信息更多时，文化图式就会变得更为系统化，也更为抽象和缜密。进一步地，当个体的行为支持这些文化图式时，这些图式就会得到加强。

文化图式理论中大致包含着如下几个定理，可以用来设计和执行跨文化培训项目，以促进人们对东道国文化环境的适应。第一，个体在本文化中重复那些基于文化图式的行为越多，文化图式越有可能保存在个体的记忆里。第二，在东道国文化中，旅居者之所以无法识别有意义的互动活动和行为，是因为他们缺乏针对东道国文化的图式。第三，获得东道国文化的图式，是旅居者适应东道国文化的一个必要条件。第四，在东道国文化里的经验，会导致个体的母文化图式的改变。第五，在东道国文化中，旅居者将经历**自我约束**(self-regulation)和**自我指导**(self-direction)两个阶段。在自我约束阶段，他们会利用并逐步修正母文化图式，以解决模糊性和整合信息的问题；在自我指导阶段，为适应东道国文化环境，旅居者会主动地重构母文化图式，或是建立针对东道国的文化图式。[①]

第二节　传播能力与有效传播

传播能力(communicative competence)是一种通过传播实现人的基本要求，满足其目标及期望的能力。传播能力产生于人实现自我的需求，是传播使其直接展示出来。多数情况下，跨文化传播能力与传播能力有很多相似之处，两者大致可以互换，区别主要在于：前者受到更为具体和复杂的传播语境的限制。

---

① Hiroko Nishida, "Cultural Schema Theory" in William Gudykunst, ed., *Theorizing about Intercultural Communication*, pp. 409—412.

20 世纪 90 年代，麻省理工学院的学者通过调查发现：一个美国人通过 6 次面对面传播，就能把信息传递给美国国内的任何人；通过 12 次面对面传播，就能把信息传给世界上的任何一个人。到了 21 世纪的今天，全球社会已经形成了一个跨文化、跨国界的人际传播网络，人与人的频繁交往成为时代的基本特征，传播能力更是前所未有地影响着人们的生活质量，其重要性愈加凸显。

一、理解传播能力的基础

假如邻居说有 20 个上帝或者根本没有上帝，对我来说都毫无害处。

——美国前总统托马斯·杰斐逊

西方修辞学家对传播能力的兴趣可谓产生得最早。

公元前 470 年左右，古希腊西西里岛上的诡辩家已开始使用说服（persuasion）的传播手段，亚里士多德则开创性地把修辞纳入教学之中。在亚里士多德身后，罗马黄金时代最杰出的演说家西塞罗继续发展修辞艺术，强调讲演者需要对讲演的情境有所把握。在西塞罗之后一个多世纪，昆提利安的《修辞原理》使修辞开始超出说服的范围，变为一种“谈话的艺术”。18、19 世纪以后，修辞学开始关注有效传播的理论思考，人们对修辞的兴趣有了更多的变化，开始注重听众的心理因素，其研究从演讲的内容具体到声音、手势和姿态，促使演讲者运用这些“无声的能力”来影响和管理听众。

> 1978 年，美国学者进行的一项针对高校学生的调查表明：11%的学生不会提问题，33%的学生不能很好地概括自己的思想，35%的学生不能适当地表述或为自己的观点做辩护，10%的学生不清楚事实与意见之间的区别之所在，49%的学生不能描述与他们意见相左的人的观点。

20 世纪 70 年代起，在西方传播学界达成了一个普遍共识：人们除了更多地接受传播环境飞速变化的挑战外，还要在人际事务方面表现出更强的能力。从这一时期开始，美国传播学者进行的大部分调查都与传播能力有关。20 世纪 80 年代，得克萨斯大学奥斯汀分校进行的一项“成人表现水准研究课题”以传播能力为基础，调查了 7500 名成人，结论是：大约占美国总人口 1/5 的成人缺少传播能力。90 年代初，美国华盛顿商学院在美国各大企业中进行了一次问卷调查，结果发现：美国各大知名商学院的高才生们在传播能力、谈判技巧、企业创见、外语能力及利用集体力量的能力上表现很差。此后，匹兹堡大学的一项调查也表明，各大企业在选择商业人才时，首先注重传播能力，其次是价值观、领导能力、合群性及商业伦理。

20 世纪 50 年代，美国心理学家勒夫特（Joseph Luft）和英格拉姆（Harry In-

gram)提出了一个透视人际互动过程及传播环境的模式，被学界称为“**约哈里窗口**”(Johari Window)。半个世纪以来，“约哈里窗口”一直被视为人际传播的重要分析手段，也有助于理解跨文化交往中的人际传播能力。

根据“约哈里窗口”，传播双方对彼此信息的了解有四种情况，也可以分为四个区域：**开放区**(open area)、**盲区**(blind area)、**封闭区**(hidden area)和**未知区**(unknown area)，分别表示个体在“开放”“盲点”“封闭”和“未知”四种传播状态下，人际互动与信息分别所处的地带和状况。① 其中，开放区是一个有自我意识的地带，也是一个公共区域，人们的态度、行为、动机、价值、生活方式等信息对他人自由开放；盲区指的是他人获得了有关你的信息，而你自己并不知道；封闭区指那些自己知道，而不想让大多数人知道的信息；未知区所指的则是自己与他人都不知道的信息。

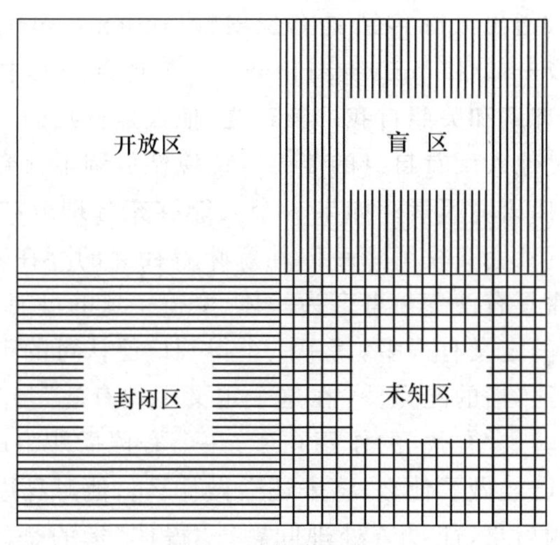

图 7-3　约哈里窗口

在“约哈里窗口”中，各个区域的大小与传播效果密切相关。盲区和封闭区大、开放区小不利于传播；盲区和封闭区小、开放区大则有利于传播。四个区域的大小又与传播双方的关系密切程度相关。在人际传播中，如果彼此了解、信任，就会缩小封闭区；如果不了解、不信任对方，就会扩大封闭区，开放区也就随之缩小。基于“约哈里窗口”的启示，在跨文化传播实践中要注意两个方面。首先就是缩小盲区和未知区。传播者要深入、系统地了解本文化的各要素、对方文化的各要素以及双方文化的异同，特别是要充分了解可能引起冲突的因素。其

① Julia Wood, *Communication in Our Lives* (Belmont, CA: Wadsworth, 2003), p. 217.

次，要通过缩小封闭区来扩大开放区。在不同文化中的人们，由于彼此的相对隔绝，很容易形成未知区膨胀的状况，这就需要适当地进行自我展示（self-disclosure），即通过提供背景知识、解释性翻译等手段来展示自己，增强传播的效果。

20世纪90年代，在乔治·米德提出的符号互动理论的基础上，传播学者萨斯（Carina Sass）建立了理解传播能力的符号互动模式，延伸了人们对传播能力的理解：传播能力是"关系的参与者"为保持他们"关系"的可靠性，对于运用互动来满足他们的"关系"和个人需求程度的理解。这一定义揭示了"能力"的一个重要特性，即它是作为"关系"而存在的，体现为人们通过符号的使用和分享，去选择如何回应他人行为的意义。更为重要的是，"能力"来自传播双方对于互动的理解，因为双方是在一个"分享的世界"中理解事物的意义。

为了说明"人际互动"之于能力的重要特性，萨斯还提出了三个与"能力"密切相关的基本假设，指出人际传播具有**反射性**（reflexive nature）、**语境性**（contextual nature）以及**一体性**（unifying nature）三个特点。其中，反射性主要指个人可以从他人那里理解和关照自我。换言之，他人是自我的一面镜子，人有看他人的能力，也有通过他人反看自身的能力。语境性强调了社会、历史以及个人所必须依赖的其他传播语境因素。如果一个人能够充分理解和把握语境，就可以从容、有选择地进行社会交往了。一体性意味着社会的存在基于人们的相互理解与合作，人际传播具有使参与者合为一体、变得一致的可能。

关于传播能力的定义有很多，其中一个得到广泛认可的定义是：一个人以有效、得体的方式进行传播的能力。[①] 在这个定义中，"有效"与"得体"是理解传播能力的两个重要范畴。"有效"的作用在于，一个有传播能力的人知道自己做过什么，正在做什么，已经做了什么，将来还会做什么。他对身边的人、对手头的事务能辨能断，能预测后果，能妥善处理问题。"得体"指的是以适当的方式去传播。按照中国文化的理解，做事要讲德性规范，待人要真实可信，无欺无妄，不从心所欲，多替他人着想，会推己及人等。重要的是，"有效"与"得体"是对传播双方而言的，即传播需要传播者之间的相互合作。否则，传播就会变成一头热的"香火"，一人唱的"独角戏"。[②]

基于对传播能力的不同理解，研究者提出了大量解读传播能力的理论，其中包括：**自我意识理论**（Self-consciousness Theory），即认为传播者应有意识地做到自我监督，否则就不能很快适应新的环境；**社会放松理论**（Social Relaxation

① Sarah Trenholm and Arthur Jenson, *Interpersonal Communication*, p. 11.

② 王怡红：《人与人的相遇》，北京：人民出版社2003年版，第253—254页。

Theory)，即认为任何人在传播的最初阶段都会不同程度地经历某种焦虑，传播者必须具备克服焦虑的“放松”能力；**行为弹性理论**(Behavior Flexibility Theory)，即认为传播者必须在不同传播场合和情景中做到灵活变通，对不同的人和情景采用不同的传播策略；**互动介入理论**(Interaction Involvement Theory)，即强调传播各方的对话由三个维度——敏感度(responsiveness)、知觉力(perceptiveness)和注意力(attentiveness)构成，互动介入程度较高的人一般被视为能力较强的传播者，而互动介入程度较低的人则往往会从传播中退出。[①]

传播学者特伦霍尔姆(Sarah Trenholm)等还概括了传播能力的五个重要构成部分：**解释能力**(interpreting competence)，指的是传播者能对互动时所处的情境或条件进行命名、组织和解释并选出重要的信息；**目标能力**(goal competence)，指的是一个没有计划的传播者是盲目的，所以必须设置目标，预测可能发生的结果；**角色能力**(role competence)，指的是人可通过社会角色实现或保持自己的社会身份，如果不能辨认和控制角色及其互动、合作等传播行为，将直接影响人对信息的选择；**自我能力**(self competence)，即选择和表现一种人们想要的自我形象的能力；**信息能力**(message competence)，即能选择使用让他人明白、让他人了解和领悟的语言或非语言信息，同时能对他人所选择的信息给予回应，进行意义交流。[②]

有必要补充的是，在传播学者帕克斯(Malcolm Parks)那里，传播能力是人们在既定的社会条件下完成自身目标的能力，重要的是，这些目标的实现不能影响人们追求其他更为重要的目标。基于这一认识，帕克斯提出了传播能力的三个独立主题：**控制**(control)、**责任**(responsibility)、**预见**(foresight)。他同时指出，传播能力的获得意味着：我们不仅要“知道”和“知道如何去做”，还必须“去做”和“知道我们做过什么”。[③]

具体地说，针对人类传播的内在特性，一个有能力的传播者，应该是以有责任的、有预见的方式对传播环境进行控制、把握的人。或者说，一个有能力的传播者必是一个具有控制能力的、具有责任感的、具有预见能力的人。特别是就“控制”这一主题而言，由于人的传播行为始终存在着目的、目标导向和策略等，传播的一个基本功能就是人对身体和社会环境的控制，所以，人与人的互动是需

① Dominik Infante, ed., *Building Communication Theory* (Prospect Heights, IL: Waveland, 1997), p. 126.

② Sarah Trenholm and Arthur Jensen, *Interpersonal Communication*, p. 12.

③ Mark Knapp and Gerald Miller, eds., *Handbook of Interpersonal Communication* (Beverly Hills, CA: Sage, 2002), p. 174.

要实施控制的。事实上，生活在现实世界中的人们总是会受到自然界的控制，受到“神意圣贤”、社会组织的控制，也受到个体之间关系的控制。总之，“控制”的主题无处不在，学会有效地控制环境是构成传播能力的要件之一。

二、跨文化传播能力的基本构成

知己知彼，百战不殆。

——孙子

跨文化传播能力(intercultural communication competence)的概念出现在20世纪50年代，来自美国学者针对海外技术人员和“和平队”志愿者的研究。此后，这一概念一直与**旅居者调整**(sojourner adjustment)、移民涵化、群体传播、文化休克、跨文化培训、社会变迁、国际管理、留学生咨询等研究有着密切的关联。[①]

作为多元文化社会中人们应具备的一种基本能力，跨文化传播能力不是自然而然存在的，而是经过后天努力培养而成的，涉及认知、情感、行为、语用等诸多方面，展现了个体在不同的传播环境下恰当、有效而有创意地运用认知、情感、行为、语用等资源的资质与能力。由于研究者的理论取向与具体样本的不同，跨文化传播能力常常表述为**跨文化调整**(cross-cultural adjustment)、**跨文化理解**(cross-cultural understanding)、**跨文化适应**(cross-cultural adaptation)、**跨文化效果**(cross-cultural effectiveness)等。

概括来看，关于跨文化传播能力的各项研究，均吸收了各种关于传播能力的研究策略，大致可以分为三个部分：研究跨文化传播能力形成的原因；研究跨文化传播能力的主要构成；研究培养跨文化传播能力的各种技巧。与传播能力相较，跨文化传播能力主要有如下几方面的基本构成。

第一，对不同文化的修辞敏感性(rhetorical sensitivity)。通常，修辞指的是一种自觉的语言调整行为，即为了增强语言的表达效果而对语言材料进行修饰、加工。在跨文化交往中，由于语境因素严重地制约着语言行为的组织和建构，所以，修辞敏感性强调的是修辞与语境之间的关联，要求人们对于不同文化的边界保持敏感，能区分什么是自己的文化，什么是不同的文化，并能自我调整，以适应不同的文化。进一步地，要求传播者能够使用适当的语言和非语言行为，向对方表示尊重和积极的关注，做到顺应语境、利用语境甚至改造语境。此外，在社会交往中，修辞敏感性强的人往往能就对方对自己行为的反应作出准确的预测，这种预测是以个人掌握的文化知识和洞察力为基础的。

① William Gudykunst, ed., *Cross-cultural and Intercultural Communication*, p. 191.

第二，采取描述性、非评价性（non-judgemental）立场的能力。这即是说，传播者应以描述别人的行为为主，同时采取非评价性的立场，特别是在早期交往中，不应以自己的文化标准为依据去看待他人的行为，以避免错误的评价。[①] 显然，这是一种认知能力，体现了传播者的心智和素质，涉及人际交往中三个相互关联、依次递进的认知程序：**描述**（description）、**解释**（interpretation）和**评价**（evaluation）。

其中，描述是指对人们观察到的行为进行客观的描述，不允许对客观行为进行评价或赋予意义；解释是对观察到的行为进行加工和赋予意义；评价是对解释赋予积极或消极意义。需要注意的是，人们在交往中往往不能很好地区别这三种性质不同的认知程序，常常不自觉、无意识地超越描述或解释阶段，直接进入解释或评价阶段，这就容易以自己的文化为标准去判断不同的行为，从而不自觉地产生民族/群体中心主义倾向，进而造成传播失误或文化冲突。

第三，适度的移情能力（empathy competence）。移情的概念来自19世纪德国美学家里普斯（Theordor Lipps）的研究。在他看来，移情是人们在观察外界事物时确立的一种事实：外界事物似乎就是我自己，仿佛它也有感觉、思想、情感、意志和活动，同时人自己也受到对事物的这种错觉的影响，进而与事物产生共鸣，即"我感到活动并不是对着对象而是就在对象里面，我感到欣喜，也不是对着我的活动，而是就在我的活动里面"[②]。

移情的作用之一，是把主体与客体之间的对立关系转化为统一关系。关于这一作用，历史学家柯林武德（Robin Collingwood）有着生动的描述：

> 你想要理解新石器时代的利古里亚人或西西里人的真实历史吗？那你就试着（如果你能够的话）在你的心灵里变成一个利古里亚人或西西里人吧。如果你不能做到或者不肯做到这一点，那么你就使自己满足于描述和编排已经发现的属于这些新石器时代的人的头盖骨、工具和绘画吧。你想要理解一根草的真实历史吗？那你就试着变成一根草吧；而如果你不能做到这一点，那么你就使自己满足于分析它的各个部分，甚至于把它整理成一种理想的或幻想的历史吧。[③]

在跨文化交往中，移情作为一种文化能力，涉及信息获取的技能与方略，以及处理不同的人际关系、扮演不同的社会角色、承担不同的社会身份、面对不同

---

① Maureen Guirdham, *Communicating across Cultures* (London, UK: Macmillan, 1999), p. 244.

② 朱光潜：《西方美学史》，北京：人民文学出版社2003年版，第596页。

③ 〔英〕罗宾·柯林武德：《历史的观念》（何兆武等译），北京：中国社会科学出版社1986年版，第226页。

的场合的能力。要做到移情,就需要传播者克服从自身文化角度去解读他人行为的倾向,自觉地建立跨越不同文化的情感机制,对他人的思想和动机作出正确的反馈或反应。学界普遍认为,适度的移情是在跨文化传播中发展和保持积极关系的重要条件。这里的适度,意味着移情的限度,不是完全接受或同情(sympathy)对方,也不是完全放弃本文化的立场,而是在主动的对话和平等的欣赏中感知和解释另一文化。

第四,灵活应付不同场景的角色行为(role behaviors)能力。这种能力可以分成以下几种:任务角色能力,指主动寻求信息和事实、完成任务以及评价他人意见的能力等;关系角色能力,指与对方达到和谐一致,协调冲突和妥协让步的能力等;个人角色能力,指能拒绝别人的观点、能控制他人以及展示自己个性的能力等。

角色行为能力还意味着,传播者应当具备以符合社会期望(social expectation)的方式做事或说话的能力。在这里,社会期望即是角色行为的脚本(script),规定了传播者在特定场景中何时行动、说什么、做什么。

角色行为能力也是一种策略能力(strategy competence),即在传播过程中,因语言或语用能力有缺陷、达不到传播目的或造成传播失误时的补救能力,相应的补救策略涉及:语码转换(code switching);近似语策略(approximative strategy),包括概括(generalization)、意译(paraphrase)、创造新词(coining new words)等;合作策略(cooperative strategy),即传播双方使用已知的语言知识、语用规则、文化知识等共同解决困难;非语言策略(nonverbal strategy),即传播双方运用非语言符号来解决传播中出现的问题,等等。

第五,有助于拓展心灵的开放性与减少偏见的认同灵活性(identity flexibility)与认同协商能力。

跨文化实践中常见的情形是,当人们感到外来群体的文化认同威胁到自己所在群体的文化认同时,自我认同取向就会趋于封闭并采取防卫姿态。这样一来,人们期望在众多的文化认同中凸现自己文化认同的愿望,就导致了偏爱内群体(ingroup)的倾向,其结果就是对外群体成员的歧视,以及阻碍对新文化的开放性接受。针对这种现象,具备开放、灵活的认同能力,显然有助于拓展心灵的开放性与减少偏见。

根据丁-图米提出的**认同协商理论**(上接第一章第三节),认同被看作是跨文化传播过程中人们自我形象(self-images)的解释机制,即在某种特殊的互动状况下,某一文化中的个体所构建、经历、传播的自我形象。借助认同协商的作用,处在跨文化情境中的个人能够尝试断定、界定、修改、挑战、支持他们自己以及他人期望的自我形象。在这里,"协商"即是一个相互影响、相互作用的过程,"认同协商"就是一种交互式的传播行为。通过互动，传播者尝试唤起自己所期望的认同，同时尝试挑战或支持他人的认同。[①]

> 荷兰汉学家高罗佩(Robert van Gulik)这样评论了中国人接受佛教，或者说印度佛学融入中国文化的过程：佛教传法僧很知趣地不碰中国人护若命根的民族自尊心，从来不说自己是外国某一强大教会派出的使徒，而中国的信徒必得严守该教会的一切规训。这样中国人就明白了，他们如果信了佛教，也没有必要因此放弃自己原有的一套思想和生活方式。总之，"在佛教传教士身后，中国人不会遥遥地感到有一个麦加或罗马，仿佛一切传教活动都是远方某个异国政权或外族势力的阴谋"[②]。

探究其实质，认同协商理论关注的是如何加强传播者对于各自认同的理解、尊重以及相互肯定的评价，认为各个文化群体的成员都期待获得积极的群体认同和个体认同。这一理论的核心假设涉及六个方面。第一，人们的群体认同(譬如文化认同和族群认同)和个人认同的核心动力是在同他人的符号性传播中形成的。第二，无论是在基于群体的认同层面，还是在基于个人的认同层面，所有文化或族群都对认同的安全感(security)、被接纳感(inclusion)、可预见性(predictability)、关联性(connection)、连续性(consistency)等有着基本的动机需要。第三，当人们期待的群体认同得到积极认可时，譬如处于积极的内群体接触时，就容易产生被接纳的感觉。第四，当人们在与文化上相似的"他者"交往的时候，互动过程是可预见的；当人们在与文化上不相似的"他者"交往时，互动过程是不可预见的——认同的可预见性会带来信任；认同的不可预见性则会引起怀疑、猜忌或是偏见。第五，当人们面对有意义的亲密关系时，倾向于期待人际的关联性；当人们面临疏离的关系时，则容易体验认同的自主性(identity autonomy)。通常，有意义的跨文化人际关系能够为陌生人之间提供额外的安全感和信任。第六，在相似的文化环境中，人们容易感受到认同的连续性；而一旦进入全新的、陌生的文化环境，他们将会感觉到认同的变化甚至混乱。

基于上述假设，丁-图米指出，为了获得优秀的认同协商能力，人们必须要整合那些与建立跨文化认同相关的知识、心智(mindfulness)，以及与文化"他者"进行有效传播的互动技巧。所谓令人满意的认同协商结果，就是一种认同满足感，包括被理解、被尊重以及被肯定的各种感觉。在这个意义上，认同满足感的构建，就成为检验认同协商能力的本质标准。丁-图米还指出：人们在认知、情感和行为方面的能力越强，达致认同的效率就越高；人们掌握的传播资源越多样化，在认同的确定、协调与协同方面的效率就越高。总之，一个有能力的传播者，

---

① William Gudykunst, ed., *Theorizing about Intercultural Communication*, pp. 173—189.

② 转引自蒋述卓、周兴杰：《佛经传译中的跨文化交流模式》，载《文艺研究》2005年第7期，第71页。

就像是一个充满活力的溜冰者，可以在认同混乱的“迷宫”中优雅前行，也能够在寻找认同的过程中保持最佳的平衡。[①]

三、对话与倾听：有效传播的理想模式

> 每个人都是潜在的敌手，甚至包括你所爱的人。只有对话，我们才能从敌意中得到解救。
>
> ——神学家雷厄尔·豪(Reuel Howe)

对话(dialogue)与语言的产生一样久远。语言是人类脱离动物界组成人类社会的强大动力。随着语言的产生，初级的对话形式便出现了，并成为人类从野蛮时代进入文明时代的重要标志。作为人类重要的语言活动形式，对话涉及人类生活的各个领域，贯穿在不同时代、不同文化的社会生活之中。

在中西方历史上，对话最早的繁荣期是古希腊和中国的春秋战国时期。

在古希腊，对话是人们在经济、政治、文化等领域探求真理、传播思想的重要方式，也是社会生活中语言活动的主要表现形式，并成为学者自觉写作的一种重要文体。在当时的社会生活中，对话的双方是平等的、自由的，彼此是相互尊重的，对话者不带有任何个人的成见或偏见，目的都是为了探求真理，使自己的认识更接近于真理。可以确切地说，对话体现了古希腊的学术民主、自由的精神，有力地促进了古希腊学术的进步和文艺的繁荣。

在中国的春秋战国时代，自由、平等的对话形式被广泛地用于学术领域。儒家经典《论语》就主要采用了对话的形式，其中呈现的自由、和谐、平等的对话关系，对儒学的创立与传播起了积极的作用。在其他诸子百家典籍中，也载有多种形式的对话，生动活泼，不拘一格，涉及对人生哲理的探求、治国安邦的方略、修身养性的经验，等等。从中可以看出，对话者之间是相互平等、相互尊重的。正是通过这样一种自由对话的方式，使当时的社会文化呈现出“百家争鸣”的局面。

对话理论的基本线索

20世纪中后期，苏联哲学家巴赫金(Mikhail Bakhtin)的研究为当代对话理论作出了奠基性贡献。在他看来，对话是人的存在方式——人类生活本身就是对话性的，人的一切行为、思想、话语，无不因与他人的行为、思想、话语交锋才得以真正的实现，即“一切莫不归结于对话，归结于对话式的对立，这是一切的中

① William Gudykunst, ed., *Theorizing about Intercultural Communication*, pp. 218—230.

心。一切都是手段，对话才是目的”[①]。

20世纪80年代以来，巴赫金的对话理论贯穿于社会生活、人文认知、审美创造诸多领域，对西方人文学科产生了重大的影响。概括地说，这一理论的核心主张是：人类只有依托语言或话语才能生存、思考与交流，人类情感的表达、理性的思考乃至任何一种形式的存在都必须以语言和话语的沟通为基础。人也只有在对话中，才能交流思想感情，从事种种社会活动，显示出人之所以为人的本质特性，即“语言只能存在于使用者之间的对话交际之中。对话交际才是语言的生命真正所在之处。语言的整个生命，不论是在哪一个运用领域里（日常生活、公事交往、科学、文艺等等）无不渗透着对话关系”[②]。必须指明的是，由于受到人道主义思想的影响，巴赫金的对话理论蕴含着一个重要的价值预设：在一个理想的社会中，人的价值和地位是平等的，人的意识和思想也是平等的，自我与世界之间也是平等的。

在20世纪后期发展和丰富的关于交往理性与对话的学说，是哈贝马斯哲学思想的精髓。在哈贝马斯的交往理论中，对话是一种方法论，也是达成现代交往最为合理、最为有效的一条途径。此外，根据交往理性的要求，传播沟通是一切主体存在的前提和基本方式；传播沟通的过程，就是通过主体之间的平等互动达成理解并在主体之间生成意义的过程。与之相应，哈贝马斯的对话理论力图维持一种启蒙的理性观念，强调只有通过对话才能相互沟通和理解，每一方试图获得的东西都可以在对话中得到解释和认识。即使发生矛盾，双方也可以通过解释性的对话和理解来调节冲突和利害关系。哈贝马斯还指出，对话和交往的理想语境的条件是：个体遵从对称或平等的关系中的“真实性、正确性和真诚性”这三个“普遍的有效性要求”，从而寻求共识。[③]

20世纪60年代，传播学界开始出现对话研究的成果，从不同视角强调对话是人类精神的需要，代表了人的基本处境。1967年，马森（Ashley Matson）等出版了《人类的对话》（*The Human Dialogue*）一书，将对话与传播的关系进行了系统的阐述，并将人际传播中的对话称为“传播的第三次革命”：第一次革命是推动大众传播的科学发明；第二次革命是推动控制论和动机研究的科学理论和人体工程学；第三次革命即是强调开放和彼此尊重的对话理论。1973年，布朗（Charles Brown）等出版了《从独白到对话》（*Monologue to Dialogue*）等对话研

---

① 〔俄〕米哈伊尔·巴赫金：《诗学与访谈》（白春仁等译），石家庄：河北教育出版社1998年版，第340页。

② 同上书，第242页。

③ 〔美〕马克·波斯特：《信息方式》，第58页。

究成果,从中可以看出犹太哲学家马丁·布伯(Martin Buber)的对话思想的影响。在布伯看来,人类“真正的对话”可以造就令人珍视的“我—你”关系,这种“我—你”相遇的关系就称为“对话”。在布伯眼里,真正的传播应该是人在找寻自我的途中,不间断地与他人发生对话式的关系,而真正的对话是“转向他人”的传播,要求人带着自己的心灵和探寻,甚至带着疑问和困惑,带着对人的尊敬和自我尊敬,转向他人,倾听他人的意见。

在承继巴赫金和布伯思想的基础上,传播思想家戴维·博姆(David Bohm)指出,传播不仅是“共同做事”,不仅是“分享”,更不单纯指“信息的传播”。传播的意义还在于:人们通过对话而共同创造了一个更大的人类认识的空间。博姆的对话思想集中呈现在他身后出版的文集《对话》(*On Dialogue*)中,书中这样描述了人类传播的窘境:

> 在不同国家之间,处于不同经济和政治体制中的人们除了战争就很难展开对话。在任何单一国家之中,不同的社会阶层、经济与政治集团都被相互之间不能理解所困扰着。甚至在人数有限的组织之中,人们也会面临长者与年轻人之间难以交流的难题。[①]

面对人类传播的这一事实,博姆主张的“对话”实质上是一种“求同存异”,是将意见集中与分享,从而形成创造性意义传播的过程。博姆还强调,当人们忘记传播的对话性质时,人与人之间就充满了争斗、暴力、推卸责任乃至一面之词,唯有“对话”的传播,才可以使人们就各自的差异进行协商。

对话式传播

20世纪80年代,一些传播学者把不同文化之间的人际传播概括为四种样式:**族群中心式**(ethnocentric mode)、**控制式**(control mode)、**辩证式**(dialectical mode)和**对话式**(dialogical mode)。[②]

具体说来,族群中心式传播意味着,A以自身文化为参照系来对待B,B的自身文化和独特性被忽视。控制式传播意味着,B是A的操纵和控制对象,B的自身文化和个性没有得到A的承认。在辩证式传播中,存在三种可能的结果:一是A和B融为一体,二者差异缩小到极小,产生了负载A和B文化的独特的综合文化C,这是一种超越A和B的理想的、辩证的统一体;二是A对B盲目信任、依赖或无私奉献,变成B的一部分;三是A操纵B,使其改变自己,变成A的

① 转引自王怡红:《人与人的相遇》,第66页。

② Lawrence Kincaid, ed., *Communication Theory* (New York, NY: Academic, 1987), p. 320.

一部分。在对话式传播中，A和B相互独立又相互依存，二者的文化特点、相似性和差异都被承认并受到尊重，即使二者融合时，也会保有各自的身份。

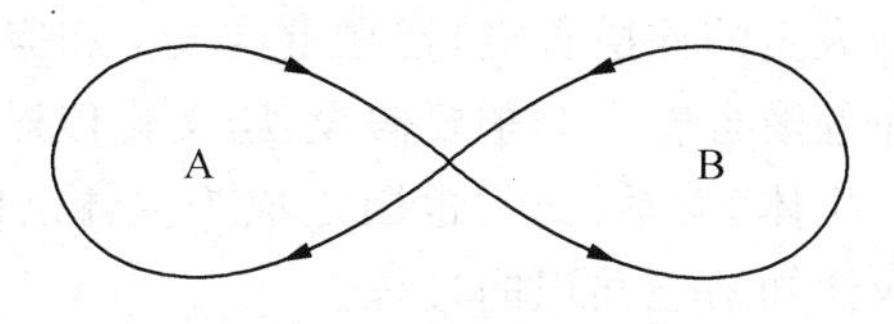

图7-4　对话式传播①

学界普遍认为，在跨文化传播实践中，对话式传播是一种理想的有效传播方式。它意味着，传播双方要协力合作，在不丧失自我的前提下与对方进行积极传播，但又不偏向其中任何一方。结合前文讨论，就是要努力摆脱自我中心，摒除定势和偏见，通过交流沟通使人们的认识逐步接近真理。这也符合了巴赫金提出对话理论的初衷，即寻求"一种积极的人文精神：尊重个性，崇尚人格，注重责任，矢志创造，平等参与，不卑不亢，有大文化的胸襟，有大历史的眼光"。具体到实践中，应遵循约翰尼森(Richard Johannesen)总结布伯等学者的对话思想而提出的六个要求：**相互开放**(mutual openness)、**非操纵性**(nonmanipulation)、**承认独特性**(recognition of uniqueness)、**相互承认**(mutual confirmation)、**彼此接近**(turning toward)、**不做评价**(nonevaluativeness)。②

把对话式传播引入跨文化传播的实践，还有必要强调"**平等相处的意识**"(sense of equal footing)，即强调对话各方都享有平等的地位，都否认片面的权威或对真理的独占。对话的一个重要价值在于，对话者能从差异中找到潜在的合作性，这就要求人们能尊重和欣赏差异的不同价值，允许差异存在，并通过保存差异建立起相互间的依赖感。此外，对话是一个异中求同、同中求异的双向运动过程。在对话过程中，要尊重对方的尊严和权利，要充分尊重对方存在的价值，充分重视双方在不同领域的贡献和创造。当然，要使对话各方享有平等的地位，对话人本身不仅要有独立意识，而且要真正获得独立的地位。

> 20世纪90年代初，美国新泽西州一名犹太警官杀了一名黑人青年，引发了信奉东正教的犹太白人与美国非裔黑人之间的紧张冲突。当时，黑人一方由持反犹太言论的黑人学者领导，另一方则由犹太人团体出面，双方形成紧张的对峙。田纳克基督教协会迅速作出反应，设法使双方代表坐到了一起，以对话思想为指导，经过多次对话协商，终于达成了相互谅解。

① Richard Johannesen, "The Emerging Concept of Communication as Dialogue", *Quarterly Journal of Speech*, Vol. 57, 1971, pp. 375—382.

② Lawrence Kincaid, ed., *Communication Theory*, p. 321.

为做到对话式传播，传播者还应具备“**无限传播**”(boundless communication)的意识。这里的“无限传播”是指，传播的目标旨在取得相互的理解和真知灼见，旨在发掘世界与人生的深层含义，旨在重构人格和完善人性。有必要强调的是，“无限传播”的命题隐含着一个重要假设：跨文化传播中的传者与受者之间是互为主体的“主体—主体”关系，交往也因之成为主体之间相互对话、交流，最终达到视阈融合、形成认知乃至共识的过程。

在“无限传播”意识的观照下，对话不仅仅是一种传播手段，也包括了人类生存方式的相互参照——对话建立了人与人之间一种相互敞开、相互依存的关系，是自我与他人共同“在场”的相互审视和相互认证。用德国哲学家雅斯贝斯(Karl Jaspers)的话说，对话就像是“心灵的交感”，必须是开放、热烈、坦诚和深刻的，是一种为达到最高境界而必须付出的永无休止的努力。

倾听：对话的另一半？

倾听(listening)是人们接收语言和非语言信息，确定其意义和作出反应的过程，通常有两个层次上的含义：一是听觉的倾听，来自“自然过程”，是人的生理、感官的自动接受过程；二是心灵的倾听，强调了传播中的感悟和分辨能力。倾听的终极目标是通过人的谈话或对话，达到理解他人或被他人所理解的目标。在这个意义上，倾听就是对话的另一半——如果停止了倾听，对话就毫无用处了。

倾听可以划分为多种类型：以娱乐为目的的“娱乐的听”；以思考为宗旨的“理解的听”；以积累信息为动力的“记忆的听”；以体验他人为动机的“移情的听”；以评价为基础的“识别的听”；以心理效果为目标的“治疗的听”，等等，不一而足。在人际的语言和非语言传播中，倾听都具有重要的作用。正如王怡红指出的：人不能单独对语言符号本身进行界定，更不能离开倾听来奢谈人际传播和关系的事情；语言符号本身就包含着倾听，包含了对语言符号的倾听，对意义的倾听，以及因倾听而产生的对话关系等内容。①

据相关统计，倾听约占人类传播时间的53%，说占16%，读占17%，写占14%。不过，有关传播习惯的调查表明，很少有人能做到完整、正确地倾听。在日常生活中，虽然人们把大量的时间都用在倾听上，但能记住的只有大约1/4的内容。这就是说，倾听是一种技巧，必须通过一番有意识的“思考、训练和努力”才能获得，需要克服的主要障碍包括：认知失调(cognitive dissonance)、焦虑、力图控制沟通、被动倾听等。倾听也是一种过程和相互作用，人们在听到信息之前就需要进行预测，作出评价和选择。至于倾听的效果，是由人们给予倾听的关注决定的，人

① 王怡红：《人与人的相遇》，第114页。

们也可以通过“选择性注意”去避开多余的信息。[①]

概括相关研究，改善倾听能力需要从四个方面进行。第一，**“主动的倾听”**。这是一种积极参与的过程，包括参与传播者的积极思考与提问、对听到的内容进行复述和反馈、及时回应传播者谈论的问题等。在交往过程中，人们在很多时候有主动倾听的责任。第二，**“开放的倾听”**，即敞开心胸，听取不同的意见。经验表明：人们难以接受的信息，恰恰是最重要的信息。一个有趣的现象是：如果你的观点被证明是错的，那么你是最后一个知道的。第三，**“感受的倾听”**，即用心去听，对传播者的语言符号和非语言符号进行细致的体味。第四，**“移情的倾听”**，即聆听、承认和识别说话人的情感，设法站在对方的立场上，暂时忘却自我，使自己沉浸于对方的讲话之中。究其实质，所有的倾听都或多或少地带有移情的色彩。

20 世纪 90 年代，约翰·斯图尔特和米尔特·托马斯(Milt Thomas)逐步完善了**“对话的倾听”**(dialogic listening)理论。这一理论强调，在对话中，“倾听”不是单纯地听，“说话”也不是单纯地说，“倾听”与“说话”交织在一起，互为依靠。与上述“主动的倾听”和“移情的倾听”等不同的是，“对话的倾听”打破了“倾听”与“说话”之间可以脱节、可以间隔的错误观念，将每一个对话者的注意力都置于传播互动过程本身，而不是去关心对方的内部心理状态。道理很简单：对话者并不能完全进入他人的脑海，也不可能完全拥有他人的立场。事实上，对话者也不可能全然放弃自己的立场。

“对话的倾听”为张扬人际传播的互动、协商与合作提供了新的认识基础。根据斯图尔特和托马斯的阐述，要做到对话的倾听，需要满足如下四个方面的要求。

第一，把对话视为一种共享活动(shared activity)，或者说，将对话的焦点置于“我们的”立场以及对话本身可能产生的结果上。

第二，强调参与对话的开放、活跃的态度，特别是要求传播者之间建立一种相互谦让、信任的关系。

第三，关注那些发生在传播者之间的具体事物，而不是关注发生在对方脑海里的事情，在进行“对话的倾听”的时候，应当把精力放在与对方一起共同创造意义的过程中，而不是试图从谈话中了解对方的“心理”状态。

第四，应当首先关注当下的目标，而不是去留意未来或过去的目标。只有具备了这样一种心态，才可能使对话各方协调各自的行动、意图和言谈。同时还要看到，这样一种心态有助于减少权力差异造成的负面影响。[②]

---

① 〔美〕桑德拉·黑贝尔斯等：《有效沟通》，第 64 页。

② John Stewart, ed., *Bridges Not Walls*, pp. 184—201.

在跨文化传播的视阈中,对话作为一种理想类型的传播模式,对人类发展健康的传播关系具有越来越重要的精神价值。第一,对话开拓了传播的大视野。对话作为人类传播的重要主题,其作用早已超越了信息传输传递的局限性,使遭遇障碍、停滞不前的人类传播得以重新开放,实现人对人的尊重。第二,对话具有化解人际危机、利益分歧、文化差异、种族冲突的作用。在跨文化传播中,对话可以消除人为的差异,减少划界自守、相互隔绝的状态,改善人类交往所遇到的困境,帮助人们恢复相互间的信任感。第三,对话是改进公共话语质量的最佳途径。因为对话所创造的语言是和平、理性的语言,通过对话,可以调适自我的经验,倾听不同文化的"交响"。

总之,对话不仅是人类理性生存的标志,也是人类优化生存的文化手段。事实上,对话的精神也在根本上符合跨文化传播研究的一个重要旨归:了解那些我们认为是想当然的事物,从一种与我们的生活方式和观念体系不同的视角来看待我们的生活和文化,获得理解世界、求得生存的其他方式,增加我们的选择。毕竟,不同的文化传统并不同于全然而异、相互闭锁的"深宅大院",相互之间开启对话原本就拥有不能忽视的历史基础。不能忽视的是,倾听是接收、注意和确定那些受文化差异影响的意义的过程,人们必须步入对话式的倾听,才有可能完成信息的传递、分享、互动等传播过程,才能增进人的相互理解,才能消灭人与声音之间的距离。没有对话式的倾听,对话乃至人的理解就无从谈起。

第三节　组织的跨文化实践

文化作为一种衡量标准或参照体系,不可避免地影响着组织文化、组织冲突以及组织的跨文化谈判、广告等实践活动。20世纪90年代,美国某商业研究机构曾以"什么是全球市场成功的最大障碍"为题,对全球性经营的企业和即将准备进行全球性经营的企业进行调查,结果显示:在法律法规、价格竞争、信息、语言、传播、外汇、时差和文化差异八个因素中,文化差异被列在首位。如何克服文化差异?如何适当地表达对其他文化的理解和尊重?这都是以企业组织为代表的各类组织在跨文化实践中不可避免的难题。

一、组织文化与跨文化培训

我们的社会是一个组织化的社会。我们出生在组织之中,在组织中接受教育。我们大多数人会花费大量的时间为组织工作,并在组织中度过闲暇时光——游戏或祈祷。①

——社会学家阿马泰·伊茨奥尼(Amitai Etzioni)

在传播学的意义上，组织(organization)是通过连续不断的传播过程创造出来的具有共同目标的人群的集合，组织成员通过互动来完成各自的、共同的目标。其主要特点在于，组织内部的互动行为是环环相扣的——一个人的行为有赖于另一个人的行为，组织结构即是由成员的互动模式组成的。

组织是社会的基本单元，也是实现社会关系的实体，任何一个文化都要建立诸多社会组织来保证各种社会关系的实现和运行。在当代社会，组织的影响已深入政治生活、经济生活、文化生活和家庭生活等各个主要的社会生活领域，对人类生活的渗透已经无所不在，一个人从生到死，无不处于这种或那种社会组织之中。

组织文化与组织冲突

组织中的个人总是倾向于同组织内部特定的成员进行频繁的交流。进一步地，组织成员之间会逐步形成一种基于共同理解的整体性认同，并使个人逐步接受组织的价值观、主张和理解。在此基础上，各有特色的组织文化便得以形成。

根据范·麦安恩(John van Maanen)的观点，组织文化大致由四个方面构成：**生态语境**(ecological context)，针对的是组织运作所处的时间、地点、历史和社会语境；**区分互动**(differential interaction)，指的是组织内部所包含的许多小型群体之间频繁互动的关系；**集体理解**(collective understanding)，这是组织成员阐释事件的共同方式，涉及组织文化的主张、理解、价值观和实践；**个人领地**(individual domain)，针对的是个体成员的实践或行动。②

由于组织文化的客观存在，不同的组织之间即使有很小的差别，在传播者看来也是引人注目的。根据组织传播学者庞迪(Louis Pondy)的观点，在组织之间的传播中，这些差别往往会经历潜在(latent)、可察觉(felt)、可感知(perceived)、外显(manifest)等阶段，逐步形成**组织之间的冲突**，并对个人、人际关系以及组织产生短期或长期的影响。谢里夫还提供过一个解释：组织之间产生冲突的主要原因是人们作出的本组织成员和外组织成员的划分，即把交往者分成了“我们”和“他们”。这自然就导致了对外组织成员的歧视，因为根据经验，人们更信任“我们”中的人。总括类似的研究，“他们”不如“我们”好的社会心理，是任何人际、组织和国际关系研究都必须考虑的因素。特别是在两个组织处于对抗状态时，这些因素会成为传播的重大障碍。

---

① Amitai Etzioni, *Modern Organizations* (Englewood Cliffs, NJ: Prentice-Hall, 1964), p. 1.

② Peter Frost, ed., *Organizational Culture* (Beverly Hills, CA: Sage, 1985), p. 54.

表 7-1　组织之间冲突的几个阶段[1]

阶段	主要特征
潜在的冲突	目标不相容的组织之间相互依赖与作用构成了冲突的必要条件
可察觉的冲突	一个或更多的组织感觉到组织之间的不相容性与相互依赖性并存
可感知的冲突	冲突各方组织中的成员开始感知到冲突的存在
冲突外化	冲突通过组织之间的传播发生

基于组织文化的特点，为实现组织之间的有效传播，需要传播者做到知己知彼，不仅仅要了解不同组织文化的特点，包括语言、思维方式、世界观、价值观、社会规范，等等，而且要了解不同的环境、目的对组织文化的影响，了解不同组织决策人的文化特征，同时要熟悉不同组织内传播的特点以及不同组织内部的矛盾。除此之外，每个组织都有与其他组织关系的历史，如果两个组织有不信任的历史，就得从两者关系的实际情况出发。

重要的是，组织文化往往不是单一的，通常组织内部会出现某些定位于特定群体的群体文化，或者说，组织文化往往是由一系列相互交叠的"文化圈"组成，企业组织尤其如此。针对组织文化的这一特质，20 世纪 80 年代以后，西方管理学界出现了一个令人瞩目的重大变化——将研究的重点转向非经济因素，注重对不同文化背景下的组织管理进行比较研究，因此出现了持续的"文化热"，跨文化传播理论也被广泛运用到商业、管理等部门的培训工作中。

随着全球经济一体化趋势的加强和跨国经营的发展，人力资源的流动性也在加强。在企业跨国经营过程中，企业的组织结构、技术方法、决策方式、控制程序已基本趋同，但员工的不同文化背景则使**组织内文化冲突**成为影响管理效果的主要因素，不仅会直接影响员工之间的和谐关系，还会导致管理成本增加和组织协调难度加大，提高企业管理运行的成本，使组织运转处于低效率状态，很难以积极和高效的形式迎接市场经营的挑战。所以，面对跨文化背景下组织内文化冲突的风险，对国际企业实行跨文化培训就成为国际企业取得成功的基本条件。

跨文化工作组有效传播理论

自 20 世纪 80 年代后期开始，由全球化和全球市场经济所推动的人口结构和工作环境的变化，推动了**跨文化工作组有效传播理论**(Effective Intercultural Workgroup Communication Theory)的提出和发展。这一理论主要针对的是跨

① 〔美〕凯瑟琳·米勒:《组织传播》,第 174 页。

国公司、全球性商业组织以及合资企业等文化多元的工作团队内部的互动与合作，目的是揭示文化和文化多样性如何影响组织内传播过程，以及这一过程如何对工作效率产生影响。

跨文化工作组有效传播理论的主要假设包括：第一，跨文化工作组是一个包含投入、过程、产出的系统，该系统受到工作组所处的特定背景——客观环境、组织结构、文化状况和既定任务——的影响，背景中的每个因素都会引导和制约组织成员之间的互动行为；第二，文化影响传播行为，组织成员的文化价值观、自我建构和多元文化背景不仅影响个体成员的行为，同时会影响整个工作组的集体行为；第三，个体积极参与，拓展决策共识，建立组织内部相互合作、相互尊重的沟通方式，是组织内有效传播的基本途径，个体亦会感受到来自生产效率和组织凝聚力两方面的影响。

玛兹奈芙斯基(Martha Maznevski)在1994年的研究表明，内部多元的团队在解决困难等方面要比单一群体更具有创造力。她还指出，对于跨文化工作组而言，要使内部互动与合作效率得到提高，必须借助“整合”的过程，即将“不同元素统一起来，形成一个整体的结果”。“整合”的关键就是有效传播，需要组织成员共同面对社会现实、展现客观判断能力，同时具备传播的动机和信心，彼此间协商和认可一系列有关传播的规范，在面对困难时能够进行适当的归因，等等。[①]

近一个时期，跨文化工作组有效传播理论一直将关注点放在提高工作效率和改善组织内部关系方面，同时具有了更为广泛的实用空间。这一理论同时提供了一个启示：传播是工作组效率得以提升的重要原因，为组织成员提供相关的传播培训势在必行。同时，跨文化工作组的领导者应当帮助组织成员通过对话建立起相互间的协作和共识，并对组织内传播的过程进行跟踪，对有效和无效的传播行为及时作出反应。

组织的跨文化培训

对于企业组织来说，跨文化培训的主要目的在于，使管理人员与员工加强对不同文化的辨别与适应能力，促进来自不同文化背景的组织成员之间的沟通、理解，具体包括：避免驻外管理人员卷入或者制造文化冲突，使之能迅速适应当地环境；促进当地员工对国际企业经营理念以及经营方式的理解；维护内部良好、稳定的人际关系；实现内部信息顺畅流动以及信息共享，使决策程序更加有效率；强化团队协作精神和企业凝聚力。针对这些目标，跨文化培训的主要内容包

① William Gudykunst, ed., *Theorizing about Intercultural Communication*, p. 355.

括：对异文化的认识、对异文化的敏感性训练、外语学习、跨文化沟通与冲突处理、模拟异国地区环境、培养传播与适应能力，等等。

跨文化培训的一个重要观念就是：文化决定制度的成本。当企业组织内部的文化融合得好且对主导文化认同度较高时，企业制度成本就低；当企业倡导的文化适应性差且对主导文化认同度较低时，企业制度成本则高。在具体的培训策略上，既要考虑组织的观念与价值倾向，也要考虑本地的实际情况。就此而言，企业组织的跨文化培训需要实现如下两个主要目标。

第一，不带成见地观察和描述文化差异，理解差异的必然性和合理性，进而在组织内部逐步建立共同的、统一的价值观，确定人们的行为模式、交往准则。换言之，就是通过识别跨文化差异和敏感性训练等，提高组织成员对企业内部不同价值观的鉴别和适应能力，减少文化摩擦，使之逐步适应以组织主流价值观为核心的企业文化。

管理学家彼得·德鲁克(Peter Drucker)有一个著名观点：国际企业的经营管理是一个把政治上、文化上的多样性结合起来进行统一管理的问题。也就是说，国际企业要发展，必须在多种文化环境中努力建设具有本企业特点的企业文化，树立共同的价值标准、道德标准和行为模式，把具有不同文化背景的管理者和员工凝聚起来，共同实现企业的经营目标。

根据实践领域的经验，由于受到不同文化之间差异的影响，国际企业的管理策略和核心价值观的确立，始终面临着很多文化困境的挑战。譬如，提高工资是调动员工积极性的惯常手段，但当美方管理人员给墨西哥工人涨工资时，结果适得其反，墨西哥工人宁愿工资低而享受更多的闲暇时间。再如，马来西亚的日资企业时常发生工人“集体歇斯底里”的情况，由于多数工人还不习惯现代化管理，一个工人大喊大叫便会引发整个车间的骚动，造成停工。遇到这种情况，只能请当地巫师驱邪来解决。

第二，选择和培养适应多元文化环境的管理人员，使管理人员尤其是高层管理人员具备较强的移情能力和应变能力，尊重、平等意识强，能够容忍不同意见，善于同各种不同文化背景的人合作。针对这一目标，跨文化培训的实质就是在承认文化差异的前提下，充分提升和发挥企业的跨文化优势，以达到管理方式和管理绩效的最优化。

> 根据跨文化培训专业机构 Windham International 在 2000 年进行的调查，75%的国际企业外派经理都会接受跨文化培训，一般的跨文化培训要求外派经理的家属也要参加。因为根据调查，外派经理任务失败的三个主要原因中有两个与家庭有关：配偶不满意(96%)、家庭顾虑(93%)、适应能力弱(93%)。

跨文化培训的主要内容是**语言培训**(language training)和**文化敏感性培训**(cultural sensitivity training)。

其中，语言培训不仅仅要使学员掌握语言知识，还要组织各种社交活动，让学员与来自东道国的留学生和工作人员有更多接触和交流的机会，帮助学员发现和学习文化差异，打破交往的语言障碍。最为重要的，是让学员在思想上和心理上做好克服文化休克的准备，以开放的心态接受新的文化。文化敏感性培训是一种改善人际关系和消除文化障碍的培训方法，目的是帮助学员进行有效沟通，加强对不同文化环境的适应能力，特别是减少文化定势与偏见，增加相互间的信任感。

通常，文化敏感性培训采取文化教育、跨文化研究和模拟练习(simulation exercises)的方式进行。文化教育主要是以授课方式介绍东道国文化的内涵与特征，指导学员阅读有关东道国文化的书籍和资料，学习有关东道国文化的具体知识，减少民族中心主义。跨文化研究是通过学术研究和文化讨论的形式，促使学员积极探讨东道国文化，提高诊断不同文化交往中产生的疑难问题的能力。模拟练习是通过各种手段模拟东道国的文化环境，目的是把在不同文化环境中工作和生活可能遇到的情况和困难展现在学员面前，让学员学会处理这些问题的方法，有意识地按东道国文化的特点去思考和行动。

二、跨文化谈判与跨文化广告

有效的跨文化传播是减少国际冲突的重要手段之一。[①]

——拉里·萨默瓦

谈判(negotiation)是两个或更多当事方彼此提出要求和建议的一系列行动，其目的是达成符合共同利益的协议或改变至少一方的行为。整体来看，西方学界的谈判研究除了关注谈判本身的固有规律之外，还特别注重不同的社会制度、文化观念、社会规范等对谈判活动的影响，并针对东西方文化差异提出了一系列的谈判策略。

文化影响到不同文化对谈判目的的认识。譬如，在商务谈判中，通常美国人首要关注的是当前交易的达成，东亚谈判者关心的是与谈判对手的和谐关系，而拉美国家首先关注的是国家的荣誉。文化还影响到谈判策略的运用。譬如，一些文化喜欢用演绎法，先确定原则，然后用原则去解决具体问题；另一些文化则选择归纳法，首先处理具体问题，在这个过程中，逐步形成一些原则，最后通过谈判中的合作来达到自己的目的。另外，文化还影响到不同文化对谈判结果(outcome)的理解

① Larry Samovar and Richard Porter, *Communication between Cultures*, p. 8.

和评价：一些文化关注当前的交易和短期利益，要求一份字斟句酌的协议，并认为谈判双方都有义务遵守和贯彻已达成的协议；另一些文化则认为，谈判的具体结果固然重要，但保持与合作者的和谐关系更有价值，所以往往注意协议的实质而不太计较协议的具体文字表述，对措辞不甚严密的协议也可以接受。

表 7-2　不同国家商务谈判目标分层的差异①

目标分层	美国	东亚国家	拉美国家
1	当前的交易	与合作者的和谐关系	国家的荣誉
2	短期的利润和迅速的发展	保证市场的份额	主要谈判者的个人威望
3	连续不断的利润	长期的利润	长期的关系
4	与合作者的关系	当前的交易	当前的交易

不同文化在谈判对手的选择和沟通方式上也体现出显著的文化差异。在谈判对手选择上，一些文化采用实用主义的态度，容易跟有共同利益或相似利益的人联合，而不论对手是谁；一些文化的谈判者只愿意和意识形态一致的对手合作。在沟通方式上，一些文化强调效率，喜欢直接进入主题；一些文化则相对委婉，喜欢在双方逐渐形成共识之后再作出决策。譬如，美国人、德国人、瑞典人喜欢很快进入实质阶段；中国人、日本人则表现得相对委婉，与之相似的还有墨西哥、阿根廷和巴西人，他们注重建立谈判者之间良好的个人关系，认为与对方建立起信赖关系之后才可能做成交易，所以，谈判的进程比较缓慢。

这里可以援用"高—低语境"理论的提示。通常情况下，低语境文化的谈判者比较冷静、理性，重视次序、计划和安排，能迅速进入正题；高语境文化的谈判者往往选择较为感性的方式，含蓄、有耐性，要花很长一段时间才能进入正题，因为在谈判关系建立之前，彼此需要更全面的了解。譬如，与阿拉伯商人做生意，往往不可能通过一次对话就谈妥一桩生意；日本人则认为，作出重大决策需要时间，费时日久的谈判对他们非常正常。

就中美谈判者的文化差异而论，中国人倾向于首先就有关合同双方所共同遵守的总体性原则

> 关于谈判中的文化因素，约翰·奥德尔(John Odell)有一个重要提示：文化因素对谈判进程和结果的影响是难以测度的。在谈判桌上，亚洲文化与欧洲文化是否存在系统性差异？不同文化是否对市场变化作出不同的反应？一些文化是否更容易产生偏见？一些偏见是否反映了文化的特点？对于这些疑问，一些实验研究提供了些许支持，但在实验室之外，目前仍缺乏具有说服力的经验性比较分析。②

① 〔英〕理查德·刘易斯：《文化的冲突与共融》，第 100 页。

② 〔美〕约翰·奥德尔：《世界经济谈判》(孙英春译)，北京：世界知识出版社 2003 年版，第 225 页。

和共同利益展开讨论，因为他们主要关心的是双方长期合作的可能性，因此避免在谈判起始阶段讨论细节问题。这种先就总体原则达成协议的谈判方式，是中国人谈判方式最明显的特征之一。相比之下，美国人在谈判的起始阶段对具体细节给予了更大的关注，把谈判看成是一个解决问题的过程，倾向于把谈判分成若干部分，一步一步地、逐个地解决具体问题，并适当地根据具体情况做些让步和妥协，以问题的解决为根本目标。

西方研究普遍认为，中国人的性格中有一个很突出的特点，就是十分看重“面子”。在谈判桌上，如果要在“面子”和“利益”二者中作出选择，中方谈判者往往会倾向于选择“面子”。西方谈判者则全然不同，他们会倾向于选择“利益”。所以，许多西方谈判家一再告诫同行：在和中国人谈判时，一定要注意利用中国人的这种性格，“要用帮助中国人得到面子的办法来得到很多东西”，“如果要迫使中国人作出让步，则千万注意：不要使他在让步中丢面子。同样，如果我们从原来的强硬立场上后退，也不必在他们面前硬撑，这对我们来说是极为重要的”。

受到不同观念的影响，美国人认为谈判要讲究效率，适当地根据具体情况做些让步和妥协是非常正常的。但对中国人来说，妥协或灵活性是有条件的，当己方重要的需要得到满足，谈判者会作出让步和妥协。但在原则问题面前，中国人不会轻易作出让步和妥协，特别是觉得己方的长远目标、长远计划或总体原则受到挑战之时。此外，谈判桌上的美国人常常表现出热情和积极性，中国人则显得温和得多，在西方人看来，这就是所谓“东方的耐性”(oriental patience)——中国人在很多问题上有长期等待、观望的忍耐力。

基于不同的社会发展轨迹，不同国家的法律、制度存在很大的差异。要保证谈判活动的正常进行，保证谈判协议能够得以顺利履行，正确认识不同文化中法律、制度等规范的差异性是非常重要的。在跨文化谈判中，谈判者必须充分理解对方的法律制度、执行情况，还要注意不同文化环境中人们的法律观念。美国人的法律观念在商务谈判中就表现得十分明显，他们特别看重合同，会认真讨论合同条款，特别重视合同违约的赔偿条款。一旦双方在执行合同条款时出现意外情况，美国人会严格按双方事先同意的责任条款处理。与之相比，中国人则有偏重道德约束的倾向。

根据营销学者菲利普·凯特奥拉(Philip Cateora)的观点，跨文化谈判者必须把握好两个方面的知识：一是对**事实性知识**(factual knowledge)的了解，比如道德、宗教、观念等关于某一特定文化的事实，这些大致可以通过书本来获得；二是对**解释性知识**(interpretative knowledge)的了解，这显然是一种观察和理解文化差异的能力，涉及多方面的因素，要靠时间、经验和体会才能获得。[1] 概言之，正确认识不同文化的差异及其冲突，才能有效地帮助谈判者及时地纠正自己的缺点，强化自身的优势，并学会从文化差异的视角出发，积极地寻找问题的答案。

全球化进程极大地转换了资源与商品的流动空间，消费时代中一个显著的现象就是，各种世界商品正以不可阻挡之势涌现出来，充斥于全球的每一个角落。所谓世界商品，就是在世界各地培育、加工、制作，最终在遥远的地方被人们购买或分享的商品。可以说，只要喝一杯咖啡或茶，人们就马上与全球市场联系在一起了。在这个意义上，广告不仅是一种经济活动，还是一种跨文化传播活动。

作为跨国界、跨文化的商品营销方式，广告在跨文化传播领域占据的版图越来越大，其创意构想、经营策略以及传播形态也在不断扩展着跨文化传播研究的应用空间。由于不同国家、不同民族有着不同的文化传统及政治经济背景，不同文化群体有不同的语言文字、价值观念及消费形态，因此跨国广告要取得很好的效果，必须充分了解受众的文化传统，理解自身文化与受众文化的差异。

跨文化广告研究中核心的议题之一，就是理解目标市场的各种文化要素和社会规范。广告语的创作技巧、广告语采用的编码方式和情感偏好等，也都必须打上目标市场的文化烙印。基本的要求包括：对各种习俗、禁忌和宗教等社会规范要有高度的文化敏感性；充分认识、理解、接受和尊敬其他文化和文化差异；保持文化中立，并承认文化差异也许是好事。最为重要的，就是避免使用自我参照标准(self-reference criterion)，譬如认为“如果我喜欢和使用某种产品，别人也会这样做”，“如果某种产品在一地销路好，则在另一地也会有相似的业绩”。

这方面可以援用的案例很多。譬如，在美国和中国，以鹿做广告能引起美好的联想，而在巴西，鹿是同性恋的一种代称。雀巢咖啡“味道好极了”的广告语，在中国备受赞赏，但德国人则会生疑：这东西究竟好到什么程度？再如，美国著名广告语“Just Do It”在香港发布时，译成“想做就去做”。这一主题在崇尚个性自由的美国社会并不会让人大惊小怪，但香港作为华人社会，自律占有传统心理优势，所以，许多港人认为该广告有诱导青少年干坏事之嫌，最后将广告词改成“应做就去做”。

精通受众国的语言，适应其语言规则和语境条件，是跨文化广告成功的基础

---

① 转引自薛求知、刘子馨编著：《国际商务管理》，上海：复旦大学出版社2000年版，第110页。

和保证。譬如，CUE 是美国的一个牙膏品牌，在法语俚语里却是“屁股”的意思。“达特就是力量”（Dart is power）是美国克里斯勒汽车公司一度颇为流行的广告语，译成西班牙语后则产生一种暗示：这是一种缺乏性活力者的用品。广告语的修辞也与特定文化的语言、习俗和生活方式直接相关。比如，中国广告用百合象征“百年好合”，用“一朵莲花一条鱼”象征“连年有余”，但这些广告语用在其他文化中，只会让人百思不解。再比如，百事可乐著名的英文广告“Come alive with Pepsi”（请喝百事可乐，令君生气勃勃），直译成德文后，则有“与百事一起复活”的含义。

当前，技术发展和资本的全球性流动为世界商品的全球流通提供了载体、工具和资金，国际企业必须考察目标市场的“民族戒心”，然后据以调适产品的广告策略。能否跨越和顺应文化差异，必将在广告营销的过程中扮演决定性角色。

比如，美国通用面粉公司为了在日本推销配好的蛋糕粉料，在广告中宣传：做蛋糕就像做米饭一样容易。不过这个广告并没有产生预期的效果，因为这句话伤害了日本家庭主妇的感情：做米饭是一门艺术，并不是容易的事。所以说，即便是最富“侵略性”的国际企业，也必须认真地确认它们在各国目标市场的文化特征。美国的骆驼牌香烟曾有一则电视广告：“我宁愿为骆驼行一里路”，意思是烟民为买骆驼烟，宁愿走到鞋底磨穿。为了表达这个含义，在电视广告的画面中，烟民高跷二郎腿坐在神庙前，鞋底磨穿之洞最为抢眼。该广告在泰国一经播出，遭到举国抗议——泰国佛教盛行，神庙是至尊圣地，在神庙前这样亮出脚底是亵渎的行为。2003 年底，日本一家汽车公司在中国投放了一则图片广告：一辆名为“霸道”的汽车停在两只石狮前，一只石狮抬起前爪做敬礼状，另一只石狮则作出俯首帖耳状，广告语为“霸道，你不得不尊重”。由于这则图片广告的背景很像卢沟桥，石狮也酷似卢沟桥的石狮，不能不让中国受众联想到对日关系中曾经承受的屈辱，这则广告自然也遭到了中国人严厉的抵制。

> 20 世纪 40 年代，“万宝路”（Marlboro）只是一种普通的女士香烟，“像 5 月的天气一样温和”是当时的广告词。50 年代，万宝路公司选用了“粗犷、性感、独立、不羁”的美国西部牛仔形象，向全球市场发动了“牛仔市场运动”（Cowboy Marketing Campaign）。这种跨越性别、社会乃至文化障碍的广告在全球范围引起巨大反响，万宝路香烟也几乎成为“美国梦”的代名词：“只有美国人，才抽万宝路；抽了万宝路，就是美国人。”到今天，万宝路已遍布 100 多个国家，成为全球卷烟品牌。

积极的跨文化广告策略可以解读为“创意全球化，表现本地化”，即让跨文化广告充分适应本地的文化环境，通过呈现不同文化特质的方式来表现国际品牌的标准化创意。事实上，一个民族和文化独特的气质、精神传统、美学观念以及特有的文字、图案、色彩等，都是构成跨文化广告的基本“原料”。把来自文化诸要素的这些“原料”融合在广告创作中，选择本地人易于理解的方式表现出来，往往是避免被其他广告信息淹没的高明手段。2001 年，阿迪达斯公司在全球发布了一则广告：两支由世界各国著名球星组成的足球队在激烈比赛，最后由一名球员完成射门的任务。有趣的是，在不同国家播出的这则广告，完成最后射门动作的都是该国的著名球星。这种本地化特色浓厚的广告，无疑拉近了世界商品与本地消费者的距离。

第八章　面向全球社会:中国、东亚与世界

跨文化传播研究的兴起,与殖民、世界大战及战后改制、后殖民、现代性等近现代社会变迁有着极其深刻的联系。当前,在全球化进程日益深入的作用之下,全球社会存在着严重的跨文化传播"生态危机",文化"杂交""混血"和"不对称"现象层出不穷,文化主权与文化霸权之争不断深入,强势文化与弱势文化、传统文化与现代文化、西方文化与东方文化之间的冲突也愈演愈烈。这些错综复杂的现象关系到人类文化的命运,亦与跨文化传播研究的学术追问紧密相连。

21世纪为人类展现了一个充满机遇和挑战的新时代。不断扩大的全球交往正在极大地促进不同文化形态间的接触、对话,逐步形成了一个世界性的文化共享平台——"人类文化共同体"。不同文化中的人们逐渐认识到,全球化在对弱势文化造成巨大压力的同时,也为之提供了难得的传承和发展机遇。在全球化深入发展、信息传播十分便捷、跨文化交往日益密切的当今世界,对于任何一个文化而言,必须面向世界,妥善处理民族与世界、传统与现代的关系,才有可能对全球社会的变化具有强劲的、持久的适应能力。

跨文化传播学以服务于人类文化的沟通、建造美好的精神家园为根本目的。在发展多元文化、展开不同文化的对话、促进文化多元共存等方面,这一学科显然具有重大的现实意义。基于这一学科的启示,人类各个文化都是人类社会积累物质财富和精神财富的过程及成果的体现,不同文化只有不断地充实于全人类的整体发展过程中,并同其他文化进行不断的交流、融合,才能得到继续发展的动力。无论如何,世界文化格局的重构是历史发展的必然趋势,人类文化也必将会在新的环境中通过融通、比较和批判而不断发展。本着这一认识,每一个富有生命力的民族都应当通过跨文化传播取长补短,及时、不断地吸收来自其他文化的营养。

避免对抗冲突、寻求和谐共处,是跨文化传播研究面临的重大课题。尤其是对于后发展国家而言,传统社会与外来文化涌入之间的联动(linkage)过程更是引人注目,成为跨文化传播研究不可忽略的问题领域。一个时期以来,"文明冲突论"和"历史终结论"的盛行、霸权主义和强权政治在文化领域的表现、经济全

球化带来的诸多全球问题，等等，都要求人类通过文化对话与合作的方式来建立新的全球交往模式。值得欣慰的是，目前全球范围内已逐步形成一种共识：寻求人类文化合作的空间和普世伦理的价值，并不是为了抹杀各国各民族的文化特性和差异，而是相反，“差异有助于形成一个安全、稳定的新文明”[①]。

第一节 从文化权力到传播秩序

20世纪中叶以来，文化的个性与独立，文化作为一个民族、一个国家立身之本的重要意义，以及文化作为一种看不见的、起长远作用的、发挥潜在深远影响的战略资源，逐步得到了世界各国的高度重视。由于国际关系中文化因素的影响与制约功能日益凸现，文化的扩张与文化抗争已成为跨文化传播研究中不可忽视的背景，国际文化关系中的权力不平等(power inequality)乃至传播秩序的重建，也随之成为跨文化传播研究的主题。[②]

一、文化外交与软权力

> 国家把文化作为“大脑”中的参照框架，以此确定自己的身份、利益和思维方式。[③]
>
> ——国际关系学者亚历山大·温特(Alexander Wendt)

文化外交(cultural diplomacy)以主权国家为主体，是国家在一定的对外文化政策指导下，以文化手段呈现国家政治、经济利益和国家影响的外交活动。文化外交也是一种特殊形式的跨文化传播。在宽泛的意义上，中国汉朝班超的西域凿空、唐朝高僧玄奘的西游印度、明朝郑和的西洋之旅，以及中世纪欧洲传教士的海外传教活动等，都是文化外交的早期形态。文化外交也不同于一般意义上的跨文化传播，它着重突出了国家在国际文化关系中所起的作用，是国家和跨文化传播发展到一定阶段的政治化产物。

关于国际文化关系之于国家的重要性，法国学者路易·多洛(Louis Dollot)在20世纪60年代就指出，国际文化关系是相对于政治、经济和军事关系的“第四个维度”，文化规范着国家在外交决策中可供选择的范围，并对解决国际问题具有决定性的作用。事实上，自近代以来，许多国家特别是西方国家就开始利用

---

① Alvin and Heidi Toffler, *Creating A New Civilization* (Atlanta, GA: Turner, 1995), p. 72.

② William Gudykunst, ed., *Cross-cultural and Intercultural Communication*, p. 267.

③ 〔美〕亚历山大·温特：《国际政治的社会理论》(秦亚青译)，上海人民出版社2000年版，第345页。

文化手段推行本国的战略和政策，这在很大程度上促进了各个国家之间、人民之间和政府之间的相互理解，文化日益成为地区、国家和国际事务中越来越有影响的力量，也逐步成为国际关系、国际安全、世界经济乃至国内政治等领域的重要视角之一。

西方国家的文化外交

法国　法国是近代以来大国文化外交的开拓者。自19世纪普法战争失败后，法国开始通过法兰西联盟（Alliance Francaise）对外推广法国语言文学，目的是"借此修复被击碎的国家威信"，从此，向海外推广法国文化就成为法兰西外交的重要组成部分。法国在1902年成立的"俗人使团"（Lay Mission）还明确了一项使命：创办不受任何教派影响的教育机构，以此传播法国文化。在这个时期，一些著名的法国大学也开始在国外创建法国学院。1910年，法国建立了国家校际交流处、海外学校和法语基金等文化关系机构。1945年，法国"文化关系司"代替了"政治事务司"，并在国外建立了若干类似机构。1957年增设的"国际技术合作处"表现了重大的进步和新的方向——将文化关系看作一个严密的整体，并在"展望未来"的思想指导下设计法国的文化关系政策，这一方向调整也使"文化关系司"更名为"文化及技术事务总局"。

总体来看，法国对外文化关系的主要努力方向分为两大文化区：一是文化和经济水平与法国相似的国家；二是发展中国家。前者主要指西欧、北美、日本以及情况不同的苏联、东欧国家等；后者则分为关系悠久的国家、法国文化享有优先地位的国家、享有半特权的前法属国家、享有特权的前法属国家等。在处理对外文化关系上，法国致力于做好两个方面的工作。第一，保卫法语。法语是全球近2亿人的民族、官方或教育语言，分属31个国家，占联合国成员国的1/4。第二，文化合作。主要涉及五个方面：预算贷款、援助和合作基金等；文化设施；在国外的法国教师；在法国的留学生、助学金等；图书出版。

英国　1920年，英国政府成立了"英国海外共同体外办委员会"（The Foreign Office Committee on British Communities Abroad），开始制定具体的对外文化政策，并组建"英语联盟"来实施推广英语及英国图书等事务。1934年，"不列颠对外关系委员会"（后更名为"不列颠委员会"，British Council）成立，致力于"英语以及英国艺术和科学的长期对外教学（援助）"，其特点是服务机构的双重性，即机构一部分设在英国本土，一部分设在国外，把为国外培训英语教学人员和接待外国留学生视为一项经常性工作。到1947年，英国已在世界各地建立了53个文化关系机构，仅在埃及就有7个。

1993年，英国政府公布了名为《创造性的未来》（A Creative Future）的报告，第一次以官方文件的形式颁布了国家文化政策，明确了增进世界对英国的广泛了解、扩大英国海外影响的目标。在文化外交的原则方面强调：最大限度地尊重国家、地区的文化多样性；要求相互合作、共享信息和避免重复。在文化外交的任务方面强调：充分发挥英国文化艺术的潜力，在国际文化艺术交流中满足英国公众多方面、多层次的文化需求。

美国　美国国务院在1938年设立的“文化关系处”(Division of Cultural Relations)，标志着美国文化外交活动的正式开始，当时的罗斯福政府确信：美国的安全有赖于美国向其他国家人民宣传并获得其支持的能力。1942年，美国学者拉尔夫·特纳(Ralph Turner)向美国国务院提交了一份关于对外文化关系的“特纳备忘录”，明确提出了“文化外交”的理念，强调美国的对外文化工作必须根据国家需要，同政府的政治、经济、外交政策保持一致。历史地看，“特纳备忘录”为美国对外文化战略由“自由主义传统”转变成“强权政治的工具”提供了重要的指导方针。

第二次世界大战结束后，美国的对外文化机构发展迅速。仅在1945年，美国就在30个国家建立了70个图书馆、21个文化中心，还在其他美洲国家建立了300所学校。[①] 随着冷战序幕的拉开，美国文化外交明确地服务于美国外交“遏制”政策，成为美国对外战略的重要特点。1946年，根据美国参议员富布莱特(William Fulbright)提出的法案，美国利用向国外推销战争剩余物资所获得的、由政府直接支配的国外资金，开始了延续至今的大规模国际学术和文化交流活动，被汤因比评价为“第二次世界大战以来世界上最慷慨、最富有想象力的事物之一”。1948年，美国国务院成立了集中进行人事交流的“国际教育交流处”。1953年8月，独立机构“美国新闻署”成立，以庞大的机构、多种活动方式和巨额经费对美国对外文化传播进行宏观调控。1959年，“国际教育交流处”被“教育及文化事务局”取代，主要任务是管理、协调和扩大政府和非政府的教育和文化计划。在此后的冷战岁月里，由于文化外交的加盟，美国对外交往的手法变得日益多样和隐秘，在“赢得人心和思想”(to win heart and mind)的冷战中立下了汗马功劳。

就其实力而言，美国政府在文化外交领域努力的程度尚不及苏联和法国，倒是来自美国民间的积极性使美国的对外文化活动得以蓬勃发展。这种积极性的根源，就是美国文化的核心价值观，“美国人期望本国外交政策中的任何新的举措都符合美国社会根深蒂固的价值观、精神旗帜和传统。外交与内政一样，美国

① John Mitchell, *International Cultural Relations* (London, UK: Allen & Unwin, 1986), p. 57.

的政策应当符合美国人对于自由、公平、正义、民主和其他重要理念的信仰”[①]。美国民间对外文化交往的主要特色就是主体多样，包括个人、私立或国立大学，各种形式的文化和教育基金会，以及从事教育、文化和技术援助的各类机构。为引导和鼓励民间自发的对外文化交往活动，美国政府一直在积极配套相关的文化关系政策，为民间文化外交的内容、形式及运作机制和发展方向作出适时的制度安排。进入20世纪后期以来，这一趋势尤为明显。

日本　日本在文化外交领域的努力略晚于欧洲和美国，但发展速度要迅猛得多。1934年，日本政府就成立了文化关系协会，以服务于日本的对外扩张为目标，从事日本文化的对外传播工作。从这一时期开始，由文部省下属的文化厅和外务省下属的文化交流部成为文化外交的行政机构。到了20世纪70年代，日本政府首次提出“文化国家”的理念，主张对外树立日本的“文化强国”形象。进入80年代后，日本政府提出了建设“文化大国”、建立亚洲和世界文化基地的战略目标，并把对外文化交往定位为日本外交的三大支柱之一。冷战结束后，日本政府更注重把文化外交的精神贯彻到实践当中，为促进国际理解、推广日语教育、加强国际人员交往、促进国际学术交流、援助世界文化事业等目标积极开拓新途径。2001年，日本国会专门通过了《文化艺术振兴基本法案》，以从司法上保障日本迈向“文化大国”的目标。

总体看来，日本的文化外交实践以对外文化教育和文化援助为主要途径。以1972年成立的日本国际交流基金会(The Japan Foundation)为例。该基金会在国内设有本部和京都分部以及两个附属机构(日语国际中心和关西国际中心)，在国外18个国家和地区设有19个海外事务所；以政府出资(1062亿日元)作为财政基础，以运用政府资金获得的收入，以及从政府得到的运营补助金和民间捐赠作为财政补充；其目的是促进文化艺术交流、援助海外的日语教育和学习、促进海外的日本研究和知识交流、提供信息援助等。1989年，日本还在联合国教科文组织设立了“保护世界文化遗产日本信托基金”，专门用于亚太地区的世界遗产保护及相应的人员和技术援助。

国际关系中的文化与软权力

进入21世纪以来，文化因素在国际关系中的作用日趋强化。究其根源，主要是和平发展的世界性潮流不断挑战着政治和军事高压的合法性，而文化恰恰

① Cecil Crabb, *The Doctrines of American Foreign Policy* (Baton Rouge, LS: Louisiana State University Press, 1982), p. 67.

具有增强权力扩张的合法性和道义性的作用。由于国家的对外战略目标已无法单纯地依靠政治、军事等“硬权力”来实现，因此文化在国家权力斗争中的作用便不断强化。总之，文化领域的扩张、争夺和渗透已构成了国际交往活动的一个重要领域，在某种程度上，国际关系就是文化之间的关系。

国际关系研究中的文化概念，涉及文化如何在国家以及全球层面上对国际关系产生影响、发挥作用以及造成后果等问题，表明了从理想、信念、愿望和其他表现人类思想意识的角度去考察和解释国际关系的取向。政治学家摩根索(Hans Morgenthau)还指出，由于国家的最低利益表现为“领土、政治制度和文化完整”，所以，国家利益的界定和选择很难摆脱本土文化的影响，维护本民族统一和完整的文化正成为日益明确和突出的国家利益。不仅如此，文化观念也在深刻地影响和支配着对外决策者的行为，并对国家对外政策的手段、方式和风格产生不同程度的影响，也即论者所说：美国国务卿看待周围世界的眼光，会与伊朗国王迥然有别，其差异“部分来自个人偏好和意识形态的差异，部分来自他们各自扎根的不同文化世界”①。

软权力的概念来自约瑟夫·奈的理论贡献。1990 年，基于冷战时期以及冷战后的美国经验，约瑟夫·奈撰文把综合国力划分为硬权力(hard power)和软权力(soft power)两种。其中，硬权力是强制性权力，包括基本资源、军事资源、经济资源和科技资源等，以军事实力和经济实力为典型；软权力则是一种同化性权力，主要用以指“一种常常源于文化和价值观念并在太多情况下被忽略的吸引力”，包括有吸引力的文化、政治价值观和政治制度、被视为合法的或有道义威信的政策等。

在约瑟夫·奈看来，“如果一个国家代表着其他国家所期望信奉的价值观念，则其领导潮流的成本就会降低”②。进一步地，如果一个国家的文化与意识形态有吸引力，其他国家将更愿意追随其后；如果该国能够建立与其社会相一致的国际规范，则它无须被迫改变；如果该国支持使得他国按照主导国家的预期采取行动或限制自身行为的制度，它可能无须以高昂代价运用硬实力。总之，软性的同化性权力与硬性的强制性权力同样重要。约瑟夫·奈还强调，文化、意识形态和国际制度是软权力的核心要素，一个国家战略意图的实现，有赖于一个国家通过观念的吸引力或确定政治议程来塑造他者倾向的能力，即让他人做你想要

① Ali Mazrui, *Cultural Forces in World Politics* (Portsmouth, NH: Heinemann, 1990), p. 7.

② 〔美〕约瑟夫·奈：《硬权力与软权力》(门洪华译)，北京大学出版社 2005 年版，第 6—7 页。

他们去做的事情。在这个意义上，软权力也是一种间接能力或"罗织"能力（co-optive power）。

就约瑟夫·奈的本意来说，软权力并不单纯地等同于美国的"可口可乐"和"牛仔裤"的影响力，美国也并非唯一拥有软权力的国家。虽则如此，他也一再强调，虽然软权力不是美国独有的权力，但就信息时代可能获得这一权力所需的条件而言，美国是具有巨大优势的，具体原因包括：主流文化和观点更接近普遍的全球规则；具有多渠道的交流；国内和国际表现能够增强其可信度。不过，"如果我们傲慢自大，对外部世界麻木不仁，浪费我们的软权力，我们就会增加受到攻击的危险，卖空我们的价值观，加速我们优势的丧失"①。

需要强调的是，软权力必须以硬权力为依托，没有硬权力作为载体或"推进器"，软权力就无法投射到国际舞台上。诚如约瑟夫·奈所说，作为后冷战时期的唯一超级大国，美国不仅在硬权力领域首屈一指，而且拥有巨大的软权力优势。美国学者尼尔·罗森道夫（Neal Rosendorf）还指出：美国在软硬权力上的双重优势，使它有能力轻易消灭世界上的大部分国家；美国文化对世界的吸引力是一种可以利用的"软权力"，也是一种支持美国国家安全战略的方式。尤其是，当其他国家认为美国在不断地竭尽全力推进其军事和经济进程时，"好莱坞所树立的乐观、迷人、幽默的美国形象将会被一个傲慢甚至危险的帝国主义强权的形象所取代"，在这种情形下，"软权力不幸将会被不受控制的硬权力所支配，它也不会被看作无害的娱乐和消费主义，也不会被看作是对普通国际消费者的温和劝说，而是披着羊皮的强权"。②

近年来，软权力的概念引起了各国学界的讨论和呼应，世界许多国家也在积极动作，把作为软权力重要组成部分的文化升华到国家主权的高度，捍卫本土文化乃至提升"文化软权力"的意志愈加强烈。要紧的是，任何文化都不是封闭的，一个国家的文化要发挥其国际影响力，必然要与世界文化的发展趋势相契合，否则只能是一厢情愿。关于这一点，王沪宁的分析颇为透彻：软权力依赖于国家间对一定文化价值的体认，依赖于一定的体制在国际上得到的支持，更依赖于国际文化的势能，即国际整个文化和价值的总趋势。③

---

① 〔美〕约瑟夫·奈：《美国霸权的困惑》（郑志国等译），北京：世界知识出版社2002年版，第73、11页。

② 〔美〕约瑟夫·奈等主编：《全球化世界的治理》（王勇等译），北京：世界知识出版社2003年版，第128页。

③ 王沪宁：《作为国家实力的文化》，载《复旦学报》1993年第3期，第91—96页。

二、文化的权力关系与传播秩序

每个民族国家的统治本身以及外交政策的制定，都是依托一定的文化背景才得以发生。①

——国际关系学者约翰·洛弗尔(John Lovell)

现代国家的“文化帝国主义”“文化霸权”与古代帝国的侵略扩张之间，有一个明显的区别，就是让全世界都臣服于一个“普遍”模式，迫使全球社会中不同文化的发展、变迁都按照这个“普遍”模式的标准和规则来运行。

从西方文化的历史根源来看，“传教士”心态和“救世主”精神渗透到了西方社会生活的各个方面，特别是现代物质文明的成功又使之陶醉，认为自己有责任把自己的价值观念、生活方式、政治制度传输给其他国家。布劳特(James Blaut)就指出，西方“现代化理论”的基本原则在于，“过去使欧洲具有优越性的因素现在可以传播出去，传播到欧洲世界以外，使那个世界或多或少地赶上来”，而“欧洲过去的发展公式，到资本主义阶段并包括资本主义阶段，是非欧洲未来发展的唯一的可行公式”。②

关于这种“优越感”的历史渊源，美国战略学家布热津斯基(Zibgniew Brzezniski)作出了比较准确的描述：

> 英国的海外帝国地位最初是通过探险考察、贸易和征服三者相结合的手段而取得的。但是，英帝国很像它的罗马和中国先驱者或者它的法国和西班牙对手，也从认为英国文化优越这一看法中获得了很大的持久的力量。那种优越感不仅是帝国统治阶级的主观的骄傲自大，而且也是许多非英国国民共有的一种看法。……当文化优越感成功地得到维护和悄悄地被认可之后，它具有减少依赖巨大的军事力量来保持帝国中心的力量的必要性的效果。在1914年，仅仅是几千名英国军事人员和文职官员，就统治着大约1100万平方英里的领土和非英国籍的差不多四亿人口。③

“文化帝国主义”话语和“文化霸权”理论所涉及的，是西方文化与东方文化之间的权力关系(power relations)或说是支配关系和霸权关系。这一关系正在

---

① Jongsuk Chay, ed., *Culture and International Relations* (New York, NY: Praeger, 1990), p.89.

② 〔美〕詹姆斯·布劳特:《殖民者的世界模式》(谭荣根译)，北京：社会科学文献出版社2002年版，第65—66页。

③ 〔美〕兹比格纽·布热津斯基:《大棋局》(中国国际问题研究所译)，上海人民出版社1998年版，第27页。

无情地影响着世界历史的进程，也影响着人类文化地图的格局。20世纪中叶以来世界范围内发生的“反欧洲中心论”思潮，则反映了后发展国家文化主权意识的觉醒与文化上的抗争，表明了人们在对现存世界文化、传播秩序的批判中探求新的文化途径的努力。正如哈维尔(Vaclav Havel)对这一进程的描述：

> 尽管作为一个整体的世界日益接受全球文明的各种新习惯，另一种矛盾进程也同时存在着：各种古老的传统正在复兴，不同的宗教和文化正在意识到存在的各种新方式，寻求生存的新空间，带着日益炽烈的热情挣扎着要实现对它们来说是独特的东西和使它们有别于其他的东西，最终它们寻求赋予它们的个性一种政治表达。[①]

“文化帝国主义”话语

20世纪60年代中后期开始，西方学术界和公众话语中开始出现“文化帝国主义”(cultural imperialism)话语，主要用以解释西方国家与不发达国家之间的文化权力关系，批判西方国家特别是美国的文化输出政策，同时为不同学科阐释西方文化的扩张性和破坏性影响提供了一个重要的理论资源和具有说服力的分析架构。

“文化帝国主义”话语的出现，主要有两个方面的思想根源。一是20世纪60年代以法兰克福学派为代表的激进知识分子对战后西方文化的全面反思。其核心观点是：自第二次世界大战以来，西方大国特别是美国以大批量生产的大众文化为载体，通过大众传媒在全球范围内广泛传播西方文化，其目的是为了对后发展国家进行文化和意识形态控制。二是20世纪50年代后期以威廉·威廉斯(William Williams)为代表的美国新左派史学家对美国外交政策的全面批判。其核心观点是：美国对外政策的本质是一种政治和经济帝国主义，追求的不是以领土掠夺和殖民征服为目标的传统殖民帝国，而是对其他国家进行经济和文化控制的“非正式帝国”(informal empire)。

20世纪60年代，美国政治学家摩根索较早提出了“文化帝国主义”的定义：最微妙也最成功的帝国主义政策，其目标不应在于征服领土、控制经济，而是征服与控制人心，把“至尊地位”(supremacy)建立在比军事征服或经济主宰更为稳固的基础上。不久之后，在研究欧美与第三世界之间的文化传播问题时，赫伯特·席勒进一步明确了“文化帝国主义”的概念：美国强大的传播系统构筑了一

① 〔捷克〕瓦茨拉夫·哈维尔：《全球文明、多元文化、大众传播与人类前途》，载《当代中国研究》1999年第1期。

个"帝国网络"，这一网络具有强大的技术、经济实力，并构成了一个"权力金字塔"，美国处于占主导地位的"塔尖"，塔底则遍布着经济上落后的众多新兴独立国家。[1] 随后，挪威政治学家加尔通(Johan Galtung)提出了"有权力的中心国家"和"无权力的边缘国家"的概念，并据此分离出五种帝国主义概念：政治帝国主义、经济帝国主义、军事帝国主义、传播帝国主义和文化帝国主义。他同时指出，帝国主义有三个发展阶段：第一阶段是殖民主义，即中心国家对边缘国家领土的直接占领；第二阶段是新殖民主义(neo-colonialism)，即边缘国家获得了独立，但是中心国家和边缘国家的精英们仍然通过国际组织的活动，保持着"利益的和谐"；第三阶段是新的新殖民主义(neo-neo-colonialism)，它将发生在将来，发生在中心和边缘的精英们通过迅速的国际传播而合为一体之时。

20 世纪 60 年代之后，不同学科领域陆续呈现了一系列的"文化帝国主义"话语，体现了知识界对资本主义文化的反省和批判，是在综合经济、政治、文化等因素的基础上，对全球文化传播领域的不平衡现象的表述。其批评矛头所指，即是发达国家与不发达国家之间在文化上的控制与依附关系，以及西方国家的文化和意识形态控制以及所产生的文化后果。正如萨义德(Edward Said)所说："帝国主义是建立与维持一个帝国的过程或策略。在我们的时代，直接的殖民主义已在很大程度上完结，然而我们将看到，帝国主义仍以其在政治、思想、经济与社会实际中的特有形式，在普通文化领域中徘徊。"[2]

20 世纪 90 年代，英国学者约翰·汤林森(John Tomlinson)概括了不同学者使用的四种"文化帝国主义"话语：一是等同于媒介帝国主义(media imperialism)，即西方利用媒体霸权大量输出西方文化产品，把西方的生活方式和价值观强加给其他国家；二是将"文化帝国主义"作为一种民族主义话语，批评西方文化破坏了后发展国家的文化传统，削弱了这些国家的国民对本土文化的认同；三是指消费主义的扩张及其对全球的主宰，导致了全球文化的"同质化"；四是对现代性的批判，指西方把技术、科学和理性主宰的意识形态、大众文化、城市化和民族国家等现代性当作全球文化发展的方向和唯一模式强加给整个世界，现代性的强力扩张就是一种"文化帝国主义"。

应当明确的是，"文化帝国主义"话语可以作为一种文化立场，但并不能充当跨文化传播现象的认识模式。一个时期以来，在"文化帝国主义"范式面对的诸

---

① Herbert Schiller, *Mass Communications and American Empire* (Boston, MA: Beacon, 1971), p. 8.

② Edward Said, *Culture and Imperialism* (New York, NY: Vintage, 1994), p. 9.

多批评中，尤为突出的抨击就是："文化帝国主义"话语片面地论述了文化入侵的"外因"，而忽略了发展中国家的"内因"。也就是说，忽略了文化输入国的媒介内在结构、社会政治制度、文化传统以及经济因素；忽略了自身的主观能动性和自己存在的问题；忽略了输入文化具有积极影响的一面。

无论如何，"文化帝国主义"所涉及的是文化强国将文化产品通过种种手段强加于弱国之上而弱国又无力抵抗的事实，其核心就是文化独立和文化主权问题，牵涉到抵抗外来影响、发展及保护本国文化的权利和能力。显然，这一话语是必须予以认真考量的，对跨文化传播研究具有不可估量的启示意义。正如约翰·汤林森指明的"文化帝国主义"话语的当代意义："虽然我们身处的世界已经改变，我们不再认为各个文化国度的差别可以简单地划分为'帝国主义'文化与'被支配、臣服'的文化，但是，以批判的角度论述文化帝国主义，仍然不失为正当的抗议之声。"[①]

"文化霸权"理论

"文化霸权"(cultural hegemony)的概念，来自意大利思想家葛兰西(Antonio Gramsci)。葛兰西的主要观点在于：与传统的政治领导权(political hegemony)相区别，统治阶级不是简单地"统治"一个社会，而是通过道德和知识的领导者积极引导这个社会，这就是"文化霸权"。换句话说，就是统治阶级将对自己有利的价值观和信仰普遍推行给社会各阶级，不是通过强制性的暴力措施，而是依赖大多数社会成员的自愿接受来实现。

在葛兰西的视野中，"文化霸权"以经验和意识的形式内在于社会思想中，是一种以掌握权力的社会群体为代表的意识形态。在葛兰西之后，"文化霸权"主要用于解释文化的性质和政治意义以及文化间的冲突，特别是文化强国与弱国之间、强势与弱势文化群体之间的权力关系。近年来在学界热烈讨论的"文化霸权"，亦可称"西方文化霸权"，所指的是西方国家将其生活方式、价值观等文化要素作为一种普世性标准加以推行，赋予自己在全球文化中的支配性地位，进而运用文化力量来影响和制约世界事务的战略谋划。正如传播学者福特纳(Robert Fortner)指明的：一个有文化依赖倾向的国家很难摆脱主要以美国为中心的国际文化工业进行的重大"霸权"活动。[②]

应当看到，西方国家的"文化霸权"不只是一种主观层面的战略选择，而且是一种客观层面的历史演进过程。自1492年哥伦布"发现"美洲大陆以来，世界近

---

① 〔英〕约翰·汤林森：《文化帝国主义》(冯建三译)，上海人民出版社1999年版，第333页。

② 〔美〕罗伯特·福特纳：《国际传播》(刘利群译)，北京：华夏出版社2000年版，第44页。

现代史上占据主要地位的就一直是西方文化。在长达数百年的历史进程中，欧洲列强在美洲、非洲和亚洲的大部分地区建立起经济、政治、军事和文化强权，西方文化随之全面进入这些区域。殖民主义者立足之后，立即引入了本国的教育方式、技术手段，西方的生活方式和宗教也被带进了这些国家，殖民地人民完全被陌生的欧洲文化所包围，不可避免地，或先或后、或深或浅地处在欧洲文化的影响之中，难以自拔。在论及日本的发展道路时，日本明治维新时期著名的思想家福泽谕吉就无奈地说："现在世界各国，即使处于野蛮状态或是还处于半开化地位，如果要使本国文明进步，就必须以欧洲文明为目标，确定它为一切议论的标准。"[①]

从20世纪70年代末期开始，以萨义德的《东方主义》(*Orientalism*)的出版为标志，"文化霸权"理论被运用到针对东西方文化关系的后殖民主义理论中，涉及东方主义与西方主义、文化认同与阐释焦虑等多方面的议题。有必要说明的是，后殖民主义理论大多采用解构主义(deconstruction)、女性主义、后现代主义(post-modernism)的方法，开展对全球化进程中文化权力的思考，以及文化交往关系中对后殖民性的揭示、反思与超越。一个核心观点是：殖民地与宗主国依存关系的丧失，并没有改变东西方之间根深蒂固的等级关系，在东西方文化的对话中，传统与现代、发达与落后、民主与专制等含有明显价值判断和政治斗争色彩的话语模式仍然存在，显现着浓厚的殖民主义意识形态和西方中心主义情结。

随着被殖民地的不断独立，传统的殖民时代似已过去，但世界远未摆脱殖民关系。在世界政治经济文化交往中，西方世界仍然处于中心和主导位置，东方各国则处于边缘和被决定的位置，呈现着不同文化交往关系的极大的不均衡性。针对这一现象，萨义德在1994年指出：针对帝国主义枷锁对思想和人类关系的影响，我们必须保持一种开放并积极参与的姿态，因为"这一斗争无论是在'西方'还是在'东方'都一直没有停止过"[②]。

同时必须看到，"文化霸权"理论不能简单地等同于"民族主义话语"，否则，就是对这一理论本身的歪曲和误解，会不可避免地使之沦为狭隘民族主义的"遮羞布"和"挡箭牌"，进而忽视非西方文化的主体性与选择性。如此一来，必不利于理性和开放的文化心态的形成，也不利于非西方文化的时代性构建。早在20

① 〔日〕福泽谕吉：《文明论概略》(北京编译社译)，北京：商务印书馆1982年版，第11页。

② 〔美〕爱德华·萨义德：《东方学》(王宇根译)，北京：生活·读书·新知三联书店1999年版，第454页。

世纪初期，针对国人面对西方强势文化的心态，鲁迅就发出了深刻的警示："因为多年受着侵略，就和这'洋气'为仇；更进一步，则故意和这'洋气'唱反调：他们活动，我偏静坐；他们科学，我偏扶乩；他们穿短衣，我偏着长衫；他们重卫生，我偏吃苍蝇；他们壮健，我偏生病……这才叫保存中国文化，这才是爱国，这才不是奴隶性。"[①]

关于"文化霸权"，跨文化传播研究关注的问题还在于："文化霸权"不仅存在于国家之间，同样也存在于不同民族群体以及政府与公民之间。国家之间的"文化霸权"威胁的主要是主权国家的权力基础，但国内的"文化霸权"剥夺的是群体文化乃至基本民众的文化权利。关于这一点，尚需要研究者进行专门和深入的思考。

"世界信息和传播新秩序"

第二次世界大战之后，以全球化潮流为助力，以美国为首的西方国家在"信息自由流通"的口号下，迅速形成了对发展中国家信息和文化的"入侵"，西方文化观念和生活方式等畅行无阻地进入发展中国家，呈现了主宰世界文化发展的主导趋势，其实质是发达国家在传播中的主导性与发展中国家的被动性。面对发达国家的先进优势，后发展国家的民族文化被不断边缘化，甚至有失去自主性的危险。

随着权利和自信心的增长，后发展国家逐步意识到全球信息和传播秩序中存在的不平衡和不平等问题的消极影响。为打破这种不平衡、不平等的局面，建立公正、平等的国际传播新秩序，世界各国围绕世界信息与传播秩序引发的争论逐步在国际文化关系中凸显。20世纪后半叶兴起的第三世界国家针对"世界信息和传播新秩序"的斗争，就是这种矛盾集中的反映。

20世纪70年代，辛格哈姆(Archie Singham)和胡内(Shirley Hune)等倡导不结盟运动的学者作为先锋，发起了在国际体系中反对霸权的运动。这些学者认为，"文化霸权"是最难抵挡和对抗的霸权，而当下的世界信息和传播秩序在四个基本方面发挥着控制作用。第一，通过强调西方喜欢的经济体系，忽视其缺陷，以及通过国际广告影响南方国家的消费方式。第二，国际传播体系制定了各国的国内政策，西方媒介支持那些有利于西方国家的政府，诽谤那些反对西方的国家。第三，国际传播体系制定了国际政治的整体特征，因为传播体系有力量界定地方战争的性质和各交战方的特点。第四，国际传播体系通常起到制造和维持种族和文化的定型观念的作用。

---

① 鲁迅：《鲁迅全集》第6卷，北京：人民文学出版社1981年版，第81—82页。

自20世纪70年代至90年代，发展中国家建立“世界信息和传播新秩序”的呼声成为国际会议的中心议题。1973年，在第四届不结盟会议上，提出了“关注大众传播领域里的工作”，以“促进不结盟成员国之间的信息的进一步的相互传播”。1976年3月，在不结盟国家新闻讨论会上，提出了建立“世界信息和传播新秩序”的要求。1976年8月，在第五次不结盟国家首脑会议的《政治宣言》中，郑重宣布：“信息与传播领域的国际新秩序同国际经济新秩序一样重要。”1976年10月，发展中国家向联合国大会和联合国教科文组织大会提交了旨在建立国际信息传播新秩序的议案。1977年11月，联合国教科文组织成立了国际传播问题研究委员会；1980年，该委员会向教科文组织提交了名为《多种声音，一个世界》(Many Voices, One World)的报告，集中反映了发展中国家建立“世界信息和传播新秩序”的基本要求。

> 坦桑尼亚前总统尼雷尔(Julius Nyerere)曾这样批评美国文化的全球性渗透和影响：发展中国家的居民应该被允许参加美国的总统选举，因为他们与美国公民一样，都在接受同样多的关于总统候选人信息的媒体轰炸。

不过，以美国为首的少数西方国家坚持认为，建立新的世界信息和传播秩序是以牺牲“信息自由流通”为前提的。发展中国家则认为，发展中国家不是反对信息自由流通，而是反对国际信息和传播领域里不均衡的“单向传播”的不合理局面。此外，关于“自由传播信息”和国家主权原则的关系，较为普遍的一种意见是：国家主权的原则是现代国际法的一条重要原则，也是国际法的基础，并不存在毫无限制的所谓“自由传播消息”的国际法原则。虽则如此，发展中国家的一切努力均遭到以美国为首的西方国家的强烈反对，因而，建立“世界信息和传播新秩序”作为国际舞台上的争论议题逐渐进入低潮，演变成为一场长期的、复杂的斗争。自20世纪晚期以来，并未放弃努力的发展中国家所关注的问题逐步变成了：国际传播及相关的技术如何能有助于发展国内的社会和文化？如何应付向全球性信息社会转变的挑战？如何保护文化多样性？

当代信息社会和全球性商品交易引出的多元文化自由交往和多层次交往局面，势必促成国际文化格局的日益改变。毫无疑问的是，非西方社会将会越来越努力地伸张自己的文化价值，同时进一步地拒绝那些由西方强加给它们的文化价值。毕竟，处在文化的边缘和丧失精神家园并非什么令人自豪的事情。面对以信息跨界流动为内在需求的全球化浪潮，非西方社会的跨文化传播实践应当如何自处并寻找到新的平衡点——既遵从历史发展的逻辑，又确保信息主权不受他国的践踏，是一个需要长期思考的重大课题。

第二节　文化多样性与文化对话

保护文化多样性是文化对话的基本前提，也是文化对话努力探索和维护的价值目标。虽然“西方中心主义”近年来已经改变了自己的表述方式，但其文化等级意识固有的存在，并没有真正留下容纳其他文化平等存在的空间。当前，全球化是全球社会共同面临的客观事实，没有一个文化和国家能够独立于这一潮流的冲击之外，不同文化之间的抵牾和较量也越来越突出。保护文化多样性、呼唤文化对话、为全球化注入更多的公正和平等，已经成为跨文化传播研究承载的历史使命。

一、全球化语境中的文化多样性

同无妨异，异不害同；五色杂陈，相得益彰；八间合奏，终和且平；道不同而不相悖，万物并育而不相害；小德川流，大德敦化，此天下所以为大也。①

——哲学家冯友兰

文化多样性(cultural diversity)的概念来自对生物多样性的尊重与保护，包含了人类在对待环境方面累积下来的经验储备，引导人们尊重历史和宽容地看待不同的文化。文化多样性的核心内涵在于：大自然把不同构造、不同面貌的环境赐予了不同的民族，多样的环境滋生了多样的生态系统，多样的生态系统哺育了各具形态和个性的文化。正如多种多样的生物体和生态系统的相互弥合造就了生机盎然的全球生物圈，世界上各个文化都有独立创造和发展自己文化的能力，都对人类文明作出过各自的贡献。

多样性是人类物种和文化演化的最为基本的条件。生物多样性是针对特化现象(specialization)而言的。作为生物进化过程中的一种重要现象，特化是生物对某种环境条件的特异适应。这种进化方向有利于一个方面的发展，却减少了其他方面的适应性，比如马由多趾演变为适于奔跑的单蹄。当环境条件变化时，高度特化的生物类型往往由于不能适应而灭绝，如爱尔兰鹿，由于过分发达的角对生存弊多利少，以至终于灭绝。文化多样性则是相对于文化发展中的“特化”现象即文化单一性或纯粹性而言的，如果人类过分依赖某些特定的文化内容，最后也可能造成整个文化的僵化而丧失了演化上的优势。总之，和生物体一样，文化也必须强调内容的多样性与发展的多元性，一些学者甚至断言：文化多

① 冯友兰：《西南联大纪念碑文》，1945年，碑址在北京大学校内。

样性可能是人类这一物种继续生存下去的关键。

表 8-1　目前世界上生物多样性最丰富的前 10 个国家[①]

生物多样性最丰富的国家	目前使用口语超过 50 种的国家
阿根廷	
澳大利亚	★
玻利维亚	
巴西	★
中国	★
哥伦比亚	★
哥斯达黎加	
刚果民主共和国	★
厄瓜多尔	
印度	★

对文化多样性的理解以及对文化多样性的保护，主要在民族国家和全球社会两个层次上呈现和展开。

在民族国家层次上，文化的民族或族群特性，决定了文化多样性的维系取决于主导文化与群体文化之间、不同族群文化之间的关系。长期以来，基于对国家、民族和族群的不同理解，西方国家内部主要有如下三种处理文化多样性的政策和理论模式。

第一，**主张同化者模式**(Assimilationist Model)。否认和拒绝文化多样性，认为少数族群通过与主导文化之间的接触，其成员会放弃自身文化以适应主流社会，主张实施相关政策来消除文化多样性。

第二，**差别与排斥模式**(Differential-exclusionary Model)。这一模式主要产生于根据主要人口的民族背景来确定民族认同的国家，由于主导群体不愿接受少数族群或移民为其成员，从而产生了排斥性的移民政策、限制性的入籍规则以及拒绝承认自己为移民国家等社会政策。“差别与排斥”还意味着，移民不能充分参与社会的经济、文化和政治领域，而某些族群则可能长期享受特权和多样的政策优待。

第三，**多元文化模式**(Multicultural Model)。这一模式以多元文化主义为思想基础，认可、接受和鼓励文化多样性，追求来源多元的个人和群体共存的理想

① 联合国教科文组织编:《世界文化报告 2000》，第 24 页。

状态。同时，该模式为谋求族群、宗教、语言方面的少数族群参与公共领域，制定一系列处理族群、文化多样性问题的原则和措施。自冷战结束以来，多元文化主义已成为西方普遍的社会思潮。

> 约瑟夫·奈提供的数据表明，20世纪90年代中期，61%的法国人、45%的德国人、32%的意大利人认为：美国文化是对本国文化的威胁。①

有必要说明的是，多元文化主义滥觞于20世纪初，与20世纪60年代初美国风起云涌的民权运动相结合，带有很强的实践性，在20世纪60—70年代被学术界和大众媒体广为接受，成为诠释美国社会架构和文化模式的主导理论之一，对美国社会各阶层和各领域看待族群权利的态度及美国的社会规范产生了实质性的影响，甚至克林顿政府也把鼓励多样性作为其任内的主要目标之一。值得欣慰的是，在多元文化主义思潮的影响下，越来越多的人已经认识到，没有他民族文化的多样性存在，自身文化事实上也就大大失去了发展的机制和动力，因为彼此之间的交流愈多样化，相互学习和参照的机会也就愈多。基于这一观念，联合国教科文组织的专家们也一再呼吁：保护文化多样性是人类精神创造性的一种表达，其本身就有很大价值；文化多样性为平等、人权和自决权原则所要求，是反对政治和经济的依赖与压迫的需要；文化多样性在美学上对不同文化的展示令人愉悦，启迪人们的思想，亦帮助人们储存优秀和有益的知识和经验。

在全球社会的层次上，文化多样性反映了各具特色的不同文化得以共存的历史逻辑。这一逻辑也昭示人们：人类是相互依存的，每一个人、每一种文化都依赖于整体的福祉；每一种文化都是平等的，并以其他文化作为相对于自身的多样性，自己同时作为其他文化的多样性之一。换言之，只有不同的文化和谐共存、取长补短，才能使文化不断更新并保持活力，从而使整个世界丰富多彩。无论如何，没有其他文化的多样性存在，自身文化事实上也就大大失去了发展的机制和动力：一方面，不同文化价值的趋同和同一，永远无法取代不同文化之间固有的诸多差异；另一方面，不同文化在珍视自己文化的基础上，对其他文化的认同和吸收也需要不断增强。同理，社会和谐和国际理解要求尊重文化多样性，因为承认“他者”文化的合理性，不仅为反思自身文化的价值，亦为自身文化的发展提供了必要的可能性。

进一步说，保护文化多样性是不同文化和国家维护自身利益、捍卫和承继自身成就和价值、维护本文化的吸引力和影响力，乃至保持世界相对稳定的必要前

① 〔美〕约瑟夫·奈：《硬权力与软权力》，第155页。

提。这是因为,在全球化的影响下,世界各个文化正由于内部各种文化因素的对话以及与外部文化的接触交流而处在不断变动之中,尤其是那些与全球性生产相联系的文化要素正在世界各个区域扩散,不同文化的边界正在被重新定义。进一步地,传统与现代、本土和外域文化因素的混杂,更使区域和民族文化的纯洁性受到了空前的挑战。处于世界边缘地区的弱势文化无疑面临着传统失落的危机,这直接影响到它们在全球竞争中的精神实力。对于那些经济上和文化上都处于强势地位的文化来说,基于文化多样性的观念,为了自身乃至整个人类长远的共同体利益,主动地放弃一些支配地位,给予其他文化更大的生存空间,也是有着深远意义的。

人类已经进入了一个新的时代——一个多种文化相互影响、竞争共处并相互适应的时代。愈加频繁和紧密的人类传播正在不断冲击着传统的文化"边界",使人类文化面临着"同质化"的巨大威胁。为了人类共同的利益,各个文化都应秉持文化多样性的观念,相互承认文化的差异,既不是"同化",也不是纯粹的"共处",进而建立一种越来越抽象的"团结他者"的模式,为人类的生存和发展提供一个新的平台。

二、"团结他者"的文化对话与合作

> 不同的文化类型应当超越各自传统和生活形式的基本价值的局限,作为平等的对话伙伴相互尊重……以便共同探讨与人类和世界的未来有关的重大问题,寻找解决问题的途径。这应当作为国际交往的伦理原则得到普遍遵守。①
>
> ——尤尔根·哈贝马斯

不同文化能够在差异的背景下共存的前提,就是文化对话(cultural dialogue),其根本目的就是寻求不同文化之间的相互理解和文化共识。事实上,文化差异的客观存在,本身就是文化交往和对话的理由——正是因为差异,才有了相互了解和理解的必要;因为需要相互了解和理解,才必须展开相互间的沟通和对话。

跨文化传播学的一个核心观念是:文化是人类社会物质财富创造和精神财富创造的过程及成果的体现,只有不断地充实于全人类的整体发展过程中,并同

① 〔德〕尤尔根·哈贝马斯等:《作为未来的过去》,第 215 页。

其他国家和民族的文化进行不断的交流、融合，才能得到继续前行的动力。在人类历史上，作为达成理解与宽容、增加不同文化之间的互动、维护人类文明成就的重要手段，文化对话具有重大和持续的影响，也为各个文化的发展注入了强劲的活力。

透视人类历史，文化边界总是模糊的，处于不断的变动之中。通常，不同文化的内容一旦被融合成为本土文化，就会被认为是本土的，这里的融合可以理解为“是所有人类文化在前进中的状况，它不包含任何纯洁的地带，因为它们经历着持续不断的、跨文化的进程”[①]。以此视角观之，真正“纯洁的、内在同质性的、真实的、本土的”文化可能并不存在。古代中国灿烂的汉文化和唐文化中就包含着丰富的中亚文化成分；近代西方工业文明的建立，也得益于包括印度和阿拉伯数学以及中国四大发明在内的东方文化的推动。人类历史上的许多文化，比如印度河流域产生的哈拉本文化，之所以兴起很快，消失也很快，主要原因就在于其内在的同质性太强，无法适应变化和挑战。美国历史学家威廉·麦克尼尔(William McNeill)就此指明了世界历史的两个基本事实：一是“当代文明总是互相作用，即使跨越重洋”；另一个是随着时间的流逝，各个文明的相遇促进着相互的借鉴和适应，这在人类财富和力量的增长中日益无处不在，日益重要。[②]

在不同的历史阶段，文化对话的内容、形式和规模都不一样，不过，人类进行交流的需要、愿望和迫切性是完全一致的。近一个世纪以来，霸权主义和强权政治在文化领域的表现就一再提醒人们：如果不采取积极的文明互动方式，人类很可能会重蹈覆辙；没有文化对话，就无法避免和控制冲突乃至霸权现象的出现。在全球化不断深入的背景下，不同文化间对话的必要性不仅没有削减，甚至更加紧迫。

> 2000年9月，联合国千年首脑会议前夕，一些国家的元首、外交部部长、著名学者和思想家参加了不同文化对话的圆桌会议，探讨如何在承认普遍价值的同时，保持和尊重文化多样性，并在此基础上建立一种文化对话的崭新的国际关系范式。会议通过的《联合国千年宣言》指出：人类有不同的信仰、文化和语言，人与人之间必须相互尊重。不应害怕也不应压制各个社会内部和社会之间的差异，而应将其作为人类宝贵资产来加以爱护。应积极促进所有文明之间的和平与对话文化。

当前，在信息技术发展和传播全球化的深刻影响下，文化对话日益成为人类跨越文化屏障，实现认知、理解及互动的重要沟通方式，扩

① 〔英〕约翰·汤林森：《全球化与文化》(郭英剑译)，南京大学出版社2002年版，第208页。

② 〔美〕乔万尼·阿瑞吉等：《现代世界体系的混沌与治理》(王宇洁译)，北京：生活·读书·新知三联书店2003年版，第23页。

展着不同文化广泛的交流、共享与融合，也拓展着不同文化的生存和传承的空间。尤为重要的是，全球化已经使人们逐渐习惯于一种观察问题的角度，从这个角度，人们可以越来越清楚地看到，人类共同承受的风险以及集体命运已经把不同文化中的人们紧紧地联系在了一起。特别是目前威胁和困扰人类的全球问题不断增多，诸如世界的和平与发展问题、全球经济合作问题、环境污染问题、人口增长及难民问题、国际恐怖主义问题、世界文化遗产保护问题、艾滋病问题等全球性威胁的存在，涉及整个人类的前途与命运。更具全球意义的"团结他者"的文化对话是解决这些问题的必由之路。

文化对话与文化合作(cultural cooperation)互为一体，二者密不可分。与文化对话相对应，文化合作针对的是不同文化行为体在互动过程中采取的协调、联合等政策调整行为，通常建立在自愿、互利的基础上，涉及对共享目标的认可与承诺，导致的是共赢的结果。在全球化进程不断加速和扩展的背景下，文化互动空前活跃，文化合作作为一种处理各种文明、文化间相互关系的积极方式，也被赋予了新的内涵和意义：不同文化之间应是理解而非隔膜，传播而非限制，协调而非冲突。只有抱着合作的态度，采取合作的措施，世界才能有稳定与和平，人类社会才能向着更高阶段发展。

> 1938年，一位美国政府官员提出："政治渗透往往带有强制接受的烙印，而经济渗透又总被斥为自私和强制，只有文化合作才意味着思想交流和无拘无束。"①

有必要厘清的一个认识是：现代意义上的文化、民族与国家紧密相连，文化、民族、国家的"三位一体"是现代化的产物，文化也是民族国家成功地参与国际经济合作和国际政治联盟的基础。尤其是第二次世界大战结束以来，文化合作的规模、发展速度以及内容的多样性都远远超过了历史上的任何一个时期，具有了全球性、普遍性的特征。以国际文化协议为例：第一次世界大战前仅有50项；第二次世界大战期间增加到100多项；第二次世界大战之后，在1945—1967年间签订的国际文化协议就达1000多项。其后，国际文化组织的建立也呈雨后春笋之势，对于促进世界各国人民的相互了解，消除矛盾、对立、偏见和歧视，深化和平发展的世界潮流，推动全球范围内的政治、经济、教育、科技等领域的国际合作，均有着不容忽视的作用。

早在20世纪50年代，美国政治学家莱斯特·皮尔逊(Lester Pearson)就发

---

① Frank Ninkovich, *The Diplomacy of Ideas* (New York, NY: Cambridge University Press, 1981), p. 27.

出了这样的警示：人类正在进入一个不同文化必须学会在和平交往中共同生活的时代，必须相互学习，研究彼此的历史、理想、艺术和文化，丰富彼此的生活，"否则在这个拥挤不堪的窄小世界里，便会出现误解、紧张、冲突和灾难"①。由于全球化带来了资本与信息的自由流动，先进的传媒工具和技术手段使得文化信息在世界各地迅速传导，因而传统意义上的文化传承正在失去固定的空间，国家和民族的边界也正在消解。既然传统意义上的文化传承空间被打破，那么，要使文化得到顺利传承，必须因势利导，正视和参与"团结他者"的文化对话与合作。正如荷兰文化学者冯·皮尔森(Cornelis van Peursen)指明的：

> 我们的未来将展现为一种开阔的、全球性的文化，它具有许多面孔，多样性的传输，丰富的对话，还有常常是引人入胜的哲学交流。每种古老文化都曾经是一个封闭的系统，但不管是生物学的还是人类历史的经验都启示我们，凡封闭系统都不可避免地会变得陈旧过时，并苦于"动脉硬化"。因而在目前这个时代，这些文化都必得变成开放的系统：对同其他文化和其他智慧的相互作用开放，对处理技术时代的事务和问题的通用方式开放。只有当一种文化不仅仅准备在物质或经济方面，而且准备在伦理道德和精神方面向其他文化学习并求得自身的发展时，它才能变成一种开放的文化。②

援用万俊人的观点，文化对话要达成相互理解和形成文化共识的目的，必须具备四个方面的条件。第一，文化对话的形成，首先需要持有善良的对话愿望和开放的心态，否则对话便无从谈起。第二，要使平等的文化对话成为可能，仅仅有对话的意愿是不够的，还需要建立不同话语相互理解和互译的语境，以及展开对话的公共论坛。在这里，公共的话语论坛可以采用民间的、社会的方式，也可以利用国际政治、地域组织或制度化的方式。第三，文化对话依赖于文化对话的道德基础。独立、平等、尊重和理解、宽容，就是建立多元文化对话之有效秩序的道德基础。最后也最重要的一点是，文化对话的最终实现，取决于不同文化系统本身的完整性和连续性。文化的断裂，往往会导致"某一文化系统内部出现传统与现代的紧张，甚至造成其文化道德谱系本身的中断或零碎化，因而也造成其自身文化话语系统的不连贯性和矛盾性"，这不仅会给不同文化之间的对话造成困

① 〔美〕塞缪尔·亨廷顿：《文明的冲突与世界秩序的重建》，第372页。
② 〔荷〕冯·皮尔森：《文化战略》(刘利圭等译)，北京：中国社会科学出版社1992年版，第9页。

难,还会使单一文化内部的沟通也成为问题。[①]

可以确信的是,不同文化体系之间开展对话与合作的共同话题是十分丰富的,不同文化的人们都会根据他们不同的生活和思维方式对这些问题作出自己的取舍与诠释,进而不断针对这些问题拓宽视野,寻求和扩大与其他文化共有的价值观、制度和实践。当前,不同文化之间日益丰富的文化对话与合作正在成为国际政治、经济乃至军事合作的重要桥梁,培育着不同国家和民族之间的共识与切实合作的基础。全球化带来的跨国界的物质产品流动、科学技术尤其是信息技术的高速发展以及大范围的社会交往,也为更为深入的文化对话与合作提供了现实条件与物质基础。

20 世纪中期,雅斯贝斯提出了**“轴心时代”**(Axial Period)的理念。他认为,在公元前 500 年前后,古希腊、以色列、印度和中国几乎同时出现了伟大的思想家,他们都对人类关切的问题提出了独到的看法:古希腊有苏格拉底、柏拉图,中国有老子、孔子,印度有释迦牟尼,以色列有犹太教的先知们。他们推动了不同文化传统的形成。经过两三千年的发展,这些文化传统已经成为人类文化的主要精神财富,“人类一直靠轴心时代所产生的思考和创造的一切而生存,每一次新的飞跃都回顾这一时期,并被它重新燃起火焰”[②]。

承继雅斯贝斯的观点,汤一介认为:在某种意义上说,当今世界多种文化的发展正是对两千多年前的“轴心时代”的一次新的飞跃,在可以预见的一段时间里,将会出现一个在全球意识观照下的文化多元发展的新局面。汤一介还大胆地作出预言:21 世纪世界文化的发展很可能形成若干重要的文化区域,即欧美文化区、东亚文化区、南亚文化区和中东与北非文化区(伊斯兰文化区),以及以色列和分散在各地的犹太文化等,这些文化区域将会成为影响世界文化发展的主要动力。重要的是,哪一种文化传统最能自觉地推动不同文化之间的对话和整合,就会对世界文化的发展具有更大的影响力。[③]

第三节　文化的传统与未来:中国、东亚与世界

置身于不断增强的全球相互依赖的环境中,跨文化传播学与其他人文社科领域一样为“传统”与“现代”的选择而困惑不已。可以确信的是,文化发展

---

① 万俊人:《寻求普世伦理》,第 565—568 页。

② 〔德〕卡尔·雅斯贝斯:《历史的起源与目标》(魏楚雄等译),北京:华夏出版社 1989 年版,第 14 页。

③ 汤一介:《在经济全球化形势下的中华文化定位》,载《中国文化研究》2000 年冬之卷,第 3 页。

的大趋势无疑是不同文化的相互补充、相互接近和相互吸取，这个过程必然会产出许多人类共同的价值和行为规范。同时要看到，文化的相互融合是有限度的，文化之间的差距会有缩小，但根本的差异将持续存在下去。本着这一理解，倘若各个文化中的人们都能努力寻求和扩大与其他文化共有的价值观、制度和实践，一个新的时代——多种文化相互影响、相互适应、竞争共处的时代将会更快到来。

一、中国文化传统的“自觉”

传统是秩序的保证，是文明质量的保证。

——社会学家爱德华·希尔斯(Edward Shils)

文化传统(cultural tradition)与传统文化(traditional culture)是两个不同的概念。作为文化传承的“精神链条”，文化传统是隐含在传统文化中的核心要素，是文化在发展过程中逐步形成和完善的信仰、规范、秩序和理念的特质，也是文化给予人们的生活方式与生存智慧。关于文化传统与传统文化的区别，庞朴一语中的：“文化传统是形而上的道，传统文化是形而下的器；道在器中，器不离道。”[①]

文化传统的力量是巨大的。作为一个社会中整合日常生活的重要模式，文化传统编织了人们生活的背景，是人们必须面对的，也是无法逃脱的。它塑造了人们任何一种思想“规划”的视角和价值观，可以使特定的社会保持一定的秩序，并保持这一社会自身的本质规定性，使之区别于其他的社会。

中国文化传统由多种文化要素交融渗透，历尽世代的积淀和选择而成。在历千年而不衰、经交融而会通的进程之中，中国多元一体的民族结构造就了多元共同体意义上的民族文化传统，培育了自强不息、厚德载物、协和万邦的中华民族精神和道德品性。在相当长的时期内，中国文化传统一直是中华民族生存、发展的内在动力，并使中国居于世界文明的领先位置。不过，自1840年鸦片战争开始，作为“中心之国”的中国逐渐沦为“边缘之国”。此后百余年间，中国的现代化步履滞重、缓慢、充满困惑，绵延数千年的文化传统也数度面临断裂、沦落的危途。即使到了当代，中国社会面临的历史性转型和西方文化的渗透，也仍然延续着现代性席卷全球的历史逻辑，不断激发着中国人对传统的忧虑。如何看待中

① 庞朴：《文化传统与传统文化》，香港《中国社会科学季刊》1996年夏季号，第183页。

国绵延已久的文化传统？如何处理传统与现代化的关系？这都是当前中国文化所面临的关键议题。

现代化与文化传统

21世纪的历史进程让所有文化都面临着共同的难题：如何避免自身传统与历史的断裂性变迁？如何在一个全球化的世界里延续历史、更新自身的文化传统？无论如何，在一个世界市场已经形成、经济运行规则日趋统一的全球社会中，对共同道德规范、共同价值标准的建构日趋紧迫，似乎要求所有的文化都要向着这一目标转型，以割断自身文化的"精神链条"为代价，去迎合现代化的逻辑。

在19世纪中期到20世纪初社会学针对不同社会形态演进机制的理论研究中，赫伯特·斯宾塞(Herbert Spencer)关于古代社会和近代社会的差异以及线性进化的观点，马克斯·韦伯关于理性主义对西方工业社会早期发展作用的论述等，已经涉及了传统与现代之分的基本观点，并在不同程度上暗示：社会变迁是单向地、渐进地由传统社会走向现代社会，现代化与传统是对立的、不可融合的两个方面。成型于20世纪50—60年代的经典现代化理论的基本思路，也强调现代文明是一个不可分割的整体，不能把传统的制度、文化与现代化简单结合在一起，因为，"有意识地把'旧的最好的东西和新的最好的东西'结合在一起的企图，无论其动机是多么美好而善良，都将由于现代化模式和社会其他结构相互之间的奇异依存性而注定要失败"[①]。

不过，近代以来各国现代化的实践表明，对文化传统和历史经验的珍视，是一个国家或民族能否在现代化潮流中生存与健康发展的重要标尺。

从20世纪70年代起，作为对经典现代化理论的修正的新现代化理论，已不再把文化传统看作是现代化的对立面，不再认为重复西方国家的道路才能走向现代化，而是强调不同国家对待自身传统应采取扬弃的态度。新现代化理论的代表人物西里尔·布莱克(Cyril Black)就指出，现代化作为社会变化的一种进程，不可避免地要和传统发生互动。所以，与其说现代化是与文化传统的决裂，还不如说是文化传统在科学和技术进步的条件下对现代社会变化作出的功能上的适应。在这个意义上，现代化理论的首要任务是从各种社会内部的文化传统本身出发，加强对文化传统的研究。

作为一个综合性概念，现代化本身就是一个在层次上递进的实践的、认识

① 〔美〕吉尔伯特·罗兹曼主编：《中国的现代化》(国家社会科学基金"比较现代化"课题组译)，南京：江苏人民出版社1998年版，第6页。

的过程，现代化模式也绝不止一种，各国必须寻找适合自己的现代化方式——这已是当今全球主流思想界达成的基本共识。更重要的是，现代性本身是由植根于各种传统中的文化形态所规定的，不论是在西方还是在非西方，传统在现代性中的存在几乎成了一个定律，各民族、文化都能从其传统中找到某些贡献于全球社会的资源。爱德华·希尔斯即指出：尽管现代社会充满了变化，但“现代生活的大部分仍处在与那些从过去继承而来的法规相一致的、持久的制度之中；那些用来评判世界的信仰也是世代相传的遗产的一部分”①。

至于哪些传统可以在现代化过程中继续存在并发挥作用，哪些已经不适合现代社会的需要，哪些对现代社会的发展是严重的障碍，需要结合不同国家的现代化实践作出具体的评估。正如格尔茨所说：“必须共同努力向现代化的高地发起冲击，同时必须共同坚持传统的精髓；而在另一层面上，又存在着越来越大的分歧，这些分歧是，应该从哪个方向上向现代化的高地发起冲击，传统的精髓又是什么。”②

就中国现实的国情和文化传统的特质而言，既不能把文化传统笼统地视为现代化的阻碍，也不能把现代化视为以现代性彻底取代传统的过程，而是要努力呈现文化传统的价值。重中之重，就是通过弘扬文化传统，精心培育适应现代社会的新的文化本位和民族精神，焕发中华民族的凝聚力、意志力和生命力。上个世纪末，余英时在考察世界若干地区的文化动态后就指出：“今天世界上最坚强的力量既不来自某种共同的阶级意识，也不出于某一特殊的政治理想。唯有民族文化才是最经得起时间考验的精神力量。”③

把西方文化视为唯一选择的缘由之一，在于忽视了世界各国在历史和地理空间以及文化影响力等方面的极大差异。事实上，“欧洲人在 1492 年之前在任何时候都不比非欧洲人优越：欧洲人不比他们更先进，更现代化，更进步”④。即使是在今天，那些所谓现代化的国家也并非在任何方面都优越于其他国家和地区。关于这一点，布热津斯基的观点发人深省：美国难以成为 21 世纪的领导者，不仅在于其经济力量的式微，更在于其人文精神的失落，“一个基本上由缺少较深刻的人类价值观念的、为追求物质享受思想所支配的社会形象，总会削弱美国

① 〔美〕爱德华·希尔斯：《论传统》（傅铿等译），上海人民出版社 1991 年版，第 2 页。
② 〔美〕克利福德·格尔茨：《文化的解释》，第 368 页。
③ 余英时：《中国思想传统的现代诠释》，南京：江苏人民出版社 2004 年版，第 36 页。
④ 〔美〕詹姆斯·布劳特：《殖民者的世界模式》，第 63 页。

社会模式的全球吸引力,特别是作为自由象征的吸引力"①。

> 20世纪20年代,面对中国知识界泛滥的吹捧欧洲文化的浪潮,德国汉学家卫礼贤(Richard Wilhelm)提醒人们:古老的欧洲国家无论如何也不准备把新的中国作为平等的一员接受进西方的文化实体中。……欧洲人正在和中国人玩弄愚蠢的允诺游戏。……不择手段地激起欧洲以外的国家对欧洲文明的渴求是欧洲人的根本心态,但其目的仅是为了获得更大的市场。②

作为一个具有悠久文化传统的大国,中国文化传统的地位和影响不可能等同于其他任何国家和民族的文化传统,中国文化传统的价值、作用和意义正是体现在这种不同之中。毫无疑问,中国文化传统有着更为鲜明的演进逻辑,如果中华民族绵延至今的"精神链条"断裂,必然会使中国的整个文明系统面临解构。不仅如此,这一巨变带来的震荡、苦难乃至成本都是无法想象的,也远非任何一个国家在现代化进程中付出的代价所能比拟。在这个意义上,坚持民族本源,就是要建立一种立足于中华民族文化传统的文化独立,强化一种以开放为特征的文化主权意识,而决不能在现代化进程中迷失本位,与传统隔离、脱节。其首要诉求,当然就是捍卫文化传统,重新发现中华民族的文化和历史意识,追问、培育和弘扬中华民族精神。③

足以自信的是,虽然近代以来带有历史的缺憾与尘垢的中国文化似乎变成了弱势文化,但中国文化传统的诸多内涵具备了深厚的兼容性和适应能力,有着无可置疑的普世价值,不仅能够为中国自身的现代化道路提供精神支持,同时具备了改善世界各国面临的现代性困境的当代意义。法国思想家雅克·德里达(Jacques Derrida)即指出,中国"有一个强有力的传统,世界不能没有她的参与"④。譬如,中国传统中崇尚"自然和谐、天人合一"的自然观有助于消除西方工业文明造成的人与自然的对立,形成和谐的生态观;中国传统中固有的"天下为公""先天下之忧而忧,后天下之乐而乐"等关注人类命运的道德理念,堪为人类价值观的整合基点;中国传统中不懈追求的"和生、和处、和立、和达、和爱"的价值有助于化解当前人类面临的"五大冲突"——人类与自然、个人与社会、自我与他人、肉体与心灵以及不同文明之间的紧张,也能够为人类改善生存困境的努力注入海德格尔所说的"超越理性"的生存智慧和情感。

---

① 〔美〕兹比格纽·布热津斯基:《大失控与大混乱》(潘嘉玢等译),北京:中国社会科学出版社1995年版,第127页。

② 〔德〕卫礼贤:《中国心灵》(王宇洁等译),北京:国际文化出版公司1998年版,第293页。

③ 孙英春:《中国文化现代化的三个维度》,载《新华文摘》2008年第1期,第114页。

④ 杜小宁等主编:《德里达中国演讲录》,北京:中央编译出版社2003年版,第50—51页。

> 2005年12月9日，约瑟夫·奈在《亚洲华尔街日报》（*Wall Street Journal Asia*）撰文总结了中国的软权力资源：富有魅力的传统文化；全球流行文化，如电影、体育、旅游资源等；政治价值观，在广大的亚非拉国家，"北京共识"（Beijing Consensus）正变得越来越比"华盛顿共识"更有吸引力；外交领域对多边机制的积极参与。

基于这些认识，我们必须坚守文化独立和文化主权意识：一方面不能失去文化之根，离开这个基点，就无从谈发展；另一方面，"述往事"是为了"思来者"，中国文化传统的生命力不唯是来自简单的时间延续，而是寄托在不断的更新和阐释之中，求证于中国文化能否以现代方式去获得应有的国际地位。诚如格尔茨所说："宗教思想、道德思想、实践思想、美学思想也必须由强有力的社会集团承载，才能产生强大的社会作用。必须有人尊崇这些思想，鼓吹这些思想，捍卫这些思想，贯彻这些思想。要想在社会中不仅找到其在精神上的存在，而且找到物质上的存在，就必须将这些思想制度化。"①

当前，中国社会正在向着工业文明和信息文明模式跨进，这一过程必然会对文化传统的维护和发展提出新的要求。根据历史经验，传统与现代性的矛盾在处于转型期的社会更为突显，能否立足民族本源、解决好传统与现代性的矛盾，能否在现代性与世界性的语境中对文化传统予以真实强化，不仅会影响现代化进程，对后现代化的发展也是一把倒悬的"双刃剑"。值得欣慰的是，鉴于断裂式变革留下的深刻教训和中国的现实国情，渐趋成熟的中国思想界已不再简单地用"激进"标榜进步、用"保守"斥责落后了。

"文化自觉"与中国的选择

1997年，费孝通提出了影响深远的"文化自觉"命题：生活在一定文化中的人对其文化要有"自知之明"，"要明白它的来历、形成过程、所具的特色和它发展的趋向，不带任何'文化回归'的意思，不是要'复归'，同时不主张'全盘西化'或'全盘他化'。自知之明是为了加强对文化转型的自主能力，取得决定适应新环境、新时代文化选择的自主地位"②。费孝通还指出，在对自身文化有"自知之明"的基础上，人们还要了解其他文化及其与自身文化的关系，因为"跨文化交流牵涉到人对人、人对社会、人对自然的基本关系，而与文化的自觉和文化的相互尊重有着更为密切的关联"③。

---

① 〔美〕克利福德·格尔茨：《文化的解释》，第359页。

② 费孝通：《费孝通文集》第14卷，北京：群言出版社1999年版，第197页。

③ 费孝通：《百年中国社会变迁与全球化过程中的"文化自觉"》，载《厦门大学学报》2000年第4期，第6页。

依照费孝通的论述,“文化自觉”至少包括三个方面的要求:第一,要自觉到自身文化的优势和弱点,懂得发扬优势、克服弱点;第二,要自觉到旧文化,即传统文化是在过去的条件下形成的,要使它有益于今天,就必须进行新的现代诠释,使其得到更新和发展;第三,要自觉到我们今天是作为全球的一员而存在,已不可能是封闭孤立的个体,因此要审时度势,了解世界文化语境,参与世界文化的重组,使自己的文化为世界所用,成为世界文化新秩序不可或缺的重要组成部分。总之,“文化自觉”是一个艰巨的过程,“首先要认识自己的文化,了解所接触到的多种文化才有条件在这个正在形成中的多元文化的世界里确立自己的位置,经过自主的适应,和其他文化一起,取长补短,共同建立一个有共同认可的基本秩序和一套与各种文化能和平共处、各抒所长、连手发展的共处守则”①。

有必要强调的是,“文化自觉”命题是来自中国的历史和所面临的时代的要求,并不是某一个人的主观空想。中国本来是一个闭关自守的国家,如果没有与西方的接触,也就无从得知自己的短长。18 世纪之初,曾经作为“中心之国”的中国逐渐沦落为“边缘之国”,而自 1840 年鸦片战争以来中国近百年的屈辱史,更是给中华民族的心理带来至今难以抹去的无形烙印,让自豪和屈辱、仇外和媚外成为中国人心中长久难以平衡的情结。幸运的是,自改革开放以后,中国逐步走上了和平发展的道路,但同时不得不面对一个世界性的文化难题:如何处理好传统与现代化、外来文化与本土文化的关系?

近年来,关于中国文化传统的一种常见评价是:倡导集体主义、“社会理性”,强调社会整体利益,具有广泛的社会基础与普世特征,能够为人类的和平与发展作出贡献。用这种观点推演,只要光大传统,中国文化的前途必将是光明的,甚至将扮演一个推动人类文化发展的重要角色。这些观点足以增加自信,但也在某种程度上阻碍了深入的文化反思。在“文化自觉”观念的启示下,若要实现中国传统的继承与复兴,必须首先做一番批评整理的工作,尽快地填补现代化转型过程中出现的民族精神上的空白。

自 19 世纪 40 年代起,面对中国社会所处的“亘古未有之大变局”,中国的知识精英就一直面临着一个极大的困惑:中国和中国文化何以自处?魏源尖锐地指出:“岂天地气运自西北而东南,将中外一家欤!”他的答案主要有三。首先,要告别愚昧,不能盲目自大、过高估计中国传统文化,“广谷大川自风气,岂能八表之外皆六经”。其次,要了解西方。当务之急是设立翻译馆,不能在国际交往中因为无知闹出令人痛心的笑话。其三,要学习西方,即“师夷长技以制夷”。在魏

① 费孝通:《费孝通文集》第 14 卷,第 197 页。

源之后，严复倡导的汉译西方名著，梁启超倡导的“新民说”以及史界革命、文界革命、小说界革命、诗歌革命等，不断推动着中国文化传统转型的历史车轮。

> 张岱年曾指出，“中国文化在西方近代文化面前的‘相形见绌’表明了中国的文化传统必然含有严重的缺失”，他为此总结了中国传统的“四长四弊”。四长是：摆脱神学独断的生活信念；重视相反相成的思维方式；肯定道德自觉的人格观念；爱国爱族的牺牲精神。四弊是：尚通忽别的致思心习；不重实际探求的学术方向；忽视个性自由的人际观念；尊尊亲亲的传统陋习。[②]

1907年，鲁迅在《文化偏至论》中向国人呼吁：“洞达世界之大势，权衡校量，去其偏颇，得其神明，施之中国，翕合无间。外之既不利于世界之思潮，内之仍弗失固有之血脉，取今复古，别立新宗，人生意义，致之深邃，则国人之自觉至，个性张，沙聚之邦，由是转为人国。”[①] 继而到来的五四新文化运动，则是一次真正的文化革新运动，也是一次空前的思想启蒙运动。五四运动中的知识分子围绕着传统与现代、中国与西方这两大矛盾，祭起文化批判的“大旗”，谋求中国文化的现代转型和中华民族的独立富强之路。到了20世纪30年代，陈序经提出了“全盘西化”(wholesale westernization)和“走出东方”的观点，胡适也有“充分现代化”(wholehearted modernization)的论调，引发了绵延至20世纪后期的大争论。到了21世纪的今天，如何面对和借鉴西方文明的先进成果与经验教训，仍然是中国探索社会发展道路的重要任务，也是确立中国21世纪文化战略的核心选择。

一个国家发展的客观状况决定了国民心理的变化，也决定了外部世界对它的反应。基于历史和未来的考量，中国文化应在总结中西冲突与融合的经验教训的基础上，确立全球眼光，谋求多元文化之间对话的对等地位，重新寻找自己在世界文化秩序中的位置；同时，治理和调整社会生活，使之不断趋向公正、合理、繁荣与昌盛。只有这样，中国才能走上健康发展的现代化道路。陈寅恪在剖析外来文化与本土文化关系的问题时就指出，中国文化的发展“必须一方面吸收输入外来之学说，一方面不忘本来民族之地位”，这正是“二千年吾民族与他民族思想接触史所昭示者也”。[③] 卫礼贤也认为：“中国人民在他们的整个历史长河中，都显示了一种在短时间里吸收外来文化的丰富的想象力和强大的适应性。”[④]

这里还有必要回顾汤因比提出的**“挑战与回应”**(challenge and response)理论：一个生活在安逸环境中的民族，习于守常，疏于应变，当有外来挑战时，常显得慌乱

---

① 鲁迅：《鲁迅全集》第1卷，第56页。
② 张岱年：《文化与价值》，北京：新华出版社2004年版，第272页。
③ 陈寅恪：《金明馆丛稿》二编，上海古籍出版社1980年版，第252页。
④ 〔德〕卫礼贤：《中国心灵》(王宇洁等译)，北京：国际文化出版公司1998年版，第341页。

不知所措；地处边陲贫困地区的民族，因为吃苦耐劳，习惯于挑战和外界刺激，往往能成就伟大的文明。这一理论在一定程度上解释了文化发展与环境变迁之间的关联：每一个民族的文化发展方向，必然决定于该民族对其所处环境变迁的回应。这同时意味着，中国文化能否为世界文化的发展作出重要贡献，取决于我们是否能以开放的心态、艰苦的工作、努力的创造去对待历史给予的契机。正如李慎之所说：中国文化自己必须要下一番去腐生新、推陈出新的工夫，要能吸收其他文化的长处，首先是要能包容、消化一直超越并与自己对立了这么些年的西方文化。

> 20世纪初，在中国社会大动荡的局面之下，古德诺大胆地作出预言：我们丝毫不用怀疑将来会有这么一天……中国人性格中那些内在的、最优秀的基因又将重新焕发出青春，中华文化又将重领世界的风骚。在这一天到来的时候，在世界的面前将奇迹般地出现一个崭新的中国，它将是一个有着良好秩序的国度。这样一个复兴后的中国将不负人们的期待，又将重新担负起她在历史上曾多次担负的任务，向世界的其他民族贡献出她丰富的文化积累，以补其他民族的不足。①

承前所述，在多民族交往的并不平等的世界上，必须正确处理好民族性与世界性、传统与现代性的关系，凭借以对话、交往为中心内容的新理性精神与西方文化对话、融通。当前，中国社会正在加速摆脱传统的农业文明模式，向着以现代经济和现代科技为先导的工业文明和信息文明模式跨进，中国社会政治、经济和文化各个方面的重要转型已经为文化复兴和精神重建提供了基础。有基于此，王岳川提出了"发现东方"的观点："不能进入文化自恋和自我自足化的误区，要重新发现、探索、阐释东方思想"，而中国文化"不仅应该成为东方文化的重要代表，而且应成为新世纪世界文化中的强音"。② 援引到本书的讨论中，"发现"就是重新探索和重新解释历史和文化认同，而"发现"的对象，就是历尽千年仍具有生命力的中国文化传统、经过"欧风美雨"的冲击而出现的新文化形态，以及中国现代化过程中孕育的新的文化精神。经由"发现"，便可重新确立中国文化与西方文化互动的主动态势，进一步地，使"发现东方文化精神和发现西方文化精神成为发现人类文化精神的前奏"。

二、东亚价值观的当代重构

> 有容乃大，于人，于学，于文化，于传统，何莫不然。③
>
> ——李泽厚

东亚文化的历史跨越了广阔的时空范围，是东亚民族共同参与创建的独特

① 〔美〕弗兰克·古德诺：《解析中国》，第131页。

② 王岳川：《"发现东方"与中西"互体互用"》，载《文艺研究》2004年第2期，第113页。

③ 李泽厚：《论语今谈》，合肥：安徽文艺出版社1998年版，第65页。

文化形态。在前资本主义社会的十几个世纪里，东亚文化一直处于世界文明发展的高峰，其历史积淀、悠久传统和精神气质极大地丰富了世界文化的宝库，并为西方文明的发端和繁荣提供了重要借鉴。不过，自进入近代社会尤其是工业革命在西方国家发生以来，东亚国家纷纷向西方学习，无论是在物质层面、制度层面，还是价值观层面，都以西方为标准和楷模，对自身的文明和传统进行着全方位的颠覆、批判和改造。不可避免地，东亚文化的自主、自立、自尊、自信的主体性受到了严重挫伤，东亚传统也时刻徘徊在全面失落的边缘。

经过一段动荡的历史进路，人们逐渐意识到，西方现代文化不是世界文化的唯一归属，西方现代价值观不能寄托人类对于现实和未来的精神期盼。工业化对生态系统的大规模破坏，商业化对精神生活的深层次侵蚀，民主化过程中的独断专行，工具理性对价值理性的无情蔑视，等等，无不是西方文化影响下的全球社会面临困境的征兆。社会学家齐格蒙特·鲍曼就指出，西方“高度的文明”与“高度的野蛮”是相通的和难以区分的——科学培育出的理性计算精神是冷冰冰的、斤斤计较的，自我膨胀的技术则加速发展着人类自我毁灭的力量，社会管理也日益趋向于非人性化的工程化控制方向，总之，“现代文明的高度发展超越了人所能调控的范围，导向高度的野蛮”[①]。法国学者埃德加·莫兰(Edgar Morin)也认为，西方文化中的个人主义包含了自我中心的闭锁与孤独，盲目的经济发展导致了人类道德和心理的迟钝，科学技术在促进了社会进步的同时，也在造成新的不平等，给人类带来了紧张、危害乃至死亡。所以说，人类需要的不是“帝国世界”，而是通过“统治—解放”的双重过程去创造一个和谐、均衡的世界。为了实现这一目标，人类精神需要发生一次“突如其来的跃进”、一次“人类心灵内在性的巨大提升”，同时需要建立一个文化开化、多元发展的联盟。

基于类似的种种反思，“全球多元化”的观点在近年来逐步占据了“欧洲中心论”的领地，成为推动时代前进的洪流。这种“多元化”有着并行不悖的两翼：从经济上讲，是全球一体化与地区集团化的同步发展；从价值观上讲，则是对全球价值的认同和本土价值观的复兴。

东亚价值观的内涵

近代以来，东亚民族的先进分子为了救亡图存，力图使自身文化向现代转化，先后提出了全盘西化、互为体用、宏观继承、抽象继承、创造性解释、创造性转化、综合创新等文化整合的主张，都在试图给一个多世纪以来东亚文化面对的困

---

① 〔波兰〕齐格蒙特·鲍曼：《现代性与大屠杀》(杨渝东等译)，上海：译林出版社2002年版，封底页。

境一个落实和安顿,试图让东亚传统的积淀发挥出自信和有效的生命智慧。在这些文化整合方法的背后,都有一个价值观选择的问题——有着不同的价值观,就有不同的价值评判和价值取向。

从文化谱系而言,东亚价值观是以中国文化传统为基础而形成的东亚地区普遍认同的价值体系,受到儒家、佛教、道教等思想的深刻影响,注重独立和谐、共生共赢、尊义重利,既强调社会整体利益,也呼吁积极入世,提倡参与集体的福利、教育,奉行工作伦理和克勤克俭的生活信条。自 20 世纪 70 年代以来,除了为世人瞩目的经济成就之外,东亚传统中强调包容性、注重人类与自然和谐共处、认为人类活动应理性而节制、崇尚精神价值及稳定和平的核心价值已经显示了强大的生命力和影响力——即使这些特征并没有以同一的形式存在,但它们已与以工业体系为制度特征、以工业化精神为核心价值的西方现代文化形成了鲜明的对照,为“东亚模式”的形成与完善提供着重要的价值支撑。费正清就指出:“东亚人的自我约束力和工作道德足以使加尔文主义及其献身教育的精神黯然失色。”[①]

在全球化的背景下,东亚价值观是一种以东亚民族和国家为主体的意识,可以解释为建立在东亚各个区域经济实力不断增长基础上的东亚人要求改变世界不均衡、不公正、不平等状况的一种自我觉醒,蕴含着强烈的主体意识和忧患意识,期待着东亚文化实现进入世界文明体系中心的地位转换。东亚价值观的主体意识,充分展现在东亚各民族自 20 世纪以来日渐清晰的独立和自由意识之中,激扬着东亚“自做主宰”的精神。在这个意义上,东亚价值观的当代重构,将帮助东亚民族和国家重新认识自身传统,进一步摈弃“依赖意识”,正确地、健康地、有选择地对待东亚自身及其之外的世界文化。

儒家思想是东亚价值观的观念基础和思想资源,近年来对东亚价值观关注的原动力主要来自东亚儒家传统的复活。中西方学界也普遍认为,东亚传统中的儒家思想崇尚身心内外的宁静和谐,重视德性、人生的意义和理想,对于克服后工业社会的精神空虚和信仰危机有着普遍价值,而中国传统中由来已久的“圆而神的智慧”“温润而恻怛或悲悯之情”以及“天下一家”的精神所具有的和平秉性和道义精神,也是西方文化需要补足和学习的。里夫金就强调说,“正在廓清的欧洲思想框架同中国思想框架之间的交融,将会对全人类的未来产生深远影响”[②]。近年来,东亚一些知识分子秉持着对东亚儒家传统的强烈自信,甚至呼吁将反映东亚特有的地理方位和历史文化方位的东亚价值观作为 21 世纪世界文化

---

① 〔美〕费正清等:《东亚文明》(黎鸣等译),天津人民出版社 1992 年版,第 2 页。

② 〔美〕杰里米·里夫金:《欧洲梦》,第 2 页。

主流的方案，呼吁东亚国家要在维护东亚文化传统、保护文化遗产、传播东亚文化和价值观方面加强合作，并且要向年青一代灌输东亚认同感和自豪感。

东亚价值观还蕴涵着一种忧患意识，并因忧患而具有深重的批判意识、反省意识。一方面，滥觞于20世纪后期的全球化进程为人类社会和文化发展带来了机遇，同时引发了许多全球性问题：地区冲突不断，对世界的和平与发展造成严重阻碍；各种全球性问题此起彼伏，诸如核威胁、全球气候变暖、人口爆炸、粮食匮乏、南北差距、环境污染、恐怖主义，等等，不仅超出了原来的区域，而且严重到威胁到了全人类的生存。另一方面，与西方国家一样，东亚也面临着工具理性的膨胀、价值理想的迷失、伦理道德的失落、精神家园的崩溃和文化选择的迷惑等重大现代性挑战。如何在全球化的时代调整中反省、批判和传承东亚的历史和文化传统？如何呈现东亚价值观在21世纪的全球效用？东亚文化如何为人类的共同利益作出贡献？对这些问题的回答，需要东亚各个国家和民族之间的共识与切实的合作。

东亚价值观的当代重构

价值观是文化的核心要素，是人们行为选择的基本动力，也是特定文化群体共同目标和共同利益的体现。本着东亚共有传统的考量，在东亚各国共有认知的基础上，重构适合自身及全球社会共同利益的东亚价值观，无疑将成为东亚扩大地区影响、建立区别于西方的现代形象的重要观念基础，必定有助于强化东亚各国和人民在“东亚”这个“想象的共同体”中的文化共性和认同，也堪为东亚向世界贡献的一种积极的“东方式”文化交往理念。①

东亚价值观的现代转化，既是东亚国家自身发展的需要，也是东亚民族对自身历史、文化进行思考后作出的必然选择，体现了时代与历史发展的客观要求，符合东亚各国和人民的根本利益。当前，东亚社会正在加速向着以现代经济和现代科技为先导的工业文明和信息文明模式跨进。这一伟大的历史进程，必然会对东亚传统和东亚价值观的存在与发展产生深刻的影响、提出新的要求。承前所述，作为规范和指导东亚文化未来道路的依据，东亚传统的呈现和东亚价值观的重构，应当以担当人类所面临的共同忧患为己任，立足于将东亚民族和国家的责任意识转变为人类的责任意识，焕发对世界前沿问题发表东亚主张的信心。

面对这样一项繁巨的任务，东亚国家应在共有认知和奋斗目标的基础上形成合力，以东亚价值观的现代化和“理性化”重构为途径来强化文化共性，强化共有的文化认同，进而促进东亚内部多方面的对话及国家间的合作。这也是源自东亚传

① 孙英春：《东亚传统的当代呈现与东亚价值观重构》，载《教学与研究》2007年第2期，第72页。

统的“和谐”理念所给予的启示，正所谓“亲仁善邻”“近者悦，远者来”。客观而言，东亚各个国家和民族并不缺乏这样的责任意识和信心，但缺乏的是集体协同，缺乏的是在共有认知和奋斗目标基础上的合作。东亚价值观的现代化和理性化重构，则可以成为一种促进东亚内部对话与合作的路径，使东亚各国共同面对自身以及全球问题的挑战，从而为人类社会的和平与发展作出实质性的贡献。

东亚价值观的重构应以反思东亚文化传统为形成共同认知的基础。具体地说，就是既要立足于传统价值系统的传承，更要积极吸收世界各种文化的优秀成果，不断丰富和优化自己的文化内涵，从而具有强劲、持久的适应力和影响力。当前，人们普遍担忧的是，儒家思想与现代社会的固有矛盾，使东亚价值观何以可能的问题在理论和实践两个方面都无法回避。这就意味着，东亚价值观的效用能否继续呈现，关键取决于它是否能够成功实现传统与现代性的接轨，以及与西方文明和世界文化的有效对话，取决于它能否在与其他文化的比较、竞争和博弈中确证自己对世界的影响和作用的有效性。

源于对东亚传统的深刻理解，汤因比曾预言：“我所预见的和平统一，一定是以地理和文化主轴为中心，不断结晶扩大起来的。我预感到这个主轴不在美国、欧洲和苏联，而是在东亚。”[①] 面对这样的一种远景，具有多方面共同利益的东亚国家无疑应当携手并行，促进东亚内部多方面的对话与合作，强化共有的文化认同。必须强调的是，中华民族历来讲信修睦、崇尚和平，在东亚价值观乃至传统的现代重构方面，中国是应当也能够扮演主要角色的。这就意味着，中国必须承担光大东亚文化的主要责任，使中国文化传统切实地服务于中国以及东亚其他国家文化空间的开拓，进而培育和建立共同利益基础上的平等、合作、互利、互助的地区秩序，在建设性的互动过程中消除隔阂和积怨，为东亚乃至世界的和平与发展作出实质性的贡献。

三、走向全球伦理

> 东西方两种文明、经济交融之时，世界将会更加生机勃勃。[②]
>
> ——未来学家约翰·奈斯比特

21世纪是一个多种文化相互影响、相互依赖和相互竞争的时代，要建设持久的和平和共同繁荣的世界，必须要建立一种能够使不同文化和谐相处、共同发

---

① 〔美〕欧文·拉兹洛等编：《多种文化的星球》（戴侃等译），北京：社会科学文献出版社2001年版，第230—231页。

② 〔美〕约翰·奈斯比特：《亚洲大趋势》（蔚文译），北京：外文出版社1996年版，第56页。

展的长效机制。正如近年来中国领导人在阐述“和谐世界”思想时一直强调的：世界各国人民的命运从未像今天这样紧密相连、休戚与共，应该加强不同文明的对话和交流，努力消除相互的疑虑和隔阂，使人类更加和睦，让世界更加丰富多彩。

1993年8月，来自世界各国的宗教界领袖、神学家和学者等在“第二届世界宗教议会”上共同发表了《走向全球伦理宣言》(Declaration Towards A Global Ethics)。《宣言》首先指出，“若无一种伦理方面的基本共识，任何社会迟早都会受到混乱或专制的威胁。若无一种全球性的伦理，就不可能有更美好的全球性秩序”。针对当代世界的状况，《宣言》表述了四项“不可取消的规则”：珍重生命，致力于非暴力与敬重生命的文化；正直公平，致力于团结与公平的经济秩序；言行诚实，致力于宽容的文化与诚实的生活；相敬互爱，致力于男女平等与伙伴关系的文化。《宣言》认为，对于一切生活领域，对于家庭、社会、种族、国家和各种宗教，存在着一种不可少的、无条件的标准，这就是全球伦理(global ethics)，即“关于一些有约束力的价值观、不可或缺的标准以及根本的道德态度的一种最低限度的基本共识”。遵守这种全球伦理，就要“致力于相互理解，投身于有益社会、培养和平、善待自然的生活方式”。①

> 康德在19世纪曾预言了人类社会的前景：“人类的普遍意志是善的，但其实现却困难重重，因为目的的达到不是由单个人自由协调，而只有通过存在于世界主义地结合起来的类(一个从恶不断地进步到善，在阻力之下奋力向上的理性生物的类)的系统之中，并走向这个系统的地球公民的进步组织，才能够有希望。”②

不断深入的全球化进程、日益严峻的全球问题以及不断扩大的人类共同利益，是全球伦理问题被提出并受到普遍关注的大背景，其中也折射出道德重建的有效性和紧迫性。一方面，全球化使不同文化体系相互吸收、借鉴的频率不断加大，使得谋求人类共同体的统一的精神准则和道德底线已经成为不同文化的殷切期盼；另一方面，在经济全球化、交往全球化的同时，各种全球性问题已经威胁到了人类的生存，这些问题的解决依赖于全球各方的普遍参与、共同求解并通过行动来引导人类走出困境、面向未来。正如法国社会学家阿兰·图雷纳(Alain Touraine)指出的：“世界各民族都有一个根本关心之处，那就是把历史的经验加以重新组合而生的全人类的共同命运，这种关心自然会使它们趋于一致。”③

---

① 〔德〕孔汉思、库舍尔：《全球伦理》(何光沪译)，成都：四川人民出版社1997年版，第12、171页。
② 〔德〕伊曼努尔·康德：《实用人类学》，第276页。
③ 转引自郑晓云：《文化认同与文化变迁》，北京：中国社会科学出版社1993年版，第249页。

就目前阶段而言，全球伦理首先是一种建立在人类社会公共理性基础上的“普世伦理”，来自人类不同文化的道德共识、道德态度和道德关切，能够为不同社会的成员接受和履行。更为重要的是，全球伦理应当是跨文化、跨地域的人们共同认可和实践的共同价值标准。人类同居一个“地球村”，面临着共同的未来，这就使人类在客观上越来越相互依赖，主观上也越来越意识到合作的必要性，需要接受某些共有价值和普遍伦理的约束，这一共同的文化需求，自然就成为建构“全球伦理”乃至“人类文化共同体”的直接力量。事实上，在人类不断交往的进程中，已经形成了很多体现人类社会普遍要求的准则和规范，如自由、平等、互助、诚实、信任、尊重、效率、公平等等，它们越来越多地得到各个国家、民族和地区的人们的认可和接受。

全球伦理存在于人类社会共同体的社会生活之中，体现的是不同文化基本的道德共识和共享的价值观念，全球化更使之具有了跨文化、跨地域的社会性和人类普遍性的丰富内涵。以跨文化传播学的视阈观之，就是不同文化在平等对话的基础上，尊重差异，消除误解和偏见，运用共同的智慧和集体努力来对人类文化进行治疗和更新。在这个意义上，全球伦理的构建应当有三个方面的侧重。第一，建立文化对话机制所必须遵循的原则，比如平等、宽容、有效。没有平等的对话就没有广泛的参与，没有广泛的参与和普遍的认同，全球伦理就失去了其普遍性品格。第二，在全球不同的文化系统中寻找有益的思想资源。第三，基于人类共同体意识的目标，对人类社会的道德传统进行重新构造、解释和创造。换言之，全球伦理不能只是对已有文化成果的综合，同时应当是对已有文化成果的超越，并时刻带着回应、化解全球性危机的问题意识。

就全球伦理主张的历史渊源来看，希腊化罗马时期的斯多亚派提出的“世界主义伦理”、基督教伦理的“千年理想世界”、近代空想社会主义者所设想的“道德乌托邦”、欧洲启蒙运动所追求的普遍理性主义伦理等基于人类共同体意识的重要思想，都是全球伦理诉求的观念基础。只不过，国际政治经济旧秩序的事实存在与霸权主义的侵蚀，使得以这些观念为基础的全球伦理难逃“乌托邦”的历史宿命。一如哈贝马斯指出的，“只要交往参与者没有建立起相互承认的关系，并接受对方的视角，一同用他者的眼光来审视自己的传统，相互学习，取长补短，那么，就不可能出现建立在信念基础上的共识”[①]。

基于在不同文化中的广泛思想基础，“和谐”观念构成了当前全球伦理建设中的一个重要的基础观念，或是一种可资参照的伦理图式。

① 〔德〕尤尔根·哈贝马斯：《后民族结构》，第148页。

> 大卫·卡尔(David Kale)指出，建立全球伦理的基础观念应是所有文化的人们共有的一种"人类的精神"和普遍价值，从中"人们发展了决定正确和错误的能力，决定如何使生活有意义，以及然后使生活尽可能地变得最好"，也是在此意义上，"任何跨文化传播的全球化代码的指导原则，都应该维护人类精神的价值和尊严"。①

"和谐"作为全球伦理的基础观念，首先是具有基本性(fundamentality)，即提出了人类应有的道德底线，具有"底线伦理"的特征。二是具有普遍性，即这种观念在各种不同的宗教和文化传统中都有其根据。譬如，在中国文化传统中，倡导"非寡""非同"，鼓励多元并存的儒家"和而不同"的观念，就强调不同的事物、思想文化和生活方式之间的调和构成了社会生活的常态，并成为新事物成长的自然途径。三是"和谐"观念在承认社会生活、文化形式和物质多样性的基础上，将多样性的和谐并存视为自然和社会的常态：崇尚自然的和谐，崇尚人与自然的和谐，崇尚人与社会的和谐，即所谓"海纳百川，有容乃大"。最为重要的是，"和谐"观念提示世人：着眼于全人类共同的福祉，必须建立一种不同文化之间"团结他者"的"和谐模式"，不是单向的盲从，而是相互的学习，从而为人类的生存和发展提供一个新的平台。

以"和谐"作为全球伦理的基础观念，寻求的是不同社会的互助合作与和谐发展，以及不同文化的核心价值与人类共存之间的平衡，必然昭示了人类社会从"非我族类，其心必异"到"和谐共生"的历史性进步，也透射出人类实现相互理解和保护文化多样性的曙光，意味着在可以预见的未来，将会出现一个在全球"和谐"意识观照下的文化多元发展的新局面。② 面对这一目标，跨文化传播研究必须坚守建设"人类文化共同体"的学术追求，怀着文化对话、理解与合作的真实期盼，不断为全球伦理建设赋予新的内涵和意义；有效地帮助人类不同文化的成员跨越各自的文化屏障，共同面对全球社会的生存困境，共同重建人类社会的文化秩序，共同实现人类的道义理想。

---

① 〔美〕拉里·萨默瓦、理查德·波特：《文化模式与传播方式》，第504页。

② 孙英春：《文化对话与全球伦理》，载《理论前沿》2007年第9期，第29页。

中英文译名对照表[①]

Abercrombie，David	戴维·阿伯克龙比
Adler，Nancy	南希·阿德勒
Allport，Gordon	高尔顿·奥尔波特
Anderson，Benedict	本尼迪克特·安德森
Applegate，James	詹姆斯·阿普尔盖特
Asante，Molefi	莫利非·阿森特
Bacon，Francis	弗朗西斯·培根
Bakhtin，Mikhail	米哈伊尔·巴赫金
Balazs，Bela	贝拉·巴拉兹
Barnlund，Dean	迪安·巴恩伦德
Barthes，Roland	罗兰·巴特
Bauman，Zygmout	齐格蒙特·鲍曼
Becker，Howard	霍华德·贝克
Bell，Daniel	丹尼尔·贝尔
Benedict，Ruth	鲁思·本尼迪克特
Bentham，Jeremy	杰里米·边沁
Berger，Charles	查尔斯·伯杰
Berlin，Isaiah	以赛亚·伯林
Berry，John	约翰·贝里
Bertalanffy，Ludwig von	路德维希·贝塔朗菲
Birdwistle，Ray	雷·伯德惠斯特
Black，Cyril	西里尔·布莱克
Blau，Peter	彼得·布劳
Blaut，James	詹姆斯·布劳特
Boas，Franz	弗朗兹·博厄斯
Bodde，Derk	德克·卜德

① 按姓氏英文字母排序。

Bohm, David	戴维·博姆
Bourhis, Richard	理查德·伯希斯
Brown, Charles	查尔斯·布朗
Brzezniski, Zibgniew	兹比格纽·布热津斯基
Buber, Martin	马丁·布伯
Burckhardt, Jakob	雅各布·布克哈特
Burdick, Eugene	尤金·伯迪克
Burgoon, Judee	朱迪·伯贡
Cassirer, Ernst	厄恩斯特·卡西尔
Castells, Manuel	曼纽尔·卡斯特
Churchill, Winston	温斯顿·丘吉尔
Cobban, Alfred	艾尔弗雷德·科本
Cohen, Robin	罗宾·科恩
Collingwood, Robin	罗宾·柯林武德
Cooley, Charles	查尔斯·库利
Cupach, William	威廉·库帕克
Dahrendorf, Ralf	拉尔夫·达伦多夫
Darwin, Charles	查尔斯·达尔文
Dawkins, Richard	理查德·道金斯
Dawson, Christopher	克里斯托弗·道森
Degler, Carl	卡尔·戴格勒
Derrida, Jacques	雅克·德里达
Derne, Steve	史蒂夫·德纳
Dewey, John	约翰·杜威
Dollot, Louis	路易·多洛
Drucker, Peter	彼得·德鲁克
Durkheim, Emile	埃米尔·迪尔凯姆
Earley, Christopher	克里斯托弗·厄尔利
Ellingsworth, Huber	休伯·埃林斯沃斯
Elliot-Smith, Grafton	格拉夫顿·艾略特-史密斯
Ellul, Jacques	雅克·埃吕尔
Ember, Carol	卡罗尔·恩伯
Etzioni, Amitai	阿马泰·伊茨奥尼
Evans-Prichard, Edward	爱德华·伊文斯-普里查德
Evariste-Régis, Huc	古伯察
Featherstone, Mike	迈克·费瑟斯通

Feenberg，Andrew	安德鲁·芬伯格
Firth，Raymond	雷蒙德·弗思
Folb，Edith	伊迪丝·福尔伯
Fortner，Robert	罗伯特·福特纳
Foucault，Michel	米歇尔·福柯
Frazer，James	詹姆斯·弗雷泽
Freud，Sigmund	西格蒙德·弗洛伊德
Fromm，Erich	埃里克·弗洛姆
Fukuyama，Francis	弗朗西斯·福山
Fulbright，William	威廉·富布莱特
Gadamer，Hans-Georg	汉斯-盖奥尔格·迦达默尔
Galtung，Johan	约翰·加尔通
Garth，Thomas	托马斯·加斯
Geertz，Clifford	克利福德·格尔茨
Geller，Ernest	厄内斯特·盖尔纳
Giles，Howard	霍华德·贾尔斯
Gissing，George	乔治·吉辛
Godelier，Maurice	莫里斯·戈德利耶
Goffman，Erving	欧文·戈夫曼
Goodnow，Frank	弗兰克·古德诺
Grabner，Fritz	弗里茨·格雷布内尔
Gramsci，Antonio	安东尼奥·葛兰西
Grice，Paul	保罗·格赖斯
Gulik，Robert van	高罗佩
Gullahorn，John	约翰·古拉霍恩
Habermas，Jurgen	尤尔根·哈贝马斯
Hall，Bradford	布拉德福德·霍尔
Hall，Edward	爱德华·霍尔
Harvey，David	戴维·哈维
Havel，Vaclav	瓦茨拉夫·哈维尔
Hawkcs，Terence	特伦斯·霍克斯
Hecht，Michael	迈克尔·赫克特
Heidegger，Martin	马丁·海德格尔
Heider，Fritz	弗里茨·海德
Heim，Michael	迈克尔·海姆
Held，David	戴维·赫尔德

Helvetius, Glaude	克劳德·爱尔维修
Herder, Johann	约翰·赫尔德
Hewstone, Miles	迈尔斯·休斯通
Hobsbawm, Eric	埃里克·霍布斯鲍姆
Hofstede, Geert	吉尔特·霍夫斯泰德
Howe, Reuel	雷厄尔·豪
Humboldt, Wilhelm von	威廉·冯·洪堡特
Hune, Shirley	雪利·胡内
Huntington, Samuel	塞缪尔·亨廷顿
Husserl, Edmund	埃德蒙·胡塞尔
Ingram, Harry	哈里·英格拉姆
Inkeles, Alex	亚历克斯·英克尔斯
James, William	威廉·詹姆斯
Jameson, Frederic	弗里德里克·詹明信
Jandt, Fred	弗雷德·詹德特
Jaojmu, Crisdian	克里斯迪安·乔基姆
Jaspers, Karl	卡尔·雅斯贝斯
Jenkins, Richard	理查德·詹金斯
Johannesen, Richard	理查德·约翰尼森
Johnson, Lyndon	林登·约翰逊
Kale, David	大卫·卡尔
Kant, Immanuel	伊曼努尔·康德
Katz, Daniel	丹尼尔·卡茨
Kelley, Harold	哈罗德·凯利
Kendon, Adam	亚当·肯顿
Kiernan, Victor	维克托·基尔南
Kim, Ming Sun	金明善(音)
Kim, Young Yun	金英润(音)
Kincaid, Lawrence	劳伦斯·金凯德
Kraft, Charles	查尔斯·克拉夫特
Kranzberg, Melvin	梅尔文·克兰兹伯格
Kroeber, Alfred	艾尔弗雷德·克洛依伯
Kung, Hans	孔汉思
Lasswell, Harold	哈罗德·拉斯韦尔
Lazarsfeld, Paul	保罗·拉扎斯菲尔德
Leathers, Dale	戴尔·莱瑟斯

Leech，Geoffrey	杰弗里・利奇
Leibniz，Gottfriend	戈特弗里德・莱布尼茨
Levi-Strauss，Claude	克劳德・列维-斯特劳斯
Levy，Mark	马克・利维
Lewis，Richard	理查德・刘易斯
Lindon，Ralph	拉尔夫・林顿
Littlejohn，Steven	斯蒂芬・李特约翰
Lippmann，Walter	沃尔特・李普曼
Lipps，Theordor	西奥多・里普斯
Locke，John	约翰・洛克
Lodge，George	乔治・洛奇
Lovell，John	约翰・洛弗尔
Lowie，Robert	罗伯特・路威
Luft，Joseph	约瑟夫・勒夫特
Maanen，John van	约翰・范・麦安恩
Malinowski，Bronislaw	布罗尼斯拉夫・马林诺夫斯基
Marcus，George	乔治・马尔库斯
Matson，Ashley	阿什利・马森
Maznevski，Martha	马莎・玛兹奈芙斯基
McCall，George	乔治・麦考尔
McClelland，David	戴维・麦克莱兰
McDanniel，Edwin	埃德温・麦克丹尼尔
McGaaghey，William	威廉・麦克高希
McGuire，Michael	迈克尔・麦圭尔
McLuhan，Marshall	马歇尔・麦克卢汉
McNeill，David	戴维・麦克尼尔
Mead，George	乔治・米德
Mead，Margaret	玛格丽特・米德
Memmi，Albert	艾伯特・梅米
Mills，Wright	赖特・米尔斯
Morgan，Lewis	刘易斯・摩尔根
Morgenthau，Hans	汉斯・摩根索
Morin，Edgar	埃德加・莫兰
Morris，Charles	查尔斯・莫里斯
Morrison，George	乔治・莫理循
Mumford，Lewis	路易斯・芒福德

Murdock, George	乔治·默多克
Murray, Gilbert	吉尔伯特·默里
Naisbitt, John	约翰·奈斯比特
Nida, Eugene	尤金·奈达
Nyerere, Julius	朱利叶斯·尼雷尔
Oberg, Kalvero	卡尔沃罗·奥伯格
Odell, John	约翰·奥德尔
Oetzel, John	约翰·奥特泽尔
Ogburn, William	威廉·奥格本
Orbe, Mark	马克·奥比
Parks, Malcolm	马尔科姆·帕克斯
Pearce, Barnett	巴尼特·皮尔斯
Pearson, Lester	莱斯特·皮尔逊
Peirce, Charles	查尔斯·皮尔斯
Perlmutter, Philip	菲利普·珀尔马特
Peursen, Cornelis van	科尼利厄斯·冯·皮尔森
Piaget, Jean	琼·皮亚杰
Pondy, Louis	路易斯·庞迪
Popper, Karl	卡尔·波普尔
Posner, Richard	理查德·波斯纳
Poster, Mark	马克·波斯特
Pribram, Karl	卡尔·普里布拉姆
Quesnay, Francois	弗朗斯瓦·魁奈
Rabinow, Paul	保罗·拉比诺
Radcliffe-Brown, Alfred	艾尔弗雷德·拉德克利菲-布朗
Redfield, Robert	罗伯特·雷德菲尔德
Renan, Ernest	厄恩斯特·勒南
Rifkin, Jeremy	杰里米·里夫金
Rosendorf, Neal	尼尔·罗森道夫
Riesman, David	大卫·理斯曼
Robertson, Roland	罗兰·罗伯森
Rogers, Everett	埃弗里特·罗杰斯
Rosenblatt, Paul	保罗·罗森布拉特
Ross, Edward	爱德华·罗斯
Rüsen, Jörn	约恩·吕森
Rushdie, Salman	萨曼·拉什迪

Russell, Bertrand	伯特兰·罗素
Ryan, Bryce	布赖斯·瑞安
Sacks, Harvey	哈维·萨克斯
Said, Edward	爱德华·萨义德
Samovar, Larry	拉里·萨默瓦
Sapir, Edward	爱德华·萨丕尔
Saussure, Ferdinand de	费迪南德·德·索绪尔
Schiller, Herbert	赫伯特·席勒
Schneider, David	戴维·施奈德
Schramm, Wilbur	威尔伯·施拉姆
Schumacher, Ernst	欧内斯特·舒马赫
Schutz, William	威廉·舒茨
Shelley, Mary	玛丽·雪莱
Sherif, Muzafer	穆扎弗·谢里夫
Shils, Edward	爱德华·希尔斯
Shuter, Robert	罗伯特·舒特
Shweder, Richard	理查德·施威德
Simml, Georg	盖奥尔格·西美尔
Singham, Archie	阿奇·辛格哈姆
Smith, Alfred	艾尔弗雷德·史密斯
Smith, Anthony	安东尼·史密斯
Smith, Ripley	里普利·史密斯
Spencer, Herbert	赫伯特·斯宾塞
Spengler, Oswald	奥斯瓦尔德·施本格勒
Spiro, Melford	梅尔福德·斯皮罗
Stead, William	威廉·斯特德
Stewart, Edward	爱德华·斯图尔特
Stewart, John	约翰·斯图尔特
Stigler, James	詹姆斯·斯迪格勒
Swidler, Ann	安·斯威德勒
Tarde, Gabriel	加布里埃尔·塔尔德
Taylor, Charles	查尔斯·泰勒
Taylor, Donald	唐纳德·泰勒
Thayer, William	威廉·塞耶
Thomas, Milt	米尔特·托马斯
Thoreau, Henry	亨利·梭罗

Tichenor, Philip	菲利普·蒂奇纳
Ting-Toomey, Stella	斯特拉·丁-图米
Toffler, Alvin	阿尔文·托夫勒
Tomlinson, John	约翰·汤林森
Tonnies, Ferdinand	费迪南德·滕尼斯
Toynbee, Arnold	阿诺德·汤因比
Trenholm, Sarah	萨拉·特伦霍姆
Triandis, Harry	哈里·特里安迪斯
Turner, John	约翰·特纳
Turner, Ralph	拉尔夫·特纳
Tylor, Edward	爱德华·泰勒
Vandermeersch, Léon	汪德迈
Varan, Duane	杜安·沃兰
Wallerstein, Immanuel	伊曼纽尔·沃勒斯坦
Weeks, Jeffrey	杰弗里·韦克斯
Wendt, Alexander	亚历山大·温特
White, Leslie	莱斯利·怀特
Whorf, Benjamin	本杰明·沃尔夫
Wiener, Norbert	诺伯特·维纳
Wilhelm, Richard	卫礼贤
Williams, John	约翰·威廉斯
Williams, William	威廉·威廉斯
Winthrop, John	约翰·温斯罗普
Wissler, Clark	克拉克·威斯勒
Wittgenstein, Ludwig	路德维格·维特根斯坦
Wood, Julia	朱莉娅·伍德
Wright, Charles	查尔斯·莱特
Wundt, Wilhelm	威廉·冯特
Yum, June Ock	廉俊玉(音)

主要参考书目[1]

陈卫星:《传播的观念》,北京:人民出版社 2004 年版。
陈序经:《文化学概观》,北京:中国人民大学出版社 2005 年版。
杜维明:《现代精神与儒家传统》,北京:生活·读书·新知三联书店 1997 年版。
费孝通:《美国和美国人》,北京:生活·读书·新知三联书店 1985 年版。
费孝通主编:《中华民族多元一体格局》,北京:中央民族学院出版社 1989 年版。
费孝通:《乡土中国　生育制度》,北京大学出版社 2005 年版。
辜鸿铭:《中国人的精神》,海口:海南出版社 1996 年版。
顾希佳:《礼仪与中国文化》,北京:人民出版社 2001 年版。
龚文庠:《说服学》,北京:人民出版社 1994 年版。
关世杰:《跨文化交流学》,北京大学出版社 1995 年版。
关世杰:《国际传播学》,北京大学出版社 2004 年版。
贾玉新:《跨文化交际学》,上海外语教育出版社 1997 年版。
李彬主编:《大众传播学》,北京:中央广播电视大学出版社 2000 年版。
李炳全:《文化心理学》,上海教育出版社 2007 年版。
李智:《文化外交》,北京大学出版社 2005 年版。
梁启超:《国性与民德》,上海远东出版社 1995 年版。
梁漱溟:《中国文化要义》,上海:学林出版社 1987 年版。
林惠祥:《文化人类学》,北京:商务印书馆 2002 年版。
门洪华:《霸权之翼》,北京大学出版社 2005 年版。
潘一禾:《文化与国际关系》,杭州:浙江大学出版社 2005 年版。
彭兰:《网络传播概论》,北京:中国人民大学出版社 2001 年版。
司马云杰:《文化社会学》,北京:中国社会科学出版社 2001 年版。
宋林飞:《现代社会学》,上海人民出版社 1987 年版。
孙英春:《大众文化:全球传播的范式》,北京:中国传媒大学出版社 2005 年版。
万俊人:《寻求普世伦理》,北京:商务印书馆 2001 年版。
王怡红:《人与人的相遇》,北京:人民出版社 2003 年版。

① 中文文献以作者姓名拼音顺序排列,同一作者以出版时间先后排列;翻译文献以国别拼音顺序排列;英文参考文献以作者姓氏字母顺序排列,同一作者以出版时间先后排列。

杨国枢:《中国人的心理与行为》,北京:中国人民大学出版社 2004 年版。

尹保云:《什么是现代化》,北京:人民出版社 2001 年版。

郁龙余主编:《中西文化异同论》,北京:生活·读书·新知三联书店 1989 年版。

余英时:《中国思想传统的现代诠释》,南京:江苏人民出版社 2004 年版。

万建中:《禁忌与中国文化》,北京:人民出版社 2001 年版。

张岱年:《文化与价值》,北京:新华出版社 2004 年版。

张国良:《20 世纪传播学经典文本》,上海:复旦大学出版社 2003 年版。

张志刚:《宗教文化学导论》,北京:人民出版社 1993 年版。

赵汀阳:《没有世界观的世界》,北京:中国人民大学出版社 2003 年版。

朱世达:《当代美国文化》,北京:社会科学文献出版社 2001 年版。

〔奥〕西格蒙德·弗洛伊德:《论文明》(徐洋等译),北京:国际文化出版公司 2001 年版。

〔奥〕西格蒙德·弗洛伊德:《论宗教》(王献华等译),北京:国际文化出版公司 2001 年版。

〔德〕卡尔·雅斯贝斯:《历史的起源与目标》(魏楚雄等译),北京:华夏出版社 1989 年版。

〔德〕卡尔·雅斯贝斯:《现时代的人》(周晓亮译),北京:社会科学文献出版社 1992 年版。

〔德〕尤尔根·哈贝马斯等:《作为未来的过去》(章国锋译),杭州:浙江人民出版社 2001 年版。

〔德〕尤尔根·哈贝马斯:《后民族结构》(曹卫东译),上海人民出版社 2002 年版。

〔德〕格哈特·马勒茨克:《跨文化交流》(潘亚玲译),北京大学出版社 2001 年版。

〔德〕马克斯·韦伯:《社会学的基本概念》(胡景北译),上海人民出版社 2000 年版。

〔德〕马克斯·韦伯:《新教伦理与资本主义精神》(于晓等译),西安:陕西师范大学出版社 2006 年版。

〔德〕孔汉思、库舍尔:《全球伦理》(何光沪译),成都:四川人民出版社 1997 年版。

〔德〕恩斯特·卡西尔:《人论》(甘阳译),上海译文出版社 1985 年版。

〔德〕卫礼贤:《中国心灵》(王宇洁等译),北京:国际文化出版公司 1998 年版。

〔德〕恩斯特·卡西尔:《符号·神话·文化》(李小兵译),北京:东方出版社 1988 年版。

〔德〕威廉·冯·洪堡特:《洪堡特语言哲学文集》(姚小平译),长沙:湖南教育出版社 2001 年版。

〔德〕伊曼努尔·康德:《实用人类学》(邓晓芒译),重庆出版社 2005 年版。

〔俄〕米哈伊尔·巴赫金:《诗学与访谈》(白春仁等译),石家庄:河北教育出版社 1998 年版。

〔法〕埃米尔·迪尔凯姆:《社会学研究方法论》(胡伟译),北京:华夏出版社 1988 年版。

〔法〕罗兰·巴尔特:《符号学原理》(王东亮等译),北京:生活·读书·新知三联书店 1999 年版。

〔荷〕吉尔特·霍夫斯泰德:《跨越合作的障碍》(尹毅夫等译),北京:科学出版社 1996 年版。

〔荷〕冯·皮尔森:《文化战略》(刘利圭等译),北京:中国社会科学出版社 1992 年版。

〔加拿大〕玛丽·葳庞德:《传媒的历史与分析》(郭镇之译),北京广播学院出版社 2003 年版。

〔加拿大〕弗兰克·秦格龙编:《麦克卢汉精粹》(何道宽译),南京大学出版社 2000 年版。

〔加拿大〕哈罗德·伊尼斯:《传播的偏向》(何道宽译),北京:中国人民大学出版社 2003 年版。

〔美〕鲁思·本尼迪克特:《菊与刀》(吕万和等译),北京:商务印书馆 2003 年版。

〔美〕拉里·萨默瓦、理查德·波特:《文化模式与传播方式》(麻争旗等译),北京广播学院出版社 2003 年版。

〔美〕克利福德·格尔茨:《文化的解释》(韩莉译),上海:译林出版社 1999 年版。

〔美〕威尔伯·施拉姆、威廉·波特:《传播学概论》(陈亮等译),北京:新华出版社 1984 年版。

〔美〕爱德华·希尔斯:《论传统》(傅铿等译),上海人民出版社 1991 年版。

〔美〕乔纳森·特纳:《现代西方社会学理论》(范伟达译),天津人民出版社 1988 年版。

〔美〕爱德华·霍尔:《无声的语言》(刘建荣译),上海人民出版社 1991 年版,第 59 页。

〔美〕弗兰克·古德诺:《解析中国》(蔡向阳等译),北京:国际文化出版公司 1998 年版。

〔美〕斯蒂芬·李特约翰:《人类传播理论》(史安斌译),北京:清华大学出版社 2004 年版。

〔美〕莱斯利·怀特:《文化的科学》(沈原等译),济南:山东人民出版社 1998 年版。

〔美〕史蒂文·瓦戈:《社会变迁》(王晓黎等译),北京大学出版社 2007 年版。

〔美〕卡罗尔·恩伯等:《文化的变异》(杜杉杉译),沈阳:辽宁人民出版社 1988 年版。

〔美〕罗伯特·尤林:《理解文化》(何国强译),北京大学出版社 2005 年版。

〔美〕乔治·马尔库斯等:《作为文化批评的人类学》(王铭铭等译),北京:生活·读书·新知三联书店 1998 年版。

〔美〕史蒂夫·莫滕森编选:《跨文化传播学》(关世杰等译),北京:中国社会科学出版社 1999 年版。

〔美〕赖特·米尔斯:《社会学的想象力》(陈强等译),北京:生活·读书·新知三联书店 2001 年版。

〔美〕路德维希·贝塔朗菲:《一般系统论》(秋同等译),北京:社会科学文献出版社 1987 年版。

〔美〕爱德华·萨丕尔:《语言论》(陆卓元译),北京:商务印书馆 1985 年版。

〔美〕罗伯特·尤林:《理解文化》(何国强译),北京大学出版社 2005 年版。

〔美〕史蒂文·达克:《日常关系的社会心理学》(姜学清等译),上海三联书店 2005 年版。

〔美〕克拉克·威斯勒:《人与文化》(钱岗南等译),北京:商务印书馆 2004 年版。

〔美〕爱德华·霍尔:《超越文化》(居延安译),上海文化出版社 1988 年版。

〔美〕爱德华·斯图尔特等:《美国文化模式》(卫景宜译),天津:百花文艺出版社 2000 年版。

〔美〕乔纳森·特纳:《社会学理论的结构》(邱泽奇等译),北京:华夏出版社 2001 年版。

〔美〕乔治·马尔库斯等:《作为文化批评的人类学》(王铭铭等译),北京:生活·读书·新知三联书店 1998 年版。

〔美〕鲁思·本尼迪克特:《文化模式》(王炜等译),北京:生活·读书·新知三联书店 1988 年版。

〔美〕布拉德福德·霍尔:《跨越文化障碍》(麻争旗等译),北京广播学院出版社 2003 年版。

〔美〕塞缪尔·亨廷顿:《文明的冲突与世界秩序的重建》(周琪等译),北京:新华出版社 1998 年版。

〔美〕桑德拉·黑贝尔斯等:《有效沟通》(李业昆译),北京:华夏出版社 2002 年版。

〔美〕约瑟夫·奈:《硬权力与软权力》(门洪华译),北京大学出版社 2005 年版。

〔美〕詹姆斯·布劳特:《殖民者的世界模式》(谭荣根译),北京:社会科学文献出版社 2002 年版。

〔美〕兹比格纽·布热津斯基:《大棋局》(中国国际问题研究所译),上海人民出版社 1998 年版。

〔美〕塞缪尔·亨廷顿:《我们是谁》(程克雄译),北京:新华出版社 2005 年版。

〔美〕费正清:《中国:传统与变迁》(张沛译),北京:世界知识出版社 2002 年版。

〔美〕克里斯迪安·乔基姆:《中国的宗教精神》(王平译),北京:中国华侨出版公司 1999 年版。

〔美〕梅尔福德·斯皮罗:《文化与人性》(徐俊等译),北京:社会科学文献出版社 1999 年版。

〔美〕亨利·康马杰:《美国精神》(杨静予等译),北京:光明日报出版社 1988 年版。

〔美〕克拉克·威斯勒:《人与文化》(钱岗南等译),北京:商务印书馆 2004 年版。

〔美〕查尔斯·库利:《人类本性与社会秩序》(包凡一等译),北京:华夏出版社 1989 年版。

〔美〕大卫·理斯曼等:《孤独的人群》(王昆等译),南京大学出版社 2002 年版。

〔美〕安东尼·马尔塞拉等主编:《跨文化心理学》(肖振远等译),长春:吉林文史出版社 1991 年版。

〔美〕沃纳·赛佛林、小詹姆斯·坦卡德:《传播理论》(郭镇之等译),北京:华夏出版社 2000 年版。

〔美〕爱德华·萨义德:《文化与帝国主义》(李琨译),北京:生活·读书·新知三联书店 2003 年版。

〔美〕罗伯特·沃斯诺尔等:《文化分析》(李卫民等译),上海人民出版社 1990 年版。

〔美〕理查德·格里格等:《心理学与生活》(王垒等译),北京:人民邮电出版社 2003 年版。

〔美〕埃利奥特·阿伦森等:《社会心理学》(侯玉波等译),北京:中国轻工业出版社 2005 年版。

〔美〕哈罗德·伊萨克斯:《美国的中国形象》(于殿利等译),北京:时事出版社 1999 年版。

〔美〕何天爵:《真正的中国佬》(鞠方安译),北京:光明日报出版社 1998 年版。

〔美〕罗斯:《变化中的中国人》(公茂虹等译),北京:时事出版社 1998 年版。

〔美〕赫伯特·阿特休尔:《权力的媒介》(黄煜等译),北京:华夏出版社 1989 年版。

〔美〕威廉·麦克高希:《世界文明史》(董建中等译),北京:新华出版社 2003 年版。

〔美〕曼纽尔·卡斯特:《网络社会的崛起》(夏铸九等译),北京:社会科学文献出版社 2001 年版。

〔美〕马克·波斯特:《信息方式》(范静哗译),北京:商务印书馆 2000 年版。

〔美〕丹尼尔·贝尔:《资本主义文化矛盾》(赵一凡等译),北京:生活·读书·新知三联书店 1989 年版。

〔美〕斯蒂芬·李特约翰:《传播理论》(陈德民等译),北京:中国社会科学出版社 1999 年版。

〔美〕安德鲁·芬伯格:《可选择的现代性》(陆俊等译),北京:中国社会科学出版社 2003 年版。

〔美〕阿尔温·托夫勒:《权力的转移》(周敦仁等译),成都:四川人民出版社 1991 年版。

〔美〕卡尔·戴格勒:《一个民族的足迹》(王尚胜等译),沈阳:辽宁大学出版社 1991 年版。

〔美〕罗伯特·福特纳:《国际传播》(刘利群译),北京:华夏出版社 2000 年版。

〔美〕爱德华·萨义德:《东方学》(王宇根译),北京:生活·读书·新知三联书店 1999 年版。

〔美〕乔万尼·阿瑞吉等:《现代世界体系的混沌与治理》(王宇洁译),北京:生活·读书·新知三联书店 2003 年版。

〔美〕吉尔伯特·罗兹曼主编:《中国的现代化》(国家社会科学基金“比较现代化”课题组译),南京:江苏人民出版社 1998 年版。

〔美〕费正清等:《东亚文明》(黎鸣等译),天津人民出版社 1992 年版。

〔美〕曼纽尔·卡斯特:《认同的力量》(曹荣湘译),北京:社会科学文献出版社 2006 年版。

〔美〕杰里米·里夫金:《欧洲梦》(杨治宜译),重庆出版社 2006 年版。

〔美〕欧文·拉兹洛等编:《多种文化的星球》(戴侃等译),北京:社会科学文献出版社 2001 年版。

〔日〕中根千枝:《日本社会》(许真等译),天津人民出版社 1982 年版。

〔日〕铃木范久:《宗教与日本社会》(牛建科译),北京:中华书局 2005 年版。

〔日〕新渡户稻造:《武士道》(张俊彦译),北京:商务印书馆 1993 年版。

〔瑞士〕费尔迪南·索绪尔:《普通语言学教程》(高名凯译),北京:商务印书馆 1980 年版。

〔希腊〕亚里士多德:《修辞学》(罗念生译),北京:生活·读书·新知三联书店 1991 年版。

〔伊朗〕拉明·贾汉贝格鲁:《伯林谈话录》(杨祯钦译),上海:译林出版社 2002 年版。

〔英〕詹姆斯·弗雷泽:《金枝》(徐育新等译),北京:新世界出版社 2006 年版。

〔英〕埃里克·霍布斯鲍姆:《民族与民族主义》(李金梅译),上海人民出版社 2000 年版。

〔英〕理查德·刘易斯:《文化的冲突与共融》(关世杰等译),北京:新华出版社 2002 年版。

〔英〕格拉夫顿·艾略特-史密斯:《人类史》(李申等译),北京:社会科学文献出版社 2002

年版。

〔英〕罗宾·科恩、保罗·肯尼迪:《全球社会学》(文军等译),北京:社会科学文献出版社 2001 年版。

〔英〕亚当·肯顿:《行为互动》(张凯译),北京:社会科学文献出版社 2001 年版。

〔英〕伯特兰·罗素:《西方的智慧》(马家驹等译),北京:世界知识出版社 1992 年版。

〔英〕爱德华·泰勒:《原始文化》(连树声译),上海文艺出版社 1992 年版。

〔英〕爱德华·泰勒:《人类学》(连树声译),桂林:广西师范大学出版社 2004 年版。

〔英〕雷蒙德·弗思:《人文类型》(费孝通译),北京:华夏出版社 2002 年版。

〔英〕特伦斯·霍克斯:《结构主义和符号学》(瞿铁鹏译),上海译文出版社 1987 年版。

〔英〕伯特兰·罗素:《中国问题》(秦悦译),北京:学林出版社 1996 年版。

〔英〕阿诺德·汤因比:《历史研究》(曹未风等译),上海人民出版社 1997 版。

〔英〕厄内斯特·盖尔纳:《民族与民族主义》(韩红译),北京:中央编译出版社 2002 年版。

〔英〕本尼迪克特·安德森:《想象的共同体》(吴叡人译),上海人民出版社 2003 年。

〔英〕约翰·汤林森:《全球化与文化》(郭英剑译),南京大学出版社 2002 年版。

〔英〕约翰·汤林森:《文化帝国主义》(冯建三译),上海人民出版社 1999 年版。

〔英〕大卫·麦克奎恩:《理解电视》(苗棣等译),北京:华夏出版社 2003 年版。

〔英〕乔治·莫理循:《中国风情》(张皓译),北京:国际文化出版公司 1998 年版。

〔英〕卡尔·波普尔:《猜想与反驳》(傅季重译),上海译文出版社 1986 年版。

〔英〕阿诺德·汤因比:《文明经受着考验》(沈辉等译),杭州:浙江人民出版社 1988 年版。

〔英〕戴维·赫尔德等:《全球大变革》(杨雪冬等译),北京:社会科学文献出版社 2001 年版。

〔英〕安东尼·史密斯:《全球化时代的民族与民族主义》(龚维斌等译),北京:中央编译出版社 2002 年版。

〔英〕齐格蒙特·鲍曼:《通过社会学去思考》(高华等译),北京:社会科学文献出版社 2002 年版。

〔英〕罗宾·柯林武德:《历史的观念》(何兆武等译),北京:中国社会科学出版社 1986 年版。

Nancy Adler, *International Dimensions of Organizational Behavior* (Boston, MA: Kent, 1986).

Dean Barnlund, *Communicative Styles of Japanese and Americans* (Belmont, CA: Wadsworth, 1989).

Ray Birdwistle, *Kinesics and Context* (Philadelphia, PN: University of Pennsylvania Press, 1970).

Fredrick Calhoun, *Power and Principle* (Kent, OH: Kent State University Press, 1986).

John Carroll ed., *Language, Thought and Reality* (New York, NY: Wiley, 1956).

Jongsuk Chay, ed., *Culture and International Relations* (New York, NY: Praeger, 1990).

John Esposito, *The Islamic Threat* (New York, NY: Oxford University Press, 1992).

Johan Fornäs, *Cultural Identity and Late Modernity* (London, UK: Sage, 1995).

Peter Frost, ed., *Organizational Culture* (Beverly Hills, CA: Sage, 1985).

Kathleen Galvin and Pamela Cooper, *Making Connections* (Los Angeles, CA: Roxbury, 1996).

Erving Goffman, *Stigma* (Harmondsworth, UK: Penguin, 1968).

William Gudykunst, ed., *Cross-cultural and Intercultural Communication* (Thousand Oaks, CA: Sage, 2003).

William Gudykunst and Young Yun Kim, *Communicating with Strangers* (New York, NY: McGraw-Hill, 2003).

William Gudykunst, ed., *Theorizing about Intercultural Communication* (Thousand Oaks, CA: Sage, 2005).

Maureen Guirdham, *Communicating across Cultures* (London, UK: Macmillan, 1999).

Edward Hall and Mildred Hall, *Understanding Cultural Differences* (Yarmouth, ME: Intercultural, 1990).

Terence Hawkcs, *Structuralism and Semiotics* (London, UK: Methuen, 1977).

Paul Higgins and Jeffrey Nash, *Understanding Deafness Socially* (Springfield, IL: Charles Thomas, 1987).

Geert Hofstede, *Cultures and Organizations* (London, UK: McGraw-Hill, 1991).

Dominik Infante, ed., *Building Communication Theory* (Prospect Heights, IL: Waveland, 1997).

Fred Jandt, *Intercultural Communication* (London, UK: Sage, 1998).

Richard Jenkins, *Social Identity* (London, UK: Routledge, 1996).

Lawrence Kincaid, ed., *Communication Theory* (New York, NY: Academic, 1987).

Young Yun Kim, *Becoming Intercultural* (New York, NY: Sage, 2000).

Mark Knapp and Gerald Miller, eds., *Handbook of Interpersonal Communication* (Beverly Hills, CA: Sage, 2002).

Dale Leathers, *Successful Nonverbal Communication* (New York, NY: Macmillan, 1986).

Myron Lustig and Jolene Koester, *Intercultural Competence* (New York, NY: Longman, 1999).

Marc Manganaro, ed., *Modernist Anthropology* (Princeton, NJ: Princeton University Press, 1990).

Ali Mazrui, *Cultural Forces in World Politics* (Portsmouth, NH: Heinemann, 1990).

John Mitchell, *International Cultural Relations* (London, UK: Allen & Unwin, 1986).

Lewis Mumford, *Technics and Civilization*, (New York, NY: Harcourt, Brace and Company, 1934).

Joyce Osland, *The Adventure of Working Abroad* (San Francisco, CA: Jossey-Bass, 1995).

George Ritzer, *Modern Sociological Theory* (New York, NY: McGraw-Hill, 1996).

Everett Rogers, *A History of Communication Study* (New York, NY: Free, 1994).

Edward Said, *Culture and Imperialism* (New York, NY: Vintage, 1994).

Larry Samovar and Richard Porter, *Communication between Cultures* (Belmont, CA: Wadsworth, 2004).

Herbert Schiller, *Mass Communications and American Empire* (Boston, MA: Beacon, 1971).

Monica Shelly, ed., *Aspects of European Cultural Diversity* (London, UK: Routledge, 1995).

Richard Shweder, *Cultural Psychology*, (New York, NY: Cambridge University Press, 1990).

Louis Spindeler, *Culture Change and Modernization* (Prospect Heights, IL: Waveland, 1984).

John Stewart and Carole Logan, *Together Communicating Interpersonally* (New York, NY: McGraw-Hill, 1998).

John Stewart, ed., *Bridges Not Walls* (New York, NY: McGraw-Hill, 1999).

John Stewart, ed., *Bridges Not Walls*, (New York, NY: McGraw- Hill, 1995).

Henri Tajfel. ed., *The Social Dimension* (Cambridge, UK: Cambridge University Press, 1984).

Stella Ting-Toomey, *Communicating across Cultures* (New York, NY: The Guilford Press, 1998).

Alvin and Heidi Toffler, *Creating A New Civilization* (Atlanta, GA: Turner, 1995).

Sarah Trenholm and Arthur Jensen, *Interpersonal Communication* (Belmont, CA: Wadsworth, 1996).

Harry Triandis, *Individualism and Collectivism* (Boulder, CO: Westview Press, 1995).

Richard Wiseman, ed., *Intercultural Communication Theory* (Thousand Oaks, CA: Sage, 1995).

Julia Wood, *Communication Mosaics* (Belmont, CA: Wadsworth, 2001).

Julia Wood, *Communication in Our Lives* (Belmont, CA: Wadsworth, 2003).

Kath Woodward, *Questioning Identity* (New York, NY: Routledge, 2000).

后　记

作为一门介入生活、改良社会的应用学科，跨文化传播学从诞生的时候起，就始终与人类文化的命运与进步议题密切相关。这就意味着，这门学科必须不断地向新的理论话语和社会实践敞开胸襟，才有可能避免理论上的故步自封，持续地获得发展的动力。最重要的，就是要直面人类文化的历史、现实和未来的发展，提炼那些能够给人类文化提供活力的精神营养，以专业主义精神去表达深厚的人文和社会关怀。面向这样的目标，笔者必须坦陈：由于时间、资料、篇幅尤其是学术能力的限制，书中难免疏漏乃至错讹，期望得到读者和方家的理解与指正。

跨文化传播学的学科体系建设是一个复杂、庞大的工程，期待着通过学界的集体努力，逐步实现不同领域知识的“汇聚”和整合。本书能够做到的，就是在众多前行者的知识积累中，尽最大努力清理线索、厘清观点、提炼思想，帮助读者树立一种在当代背景下认识这一知识系统的基本态度和基本观念。当然，在勉力维持各个“知识点”的均衡和深度的基础上，本书也在试图建立一个开放的、符合时代要求的跨文化传播学基本框架，期待着为建设这门必将在中国社会产生重要影响的学科充当一枚有价值的基石。

法国人类学家列维-斯特劳斯说过这样的话，“要想测量水的深度，必须自己跳入水中”。跨文化传播学是与社会实践有着密切关联的学科，面对全球社会和人类文化的万千变相，笔者时时感到，自身学术积累和跨文化体验的缺乏，实在是深入这一领域的严重掣肘。所幸的是，在进入这一领域和写作本书的十数年中，笔者得到了许多良师挚友的关注和支持，在此谨致谢忱！特别要感谢北京大学的关世杰教授和龚文庠教授，他们是笔者走进这一领域的引路人；感谢北京大学出版社的周丽锦编辑，她给予了笔者长期的关注和细致的帮助。国内外学者的大量相关论著对笔者启发甚多，奠定了笔者深入这门学科的基础，一并致谢！我的父母兄妹的理解，以及中国传媒大学数百名硕士研究生和本科生的充分信任，也是本书得以呈现的重要前提。

孙英春

2008 年 3 月 28 日于北京石佛营